야시카

러시아
여성결사대대 사령관
마리야 보치카료바
자서전

농민,
유형자,
군인의 삶

야시카

Яшка

마리야 보치카료바 지음
류한수 옮김

Yashka:
My Life as
Peasant, Exile
and Soldier

마농지

제1차 세계대전에 참전한 제1러시아 여성결사대대 지휘관 마리야 보치카료바.
사진 아래에 "지휘관 마리야 레온티예브나 보치카료바"라는 자필 서명이 들어 있다. 1917년.

1917~1918년 당시 보치카료바의 모습.

전선에서 동료들과 함께한 보치카료바, 1915년.

훈련을 받고 있는 여성결사대대 병사들, 1917년. 서 있는 병사들 한가운데 보치카료바가 있다.

여성결사대대 병사들과 보치카료바(맨 오른쪽), 1917년.

기념 사진을 찍는 여성결사대대원들. 보치카료바의 부관 마리야 스크리들로바가 앞줄 가운데 앉아 있다.

여성결사대대를 방문한 영국의 여성 참정권 운동가 에멀린 팽크허스트, 1917년 6월.

MRS. EMMELINE PANKHURST AND MARIA BOCHKARIEVA
Mrs. Emmeline Pankhurst, who had arrived in Russia in June, showed her appreciation of the wonderful sacrifice made by the women of the Battalion of Death by becoming an ardent champion of Maria Bochkarieva. The latter, in turn, appreciated Mrs. Pankhurst's sympathy, and a warm friendship sprang up between these two leaders of women

보치카료바와
에멀린 팽크허스트, 1917년 6월.

제1차 세계대전 당시 전선으로 가는 러시아 제국 군대 병사들.

여성결사대대원들과 표트르 폴롭초프 장군(앞줄 오른쪽에서 두 번째).
1917년 7월 페트로그라드에서 볼셰비키가 주도한 시민과 병사들의 시위를 진압하는 데 동원되었다.

'공산주의'라고 쓰인 펄침막을 들고 모스크바 거리에서 시위 행진을 하는 러시아 육군 병사들, 1917년.

페트로그라드 볼셰비키당 본부인 스몰니 학원 건물을 호위하는 붉은근위대 대원들, 1917년 10월.

러시아 임시정부 수반 알렉산드르 케렌스키, 1917년.

알렉세이 브루실로프 장군, 1913년.

케렌스키(오른쪽에서 두 번째)와 알렉산드르 베르홉스키 장군(맨 오른쪽), 1917년.

러시아 두마 의장
미하일 로쟌코.

1917년 8월 모스크바에서
군중의 환호에 답례하는
라브르 코르닐로프 장군.

№ 164

1917 г.

№ 53

ПЕТРОГРАДСКАЯ ГАЗЕТА

ПОЛИТИЧЕСКАЯ и ЛИТЕРАТУРНАЯ

ЕЖЕДНЕВНО

ТѢ, ЧЬИ ИМЕНА У ВСѢХЪ НА УСТАХЪ.

I. Новый министръ юстиціи, членъ трехъ созывовъ Государственной Думѣ отъ Войска Донского **И. Н. Ефремовъ**.
II. Новый министръ Государственнаго призрѣнія, членъ Государственной Думы отъ Петрограда **А. А. Барышниковъ**.
III. Адъютантъ Перваго Женскаго отряда смерти **М. Н. Скрыдлова** (дочь адмирала, георгіевскій кавалеръ); въ бою подъ Сморгонью женщина-воинъ контужена. IV. Помощникъ главнокомандующаго Петроградскимъ военнымъ округомъ поручикъ **Козьминъ**, проявившій выдающуюся мужественную распорядительность при укрощеніи мятежа большевиковъ въ Петроградѣ. V. Вождь Перваго Женскаго отряда смерти, георгіевскій кавалеръ **Бочкарева**, недавно раненая въ геройскомъ бою съ нѣмцами.

1917년 일간지 『페트로그라드 신문』 1면에 실린 보치카료바의 모습. 기사 제목은 '뭇 사람의 입에 이름이 오르내리는 인물들'이며, 보치카료바를 가리켜 "독일군과 영웅적 전투를 벌이다 부상당한 여성결사대대장, 게오르기 훈장 수훈자"라고 설명하고 있다. 아래 맨 왼쪽 작은 사진은 그의 부관 스크리들로바이다.

1917년 여름에 간행된 잡지 『이스크리|Искры』 24호에 실린 보치카료바의 사진.

아이작 돈 레빈. 보치카료바가 러시아어로 구술한 내용을 받아 적고 영어로 옮긴 인물이다.
1948년 12월에 미국 의회 청문회에 출석한 모습.

차례

3부 혁명

4부 테러

일러두기

1. 이 책은 마리야 보치카료바의 영어 자서전인 Maria Botchkareva, *Yashka: My Life as Peasant, Exile and Soldier* as set down by Isaac Don Levine, London: Constable and Company Limited, 1919를 우리 말로 옮긴 것이다. 번역 대본으로는 이 책을 2010년에 나뷰 출판사Nabu Press가 뉴욕에서 다시 펴낸 판본을 사용했다.

2. 주는 모두 옮긴이의 주이다.

3. 영어 원문에서는 길이와 무게 단위로 야드파운드법이 쓰였으나 한국어판에서는 미터법에 따라 환산해서 표기했다.

4. 영어 원문에 있는 러시아어 고유명사 표기의 오류를 바로잡았다.

5. 러시아의 사람 이름은 이름과 부칭父稱과 성姓으로 이루어진다. 사람을 일컬을 때 가장 공식적으로 존중의 뜻을 담으려면 세 부분을 다 불러야 하고, 이름과 부칭만 부르면 가장 일반적인 호칭, 이름으로만 부르면 친근한 호칭이 된다. 그리고 이름으로 여러 애칭을 만드는데, 애칭으로만 부르면 아주 친근한 호칭이 된다. 마리야 레온티예브나 보치카료바가 가장 정중한 호칭, 마리야 레온티예브나는 정중한 호칭, 마리야는 친근한 호칭이다. 마리야의 애칭인 만카, 마루샤, 마루센카, 마냐 등은 가족과 친구 사이에서 쓰인다.

6. 러시아에서는 1918년 2월 1일까지 그레고리우스력보다 13일 빠른 율리우스력이 쓰였다.

7. 본문 뒤에 실린 '주요 인물 소개'는 옮긴이가 작성한 것이다.

1917년 초여름에 세계는 마리야 보치카료바Мария Бочкарева라는 사람이 '결사대대'라는 이름으로 여성 전투부대를 편성한다고 알리는 페트로그라드*발 뉴스에 전율했다. 이 보도로 무명의 러시아 시골 여자가 '국제 명예의 전당'에 첫선을 보였다. 러시아의 깊디깊은 벽지에서 온 마리야 보치카료바가 느닷없이 현대 언론의 각광을 받았다. 외국 특파원이 그 여인을 찾아다녔고, 사진사가 뒤쫓았으며, 저명한 방문객이 경의를 표했다. 눈길을 끄는 이 두드러진 인물이 어떤 사람인지 알아내려고 모두가 애를 썼다. 그 결과는 오인과 오해의 난장판이었다.

내가 눈여겨본 보치카료바 관련 기사 및 대담 가운데 오해를 불러일으키거나 틀린 말이 들어 있지 않은 경우가 없다. 이는 얼마간은 1917년이라는 중대한 한 해 동안 러시아 사람과 러시아 사정을 세계인에게 해

---

* Петроград. 러시아 제국의 수도. 오늘날의 상트페테르부르크Санкт Петербург. 1914년부터 1924년까지는 페트로그라드로, 1924년부터 1991년까지는 레닌그라드Ленинград로 불렸다.

석해준 외국 언론인들이 거의 예외 없이 러시아어를 모른다는 개탄스러운 사실 탓이며, 얼마간은 보치카료바가 설쳐대는 온갖 타인을 믿고 받아들이기를 꺼린 탓이다. 자기 삶을 언젠가는 책 한 권에 고스란히 담겠다는 것이 보치카료바가 간직한 꿈이었다. 이 저작이 그 꿈의 실현이다.

그러므로 여기서 펼쳐지는 서사는 꽤나 고백의 성격을 띤다. 보치카료바는 1918년 여름 미국에 있을 때 자서전을 준비하기로 마음먹었다. 글을 술술 쓸 수 있을 만큼 교육을 충분히 받았더라면 십중팔구 자기 삶의 이야기를 러시아어로 쓰고 그런 뒤에 영어로 옮기게 했을 것이다. 그는 반까막눈이었으므로 자기가 할 줄 아는 딱 하나의 말인 모국어를 잘 아는 작가의 도움을 받아야 한다는 점을 깨달았다. 이 책을 쓰는 과정은 이러했다. 보치카료바가 자기 삶의 이야기를 러시아어로 말해주었고, 나는 영어로 받아쓰면서 고치지 않고 그가 말하는 대로 적으려고 온갖 애를 썼다. 잊어버린 경험을 끄집어내려고 질문을 해서 그의 말을 끊은 적이 드물지 않았다. 그러나 보치카료바의 타고난 재능 가운데 하나가 비상한 기억력이다. 그가 자기의 낭만적인 삶의 세부 사항을 모두 다 털어놓는 데는 3주, 거의 100시간이 걸렸다.

우리가 작업을 시작할 때 보치카료바는 자기가 말하려는 바가 언론에 보도된 이야기와는 사뭇 다르리라는 점을 분명히 했다. 그는 가장 내밀한 자아를 드러내어 봉인된 과거사를 처음으로 열어젖히려 했다. 그는 이것을 해냈고, 그렇게 하면서 자기에 관해 널리 나도는 몇몇 이야기가 거짓임을 까발렸다. 이들 가운데 으뜸은 아마도 보치카료바가 전사한 남편의 앙갚음을 하려고 병사로 입대해서 전쟁에 나섰다는 말일 것이다. 이 꾸며낸 말이 보치카료바의 머리에서 나온 것인지, 아니면 워낙은 마구 써대는 어떤 통신원이 보치카료바 말이라고 떠벌린 것인지 나는 모른다. 아무튼 그것은 어쩌다 군인이 되었느냐는 성가신 기자들의 끝없는 질문에 보치카료바가 그냥 아무렇게나 둘러댄 대답이었다. 예사롭지 않은 운명으로 자기를 내몰았던 깊디깊은 충동을 이 뻔한 세상에 설명할 길이 없었기에 그는 용감한 자기 삶의 이야기를 빠짐없이 기록할 기회를 얻기 전까지는 이 핑곗거리를 써먹었다.

또한 이 책은 급진 진영에서 보치카료바에게 표명했던 오해에 바탕을 둔 불신의 시각도 없앨 것이다. 보치카료바는 미국에 도착했을 때 곧바로 극단주의자들에게서 '반反혁명 분자', 군주주의자, 사악한 음모가로 일컬어졌다. 그에게 무척 부당한 처사였다. 그는 정치를 모르고 음모를 경멸하며 정신적으로 당쟁에 초연하다. 그의 평생 사명은 러시아를 독일의 멍에에서 풀어내는 것이었다.

사실상 고해신부의 위치에서 이 예사롭지 않은 농민 여성의 영혼과 교감하는 것은 내 특권이었고, 나는 이 특권을 더없이 소중히 여길 것이다. 그는 기억을 되살려 경탄스러운 자기 삶의 모든 세부 사항을 내 앞에서 낱낱이 털어놓았을 뿐만 아니라 내가 자기 마음을 (자기의 벗도 그러지 못할 정도로) 구석구석 샅샅이 살펴보도록 허락했다. 우리의 제휴가 시작될 때부터 비판적 자세를 유지하다가 나는 보치카료바가 지닌 영혼의 대범성에 차츰차츰 압도되었다.

보치카료바의 위대함은 어디에 있을까? 에멀린 팽크허스트Emmeline Pankhurst 부인은 그를 세기의 가장 위대한 여성이라고 일컬었다. 1917년 7월에 한 통신원은 이렇게 썼다. "프랑스를 구한 여인은 농민 소녀 잔 다르크Jeanne d'Arc였고, 마리야 보치카료바는 현대판 잔다르크다." 실제로, 오를레앙의 처녀* 시대 이래 역사의 연대기에서 우리는 보치카료바에 맞먹는 여성 인물과 만나지 못한다. 이 러시아 농민 여성은 잔다르크처럼 자기 나라의 대의에 목숨을 바쳤다. 보치카료바가 실패한다고 해서—하지만 아직 확실하지 않다. 러시아의 앞날을 누가 감히 예측하겠는가—그의 위대함이 줄지는 않을 것이다. 실리만 따지는 우리 시대에 성공은 참된 천재성의 척도가 아니다.

잔다르크처럼 보치카료바는 러시아의 상징이다. 잔다르크의 이미지보다 더 두드러지는 프랑스의 화신이 있을까? 보치카료바는 그의 미덕 및 악덕과 더불어 러시아 농민의 놀라운 전형이다. 그는 제 이름을 겨우 적을 수 있을 정도의 교육을 받았어도 논리라는 재능을 타고났다. 역사와 문학은 몰라도 마음이 워낙 맑아서 삶의 몇몇 근본적 진실로 곧장 나아간다. 원초적 영혼의 열정을 지녀서 종교적이면서도 철학자에 어울리는 방식으로 관용적이다. 온몸으로 나라에 헌신하지만 열렬한 당파성과 이기적 애국심에 얽매이지 않는다. 착한 성정과 친절이 넘쳐흘러도 느닷없이 사납게 굴고 야만적 행위를 할 수 있다. 어린아이처럼 잘 믿고 어수룩해도 쉽사리 달아올라 사람과 사물에 맞설 수 있다. 투사처럼 용맹하고 무모해도 살려는 그의 욕구는 때때로 이루 말할 수 없이 애처롭다. 한마디로, 보치카료바는 러시아를 세계에 수수께끼로 만든 러시아성性의 모든 역설적 특성을 구현한다. 이 특성은 이 책의 모든 지면에 골고루 생생하게 드러난다. 러시아에게서 서방 문명의 겉치장을 떼어내면 보치카료바에게서 러시아의 참모습을 볼 것이다. 보치카료바를

---

* La Pucelle d'Orléans. 잔다르크를 일컫는 별칭.

알면 러시아를, 미숙하고 막강하고 고뇌하고 몸부림치고 일어서는 그 거인을 넓고도 깊이 알게 될 것이다.

이 책이 순전히 개인적인 이유로 집필되었음을 분명히 밝혀둔다. 원래 이 책은 다만 한 인간의 기록, 열성적인 삶의 기록이다. 사실의 엄정한 나열로 서술을 억제하는 것이 보치카료바와 글쓴이의 목적이었다. 이 기록은 경탄스러운 한 유명인사의 전기일 뿐만 아니라 인류 역사에서 중대한 한 시대의 여러 특정 국면을 드러내 보이는 기록으로, 한 인간의 기록일 뿐만 아니라 역사의 기록으로서도 귀중하다. 보치카료바가 늘 비당파*였고 아직도 분명히 그렇기에, 또 사건과 사람에 판정을 내리는 척하지 않기에 그가 드러내 보이는 것은 으뜸가는 중요성을 지닌다. 이 책을 읽으면 실제 알렉산드르 케렌스키Александр Керенский의 생생한 모습을 만나게 되며, 그것은 러시아 인텔리겐치아의 이 비극적이지만 전형적인 산물에 관해 이때까지 운위되었던 모든 것을 싹 다 지워버린다. 이 책의 지면에는 코르닐로프Лавр Корнилов, 로쟌코Михаил Родзянко, 레닌Владимир Ленин, 트로츠키Лев Троцкий와 러시아혁명의 몇몇 두드러진 유명인사가 엄정하게 있는 그대로의 모습으로 나온다.

내가 아는 한, 전선의 러시아군이 혁명에 어떻게 반응했는지를 설명해주는 책은 단 한 권도 나오지 않았다. 1917년 초중반에 참호에 있던 러시아 병사의 심리 상태는 어떠했을까? 그것은 어쨌든 이후의 사태 전개를 결정하는 요인이었다. 이 중대한 물음에 답하지 않고서는 사슬에서 풀려난 러시아의 역사는 완전하지 못할 것이다. 이 책은 전선의 거대

---

* 非黨派. 특정한 정당이나 당파를 지지하지 않는 상태를 일컫는 표현.

한 러시아군이 혁명의 중대 쟁점에 보인 반응과 감정을 처음으로 드러내며, 한 농민 출신 고참 일반 병사에게서 비롯되는 특별한 가치를 지닌다.

실제 볼셰비즘*에 관해 우리가 얻는 끔찍한 그림은 아마도 흥미 면에서 그 밖의 다른 모든 것을 넘어설 것이다. 지상에 사회적 평등의 질서를 세운다는 이론적 볼셰비즘의 주장에 보치카료바는 옳으니 그르니 하지 않는다. 그는 레닌과 트로츠키에게 직접 그렇게 말했다. 하지만 볼셰비즘의 실상에 관한 경험담이 따라 나오고, 독자의 기억에서 영원히 지워지지 않을 중우정치의 지배에 관한 무시무시한 서술이 뒤따른다.

보치카료바는 1918년 7월 말 무렵에 우드로 윌슨Woodrow Wilson 대통령과 면담한다는 방문 목적을 이룬 뒤에 미국을 떠났다. 그는 영국으로, 그다음에는 아르한겔스크**로 갔는데, 아르한겔스크에는 9월 초순에 도착했다. 한 신문 속보에 따르면, 보치카료바는 마을 광장과 시골 교회에 다음과 같은 선언이 나붙도록 했다.

"나는 러시아의 농민이자 병사입니다. 병사와 농민의 부탁으로 러시아에 군사 원조를 해달라고 미국과 영국에 요청하려고 이 두 나라에 갔습니다."

"그 연합국들은 우리의 불운을 이해하고 나는 연합군과 함께 돌아왔습니다. 연합군은 오로지 우리의 치명적인 적인 독일을 몰아내는 일을 돕는다는 목적을 위해서 왔지, 우리 내정에 간섭하려고 오지 않았습니다. 전쟁이 끝난 뒤에 연합군은 러시아 땅을 떠날 것입니다."

---

* Большевизм. 볼셰비키당의 이념과 혁명 전략.
** Архангельск. 유럽 러시아 북쪽 끝에 있는 항구 도시.

"나는 러시아의 충성스럽고 자유로운 아들 모두에게, 당과 상관없이, 러시아의 깃발 아래 러시아를 독일의 멍에에서 풀어주고 러시아를 비롯한 모든 세력과 함께 자유로운 새 러시아 군대를 도와서 적을 물리치려고 오는 연합국 군대와 하나가 되어 함께 가기를 요청합니다."

"병사와 농민이여! 여러분은 우리 땅에서 독일군을 싹 깨끗이 쓸어내야만 여러분이 염원하는 자유 러시아를 얻을 수 있습니다."

아이작 돈 레빈Isaac Don Levine

1부

어린 시절

1장 | 고되게 일했던 꼬맹이 시절

나의 아버지 레온티 세묘노비치 프롤코프Леонтий Семенович Фролков는 모스크바에서 북쪽으로 300킬로미터쯤 떨어진 노브고로드Новгород주의 한 마을 니콜스코예Никольское의 농노 집안에서 태어났다. 아버지는 알렉산드르 2세Александр II가 1861년에 농노를 해방했을 때 열다섯 살이었고, 그 역사적 사건을 생생히 기억해서 심지어 지금도 즐겨 어린 시절 이야기를 한다. 1870년대 초엽에 군대에 끌려간 그는 1877~78년 러시아-튀르크 전쟁* 때 군 복무를 했으며, 용맹을 떨쳐서 훈장을 여럿 받았다. 병사일 때 읽기와 쓰기를 배웠고 부사관 계급으로 진급했다.

전쟁이 끝나서 귀향하던 아버지는 니콜스코예에서 40킬로미터도 안 떨어진 키릴로프Кириллов군의 한 호수 기슭에 있는 어촌 마을 차론다Чаронда를 지나쳐 갔다. 더는 시골뜨기 차림새가 아니라 걸음새와 몸가

---

* 러시아 제국이 발칸반도의 동맹국들과 함께 1877년 4월부터 1878년 3월까지 발칸반도와 캅카스에서 튀르크 제국과 치른 전쟁. 러시아 제국이 이겼다.

짐이 군인다웠고 호주머니 안에서 동전이 쨍그랑거려 가난한 차론다 마을에서 꽤나 눈길을 끌었다. 거기서 내 어머니인 올가Ольга를 만났다. 올가는 마을에서 가장 못사는 주민이었을 옐리자르 나자레프Елизар Назарев[*]의 맏딸이었다.

옐리자르는 아내와 딸 셋과 함께 호수 모래톱에 있는 허름한 오두막에서 살았다. 그는 너무 가난해서 잡은 물고기를 도시로 싣고 갈 말 한 마리를 살 수 없었기에 행상인에게 팔아넘길 수밖에 없었다. 시장 가격보다 훨씬 낮게 말이다. 그렇게 버는 돈이야 늘 넉넉하지 않아서 가족은 배를 곯기 일쑤였다. 그 작은 오두막에서 빵은 사치품이었다. 땅은 밭갈이하기에 알맞지 않았다. 옐리자르의 아내는 근처의 더 잘사는 농민들에게서 하루 삯 10코페이카[**]를 받고 품을 팔아 새벽녘부터 저물녘까지 일하곤 했다. 이 가욋돈조차도 늘 받지는 못했다. 그러면 올가가 빵을 동냥하러 이웃 마을에 가곤 했다.

열 살이 채 안 된 어린 올가는 어느 날 무시무시한 일을 겪었다. 훗날 그 일을 떠올릴라치면 겁을 집어먹지 않을 수 없었다. 여러 마을에서 받아 모은 빵을 한 바구니 가득 가지고 집으로 출발한 올가는 고단했지만 심부름을 잘 해내서 기뻤고, 할 수 있는 한 걸음을 서둘렀다. 집으로 가려면 숲으로 난 길을 지나야 했다. 갑자기 이리 떼가 울부짖는 소리가 들렸다. 올가의 심장은 고동을 거의 멈췄다. 그 무서운 소리가 더 가까이 다가왔다. 겁에 질린 올가는 정신을 잃고 땅바닥에 쓰러졌다.

---

[*] 나자로프Назаров로 표기된 문헌도 있다.
[**] копейка. 100분의 1루블의 값어치를 지니는 러시아 화폐 단위.

정신을 되찾았을 때 올가는 혼자였다. 이리들이 엎어져 있는 올가의 몸에 코를 대고 냄새를 맡다 가버린 모양이었다. 바구니의 빵은 사방에 흩어져 진창에 뭉개져 있었다. 올가는 소중한 짐을 내버려둔 채 숨을 가쁘게 몰아쉬며 집에 이르렀다.

바로 이런 환경에서 자란 어머니가 전쟁을 마치고 귀향길에 차론다에 들러 지내고 있던 레온티 프롤코프의 눈과 귀를 끌었을 때에는 열아홉 살이었다. 그는 올가의 사랑을 얻으려고 엄청나게 알랑댔다. 선물로 신발 한 켤레를 사주기까지 했는데, 올가로서는 난생처음 신어보는 신발이었다. 보잘것없던 올가는 이것에 마음을 홀딱 빼앗겼다. 올가는 청혼을 기쁘게 받아들였다.

혼인한 뒤에 젊은 부부는 내 아버지가 태어난 니콜스코예로 이사했다. 여기에는 아버지가 물려받은 땅 한 뙈기가 있었다. 부부는 함께 그 땅을 일구었고, 아주 어렵사리 입에 풀칠을 했다. 내 두 언니, 아리나 Арина와 슈라Шура*가 여기서 태어나 내 부모의 가난은 더 심해졌다. 이 무렵에 아버지가 술에 버릇을 들였고 아내를 함부로 다루고 때리기 시작했다. 아버지는 천성이 까다롭고 자기밖에 몰랐다. 못살다 보니 모질어지고 있었다. 아버지와 같이하는 어머니의 삶은 불쌍해졌다. 어머니는 늘 하느님께 자비를 구하고 기도하면서 언제나 눈물에 젖어 있었다.

1889년 7월에 집안의 셋째 딸로 내가 태어났다.** 나라 곳곳에 철도가 깔리고 있을 때였다. 수도에서 가까운 차르의 여름 거처인 차르스

---

* 아리나와 슈라는 애칭이며, 본명은 각각 이리나Ирина와 알렉산드라Александра이다. 아리나가 맏언니, 슈라가 작은언니였다.

** 프롤코프 부부에게는 1897년 5월 5일에 태어났으나 7월 7일에 숨진 아들이 있었다.

코예셀로*에 배치된 적이 있는 아버지는 내가 한 살일 때 일자리를 찾아 페트로그라드로 가기로 마음먹었다. 우리는 돈 한 푼 없이 남겨졌다. 아버지는 편지를 써 보내지 않았다. 자칫하면 굶어 죽을 참에 어머니는, 마음씨 고운 이웃의 도움으로, 자기와 딸들의 목숨을 어떻게든 용케 이어나갔다.

내가 여섯 살이 다 되었을 때, 아버지가 편지를 보내왔다. 집을 비운 다섯 해 동안 처음으로 써 보낸 편지였다. 오른 다리가 부러졌었는데 여행을 할 수 있게 되자마자 집으로 출발했다는 것이었다. 그 소식에 어머니는 서럽게 울었지만, 죽은 셈 쳤던 남편에게서 소식을 들어 기뻐했다. 어머니는 아버지가 매몰차게 굴었는데도 아직 그를 사랑했다. 나는 아버지가 도착했을 때 어머니가 얼마나 행복해했는지 기억한다. 하지만 이 행복은 오래가지 않았다. 가난과 고난 탓에 행복이 가로막혀 사라졌다. 아버지의 매몰찬 천성이 다시 튀어나왔다. 한 해가 채 지나지 않아 우리 집에 넷째 아이가 태어났는데, 또 딸이었다. 그리고 집에는 빵이 없었다.

우리 같은 시골 농민들이 그해에 죄다 시베리아로 이주하고 있었다. 정부가 이주민들에게 큰 분여지를 할당했던 것이다. 아버지는 가고 싶어 했지만 어머니가 반대했다. 하지만 언젠가 시베리아로 떠났던 우리 이웃 베룝킨Веревкин이 새 고장을 아주 자랑스레 추어올리는 편지를 보내오자 아버지는 자기도 가기로 마음먹었다.

---

* Царское Село. 상트페테르부르크 남쪽 근교의 소도시. 러시아 제국 황실의 주요 거처였으며, 1937년부터는 푸시킨Пушкин으로 불린다.

대다수 사내는 혼자 가서 분여지를 얻어 그 땅을 일구고 집을 짓고 나서 가족을 데리러 돌아오곤 했다. 가족을 데려가는 농민들에게는 그 고비에서 가족을 먹여 살리기에 넉넉한 돈이 있었다. 그러나 우리는 너무 가난해서 유럽 러시아의 마지막 역인 첼랴빈스크*에, 그리고 정부 물자분배소에 이를 즈음에는 한 푼도 남아 있지 않았다. 역에서 두 언니가 빵을 동냥하러 간 사이에 아버지는 뜨거운 물을 구해서 차를 끓였다.

우리는 톰스크** 너머 130킬로미터 지점에 있는 쿠스코보ĸycкoвo에 배정되었다. 역에 들를 때마다 아버지가 찻주전자에 뜨거운 물을 채우는 동안 언니들은 먹을 것을 동냥하곤 했다. 이렇게 우리는 겨우겨우 버틴 끝에 톰스크에 다다랐다. 우리에게 주어진 땅은 시베리아의 원시림인 타이가тaйra 한복판에 있었다. 거기에 곧바로 터를 잡고 살 생각을 할 수는 없었으므로 아버지는 톰스크에 남았고 우리는 쿠스코보로 보내졌다. 언니들은 먹을 것과 입을 것을 벌려고 일하러 나갔다. 어머니는 아직 힘세고 튼튼해서 내가 아기를 돌보는 동안 생계비를 벌려고 빵을 구웠다.

어느 날 어머니의 손님이 오기로 되어 있었다. 어머니는 피로그*** 를 조금 구웠고 보드카 반 병을 사서 시렁에 놓아두었다. 어머니가 일하는 동안 나는 아기를 재우려고 자장노래를 불렀다. 그러나 아기는 끊임없이 울면서 가만히 있지 않았다. 나는 아기를 어떻게 달래야 할지 몰랐다. 그러다 보드카 병에 눈길이 가닿았다.

---

* Челябинск. 우랄산맥 기슭에 있는 러시아 도시.
** Томск. 시베리아 중부에 있는 러시아 도시.
*** пирог. 밀가루 반죽 안에 고기, 채소 등의 소를 채워 넣고 굽는 러시아 요리.

'저건 틀림없이 아주 좋은 걸 거야.' 나는 이렇게 생각했고, 아기에게 한 잔 주기로 마음먹었다. 그러기에 앞서 맛을 보았다. 썼지만 어떻게든 더 마시고 싶었다. 나는 첫 잔을 들이켰고 쓴맛이 조금 가시자 또 한 잔을 따랐다. 이런 식으로 술병을 다 해치웠다. 졸리고 나른해진 나는 아기를 팔에 안고 흔들어 잠재우려고 했다. 그러다 휘청거리기 시작했고 아기와 함께 마룻바닥에 넘어졌다.

어머니는 목청껏 소리를 지르는 우리를 발견했다. 이내 손님들이 도착했고, 어머니는 보드카 병으로 손을 뻗었는데 병이 텅 비어 있음을 알았다. 어머니는 오래 걸리지 않아 장본인을 찾아냈다. 그때 매 맞은 일은 늘 기억날 것이다.

겨울 무렵에 톰스크에서 아버지가 왔다. 아버지는 돈을 가져오지 않았다. 겨울은 매서웠고, 나라에 전염병이 크게 돌고 있었다. 우리는 아버지, 어머니, 그리고 아이들 순으로 한 사람씩 병에 걸렸다. 집에 빵이 없고 뭔가를 살 돈이 없었으므로, 동네 사람들이 지낼 곳과 먹을 것을 주면서 봄까지 우리를 돌보았다. 기적처럼 우리 모두 죽음을 넘겼지만, 우리 옷은 넝마가 되었다. 우리 신발은 너덜너덜해졌다. 부모님은 톰스크로 이사하기로 결정했고, 우리는 맨발에 누더기 차림으로 톰스크에 도착해서 도시 변두리에 있는 싸구려 여인숙에서 지냈다.

아버지는 한 주에 이틀이나 사흘만 일하곤 했다. 그는 게을렀다. 나머지 날에는 빈둥대며 술을 마셨다. 언니들은 아기 보는 일을 했으며, 어머니는 아기와 나를 데리고 빵집에서 일했다. 우리는 마구간의 고미다락에서 잤다. 우리 밑에서는 말들이 발을 굴렀다. 다듬지 않은 널빤지를 통나무에 엇갈리게 얹어 만든 마룻바닥에 깔린 짚이 우리 침대였다.

곧 빵집 주인의 아내가 군입 하나를 줄이라고 권하기 시작했다. 군입은 바로 나였다. 여덟 살이 조금 넘은 아이.

"애를 보내서 일을 시키지 그래? 제 밥벌이를 할 수 있다니까." 여자가 주장했다.

어머니는 나를 가슴에 끌어안고 흐느끼며 자비를 빌려고 했다. 그러나 빵집 여주인은 짜증이 나서 우리를 모두 내치겠다고 을렀다.

마침내 아버지가 내가 있을 곳을 찾아냈다는 희소식을 가지고 우리를 보러 왔다. 나는 다섯 살 사내아이를 돌보고 끼니와 달삯 85코페이카를 받기로 했다.

"네가 잘만 하면 머지않아 1루블*을 받을 거야." 아버지가 덧붙였다.

내 직업 경력은 이렇게 시작되었다. 나는 여덟 살 반 먹은 말라깽이 꼬맹이였다. 한 번도 어머니 곁을 떠난 적이 없어서, 우리 둘은 헤어지면서 몹시 울었다. 내가 아버지에게 이끌려 들어서던 세상은 괴롭고 이해할 길 없는 잿빛 세상이었다. 눈물이 줄줄 흐르는 바람에 그 세상의 모습은 더더욱 흐릿했다.

나는 어린 사내아이를 며칠 돌보았다. 어느 날 오후에 모래에 그림을 그려서 아이를 재미있게 해주다 나 스스로 놀이에 푹 빠진 나머지 아이와 다투다 한바탕 싸우게 되었다. 내가 옳다는 느낌이 강하게 들었다는 기억이 난다. 그러나 아이 엄마는 잘잘못을 따지지 않았다. 아이가 지르는 소리를 듣고는 나를 매질했다.

낯선 여자에게 맞지 않아도 될 매를 맞으니 나는 무척 속상했다.

---

* рубль. 100코페이카의 값어치를 지니는 러시아 화폐 단위.

'엄마 어디 있어? 왜 엄마는 내 앙갚음을 하러 오지 않을까?'

어머니는 내 부름에 답하지 않았다. 대답하는 사람이 없었다. 서글 펐다. 세상은 어찌나 잘못되었는지, 어찌나 그른지. 이런 세상에서 살아 서 뭐 해.

나는 맨발에 누더기였다. 아무도 나를 보살펴주지 않는 듯했다. 나 는 동무도 없이 혼자였고, 내 가슴속에 사무친 그리움을 아무도 알지 못 했다. 물에 빠져 죽겠다는 생각을 했다. 그래, 강으로 달려가서 물에 빠 져 죽겠어. 그래서 모든 고통에서 벗어나 하느님 품에 안길 테야.

나는 기회만 보이면 빠져나가서 강에 뛰어들리라 다짐했지만, 기 회가 오기에 앞서 아버지가 찾아왔다. 아버지는 눈물에 젖은 나를 봤다.

"만카,* 왜 그러냐?" 아버지가 물었다.

"아빠, 나는 물에 빠져 죽을 테야." 나는 구슬프게 대꾸했다.

"세상에! 바보 같으니라고. 무슨 일이냐?"

그래서 나는 속마음을 아버지에게 쏟아내고 어머니에게 데려가 달 라고 빌었다. 아버지는 나를 어루만지며 내가 지금 있는 곳을 떠나면 어 머니가 힘들어진다고 말했고, 내게 신발 한 켤레를 사주겠다고 약속했 다. 그래서 나는 남았다.

하지만 나는 오래 머무르지 못했다. 제 엄마가 나를 꾸짖는 것을 본 어린애는 나를 이용해먹기 시작했고, 내 삶은 더더욱 견디기 힘들어졌다. 마침내 나는 달아나서 어둑어둑해질 때까지 엄마를 찾아 도시를 쏘다녔

---

* Манька. 러시아 여자 이름 마리야의 여러 애칭 가운데 하나. 여기서는 마리야 보치카료바(프롤코 바)를 정답게 부르는 이름.

다. 느지막해서야 한 순경이 거리에서 울고 있는 나를 알아보고 경찰서로 데려갔다. 경찰서장이 제 집으로 나를 데려가서 거기서 그날 밤을 보냈다.

집이 꽤 컸다. 그런 집에 있어본 적이 없었다. 아침에 깼을 때 집 안에 커다란 문이 많아 보였고 죄다 내 호기심을 일깨웠다. 나는 문 뒤에 무엇이 있는지 알고 싶었다. 여러 문 가운데 하나를 열자 권총을 곁에 둔 채 침대에서 잠든 경관이 보였다. 나는 서둘러 자리를 뜨고 싶었지만, 그 경관이 깼다. 그가 권총을 쥐더니 졸려서 아직 멍한 채로 나를 을렀다. 나는 겁에 질려 방에서 뛰쳐나갔다.

한편, 내가 달아난 것을 알고 아버지가 나를 찾으러 경찰서로 갔고 경찰서장의 집에 가보라는 말을 들었다. 아버지는 현관 앞에서 훌쩍이는 나를 찾아내 어머니에게 데려갔다.

그때 아버지와 어머니는 한 살림을 꾸리기로 마음먹었다. 두 분의 밑천은 모두 6루블이었다. 두 분은 한 달 3루블로 지하실 하나를 빌렸다. 아버지는 다리 길이가 안 맞는 탁자 하나와 의자들로 이루어진 중고 가구 몇 점과 주방 기구 몇 개를 사는 데 2루블을 썼다. 어머니는 지갑에 있던 마지막 1루블을 헐어서 우리가 먹을 것을 조금 준비했다. 어머니는 소금 1코페이카어치를 사 오라고 나를 보냈다.

그 거리의 식료품 가게는 나스타시야 레온티에브나 푹스만Настасья Леонтиевна Фуксман이라는 유대인 여자의 소유였다. 그 여자는 내가 자기 가게에 들어서자 나를 유심히 쳐다보았고 이 거리에 처음 왔음을 알아채고는 내게 물었다.

"넌 뉘 집 아이냐?"

"저는 프롤코프 집안 아이입니다. 우리는 막 이사 와서 다음 건물 단지 지하실에 살아요."

"나를 거들 계집아이가 있어야 하는데. 우리 가게에서 일하지 않으련?" 여자가 물었다. "한 달에 1루블을 줄게. 끼니랑 잠자리하고."

나는 너무 기뻐서 집으로 달음박질했는데 너무 빨리 달린 나머지 어머니에게 갔을 때에는 숨이 다 막혔다. 식료품 가게 여인에게서 제안을 받았다고 어머니에게 말했다.

"하지만 그 여자는 유대인이에요." 내가 덧붙였다.

나는 이렇다는 둥 저렇다는 둥 유대인 이야기를 하도 많이 들었던지라, 다시 생각해보니, 유대인 여자와 한 지붕 밑에서 산다는 것이 꽤 무서웠다. 어머니가 무서워하는 나를 달래고는 식료품 가게로 가서 여주인과 이야기를 나누었다. 어머니는 흐뭇해하며 돌아왔고, 나는 나스타시야 레온티예브나의 가게에서 계시 살이를 시작했다.

쉬운 삶은 아니었다. 나는 손님 시중을 들고 심부름을 하고 요리와 바느질부터 마룻바닥 닦기에 이르기까지 온갖 집안일 하는 법을 익혔다. 낮에는 뼈가 빠져라 끊임없이 일을 했고 밤에는 가게와 살림집 사이 복도에 있는 궤짝 위에서 잠을 잤다. 내 달삯은 어머니에게 갔지만, 집에서 배고픔이라는 유령을 몰아내기에는 결코 넉넉하지 않았다. 아버지는 돈을 못 벌면서 술을 많이 마셨고, 성질은 더욱더 모질어졌다.

이윽고 내 달삯이 2루블로 올랐다. 그러나 자라면서 옷이 여러 벌더 있어야 해서 어머니는 내가 버는 돈으로 옷을 지어주었다. 나스타시야 레온티예브나는 까다로웠고 드물지 않게 나를 꾸짖었지만, 제 딸인양 사랑하기도 했고 가혹한 대우를 보상해주려고 늘 애썼다. 장사와 집안일에서 거의 모든 일을 하도록 나를 가르쳤으니 그분에게 나는 큰 빚을 지고 있다.

틀림없이 열한 살쯤이었을 텐데, 나는 부앗김에 나스타시야 레온티예브나와 다투었다. 그의 남동생이 극장에 자주 갔는데, 맨날 극장 이야기를 했다. 나는 극장이 어떤 곳인지 도무지 알 길이 없었지만, 마음이 이끌려서 어느 날 저녁에 그 경이로운 곳을 가서 알아보겠다고 다짐했다. 나는 나스타시야 레온티예브나에게 극장에 갈 돈을 달라고 했다. 그는 마다했다.

"꼬맹이 무지치카*인 네가 극장엔 뭐 하러?" 비웃듯이 그가 물었다.

"넌 저주받은 유대 년이야!" 나는 사납게 쏘아붙이고는 가게에서 뛰쳐나갔다. 어머니에게 가서 그 일을 말해주었다. 어머니는 소스라치게 놀랐다.

"그분이 너를 받아주지 않을 텐데. 마루샤,** 네 달삯 없이 우리는 어떻게 하냐? 집세를 어떻게 내지? 우리는 다시 동냥을 다녀야 할 텐데." 그러고서 어머니는 울기 시작했다.

얼마 뒤에 내 고용주가 뒤쫓아와 내 성마른 성질을 꾸짖었다.

"네가 극장에 그렇게 가고 싶어 하는지 내가 어떻게 알겠니? 좋아, 극장에 갈 수 있게 일요일마다 15코페이카를 주겠다."

나는 극장 꼭대기 좌석의 일요일 단골이 되어 배우들을, 그들의 이상한 몸짓과 말투를 아주 재미있게 구경했다.

나는 나스타시야 레온티예브나를 모시고 다섯 해를 일했는데, 더

---

* мужичка. 시골 여자, 촌 여자라는 뜻의 러시아어 낱말.
** Маруся. 러시아 여자 이름 마리야의 여러 애칭 가운데 하나.

자라면서 더 중요한 일을 맡았다. 아침 일찍 일어나 가게 덧문을 열고 반죽을 하고 마룻바닥을 쓸거나 닦았다. 마침내 이 단조롭고 고된 일이 지겨워서 다른 일거리를 찾고 싶어졌다. 그러나 어머니는 아팠고 아버지는 대부분의 시간에 술을 마시며 일을 더욱더 조금 했다. 아버지는 더 무지막지해져서 우리 모두를 조금도 봐주지 않고 두들겨 팼다. 언니들은 어쩔 수 없이 집에서 떨어져 지냈다. 슈라는 열여섯 살에 결혼했고, 열네 살인 내가 가족의 대들보가 되었다. 가족이 배를 곯지 않도록 가불을 자주 받아야 했다.

도둑질의 유혹이 어느 날 문뜩 내게 찾아왔다. 전에는 단 한 번도 무엇을 훔친 적이 없고, 나스타시야 레온티예브나는 나의 이 장점을 자기 친구들에게 되풀이해서 짚었다.

그는 "훔치지 않는 무지치카가 여기 있어"라고 말하곤 했다. 그런데 어느 날 나는 배달된 설탕 한 통을 가게에서 풀다가 늘 여섯 개 들어 있던 설탕 꾸러미가 일곱 개임을 알았다. 남는 설탕 꾸러미를 가져가고픈 충동을 이겨낼 길이 없었다. 밤에 나는 살금살금 설탕을 몰래 빼내서 집으로 가져갔다. 아버지는 어찌할 바를 몰랐다.

"마루샤, 무슨 짓을 한 게냐? 어서 그걸 도로 가져가거라." 아버지가 다그쳤다. 나는 울기 시작했고 그 설탕이 정말로 나스타시야 레온티예브나 것이 아니라고, 제당 공장에서 한 실수라고 말했다. 그러자 아버지는 설탕을 그냥 가지기로 했다.

나는 가게로 돌아가서 잠자리에 들었지만, 눈이 감기지 않았다. 양심에 찔려 괴로웠다. '나스타시야 레온티예브나가 설탕 한 꾸러미가 없다고 의심하면 어쩌지? 내가 훔쳤다는 걸 알아채면 어쩌지?' 부끄러움이 밀려왔다. 이튿날 나는 나스타시야 레온티예브나의 눈을 똑바로 쳐다볼 수 없었다. 죄를 지었다는 느낌이 들었다. 얼굴이 화끈거렸다. 그가 움직일 때마다 들통날까 봐 심장이 떨렸다. 마침내 나한테 뭔가 문제가 있음을 그가 눈치챘다.

"마루샤, 무슨 일 있니?" 그가 나를 가까이 끌어당기며 물었다. "몸이 안 좋아?" 그래서 마음이 훨씬 더 편하지 않았다. 내가 저지른 죄의 부담감이 더더욱 무거워져 순식간에 견뎌낼 길 없는 수준이 되었다. 내 양심이 진정되지 않을 터였다. 낮에는 안절부절못하고 밤에는 잠을 못 이루며 두어 날을 보낸 끝에 나는 털어놓기로 마음먹었다. 나스타시야 레온티예브나의 침실로 들어갔는데, 그는 잠들어 있었다. 나는 침대로 달려가 무릎을 꿇고 울음을 터뜨렸다. 그가 깜짝 놀라며 깼다.

"애, 무슨 일이 났니? 뭔 일이야?"

울면서 나는 물건을 훔쳤다는 이야기를 했고 용서해달라고 빌면서 다시는 훔치지 않겠다고 약속했다. 나스타시야 레온티예브나는 나를 달래며 다시 자라고 돌려보냈지만, 내 아버지와 어머니를 용서할 수 없었다. 이튿날 아침에 그가 우리 집에 찾아가서는 설탕을 돌려보내고 나를 꾸짖지 않았다며 아버지를 나무랐다. 내 부모님은 부끄러웠고 창피하기 이를 데 없었다.

일요일이면 나는 집에서 지내며 어머니를 거들었다. 꽤 멀리 떨어진 우물로 가서 물을 길어오곤 했다. 어머니는 한 주 내내 빵을 구웠고 아버지는 빵을 시장으로 가져가 한 덩이에 10코페이카를 받고 팔았다. 아버지의 성질은 꾸준히 더 나빠졌다. 아버지가 술을 먹고 집에 오면 마당에서 눈물짓는 어머니가 내 눈에 띄는 일이 드물지 않았다.

이제 나는 열다섯 살이었고 내 팔자가 야속해지기 시작했다. 생명력이 내 안에서 꿈틀대며 상상력을 북돋고 있었다. 내가 살고 일하는 좁고 작은 세상을 스쳐 지나가고 넘어서는 모든 것이 나를 불러댔고 내게 손짓했고 나를 꾀었다. 극장에서 내가 보았던 그 낯선 세상의 인상이 마음 깊이 뿌리를 내렸고 새로운 열정과 욕구에 불을 지폈다. 나는 멋지게 차려입고 나들이를 하고 삶의 즐거움을 누리고 싶었다. 또 배우고 싶었다. 부모님을 영원히 굶주리지 않게 해드릴, 그리고 해가 뜨면 일어나서 마룻바닥을 닦거나 옷을 빨지 않아도 되는 느긋한 삶을 한동안, 아니 딱 하루라도 누릴 수 있게 해줄 넉넉한 돈을 벌고 싶었다.

아! 나라고 해서 삶의 달콤함, 즐거움을 맛보지 못할쏘냐. 그러나 나를 위한 것은 아무것도 없는 듯했다. 하루 내내 나는 작은 가게와 부엌에서 뼈가 으스러져라 일을 했다. 단돈 1루블이 남아돈 적이 단 한 번도 없었다. 목표와 앞날이 안 보이는 이 삭막한 삶에 맞서 내 안에서 뭔가가 들고 일어섰다.

2장 | 열다섯 살에 한 결혼

그때 러시아-일본 전쟁*이 일어났다. 이 전쟁으로 시베리아에서는 톰스크부터 만주까지 새로운 삶이 넘쳐났다. 심지어 그때까지 활기가 없고 별다른 일도 없던 우리 거리에도 변화가 찾아왔다. 장교 두 사람, 즉 라조프Лазов 형제가 나스타시야 레온티예브나의 가게 맞은편에 있는 아파트에 세를 들었다. 형은 기혼자였는데, 젊은 라조프 부인은 살림살이를 전혀 몰랐다. 부인은 가게에서 일하는 나를 지켜보고는 달삯 7루블을 줄 테니 자기 집에서 일하라고 제안했다.

7루블은 마음에 쏙 드는 금액인지라 나는 제안을 덥석 받아들였다. 그렇게 많은 돈으로 무엇을 못 할쏘냐? 그 돈이면 어머니의 집세를 내고도 나한테 4루블이 남겠는데. 4루블이라! 새 옷이나 외투 한 벌, 또는 멋진 신발 한 켤레를 사기에 넉넉한 돈. 게다가 그 돈은 나스타시야 레온티예브나의 굴레에서 벗어날 기회를 주었다.

---

* 러시아 제국이 1904년 2월부터 이듬해 9월까지 만주와 동해에서 일본과 벌여서 진 전쟁.

나는 라조프 부부의 집안일을 도맡았다. 그들은 상냥하고 점잖았고, 내게 관심을 품었다. 식탁 예절과 사교 예절을 가르쳐주었고, 내가 말쑥하고 깔끔하게 보이도록 신경을 썼다.

동생인 바실리 라조프Василий Лазов 소위가 나를 눈여겨보기 시작했다. 어느 날 저녁에 같이 산책을 하자고 내게 청했다. 시간이 흐르면서 바실리가 내게 품는 관심이 점점 커졌다. 우리는 여러 차례 함께 나들이를 했다. 그는 나와 육체관계를 맺으며 나를 어루만지고 입맞춤을 했다. 내가 그 모든 일의 의미를 뚜렷이 깨달았을까? 아니다. 그 모든 일이 무척 새로웠고 무척 멋졌고 무척 매력적이었다. 그래서 그가 다가오면 가슴이 두근두근 뛰었다. 두 볼이 젊은 피의 열기로 발개졌다.

바실리는 나를 사랑한다고 말했다. 나는 그를 사랑했을까? 내가 그랬다면, 그라는 사람 자체가 좋아서라기보다는 그가 나를 멋진 세상으로 이끌고 들어가기 때문이었을 터다. 그는 나와 결혼하겠다고 약속했다. 나는 그와 꼭 결혼하고 싶었을까? 아니다. 다른 무엇보다도 고된 일을 하는 비참한 삶이 끝날 터라서 결혼이라는 전망은 더 매혹적이었다. 자유로워지고 독립하고 부유해진다는 매력적인 전망이 눈앞에 펼쳐졌다.

바실리가 결혼을 약속하며 나를 꾀었을 때 내 나이는 열다섯 살 반이었다. 어느 날 라조프 형제에게 다른 근무지로 떠나라는 명령이 내려왔다. 바실리가 그 소식을 내게 알려주었다.

"그럼 빨리 결혼해요, 당신이 가기 전에." 내가 잘라 말했다. 그러나 바실리는 그렇게 생각하지 않았다.

"마루샤, 그럴 수는 없어."

"왜?" 내가 매섭게 물었는데, 뭔가가 목에서 확 솟구쳐 올라와 숨이 막힐 것 같았다.

"난 장교니까. 넌 그저 평범한 시골 아가씨고. 너 스스로도 지금은 우리가 결혼할 수 없다는 걸 알잖아. 마루센카,* 나는 언제나처럼 널 사랑해. 자, 널 우리 집에 데려갈게. 우리 부모님과 함께 지내면서 교육받게 해줄게. 그러고 나서 우리는 결혼할 거야."

나는 넋이 다 나가 그에게 맹수처럼 달려들면서 목청껏 소리쳤다.

"나쁜 놈. 넌 나를 속였어. 넌 나를 결코 사랑하지 않았어. 넌 건달이야. 벼락이나 맞아 뒈져라."

바실리는 나를 달래려고 애썼다. 그가 다가오려 했지만, 나는 그를 밀쳐냈다. 그는 울고 빌면서 나를 사랑한다는 것을, 자기가 나와 결혼하리라는 것을 믿어달라고 사정했다. 하지만 나는 그의 말을 듣지 않으려 했다. 억누를 길 없이 터져 나오는 울화에 사로잡혀 분노로 덜덜 떨었다. 그는 흐느끼는 나를 두고 떠났다.

나는 이틀 동안 바실리를 보지 못했다. 그의 형도 형수도 그를 보지 못했다. 그는 사라져버렸다. 돌아왔을 때 그의 모습은 가여웠다. 핼쑥한 얼굴, 옷매무새, 보드카 냄새로 그가 이틀 동안 술을 퍼마셨음을 알 수 있었다.

"아, 마루샤, 마루샤." 그가 내 두 팔을 움켜쥐고 애달프게 말했다. "무슨 짓을 한 거야, 네가 무슨 짓을 한 거야? 난 너를 무척 사랑했어. 그런데 넌 나를 이해하지 않으려고 해. 넌 내 인생과 너 자신의 인생을 망쳐버렸어."

---

* Марусенька. 러시아 여자 이름 마리야의 애칭 가운데 하나.

바실리가 가여워서 가슴이 미어졌다. 그때 내게 삶은 뒤엉켜 헷갈리는 막다른 골목의 미로였다. 바실리가 나를 진심으로 사랑했다는 것이, 그리고 스스로를 잊고 내가 불러일으킨 고통을 떨쳐내려고 진탕 부어라 마셔라 술독에 빠졌다는 것이 이제 명백하다. 그러나 그때 나는 이해하지 못했다. 내가 그를 정말로 사랑했다면, 사정이 달랐을지 모른다. 하지만 딱 하나의 생각이 내 마음을 지배했다. '그는 나와 결혼하겠다고 약속했는데 지키지 않았어.' 내게 결혼은 자유로운 독립적 삶의 상징이 되어 있었다.

라조프 형제가 떠났다. 그들은 내게 돈과 선물을 주었다. 그러나 내 가슴은 들짐승이 울부짖는 소리가 메아리치는 겨울의 적막한 폐허 같았다. 자유로운 삶 대신에 부모님의 지하실 집이 나를 기다렸다. 그리고 내 가슴 깊은 곳에는 미지의 것에 대한 두려움이 도사리고 있었다.

나는 집으로 돌아갔다. 언니들은 나를 휘감은 분위기가 달라진 것을 벌써 눈치챘다. 어쩌면 내가 바실리와 함께 있는 모습이 언니들 눈에 띈 적이 한두 번 있었을 것이다. 까닭이야 어떻든, 언니들은 의심을 품었고 그 의심을 어머니에게 전하지 않을 리 없었다. 어머니는 자세히 들여다보지 않아도 수줍은 계집애였던 내가 젊은 처녀로 피어올랐음을 알아보았다. 그러고 나서 괴롭디괴로운 나날이 시작되었다.

아버지가 라조프 형제 집에서 무슨 일이 일어났는지를 풍문으로 금세 전해 들었다. 그는 인정사정없이 채찍을 들고 달려들어 나를 죽어라 내리쳤다. 아버지는 한 대 칠 때마다 욕을 해댔는데, 그 욕이 채찍질보다 더 깊이 나를 후벼 팠다. 어머니가 내 편이 되어 끼어들려고 하자 아버지는 어머니도 때렸다.

아버지는 날이면 날마다 술에 취해 집에 들어오자마자 나를 때리기 시작했다. 툭하면 나와 어머니를 맨발인 채로 집 밖으로 몰아냈으며, 이따금 우리는 꽁꽁 언 담벼락에 바짝 붙어서 몇 시간이고 눈을 맞으며 덜덜 떨었다.

삶은 사실상 지옥이 되었다. 나는 병들어 죽게 해달라고 하느님께 밤낮으로 빌었다. 그러나 하느님은 귀를 닫으셨다. 그런데도 내가 아파야만 나날의 징벌에서 구원받을 수 있다는 느낌이 들었다. 나는 속으로 말했다. '반드시 병이 나야 해.' 그래서 밤에 화덕 위에 누워 몸을 달군 다음 밖으로 나가 눈에서 떼굴떼굴 굴렀다. 그 짓을 여러 번 했지만, 헛일이었다. 나는 병에 걸리지도 않았다.

견딜 길 없는 이 상황에서 1905년 새해를 맞이했다. 시집간 언니가 내게 가장무도회에 끼라고 권했다. 아버지는 내가 밤놀이하러 나가는 것을 허락하지 않으려 했지만 거듭거듭 조르자 들어주었다. 나는 사내아이처럼 차려입었는데, 이때 처음으로 남자 옷을 입어보았다. 춤을 춘 뒤에 우리는 언니의 친구 집에 놀러 갔는데, 거기서 전선에서 막 돌아온 병사를 만났다. 외모가 투박하고 말투가 상스러운 흔한 시골뜨기였고 나보다 적어도 열 살은 더 많았다. 그가 곧바로 내게 구애하기 시작했다. 그의 이름은 아파나시 보치카료프Афанасий Бочкарев였다.

그 뒤 오래지 않아 나는 시집간 보치카료프 누나의 집에서 그와 다시 만났다. 그는 산책을 하자고 청하더니 느닷없이 내게 청혼을 했다. 하도 뜻밖이어서 곰곰이 생각해볼 겨를이 없었다. 그 무엇이든 집에서 겪는 나날의 고통보다는 더 나아 보였다. 내가 아버지에게서 벗어나려고 죽으려 들었는데, 이 시골뜨기와 결혼인들 못 할쏘냐? 나는 더 생각해보지도 않고 그러겠다고 했다.

아버지는 내가 아직 열여섯 살이 안 되었다면서 결혼에 반대했지만, 헛일이었다. 보치카료프가 빈털터리였고 내게도 돈이 없었으므로 우리는 함께 일해서 돈을 모으기로 마음먹었다. 우리 결혼은 성급한 일이었다. 내게 남아 있는 그 결혼의 유일한 인상은 아버지의 무지막지한 손아귀에서 벗어난다는 안도감이다. 아, 슬프다! 그때 나는 내가 이 꼴의 고통을 저 꼴의 고통과 맞바꾸고 있지는 않은가 의심하지 못했다.

초봄에 치른 결혼식 다음 날 아파나시와 나는 날품팔이꾼으로 돈벌이를 하려고 강가로 갔다. 우리는 목재 너벅선에서 짐을 싣고 내리는 일을 도왔다. 나는 중노동에도 겁먹지 않았고, 어떻게든 아파나시와 잘 살 수만 있다면 만족했을 것이다. 한데 그도 술을 마셨고, 나는 마시지 않았다. 그는 술에 취하면 어김없이 짐승이 되었다. 나와 라조프의 일을 알고서 나를 나무라는 빌미로 써먹곤 했다.

"네 머릿속엔 아직 그 장교가 있지." 이렇게 소리 지르곤 했다. "기다려, 내가 두들겨 패서 그놈을 네 머리에서 빼줄게." 그는 그렇게 하려 들었다. 여름이 왔다. 아파나시와 나는 한 아스팔트 업체에서 일자리를 찾았다. 우리는 감옥, 대학, 기타 공공건물에서 바닥을 만들었고, 몇몇 거리를 아스팔트로 포장했다. 그 업체에서 우리는 두 해쯤 일을 했다. 우리 둘 다 하루 품삯 70코페이카로 시작했지만, 나는 몇 달 뒤에 부작업 반장으로 올라 하루 품삯 1루블 50코페이카를 받았다. 아파나시는 계속 막일꾼이었다. 내 직무에는 콘크리트와 아스팔트를 만들 때 여러 성분의 혼합에 관한 상당한 지식이 꼭 있어야 했다.

아파나시의 머리가 나쁜 것도 골칫거리였지만, 내게는 그의 폭음이 더 큰 고통의 원천이었다. 그는 나를 때리는 버릇을 들였고, 갈수록 정도가 심해져서 견딜 수 없게 되었다. 나는 열여덟 살이 채 안 되었는데, 고생길만 훤해 보였다. 벗어나겠다는 생각이 머릿속으로 더욱더 깊이 파고들었다. 나는 끝내 아파나시에게서 달아나겠다는 마음을 굳혔다.

시집간 언니는 바르나울*로 이주해서 남편과 함께 하천 증기선에서 종업원으로 일했다. 나는 20루블쯤을 모았고, 언니에게 가기로 마음먹었지만 통행증이 없었다. 러시아에서는 통행증이 없으면 이동할 수 없어서 나는 어머니의 통행증을 가져갔다.

가는 길에, 한 작은 철도역에서 순경이 나를 붙잡았다.

"아가씨, 어디로 가나?" 수상쩍다는 눈초리로 나를 보며 그가 퉁명스레 물었다.

"바르나울요." 내가 대꾸했다. 가슴이 철렁 내려앉았다.

"통행증 있어?" 그가 통행증을 보여달라고 했다.

"예." 나는 보따리에서 통행증을 꺼내며 대꾸했다.

"이름이 뭐야?" 다음 질문이었다.

"마리야 보치카료바."

나는 당황해서 통행증이 어머니 것임을, 거기에 적힌 이름이 올가 프롤코바임을 잊어버렸다. 순경이 통행증을 펼쳐 이름을 흘낏 보고는 내게 확 달려들며 물었다.

"보치카료바, 아, 그게 네 이름이라고?"

그제야 크나큰 실수를 했다는 생각이 퍼뜩 들었다. 감옥에 갇혀 고

---

* Барнаул. 시베리아 서부 남쪽의 도시.

초를 겪고 결국은 아파나시에게로 돌아가는 모습이 눈앞을 휙휙 스쳐갔다. '망했구나.' 순경이 자기를 따라 경찰서 본부로 가자고 했을 때, 나는 무릎을 꿇고 사정을 봐달라고 빌었다. 눈물을 터뜨리고 흐느끼면서 짐승 같은 남편에게서 달아났는데 내 통행증을 얻을 길이 없어서 어쩔 수 없이 어머니 통행증을 써야 했다고 말했다. 나는 아파나시가 틀림없이 나를 죽일 테니 그자에게 돌려보내지 말아달라고 순경에게 빌었다.

나의 순박한 시골뜨기 말투에 순경은 내가 위험한 정치범이 아니라고 믿게 되었지만 나를 놓아주지 않으려 들었다. 내가 자기와 함께 가야 한다며 이렇게 말했다. "같이 가자. 오늘 밤 같이 지내고, 내일 너를 바르나울로 보내주겠다. 거부한다면 널 체포해서 호송 죄수단에 넣어 도로 톰스크로 보낼 테다."

나는 양처럼 고분고분했다. 이것이 내가 처음으로 관헌과 마주친 경험이었고, 나는 대들 엄두를 내지 못했다. 내게 어떤 의지의 힘이 있었다면, 그것은 틀림없이 잠들어 있었을 것이다. 어릴 적부터 나는 세상이 잘못된 일로 가득 차 있음을 알지 않았던가? 이것은 삶에서 일어나는 흔한 일 가운데 하나가 아니었나? 우리 무직*은 고생하고 견디는 존재로 창조되었다. 그들은, 즉 관헌들은 처벌하고 학대하는 존재로 창조되었다. 그래서 나는 평화와 법을 수호한다는 그자에게 이끌려 갔고 수치와 굴욕을 당하게 되었다. ……

그러고 나서야 풀려난 나는 다시 여정을 이어갔다. 내가 바르나울에 다다르자 언니는 증기선에서 내 일자리를 얼른 찾아냈다. 일은 쉬운

---

* мужик. 농부를 뜻하는 러시아어 낱말. 순박하고 무지한 시골뜨기라는 어감을 지닌다.

편이었고, 내 삶은 빠르게 행복해졌다. 짐승 같은 술고래 남편에게서 떨어져 있으니 무척이나 마음이 놓였다.

그러나 안도감은 오래가지 않았다. 내가 사라진 뒤에 아파나시가 내 어머니에게 가서 내가 어디 있는지를 물었다. 어머니는 내가 달아났다는 말을 듣고 놀라며 내가 어디로 갔는지 일절 알지 못한다고 했다. 그는 우리 집에 오고 또 왔다. 어느 날 그가 있을 때 집배원이 슈라에게서 온 편지 한 통을 전달했다. 그는 편지를 집어 들었고 내가 바르나울에 있음을 알아냈다.

어느 날 아침에 내가 항구에 닻을 내린 배의 갑판에 서 있을 때 갑자기 부두로 다가오는 사람의 모습에 눈길이 갔다. 낯익은 사람이었다. 다음 순간에 나는 그것이 아파나시의 모습임을 알아챘다. 무슨 일이 닥칠지 깨닫고서 피가 얼어붙고 몸이 오싹해졌다.

'저놈 손에 걸리면 내 삶에서 고통이 끊이지 않을 텐데.' 나는 생각했다. '나는 내가 구해야 해.' 그러나 어떻게 빠져나갈 수 있을까? 내가 뭍 위에 있었다면 아직 기회가 있었을지 몰라. 여기서는 모든 통로가 막혀 있어. 저기서 저놈이 벌써 부두 정문으로 다가오고 있네. 멈춰 서서 수위에게 묻고 있군. 수위가 그렇다고 고개를 끄덕이네. 이런, 저놈이 조금 더 빨리 걸어오고 있어. 저놈 얼굴에는 나를 겁에 질리게 하는 웃음기가 어려 있군. 나는 덫에 걸렸어. …… 하지만 아니야, 잠깐 기다려, 아파나시. 네가 이겼다고 아직 확신하지는 마. 나는 갑판 가장자리로 달려가서 성호를 긋고 오브강*의 깊은 물로 뛰어든다. 아, 죽는 게 어찌나

---

* Обь. 시베리아 서부를 지나 북극해로 흘러가는 길이 3700킬로미터의 강.

짜릿한지! 그래, 어쨌든 내가 아파나시보다 한발 앞섰어. 춥고 물이 차 갑군. 내가 밑으로 밑으로 가라앉고 있네. …… 기쁘다. 내가 이겼어. 내가 덫에서 빠져나와 …… 죽음의 품 안으로 들어가 버렸네.

나는 하늘나라가 아니라 병원에서 깨어났다. 사람들이 강물로 뛰어드는 나를 보았고, 나는 의식을 잃은 채로 끌려 나와 살아났다.

관헌들이 스스로 목숨을 끊으려 한 까닭을 물었고 조서를 꾸몄다. 나는 그들에게 남편의 짐승 같은 짓거리에 관해 털어놓으며 그와는 절대로 같이 살 수 없다고 말했다.

아파나시는 나를 보려고 대기실에서 기다리고 있었다. 내 자살 기도가 그의 속을 심하게 긁어놓았다. 그에게 수치심이 일었다. 내 이야기에 마음이 움직인 관헌들이 밖으로 나가서 그가 나를 무지막지하게 다루었다고 성을 내며 꾸짖었다. 그는 잘못을 시인했고, 앞으로는 내게 곰살맞게 굴겠다고 맹세했다.

그러고서야 그는 내가 누워 있는 병실에 들어가도 된다는 허락을 받았다. 그는 무릎을 꿇고 용서를 빌면서 내게 했던 맹세를 되풀이하고 나를 사랑한다고 가장 상냥한 말투로 고백했다. 그의 애원에 마음이 약해져서 나는 마침내 그와 함께 집으로 돌아간다는 데 뜻을 같이했다.

한동안 아파나시는 참으로 딴사람이었다. 버릇이 거슬리기는 했어도 그가 상냥해지려고 애쓰는 모습에 내 마음이 깊이 움직였다. 하지만 오래가지 않았다. 고된 일을 하는 우리 삶이 다시 이어졌다. 그리고 그는 다시 술독에 빠졌다. 취하면 다시 짐승처럼 되었다.

아파나시와 함께하는 삶은 차츰차츰 내가 달아나기 전만큼 견디기 어려워졌다. 그해 여름에 나는 열아홉 살이 되었고, 내 앞에 죽 늘어서 있는 암담한 세월 말고는 아무것도 보이지 않았다. 아파나시는 내가 술독에 빠지기를 바랐다. 나는 안 그러겠다며 버텼고, 그는 내가 버틴다고 미친 듯이 성을 냈다. 그는 버릇 삼아 날마다 나를 괴롭혔다. 보드카 병을 내 얼굴에 들이대곤 했고, 내가 처한 조건을 딛고 헤쳐나가려 애쓴다고 비웃으면서 주먹질과 발길질을 하며 쓴 술을 억지로 내 목구멍에 들이부으려 들었다. 심지어 어느 날에는 옴짝달싹 못 하게 나를 바닥에 묶어두고서 내가 보드카 한 병을 마시는지 안 마시는지 꼬박 세 시간 동안 지켜보기까지 했다. 그러나 나는 굴복하기를 거부했다.

겨울이 왔다. 나는 먹고살려고 빵을 구웠다. 일요일이면 교회에 가서 나를 멍에에서 풀어달라고 하느님께 빌었다. 달아나겠다는 생각이 다시 마음에 자리 잡았다. 물론 첫째 필수품이 통행증이었으므로 나는 남몰래 법률가에게 가서 자문을 받았고, 그는 내 통행증을 합법적으로 구해주려고 손을 썼다. 그러나 불운이 내게 따라붙었다. 순경이 내게 통행증을 건네주려고 들렀을 때 마침 아파나시가 집에 있었다. 계획이 들통났고 희망은 어그러졌다. 아파나시가 내게 덤벼들어 내 애원과 비명에 귀를 틀어막고 내 손발을 묶었다. 최후가 왔다는 생각이 들었다. 그는 잠자코 나를 집 밖으로 메고 나가서 말뚝에 묶어놓았다.

추웠다. 몹시 추웠다. 그는 채찍으로 나를 때렸고, 술을 마시고는 내게 가장 상스러운 욕을 하면서 다시 채찍질을 했다.

"네년이 달아나려 드니까 이런 꼴이 되지." 그가 내 입에 술병을 들이대고 소리쳤다. "더는 달아나지 못할걸. 술을 마시지 않으면 널 죽여버리겠어!"

나는 굳게 버티면서 나를 그냥 내버려두라고 빌었다. 하지만 그가 나를 네 시간 동안 말뚝에 묶어놓고 계속 채찍질을 해댄 끝에 나는 마침 내 뜻을 꺾고 보드카를 마셨다. 나는 취해서 거리에서 비틀대다 집 앞 포장도로에 쓰러졌다. 아파나시는 쫓아다니며 욕을 하고 나를 발로 걸어찼다. 군중이 금세 우리를 에워쌌다. 그가 내게 한 몹쓸 짓을 아는 이웃 사람들이 나를 도와주려고 왔다. 아파나시는 험한, 정말로 아주 험한 꼴을 당해서 얼마 동안은 나를 가만히 내버려두었다.

성탄절이 다가오고 있었다. 나는 한 푼 두 푼 모아 50루블을 만들었다. 한 푼 한 푼이 다 밤에 가욋일을 해서 번 돈이었다. 그 돈은 내 전 재산이었고, 나는 그것을 앗길 새라 조심스레 지켰다. 하지만 아파나시는 숨겨놓은 곳을 어떻게든 알아내고는 돈을 훔쳐서 술 마시는 데 몽땅 써버렸다.

나는 돈이 없어졌음을 알고 미치도록 화가 치밀었다. 그 돈이 그 상황에서 내게 무엇을 뜻하는지를 설명하기는 어렵다. 그 돈은 내 피, 내 땀, 한 해의 내 젊음이었다. 그런데 짐승 같은 놈이 술을 진탕 마시는 데 그 돈을 허투루 써버렸다. 나를 괴롭히는 그놈에게 내가 할 수 있는 일은 그저 죽이는 것이었다.

나는 넋이 나가서 어머니에게 달려갔고, 어머니는 내 표정에 놀랐다.

"마루샤, 너 어디 아프니?"

"엄마." 나는 헐떡이며 말했다. "나한테 도끼를 줘. 아파나시를 죽여버리겠어."

"성모님, 자비를 베푸소서!" 어머니가 두 손을 하늘로 치켜들고 외쳤다. 그런 다음 무릎을 꿇고는 내게 정신 차리라고 빌었다. 그러나 나는 미칠 듯이 화가 나서 도끼를 쥐고 집으로 달려갔다.

아파나시가 술에 취해 돌아와서는 내가 모아놓은 귀중한 돈을 잃어버렸다며 비아냥거리기 시작했다. 나는 화가 치밀어 얼굴이 새하얗게 질렸고 마음 깊은 곳에서 치밀어 오르는 욕설을 퍼부었다. 그가 의자를 잡더니 내게 던졌다. 나는 도끼를 움켜쥐었다.

"널 죽여버리겠어, 거머리 같은 놈아!" 내가 소리쳤다.

아파나시는 놀라서 멍해졌다. 내가 그렇게 나올 줄 몰랐던 것이다. 죽이고픈 마음을 이겨낼 길이 없었다. 나는 이미 주검이 된 그의 꼴에, 그의 죽음이 내게 가져다줄 자유에 마음이 흐뭇해졌다. 나는 도끼를 휘두를 태세를 갖추었다.

갑자기 문이 활짝 열리더니 아버지가 뛰어 들어왔다. 어머니가 아버지를 보낸 것이다.

"마루샤, 너 무슨 짓을 하는 거냐?" 아버지가 소리치며 내 팔을 붙잡았다. 상황이 워낙 갑작스레 끊기고 신경이 무너져서 나는 의식을 잃고 마룻바닥에 쓰러졌다. 깨어났을 때 집에 경찰이 와 있었다. 나는 경찰에게 모든 것을 말했다. 아파나시는 경찰서로 끌려갔고, 정말 마음씨 좋은 경찰관이 내게 도시를 떠나 그에게서 벗어나라고 충고했다.

내 통행증이 생겼지만, 내 돈은 사라졌다. 슈라가 바르나울에서 이르쿠츠크*로 이사했는데, 나는 이르쿠츠크로 가는 차표를 살 형편이 안 되었다. 무슨 일이 있어도 가겠다고 다짐한 나는 차표 없이 열차에 올라탔다. 가는 길에 차장이 나를 찾아냈고, 나는 울면서 여행을 계속하게

---

* Иркутск. 시베리아 동부의 남쪽에 있는 시베리아 최대 도시.

해달라고 빌었다. 그는 제 요구를 들어주면 나를 수하물 차량에 숨겨서 이르쿠츠크로 데려다 주겠다고 제안했다. 화가 치민 나는 그를 거세게 밀쳐냈다.

"너를 다음 역에서 떨구겠다." 그가 차량에서 내빼면서 내게 외쳤다. 그러고는 제가 한 말을 지켰다.

이르쿠츠크까지 얼마 가지도 못한 채였다. 나는 차표 한 장 값에 몸을 팔지 않고 거기에 가고 싶었다. 돌아간다는 생각은 할 수 없었다. 이르쿠츠크에 가야 했다. 나는 다음 열차에 올라탔고, 열차가 역을 빠져나갈 때 좌석 아래에 몰래 웅크리고 있었다.

마침내 나는 들켰지만, 이번 차장은 나이 지긋한 사람으로 내 눈물과 하소연에 두 손을 들고 말았다. 나는 첫 번째 차장에게 겪은 일을, 내가 무일푼임을 그에게 말했다. 그는 내가 승차를 계속 하도록 허락했고, 검표원이 열차에 오를 때마다 내게 좌석 아래에 숨으라고 신호를 보내주곤 했다. 이따금 나는 친절한 승객 몇 사람의 다리로 몸을 가린 채 좌석 아래에서 한 번에 죽 몇 시간을 보냈다. 이런 식으로 나흘 동안 여행한 끝에 드디어 목적지인 이르쿠츠크에 다다랐다.

3장 | 작은 행복

나는 이르쿠츠크에 무일푼으로 도착했다. 가진 거라고는 몸에 걸친 것뿐이었다. 언니를 찾아갔는데, 언니는 형편이 안 좋았고 아팠다. 형부는 일자리가 없었다. 그런 상태라 뜨거운 환대를 바랄 수는 없는 노릇이었다. 나는 서둘러 일자리를 찾아다녔고, 달마다 9루블을 받고 접시 닦는 일을 하는 곳을 얼른 찾아냈다. 술꾼들이 단골인 지저분한 식당에서 하는 메스꺼운 일이었다. 나는 손님들 손에 당하는 대접을 견뎌내기가 너무 힘들어서 첫날 일이 끝나자 떠나버렸다.

셋째 날에는 세탁소에서 일자리를 찾았는데, 날마다 물품 몇백 개를 빨아야 했다. 나는 아침 5시부터 저녁 8시까지 빨래 통 위에 몸을 구부리고 있었다. 지독한 고역이었지만, 몇 주 동안 계속 일을 해야 했다. 나는 작은 방에서 언니와 함께 살았고, 언니의 방세를 내가 치렀다. 얼마 안 가서 등에 통증이 느껴지기 시작했다. 힘든 일을 하다 보니 탈이 나고 있었던 것이다. 언니가 말렸지만 나는 세탁소 일을 그만두기로 결심했다. 내게는 모아놓은 돈이 없었다.

콘크리트 작업을 했던 경험이 있었으므로 나는 아스팔트 하도급업자에게 가서 나를 한번 써보라고 했다. 그 업자는 이르쿳스크 감옥에서 하고 있던 일에 나를 부작업반장으로 써볼 만큼 친절했다. 나는 남녀 일꾼 열 명을 맡게 되었다.

일을 시작할 때 나는 사방에서 터지는 와자지껄한 웃음소리와 마주쳤다. 그들은 "하, 하" 웃으며 "작업반장 자리를 차지한 바바*라니!"라고 말했다.

나는 비웃음에 신경 쓰지 않고 말없이 차분하게 내 할 일을 했다. 사내들은 내 말에 고분고분 따랐고, 내가 명수임을 알아보고는 내게 존경심까지 품기 시작했다. 첫 시험으로 층 하나를 만드는 일이 내게 주어졌다. 나 스스로 작업조원들과 함께 바닥에 엎드려 계획을 세우고 일을 해서 예정된 시간보다 일찍 일을 마칠 수 있었다. 조원들을 건물에서 의기양양하게 내보냈더니 다른 작업반장들이 깜짝 놀랐다. 고용주는 무척 흡족해했다.

"이 바바를 봐!" 그가 말했다. "우리 사내들이 곧 이 여자에게 배우게 될 거야. 이 여자가 사내들을 거느려야 해."

다음 날 내게 사내 스물다섯 명이 맡겨졌다. 나는 그들에게 아직 신기한 괴짜로 여겨졌으므로 짧은 연설을 해서 나는 평범한 시골 출신 일꾼이며 그저 밥벌이를 하려 할 따름이라고 말했다.

나는 공평을 기하는 그들의 감정에 호소하며 내게 협력해달라고 부탁했다. 보드카와 소시지를 가져다 달라고 해서 그들에게 한턱냈고

---

* баба. 여자, 특히 무식하고 천한 시골 여자를 낮춰 일컫는 러시아어 낱말.

호의를 제대로 샀다. 내 밑에서 일하는 사내들은 나를 다정하게 '만카'라고 불렀고, 우리는 일을 아주 잘 해나갔다. 내가 워낙 신기한 존재라 하도급업자는 차를 마시러 자기 집에 오라고 나를 초대했다. 아주 사근사근한 그의 아내는 자기 남편이 나를 무척 칭찬해왔다고 말했다.

그러나 며칠 뒤에 큰 시험이 찾아왔다. 나는 아스팔트를 준비해서 들이붓는 일에서 능력을 입증해야 했다. 우리 모두 새벽 4시에 작업을 개시했다. 아스팔트의 질은 사용되는 성분의 비율에 달려 있으므로 사내들이 조금 재미있어하며 내 지시를 기다리고 있었다. 나는 머뭇거리지 않고 지시를 했고, 하도급업자는 6시에 도착했을 때 솥이 펄펄 끓는 가운데 일꾼들이 열심히 일하며 자갈 위에 아스팔트를 쏟아붓는 모습을 보았다.

이 일은 무시무시한 열기와 숨 막히는 악취 속에서 쉬지 않고 해야 한다. 나는 꼬박 한 해 동안 일에 매달려 하루도 쉬지 않고 끊임없이 일했다. 시계추처럼 동트기 전에 고된 일과를 시작하고 해가 진 뒤에 집으로 돌아가 그저 또 다른 하루를 이어갈 힘을 얻고자 먹고 잠을 청하곤 했다.

마침내 몸에 탈이 났다. 나는 지하실에서 일하는 동안 고뿔에 걸렸고, 너무 허약해져서 쿠즈네초프 병원*으로 실려가 두 달 동안 앓아누워 침대에만 있었다. 몸이 나아서 한 주쯤 쉬고 일터로 돌아갔지만, 유럽 러시아**에서 특별히 불려 온 사내가 내 자리를 차지한 뒤였다. 게다가 이르쿳스크에는 그 하도급업체가 맡을 일감이 그리 많이 남아 있지 않

---

* 시베리아의 대상인이자 이르쿳스크 시장을 지낸 국무자문관 예핌 쿠즈네초프Ефим Кузнецов가 기부한 기금으로 1871년 11월에 세워진 이르쿳스크의 민립 병원.
** 우랄산맥 서녘의 러시아를 일컫는 표현.

았다.

언니와 형부가 이 무렵에 도로 톰스크로 이사했고, 내 처지는 절박해졌다. 나는 집안일을 하는 하녀 자리를 찾아보았지만, 추천서가 없으면 자리를 얻을 수 없었다. 가진 푼돈마저 마침내 바닥났다. 도시에서 유일한 친구는 언니의 이웃인 세멘톱스키Сементовский 부부였다. 나는 그들과 함께 살았지만 그들도 가난뱅이여서 나는 가끔씩 며칠 동안 먹을 것 없이 지내곤 했고 차만 마시며 근근이 몸을 지탱했다.

어느 날 직업소개소에 구직 신청을 했는데, 도시를 떠나도 괜찮겠냐고 물어왔다. 한 부인이 거기서 내내 하녀를 구하고 있으며 한 달에 25루블을 지급하겠다는 거였다. 곧바로 나는 기꺼이 가겠다는 의사를 밝혔다. 오후에 그 부인이 나타났는데, 젊고 아름답고 우아하게 차려입었으며 손가락과 목이 눈부신 보석으로 빛났다. 부인은 아주 상냥했고 나를 찬찬히 훑어보고는 결혼을 했는지 물었다.

"했습니다만, 두 해쯤 전에 남편에게서 달아났어요. 그자는 짐승 같은 술고래였지요." 내가 대꾸했다. 그때 내 나이 스물한 살이었다.

이름이 안나 페트로브나Анна Петровна인 부인은 밀린 집세를 내라고 10루블을 내게 주었다. 우리는 역에서 다시 만났는데, 거기서 부인의 남자 친구 몇 명이 동행했다. 우리는 2등칸을 타고 함께 스레텐스크*로 출발했다. 내 평생에 2등칸은 처음이었다. 가는 길에 아무 일도 없었다. 부인은 나를 잘 먹이고 잘 대해주었다. 무슨 사업을 하는지 말해주었고,

---

* Сретенск. 이르쿳스크시 동쪽 900킬로미터 지점에 있는 시베리아 동부의 소읍. 영어 원문에는 스트레틴스크Stretinsk로 잘못 표기되어 있다.

남편이 상점을 운영한다는 것도 알려주었다. 스레텐스크에 도착하자 한 사내와 두 아가씨가 우리를 맞이했다. 사내는 남편, 두 아가씨는 의붓딸이라 했다. 우리는 마차를 타고 집으로 갔고, 깔끔한 작은 방이 내게 주어졌다.

마음이 뒤숭숭해지고 있었다. 상황이 수상쩍어 보였다. "상점은 어디 있나요?" 내가 물으니, "시장에"라고 대꾸했다. 안나 페트로브나가 내 팔을 잡더니 달래듯이 이렇게 제안했다.

"마루셴카, 멋지게 차려입을래? 오늘 밤에 손님이 올 거야." 그러면서 하녀에게는 조금도 어울리지 않는 아주 앙증맞고 가벼운 옷 몇 점을 건넸다. 나는 화들짝 놀라서 단호하게 마다했고, 얼굴이 새빨개졌다. "안나 페트로브나, 저는 이렇게 화려한 옷을 걸쳐본 적이 없어요. 저는 일하는 평범한 여자거든요." 나는 부끄럽기도 했고 무섭기도 했다. 불길한 예감이 들었다. 그리고 그가 목이 깊이 파인 드레스 한 벌을 건넬 때는 무척 섬뜩했다.

그러나 안나 페트로브나는 끈질기게 설득했고, 나는 마침내 설득되어 그 옷을 입었다. 속이 다 비치는 옷이라 부끄러워서 뺨이 화끈거렸다. 나는 내 방을 떠나지 않겠다고 했지만, 안나 페트로브나가 구슬려서 그를 따라가게 되었다. 문턱을 넘어서자 사내들과 어울려 앉아 맥주를 마시는 아가씨 대여섯 명이 보였다. 젊은 사내 한 사람이 따로 서 있었는데, 우리가 나타날 것을 미리 알고 있었음이 분명했다. 그가 우리 쪽으로 왔다. 보아하니, 안나 페트로브나가 그에게 나를 넘기기로 약속한 듯했다.

하늘이 노래졌다. '갈봇집!' 머리를 스쳐 지나가는 생각에 부아가 나서 미칠 듯했다. 나는 더는 유순하지도 온순하지도 않았다. 내 옷을 잡고 미친 듯이 갈기갈기 찢고는 두 발로 짓밟았고 욕하고 소리를 지르며 손에 잡히는 것은 모두 다 부쉈다. 맥주병 몇 개를 쥐고 바닥에 내리쳐 산산조각을 냈다.

순식간에 일어난 돌발 사건이었다. 방에 있던 모든 이가 내가 숄만 두른 채 밖으로 뛰쳐나갈 때까지 너무 놀라서 꼼짝도 하지 못했다. 나는 거리에 있던 사람들이 내가 틀림없이 미쳤다고 생각할 만큼 부리나케 경찰서로 갔다. 경찰서에 도착해서 나는 당직 경찰관에게 하소연했다. 그런데 보아하니 경찰관은 내 이야기를 대수롭게 여기지 않았다. 내가 무릎을 꿇고 구해달라고 비는 동안 재미있어하더니 나를 끌어당기고는 자기와 함께 살자고 청했다! 나는 어안이 벙벙했다. 나를 보호해야 할 경찰관이 분명 인신매매꾼들과 한통속이었다.

"너희는 다 악당이고 살인자야!" 나는 괴로워서 소리쳤다. "힘없는 여자를 이용해먹다니 부끄러운 줄 알아."

경찰관은 성이 나서 밤 동안 나를 가둬두라고 지시했다. 나를 데려간 순경도 내게 치근덕대서 나는 그를 떼어내려고 손바닥으로 때려야 했다. 감방은 춥고 어둡고 지저분했다. 나는 관헌에 부아가 치밀어서 아침에 풀려날 때까지 창을 다 깨고 문과 벽을 끊임없이 쾅쾅 두들겼다.

그러나 내 곤경은 시작에 지나지 않았다. 무엇보다 갈 곳이 없었다. 이틀 동안 나는 도시를 밤낮으로 헤맸다. 굶주리고 몹시 지쳤다. 강가에서 무릎을 꿇고 반시간 동안 기도했다. 속마음까지 끄집어내어 간절히 기도했다. 주님께 내 하소연이 들린 듯해서 마음이 놓였다.

기도한 뒤에 나는 안나 페트로브나에게 돌아가기로 마음먹었다.

처음에는 아주 상냥했으니 내가 하녀로 일하게 해달라고 빌면 들어주리라 생각했다. 그의 집으로 가기에 앞서 가까이 있는 작은 식료품 가게에 들러 그 가게의 손님인 안나 페트로브나의 새 하녀인 척하며 작은 병에 든 식초 진액을 샀다. 그리고 나서 안나 페트로브나의 집에 들어갔고 환대를 받았다. 그러나 내 안전을 걱정하다 보니 성이 났고, 안나 페트로브나의 배려가 괘씸하게 여겨졌다. 나는 내 방에 틀어박혀서 식초 진액을 마시고 스스로 목숨을 끊을 태세를 갖추었다.

내가 마지막 기도를 하고 있을 때 문에서 손기척이 났다. "누구야?" 내가 매섭게 물었다. 대답은 이랬다. "저는 당신이 이틀 전에 응접실에서 보았던 젊은이입니다. 당신을 돕고 싶습니다. 저는 당신이 그런 부류의 여자가 아니라는 것을 압니다. 제발 문을 열고 내가 당신한테 말을 할 수 있게 해주십시오."

당연히 또 다른 덫이라고 생각하고 나는 성을 내며 대꾸했다. "넌 나쁜 놈이야! 너희는 다 나쁜 놈이야! 나한테 무슨 볼 일이 있어? 내가 뭘 했다고 이렇게 고생하고 굶주려야 하는데? 나는 뒈져야만 네놈 차지가 될 거야. 이 독약을 들이켜서 네놈이 내 주검을 보게 해주겠어."

그 사내는 흥분했다. 그는 마당으로 뛰쳐나가 경보를 울렸고, 몇 사람을 끌고 오면서 내가 독약을 마시겠다고 을렀다고 외쳤다. 군중이 집 주위에 모여들었다. 그는 밖에서 내 방 창문을 깨고 안으로 뛰어들었으며 식초 진액이 든 잔을 창 밖으로 내던졌고 안나 페트로브나와 그의 집을 욕했다. 그는 내 용기와 정조를 칭찬하면서 나를 달래려고 무진 애를 썼다. 자기는 정직한 사람이고 친해지고 싶다는 말이 너무 믿음직해서 나는 자기와 함께 부모님 집에 가자는 그의 청에 따랐다.

나를 구해준 이는 스물네 살쯤 된 잘생긴 젊은이인 야콥 부크Яков Бук였다. 그는 고등학교에서 얼마 동안 공부를 한 배운 사람이었다. 그의 아버지는 고기를 사고 파는 사람이었다. 그의 가족은 나를 좋게 받아들였고, 먹을 것과 입을 것을 주었으며 쉬게 해주었다. 상냥하고 사근사근한 사람들이었다. 벗들에게 야샤*라는 이름으로도 불리는 야콥은 나를 유난스레 보살폈다. 그는 나를 사랑했고, 오래지 않아 나 없이는 살 수 없다고 잘라 말했다.

나도 그에게 끌렸다. 그는 내가 전에 결혼했음을 알고 있었고, 교회의 승인을 받아 결혼하면 이혼하기가 어려우니 교회의 승인이 없어도 되는 시민 합의로 함께 살자는 제안을 했다. 시민 합의는 최근에 러시아에서 아주 흔한 결혼 방식이었다. 나는 그가 가족과 떨어져 뒷마당에 있는 작은 헛간에서 따로 사는 까닭을 말해준다는 조건을 달아 그의 청혼을 받아들였다. 그가 동의했다.

"내가 스무 살 때였습니다." 그가 이야기를 시작했다. "아버지가 몇몇 육군 연대에 고기 납품하는 사업을 하셨습니다. 다른 회사와 동업을 했고, 우리 형제들이 일을 도왔지요. 아들들 가운데 내가 가장 부지런하고 믿을 만하다고 여긴 아버지가 한번은 가축을 사 오라며 1만 루블을 맡기셨습니다. 그 1만 루블 가운데 태반은 아버지 돈이 아니었고요."

"열차에서 나는 카드놀이에 이끌려 들어갔는데, 나처럼 순진한 승객을 속여 돈을 빼앗으려고 일부러 꾸며서 벌인 판이었습니다. 나는 돈을 몽땅 잃었고 옷마저 잃었습니다. 넝마를 걸치고 노름꾼들이 개평으

---

* Яша. 러시아 남자 이름 야콥의 여러 애칭 가운데 하나.

로 준 2루블을 주머니에 넣고서 스스로 목숨을 끊겠다는 심정으로 중국 접경에서 내렸습니다. 한 여인숙에서 묵다 그 부근 지역에서 활동하는 중국인 비적 몇 사람을 알게 되었습니다. 그들 가운데 한 사람이 비적 떼의 우두머리였습니다."*

"나는 그에게 내 사정을 이야기하면서 무슨 짓을 해서든 아버지를 망신과 파산에서 구하겠다고 덧붙였습니다. 그는 내게 제 무리에 들어와서 5만 루블을 싣고 지나가는 열차를 습격하자고 제안했습니다. 나는 깜짝 놀랐습니다. 하지만 그때 부모님이 집에서 내쫓기는, 부모님 재산이 경매에서 팔리는, 그분들이 어쩔 도리 없이 동냥을 다니는 앞날의 모습이 보였습니다. 가슴이 미어졌습니다. 그의 제안을 받아들이는 것밖에 다른 수가 없었습니다. 그 우두머리는 들판으로 나를 데려가 대다수 도적들에게 소개했습니다. 나는 비적 떼에서 유일한 백인이었습니다."

"저녁에 우리는 단도와 권총과 소총으로 무장하고 철도 선로를 향해 출발했고 거기 숨어서 열차를 기다렸습니다. 내가 노상강도가 되었구나 생각하니 피가 얼어붙는 듯했습니다. 나는 그토록 제정신이 아니었습니다."

"열차는 새벽 1시에 지나갈 터였습니다. 나는 하느님께 이 시련에서 어떻게든 나를 구해달라고 빌었습니다. 갑자기 카자크** 1개 부대가 멀리서 나타나더니 우리 쪽으로 질주해 왔습니다. 당국이 이 비적 떼의

---

* 여기서 언급되는 러시아-중국 접경 동부 지대에서 출몰하던 중국인 비적은 홍호자紅鬍子이다. 러시아인은 훈후지Хунхузы, 조선인은 마적馬賊이라고 불렀다.
** казак. 복수 형태는 카자키казаки. 러시아 남부와 우크라이나의 변경에 사는 농민 전사 집단. 원래는 러시아 제국의 중앙 권력에 저항하는 세력이었지만, 18세기부터는 토지 보유 특권을 누리는 대신에 기병대원으로 러시아 제국 군대에 복무하며 치안을 유지하는 일을 했다.

뒤를 오랫동안 쫓았던 것입니다. 비적들 모두 무기를 내던지고 숲속으로 달아났습니다. 나도 온 힘을 다해 달아났습니다."

"카자크들이 우리를 뒤쫓아왔고, 나는 붙잡혔습니다. 나는 러시아 사람이고 조직의 새내기여서 그 비적 떼를 모른다고 끈질기게 잡아뗐습니다. 결국 나를 붙잡은 사람들이 내가 계획된 습격에 가담했는지 의심을 품게 만드는 데 성공했습니다. 하지만 나는 검거되어 이르쿠츠크 감옥으로 보내졌고, 꼬박 한 해 동안 붙들려 있었습니다. 거기서 많은 정치범을 접하게 되어 그들의 사상으로 전향했습니다. 마침내 나는 증거가 모자라다며 풀려났습니다."

"나는 망신살이 뻗친 채로 집으로 돌아왔습니다. 아버지는 내가 노름으로 날려버린 돈을 당신이 다달이 나누어 갚기로 동업자와 합의하셨습니다. 아버지는 나를 집에 들이지 않으려고 하셨지만, 어머니가 나를 감싸셨습니다. 다툼이 일어났고, 결국 나를 이 헛간에 살게 해준다는 동의가 이루어졌습니다. 하지만 아버지는 내 상속권을 박탈하겠다고 맹세하고 내 몫의 재산을 다른 아들들에게 주셨습니다."

곧 내게 기회가 닿아서 알아보았더니, 야샤는 감옥에 갇혔던 일 탓에 지역 경찰에게 요주의 인물로 찍혀 있었다. 그의 친절한 심성도 그에게는 액운이었다. 풀려났거나 탈출한 죄수들이 이따금 남몰래 찾아올라치면 그는 그들에게 자기의 마지막 푼돈, 빵 조각이나 옷을 주곤 했다. 하지만 나는 뭐니뭐니해도 그래서 그를 좋아했다. 그가 지닌 이 따뜻한 마음씨가 나를 죽음에서 구했기 때문이다. 우리는 서로에게 영원히 충실하기로 맹세했다. 그리고 나는 가정주부로서 해야 할 일을 하기 시작했다.

우리가 살기로 한 헛간은 쓰레기로 가득했고 한 번도 치워진 적이 없었다. 나는 부지런히 일해 헛간을 사람이 살 만한 곳으로 만들었다. 쉬운 일이 아니었지만, 끝내 해냈다. 우리는 야샤의 부모에게 100루블이라는 선물을 받았고 우리 소유의 푸줏간을 세우기로 마음먹었다. 우리는 목재를 구해 작은 가게를 만들었다. 야샤가 암소 세 마리를 샀고 우리 둘이 암소들을 몰고 도축장으로 갔으며, 나는 거기서 도축하는 법을 배웠다. 야샤가 가게를 꾸렸다. 인근에서는 내가 최초의 여자 도축업자였다.

어느 여름날에 거리를 걷다 아이스크림을 파는 사내애 몇몇을 보았다. 나는 나스타시야 레온티예브나의 가게에서 계시 살이를 하는 동안 아이스크림 만드는 법을 배운 적이 있었다. 아이스크림을 만들어 팔 수 있겠다는 생각이 들었다. 나는 아이들이 얼마를 내고 아이스크림을 받아 오는지를 알아내고서 내가 더 좋은 아이스크림을 더 낮은 값에 내주겠다 하고는 다음 날 받으러 오라고 했다. 나는 곧바로 집으로 돌아가서 야샤의 어머니에게서 소젖을 샀는데, 야샤의 어머니는 내 목적을 알고는 소젖을 외상으로 주겠다고 했다. 내가 만든 아이스크림은 다행히도 아주 맛있어서 금세 팔렸다. 그해 여름 동안 나는 이런 식으로 날마다 2~3루블을 벌었다.

나는 야샤와 함께 세 해쯤 평온하고 부지런하게 살았다. 아침마다 6시에 일어나서 야샤와 함께 도축장으로 갔고, 하루 내내 집에서 지냈다. 철도와 하천 수로의 교차점인 우리 도시에는 오도 가도 못 하는 가난한 사람이 늘 많았고, 대다수가 여자와 어린애였다. 그들은 거리를 헤매며 빵을 동냥하고 비바람을 피할 곳을 달라고 빌었다. 우리가 집으로 삼은 헛간에 그들이 더 많이 찾아왔다. 때로 그들이 헛간에 꽉 들어차 바닥에서 줄지어 잠자곤 했다. 그들은 아프기 일쑤였다. 나는 그들을 먹이고 씻기고 그들의 아이들을 돌보았다.

야샤는 내가 쉴 새도 없이 너무 열심히 일한다며 자주 툴툴댔다. 그러나 나는 도움받은 이들이 내게 주는 감사와 축복에서 보상을 받았다. 봉사할 수 있어서 기뻤다. 그밖에도 나는 다달이 10루블을 꼬박꼬박 어머니에게 보냈다. 짬이 날 때 야샤가 내게 글 읽는 법을 가르쳐주었다.

내 이름은 인근에서 누구나 다 아는 이름이 되었다. 나는 가는 곳마다 축복을 받았다. "저기 부크의 부인 보치카료바가 간다!" 사람들이 나를 가리키며 속삭이곤 했다. 야샤의 부모도 내게 더 정을 붙이게 되었다.

이 모든 것이 1912년 5월 어느 날 저녁에 끝났다. 문에서 특이한 손기척이 났고, 야샤가 밖에 나가더니 잘 차려입고 수염을 기르고 코안경을 걸친 서른 살쯤 된 사내를 안으로 들였다. 사내는 핼쑥했고 불안해하는 낌새를 보였다. 현관 복도에서 그와 10분 동안 소곤소곤 이야기를 나누고 나서 야샤가 옛 친구라고 내게 소개했다. 그는 감옥에서 달아났고, 붙잡히면 바로 죽을 터라 우리는 그를 숨겨주어야 했다. 불청객은 다른 사람이 아니라 악명 높은 시베리아 지사를 죽인 바로 그 혁명가였다.[*]

야샤가 우리 침대를 구석에서 밀어낸 다음 벽 아래 부분에서 널빤지 하나를 떼어냈는데, 놀랍게도 그 아래 바닥에 깊은 구덩이가 드러났다. 야샤는 옛 친구를 그리로 내려보냈다. 널빤지가 다시 붙여지고 침대

---

[*] 1906년 12월 15일에 아크몰라Акмола(오늘날 카자흐스탄 북부 지역) 주지사 니콜라이 리트비노프 Николай Литвинов가 옴스크에서 혁명가 3인에게 습격당해 사흘 뒤에 숨지는 사건이 일어났다. 범인들은 붙잡히지 않고 사라졌다.

가 이전 위치에 다시 놓였다. 야샤와 나는 잠을 자러 침대로 갔다.

우리가 불을 끄자마자 집 주위에서 여러 사람의 발이 쿵쿵거리는 소리가 나더니 누군가 문을 크게 두드렸다. 경찰이었다! 가슴이 철렁 내려앉았지만, 야샤가 문을 여는 동안 나는 자는 척했다. 그에 앞서 야샤가 자기 권총을 주면서 숨기라고 해서 내 가슴에 감췄다. 거의 두 시간 동안 수색이 계속되었다. 나는 침대에서 끌려 나왔고, 집에 있는 모든 물건이 거꾸로 뒤집혔다.

우리는 달아난 정치범을 알지 못한다고 잡아뗐다. 경찰관이 야샤를 데려갔지만 두어 시간 뒤에 풀어주었다. 야샤는 돌아오자 사내를 비밀 구덩이에서 나오게 하더니 농민의 옷과 먹을 것을 주고 우리 말에 마구를 채우고는 동 트기 전에 그와 함께 말을 몰고 갔다. 누가 묻거든 자기는 가축을 사러 가서 없다고 대꾸하라고 했다.

도시 변두리에서 경찰 한 명이 반쯤 취해서 어느 술집에서 나오다 말을 몰고 지나가는 야샤를 보았다. 그는 그때에는 그 사실을 대수롭지 않게 여겼지만, 아침에 출근해서 탈주자가 있다는 소식을 듣고는 야샤가 낯선 이와 함께 도시를 떠나는 모습을 보았다고 말했다. 내가 빨래를 하고 있을 때 경찰이 다시 집을 에워쌌다.

"네 남편 어딨어?" 경찰관이 사납게 물었다.

"가축을 사러 가고 없어요." 내가 대답했다.

"나하고 같이 갈 채비를 해!" 그가 성이 나서 소리쳤다. 나는 죄가 없다고 말했지만, 그는 무서운 목소리로 나를 체포한다고 고지했다.

나는 조사실로 끌려갔다. 거기서 아주 상냥하게 말하는, 그리고 내가 편안한지 살피며 퍽 배려해주는 듯한 중년 남자 한 사람이 나와 대화하기 시작했고 차를 권하기까지 했다. 나는 마다했다. 그는 제 일을 아주 느물느물 잘 했고, 전날 밤 9시에 우리 집에 찾아온 젊은 사내를 나도 만났는지 물었을 때 나는 거의 걸려들 뻔했다.

그의 정보는 아주 정확했지만, 나는 그 사실을 인정하기를 완강히 거부했다. 나는 그가 말하는 젊은 사내에 관해 아무것도 모른다고 잘라 말했다. 나를 조사하는 사람은 참을성이 있었다. 그는 내가 가난한 이들에게 도움을 주고 헌신한다며 칭찬을 아끼지 않았다. 그러고는 내 죄를 묻지 않겠다고 약속하면서 사실을 말하라고 나를 다그쳤다.

나는 불지 않았고, 마침내 참을성이 바닥난 그가 고무 채찍으로 나를 두어 차례 후려쳤다. 나는 성이 나서 욕을 한 탓에 술 취한 매춘부 두 사람이 붙잡혀 있는 감방에 갇혔다. 밑바닥 인생인 두 사람은 모든 이에게 욕을 내뱉고 있었다. 그들은 나를 끊임없이 못살게 굴었다. 거기서 나는 끔찍한 하룻밤을 보냈다. 악취 하나만으로도 사람을 미치게 만들기에 충분했다. 나는 아침이 되었을 때 크게 안도했고, 조사실로 가서 또 한 차례 조사를 받았다.

나는 거듭 잡아뗐다. 감옥에 오랫동안 가두겠다고 을러대기, 구슬리기, 꾸짖기. 내게서 자백을 받아내려는 시도가 뒤따랐으며, 나는 돌아오던 야샤가 집에 이르기 전에 체포되어 내가 체포되었음을 모른다는 것을 알게 되었다. 나는 이레 동안 붙들려 있었고, 마침내 당국은 내게서 아무것도 얻어낼 수 없어서 나를 풀어주었다.

야샤는 아직 감옥에 있었다. 나는 야샤를 대신해서 여러 관리와 부서를 찾아가기 시작했다. 그때 주써 경찰청장이 도시에 왔다가 우리 친구의 집에 들렀다. 나는 친구의 도움으로 경찰청장 면담 허락을 받았고,

마침내 대령 제복 차림의 덩치 큰 사내를 만날 수 있었다. 나는 그의 앞에 무릎을 꿇고 자비를 빌면서 내 남편은 죄가 없다고 항변했다. 내가 너무 기운을 잃은 나머지 그가 나를 도와 일으켜 세웠고 내가 마실 물을 가져오라고 명령하면서 사건을 살펴보고 공정하게 처리하겠다고 약속했다.

나는 야샤를 만날 수 있기를 바라며 감옥으로 갔다. 그러나 거기서 야샤가 스레텐스크에서 80킬로미터쯤 떨어진 네르친스크*로 보내졌다는 통지를 받았다. 나는 지체하지 않고 그를 따라잡으려고 애를 썼다. 부랴부랴 100루블을 챙겨서 네르친스크로 가는 다음 열차를 잡아탔고 네르친스크에 도착하자 곧바로 지사 접견을 요청했는데, 줄을 서서 차례를 기다리라는 말을 들었다. 내 차례가 오자 지사가 명단에서 내 이름을 읽고는 물었다. "자, 네 건은 뭐야?"

내가 대답했다. "나리, 제 남편 야샤 부크입니다."

"뭐, 네 남편이라고? 네 이름이 보치카료바라면 그가 어떻게 네 남편이지?"

"시민 합의로요, 나리."

"우리는 이 시민 결혼**을 알지." 그가 비아냥댔고, "거리에 너 같은 사람이 널려 있어"라면서 내 사건을 기각했다. 그는 방 하나에 가득 찬 사람들에게 들리도록 그 말을 했다. 나는 피가 얼굴로 확 쏠리면서 몹시 속

---

* Нерчинск. 러시아의 시베리아 동남부에 있는 도시. 중국 및 몽골과 가까운 접경지대에 있으며, 1589년에 러시아 제국과 청 제국 사이에 조약이 맺어진 곳으로 이름나 있다.

** 제정 러시아에서 '시민 결혼гражданский брак'은 남녀가 교회나 관청의 인정 없이 동거하는 내연 혼인을 뜻했다.

상했다. 어렵사리 감옥 출입증을 받았지만, 야샤가 그 감옥에서 딱 하룻밤만 보내고 이르쿳스크로 보내졌다는 통지를 받고서 어찌나 슬프던지.

이르쿳스크행 열차 4등칸 차표를 살 돈도, 여행에 꼭 있어야 할 것들도 없었지만, 나는 망설이지 않고 서쪽으로 가는 다음 열차를 탔다. 시베리아에서 가장 큰 그 도시에 이르는 데 사흘이 걸렸다. 나는 세멘톱스키 부부 집에 들렀고, 그들은 나를 반기며 기뻐했다. 그러나 야샤는 이미 호송되는 죄수들을 임시로 가둬두는 중앙 감옥으로 이송된 뒤였다. 그 감옥은 우솔리예*의 철도역에서 3킬로미터 떨어진 알렉산드롭스코예**에 있었다. 한시가 바빴다. 나는 같은 날 우솔리예로 떠났고, 거기서 알렉산드롭스코예까지 걸어가야 했다.

때는 1912년 늦가을이었다. 나는 먹지도 못하고 출발했고, 곧 탈진했다. 알렉산드롭스코예로 가기란 쉬운 일이 아니었다. 강 하나를 가로지르고 섬 하나를 거쳐 길이 나 있었는데, 그 섬에 가려면 나룻배를 타야했다.

가는 길에 나는 아브도티야 이바노브나 키토바Авдотья Ивановна Китова라는 여인과 사귀게 되었다. 그의 행선지도 그 감옥이었다. 그의 남편도 거기에 있었는데, 그는 왜 그런지를 내게 말해주었다. 남편이 취해 있을 때 개백정이 와서 가장 아끼는 개를 앗아갔고 그가 총으로 개백정을 쏘았다는 것이다. 그에게 유배형이 선고되자 키토바는 이르쿳스크에 있던

---

* Усолье. 더 정확하게는 우솔리예-시비르스코예Усолье-Сибирское. 이르쿳스크시 북서쪽 약 90킬로미터 지점에 있는 시베리아 동부의 읍.

** Александровское. 우솔리예 동쪽 앙가라Ангара강 건너편에 있는 마을. 이곳에 18세기에 세워진 증류소를 1873년에 고쳐 만든 감옥이 있었는데, 유럽 러시아에서 시베리아 동부의 유형지로 가는 죄수들이 임시로 수감되었다. 영어 원문에는 '알렉산드롭스크Alexandrovsk'로 잘못 표기되어 있다.

자녀 둘과 함께 그를 따라가기로 마음먹었다.

중앙 감옥에서 나는 또 한 차례 충격을 받았다. 통행증이 없어서 들어갈 수 없었던 것이다. 나는 통행증이 반드시 있어야 한다는 것을 몰랐다고 말했다. 그러나 허연 수염을 길게 기른 쭈글쭈글한 늙은이인 당직 간수가 성을 내며 이렇게 외쳤다. "안 돼! 안 돼! 여기서 꺼져. 그건 법에 어긋난다고. 넌 들어올 수 없어. 이르쿠츠크로 가서 통행증을 가지고 다시 와. 그러면 들여보내줄 테니."

"하지만 저는 그이를 보러 거의 120킬로미터를 왔습니다." 나는 눈물을 흘리며 빌었다. "저는 지칠 대로 지쳤고 배가 고파요. 5분만이라도 그이를 보게 해주세요. 딱 5분만요. 당신 가슴엔 어린 여자를 가여워하는 마음이 없나요?"

이렇게 말하고 나는 쓰러졌고 넋이 나갔다. 매몰찬 간수와 사무실에 있던 조수들이 깜짝 놀랐다. 야샤가 짧게나마 면회를 하러 불려 왔다. 함께 보내도록 허용된 그 몇 분이 우리에게 새 힘을 주었다. 야샤는 그동안 겪은 일을 말했고 나는 내가 겪은 일을 말했다. 우리는 내가 크냐제프Князев 지사에게 가서 그의 자비를 빌어야 한다고 판단했다.

내가 열차 역으로 돌아가려고 출발한 때는 그날 늦저녁이었다. 땅거미가 졌을 때 강에 도착해서 섬으로 가는 나룻배에 가까스로 탈 수 있었다. 그러나 섬에 내렸을 때에는 어두컴컴했고, 섬을 가로질러 건너편 나루터로 가려다 길을 잃었다.

나는 춥고 배고프고 녹초가 되었다. 길을 찾으려고 미친 듯이 애쓰며 여러 시간을 헤매느라 발이 퉁퉁 부어올랐다. 마침내 건너편에 닿은 때는 틀림없이 자정쯤이었을 것이다. 나는 강물 너머 불빛을 보고 온 힘을 다해 나룻배를 불렀다. 그러나 대답이 없었다. 오직 내 뒤에 있는 숲을 지나 휘휘 불어대는 바람에 내 고함이 메아리칠 따름이었다. 나는 밤새도록 계속 불렀지만, 헛일이었다.

동이 틀 때 나는 마지막 힘을 모아 일어서서 다시 외쳐 불렀다. 이번에는 누군가 나를 보았고, 거룻배 한 척이 나를 태우러 왔다. 불행히도 배를 젓는 이는 사내아이였다. 나는 너무 아파서 움직일 수 없었고, 사내아이는 나를 메고 거룻배로 갈 수 없었다. 나는 배까지 두 손과 두 발로 엉금엉금 기어가야 했다. 사내아이의 도움으로 마침내 배에 올랐다. 아이가 나를 태우고 강을 건너는 데에는 긴 시간이 걸렸고, 우리가 강 건너편에 닿았을 때 나는 빈사지경에 이르렀다. 나는 이르쿠츠크의 쿠즈네초프 병원으로 다시 실려 가서, 위독한 상태로 거의 두 달 동안 앓아누웠다. 그새 머리카락이 몽땅 빠졌고 몸무게가 절반으로 줄었다.

내가 야샤를 찾아간 뒤에 그는 내가 찾아왔다고 감방 동무들에게 말하면서 내가 자기에게 보이는 정절을 자랑스러워했지만, 날이 가고 주가 가도 내가 돌아오지 않자 동무들이 그를 놀리기 시작했다.

"네 마누라는 좋은 계집이구나. 넌 그 사람이 정말로 자랑스러울지 몰라. 그런데 마누라가 다른 서방을 찾아버렸네. 재소자인 너한테는 마누라가 절실한데 말이지. 계집들은 다 똑같아, 네 계집이나 우리 계집이나." 야샤는 그런 농담을 너무 진지하게 받아들이고 가슴 아파했다. 그는 내가 어디 있는지 전혀 몰랐고 마침내 내가 자기를 저버렸다는 믿음을 굳혔다.

나는 퇴원하자마자 지사에게 갔고, 야샤가 4년 유배형을 받았다는 말을 지사 집무실에서 들었다. 통행증을 얻어내 야샤를 보러 알렉산드롭스코예로 갔다. 그러나 야샤는 나를 보지 않으려 했다. 내가 두 달 동안 사라져서 동무들의 비아냥이 확인되었다고 믿고서 나 없이 살겠다고 다짐했던 것이다. 당연히 나는 갑작스러운 이 심경 변화를 어떻게 봐야 할지 몰라 갈피를 못 잡고 서럽게 울었다. 아래층으로 불려 갔던 그의 지인들 가운데 몇 사람이 내가 초췌한 모습으로 울고 있다고 알려주었다. 그러자 그가 내려왔다.

알렉산드롭스코예의 감옥에서는 재소자와 방문자의 접촉이 허락되지 않았다. 건물 안에 60센티미터쯤 간격을 두고 쇠창살 방 두 개가 있었다. 재소자가 한쪽 쇠창살 뒤에 있으면, 그를 보러 온 사람이 다른 쪽 쇠창살 뒤에 섰다. 두 사람은 서로를 어루만질 수 없었다.

이런 식으로 나는 야샤를 만나도록 허용되었다. 우리 둘은 어린애처럼 울었다. 그는 여윈 나를 보고서 자기가 내 정절을 의심해서 내게 못되게 굴었음을 깨달았다. 창살 뒤에서 이렇게 만나는 모습은 애처로웠다. 야샤는 자기가 5월이 되기 전에는 유배되지 않으리라고 말했다. 그와 함께 유형지로 가겠다고 했으므로 나는 그사이에 낀 몇 달을 무엇이든 일을 하면서 보내야 했다. 또한 나도 야샤와 함께 유형지로 가도 된다는 허가를 받아야 했다.

나는 동일한 아스팔트 업체에서 일자리를 찾았지만, 이제는 평범한 일꾼으로 하루에 겨우 50코페이카를 벌었다. 틈틈이 알렉산드롭스코예로 가서 야샤를 보곤 했다. 한번은 우연히도 이르쿠츠크 감옥의 작업을 하게 되었는데, 오래지 않아 내 남편이 알렉산드롭스코예의 감옥에 있다는 것이 재소자들에게 알려졌다. 두 감옥 사이에 완전한 비밀 연락 체계가 있었기 때문이다. 대체로 기결수들이 나를 잘 대해주었다.

그런데 어느 날 저녁에 내가 강당에서 작업을 하는 동안 특권을 누리는 죄수 한 명이 구석에서 나를 붙잡고 폭행했다. 나는 열심히 싸웠지만, 그가 나를 때려눕혔다. 내가 외치는 소리가 내 작업조의 일꾼들과 몇몇 재소자에게 들렸다. 우리는 곧 군중에게 둘러싸였고, 나를 지키는 사람들과 가해한 죄수의 친구들 사이에 싸움이 벌어졌다. 부간수 한 사람과 경비원 몇 사람이 싸움을 끝냈고, 그 죄수를 재판정에 세우려고 내 소원訴願 조서를 작성했다.

재판일이 다가오자 야샤는 내게 영향력을 행사해서 내 고발을 거둬들이게 만들라는 죄수 동무들의 재촉을 받았다. 그는 감옥 공동생활의 법칙에 따라 내 소원을 취하하라는 요구에 순응해야 한다고 말했다. 내가 거절하면 야샤가 죽을지도 모른다는 것을 알기에, 법정에서 그 죄수를 고발하는 증언을 하라는 요청을 받았을 때 나는 폭행이 없었고 소원을 하지 않겠다고 선언했다. 소송이 취하되었고, 두 감옥의 재소자들 사이에서 야샤의 평판이 높아졌다.

겨울이 지나갔다. 1913년 부활절 무렵에 나는 야샤와 함께 유배되기를 기대하고서 나 스스로 체포되어 알렉산드롭스코예로 보내진다는 허가를 받아내고야 말았다. 나는 여성 사동에 수감되었는데, 여성 범죄자가 여럿 구금되어 있었다. 내가 그들에게 당한 일은 이루 다 말할 수 없다. 그들이 나를 때렸지만, 나는 푸념하면 내 신세가 더 괴로워지리라는 것을 알았다. 저녁 끼니를 줄 때, 여간수가 학대를 받은 적이 있느냐고 내게 물었다. 나는 없었다고 말했지만, 여간수는 틀림없이 훤히 알았을 것이다. 그가 여자들을 쳐다보면서 나를 함부로 대하지 말라고 말했기 때문이다.

내가 여간수에게 그렇게 대답해서 감방 동무들과의 관계가 얼마간 나아졌지만, 여전히 그들은 내가 자기들 시중을 들고 자기들이 해야 할 지저분한 일을 하게 만들었다. 고생은 이게 다가 아니었다. 상한 음식이 나왔고 침상은 더러웠다. 여덟 명이 작은 방 하나에서 지냈다. 나는 한 주에 딱 한 번, 일요일마다 야샤를 보았다. 이 자발적 감금 상태에서 두 달을 보냈는데 내게는 두 해는 되는 듯했으며, 우리가 탁 트인 길을 따라 유형지로 출발하는 그날을 안달하며 애타게 기다렸다.

4장 | 유형지로 가는 길

5월이 왔다. 레나강* 얼음이 풀려 항해가 가능해졌다. 무거운 감옥 철문의 자물쇠가 풀렸고, 나와 야샤를 비롯한 재소자 몇백 명이 마당에 소집되어 유형지로 갈 채비를 했다.

알렉산드롭스코예의 거대한 감옥은 겨울마다 불운한 인간, 살인자, 위조범, 도둑, 학생, 장교, 농민, 폭정에 맞서 법을 어긴 전문직업인 등 수천 명을 벽 안에 그러모았다. 그 음울한 감옥은 봄마다 감옥 문을 열고 감각이 반쯤 무뎌진 남녀를 줄줄이 쏟아내어 시베리아의 자연림과 사람이 살지 않는 북극 접경지대로 보냈다.

고난받는 사람들이 이렇게 강물처럼 봄과 여름 내내 알렉산드롭스코예를 거쳐 눈에 갇혀 오도 가도 못 하는 북쪽 지방으로 흘러가곤 했다. 그곳에서 그들은 견디기 힘든 추위로 쇠약해져 밤이 여섯 달 이어지

---

* Лена. 시베리아 동부의 바이칼Байкал 호수 부근에서 발원해 북극해로 흘러 드는 길이 4300킬로미터의 강.

는 땅에서 숱하게 스러졌다. 몇만 명이 우랄산맥부터 알래스카까지 곳곳에 흩어져 표식 없는 무덤에 누워 있다. ……

드디어 우리는 신선한 공기를 들이마시게 되었다. 큰 소동과 난리 끝에 우리 일행이 구성되었다. 여자 스무 명을 비롯해서 1000명쯤 되는 규모였다. 우리의 호송대는 군인 500명으로 이루어졌다. 우리는 레나강의 발원지 가까이에 있는 카추크*까지 걸어갈 터였다. 거리는 200킬로미터쯤이었다. 우리 짐은 말 달구지에 실렸다.

우리는 첫날에 35킬로미터쯤 이동했고, 일정에 따라 밤을 보내려고 어느 마을 가장자리에 있는 유형 숙박소에서 멈췄다. 시베리아의 도로에는—쇠로 된 문과 쇠창살이 쳐진 창이 달린 헛간 같은 구조의 커다란 목조 건물인—유형 숙박소가 많다. 두 줄로 놓인 2층 침대밖에 없어서 안이 휑뎅그렁한 그 숙박소에는 높은 담벼락이 둘러쳐져 있다. 모서리마다 초소가 하나 있는 담벼락은 탈출 기회를 주지 않는다.

우리는 감옥에서 가져온 음식으로 저녁 끼니를 때우고 잠자리에 들었다. 일행은 열 명씩 여러 조로 나뉘었고, 각 조는 음식 구매를 맡을 믿을 만한 사람 한 명을 뽑았다. 둘째 날이 시작되면서 우리는 각자 20코페이카의 수당을 받았다.

일행에는 정치범이 100명쯤 있었고, 나머지는 잡다한 범죄자였다. 이 두 죄수 부류는 잘 지내지 못하고 끊임없이 다퉜다. 남자와 여자가 한데 섞여 방을 꽉 채웠는데, 여자들 가운데 몇몇은 개처럼 굴었다. 지저분하고 침상에 벌레가 들끓고 냄새가 너무나도 지독하고 툭하면 싸움

---

* Качуг. 시베리아의 바이칼 호수 서녘 레나강 상류에 있는 읍.

이 벌어지는 탓에 우리 여정은 견딜 수 없이 끔찍했다.

더욱이, 우리 사이에는 장기수로 이루어진 특권 집단이 있었다. 사슬을 찬 그들에게는 범죄 세계의 불문율로 늘 우선권이 주어졌다. 그들은 늘 솥을 가장 먼저 사용해서 음식을 만들어 먹었다. 그들이 요리를 끝내기 전에는 우리 가운데 누구도 불에 다가갈 엄두를 못 냈다. 그들의 말이 곧 법이었다. 그들은 늘 우선시되었다. 심지어 병사와 장교도 그들의 특권을 존중했다. 그들 가운데 한 사람이 일행의 우두머리였는데, 그가 우리 모두에게 자유가 더 많이 주어지는 반대급부로 탈출이 없으리라고 맹세하면 그의 말이 호송대장에게 두말없이 받아들여졌고 그 맹세는 깨지지 않았다.

첫 사흘은 날씨가 좋았다. 우리는 둘째 날에 30킬로미터를, 셋째 날에 같은 거리를 이동했는데, 그러고 나서는 비가 마구 쏟아져서 길은 통행이 거의 불가능해졌다. 진창이 끔찍했지만 우리는 예정된 30킬로미터를 걸어야 했다. 많은 사람이 탈이 났다. 우리는 흠뻑 젖고 무척 지친 채로 다음 유형 숙박소에 이르기를 잔뜩 고대했다. 우리는 지붕과 마른 바닥을 애타게 바랐다. 그밖에는 아무것도 바라지 않았다. 우리는 배고픔을 잊었고, 숙박소에 닿자마자 축 늘어져 곯아떨어졌기 때문에 그날 밤에는 벌레가 있어도 느끼지 못했다.

카추크에 도착하자 이틀 휴식을 얻었는데, 레나강에서 미역을 감아도 좋다는 허락을 받았다. 우리 우두머리가 우리 행실을 책임졌다. 카추크에는 우리와 합치려고 기다리던 소규모 일행이 있었다.

유형수들 가운데 몇몇이 이 새 일행 가운데 한 사람을 알아보았다. 습격에서 제 동무 한 명을 팔아넘겼다는 말이 있는 자였다. 결국 그자가 무리 전체 앞에서 재판을 받으러 끌려 나왔다.

여기서 나는 놀라운 장면, 즉 범죄자들이 한 범죄자를 재판하는 장면을 두 눈으로 지켜보았다. 암흑 세계에는 여느 합법 정부만큼이나 엄한 도덕률이 있었고, 똑같이 인정사정 봐주지 않는 기소가 있었다. 재판 진행이 선언되고 사슬을 찬 특권 범죄자들이 판사로 뽑혔다. 원고들이 불려 나와 일행 전체가 듣는 가운데 혐의를 진술했다. 원고들은 얼마 전 강도 행위에서 피고가 동무를 어떻게 팔아넘겼는지를 설명했다.

"저놈을 죽여라! 저놈을 죽여라! 배반자! 저놈을 죽여라!"라는 고함이 나왔다. 유죄임이 밝혀지면 누구에게든 흔히 가해지는 형벌이었다. 소송절차를 지켜보되 형 집행에 결코 개입하지 않는 것이 권력 당국의 관행이었다. 군중이 달려들어 피고를 에워쌀 때, 그리고 내 가슴이 철렁 내려앉을 때, 판사들이 질서를 요청하고 피고에게도 해명할 기회를 주어야 한다고 요구했다. 하얗게 질려 벌벌 떨면서 피고가 일어나 제 이야기를 상세하게 했다.

"둘이서 은행가 한 사람을 강탈하려는 계획을 세웠습니다. 제가 그 집에 창문으로 침입해서 숨어 있다가 알맞을 때 공모자에게 신호를 주기로 했습니다. 은행가가 밤놀이하러 클럽에 가느라 집을 비워서 저는 벽장 안에 숨어 그가 돌아오기를 기다렸습니다. 제 동무는 제게서 어떤 신호도 받지 못한 채 두어 시간 동안 망을 보았습니다."

"은행가가 돌아와서는 제가 숨은 벽장에 가서 뭔가를 가져오라고 심부름꾼을 보냈습니다. 심부름꾼이 저를 찾아냈고 경보를 울렸으며, 제 동무가 집에 들어오려던 바로 그 참에 하인 몇 사람이 밖으로 뛰쳐나가 도와달라고 외쳤습니다. 그는 붙잡혔고, 저는 창을 넘어 뜰을 지나

가까스로 빠져나갔습니다. 여러분, 저는 무고합니다. 저는 여러 해 동안 범죄자였습니다. 저한테는 깨끗하고 명예로운 경력이 있습니다."

이어서 그는 제 경력의 가장 두드러진 성취, 자기가 모셨던 우두머리들, 지난날 한패였던 강도들의 이름을 늘어놓았다.

그가 아주 중요한 유명 인사 몇 사람을 언급했음이 틀림없다. 곧바로 여러 사람이 그를 옹호하며 목소리를 드높였기 때문이다. 몇 사람이 일어나서 피고의 연줄을 치켜세운 반면에 다른 몇 사람은 그를 비웃었다. 심의가 서너 시간 이어진 끝에 사내에게 무죄 선고가 내려졌다.

카추크에서 가진 휴식이 끝나자 일행 전체가 지붕이 있는 커다란 너벅선 한 척에 태워졌다. 1000명이 한 군데에 말이다! 상상할 수 없을 만큼 좁고 꽉 막힌 이 공간에 견주면 알렉산드롭스코예의 감옥과 유형 숙박소는 낙원이었다. 공기도 빛도 없었다. 창문 대신에 지붕에 작은 틈이 몇 군데 있었다. 숱한 사람이 탈이 났고 보살핌을 받지 못한 채 나뒹굴었으며, 그 가운데 몇 사람은 숨졌다. 너무 빽빽하게 꽉 들어차서 우리는 지독하기 짝이 없는 악취를 들이마시며 차곡차곡 쌓여 잠을 잤다. 아침에는 너벅선 갑판 위로 나가도록 허용되었다. 예인선 한 척이 너벅선을 끌었다.

우리 무리에 그 여자, 즉 키토바가 자기 남편과 아이 둘과 함께 있었다. 우리는 요리를 해서 음식을 함께 먹었는데, 범죄자들의 손에 심하게 시달렸다. 범죄자들 가운데는 조용한 사람이 몇 명 있었는데, 그들은 우두머리와 졸개들의 변덕 탓에 고생했다.

한번은 이런 일도 있었다. 한 사내가 늙은 범죄자의 길을 우연히 가로막았다. 범죄자는 사내가 자기를 쳐다보는 모양이 마음에 들지 않았다. 가엾은 사내는 두들겨 맞고 다짜고짜 배 밖으로 내던져져 물에 빠져 죽었다. 그 탓에 우리는 너벅선 안에 갇혔고 갑판 위에 나가는 특전을 빼앗겼다. 여러 처벌 가운데서도 가장 가혹한 처벌이었다. 장기 투옥보다 더 나빴다.

우리는 가는 길에 너벅선을 갈아타면서 물 위에서 두 달쯤을 보냈고 3000킬로미터쯤 이동해서 7월 말에 야쿠츠크*에 도착했다. 밤에 뭍에 내렸는데, 훨씬 더 춥기는 해도 거의 낮처럼 환했다.

뭍에 내리니 이루 말할 수 없이 기뻤다. 그 지역의 정치범이 모두 나와 우리를 반겼다. 우리는 걸어서 야쿠츠크 감옥으로 가 거기서 점호를 받았다. 여기서는 여자와 남자가 분리되었고, 자원해서 남편과 함께 간 여자들은 풀려났다.

관청으로 가서 야샤가 어떻게 되느냐고 물었더니 십중팔구 더 북쪽으로 보내지리라는 말이 돌아왔다. 현지 정치범들이 내게 지낼 곳과 새 옷을, 그리고 먹을 것을 사서 야샤에게 끼니를 마련해주도록 돈을 주었다.

야쿠츠크는 워낙 머나먼 곳이라서 그곳의 죄수에게는 자유가 꽤 많이 허용된다. 나는 야샤에게 도시락을 가져다줄 때 관리의 친절한 대우를 받았고, 내가 바라는 만큼 오래 함께, 심지어는 단둘이 남을 수도 있었다.

그 뒤 얼마 지나지 않아 야샤는 북극해에서 100킬로미터** 안에 있

---

* Якутск. 시베리아 동부의 도시. 영구동토층에 있는 도시로는 가장 크며 세계에서 가장 추운 도시다.
** 영어 원문에는 7마일(10킬로미터)로 잘못 표기되어 있다.

는 콜림스크*로 배정되었다는 통지를 받았다. 콜림스크에서는 눈이 녹지 않고 겨울 추위가 누그러지지 않는다. 그 통지는 우리에게 대단한 충격이었다. 눈에 갇혀 오도 가도 못 하는 오두막에 산 채로 묻힌다고! 뭐 하려고? 살아 나오는 이가 몇 안 되는, 사람이 살지 못할 지역에서 짐승처럼 산다고!

아직은 한 줄기 희망이 있었다. 이반 크라프트Иван Крафт 야쿳스크 지사는 아주 친절한 사람이라는 평판이 있었고, 내가 야샤의 유형지를 재배정해달라고 빌면 그렇게 해줄지도 몰랐다. 지사에게 호소해보라는 조언을 들은 적이 있던 야샤는 이 임무를 맡겨 나를 보냈다.

지사의 집무실은 그의 집에 있었다. 그는 나를 퍽 상냥하게 맞이하면서 악수까지 했고, 자리에 앉으라고 권했다. 키가 크고 꼿꼿하고 검은 수염을 기른 중년 남자였는데, 내 이야기에 꽤 관심을 보였다. 나는 만약 야샤가 야쿳스크에 머물도록 허락해주면 청결한 푸줏간을 열겠다고 제안했다. 그 지역의 푸줏간은 상상할 수 없을 만큼 더러웠기 때문이다.

그는 처음에는 내 제안을 고려해보기를 마다했지만, 생각을 다시 하는 듯하더니 내게 자기 개인실로 따라 들어오라고 말했다. 그곳에서 나를 탁자 옆에 앉히고 잔 두 개에 술을 채우더니 함께 마시자고 했다. 나는 이렇게 지나치게 사근사근한 까닭이 도대체 무엇인지 궁금해하면서 마다했다. 그는 내게 더 가까이 다가오더니 손으로 내 외투를 잡고 벗겼다. 깜짝 놀란 내가 정신을 차리기 전에 내 손을 잡고는 손에 입을

---

* Колымск. 오늘날 러시아연방 사하공화국의 니즈네콜림스크Нижнеколымск. 시베리아 동북부에 있다.

맞추었다. 이 행동의 의미는 부도덕한 것일 수밖에 없다는 생각이 들었다. 나는 놀라고 부아가 나서 벌떡 일어섰다.

"네가 내 사람이 된다는 데 동의한다면 너한테 1000루블과 시장에서 푸줏간을 열 자리를 주고 네 남편이 야쿳스크에 남게 해주지." 지사가 이렇게 말하면서 나를 달래려고 애썼다.

나는 자제력을 잃었다. "나쁜 놈들! 짐승 같은 놈들! 너희 사내들은 다 똑같아!" 내가 소리쳤다. "모두 다! 다! 다! 높든 낮든 네놈들은 다 썩어빠졌어." 말문이 막힌 지사를 남겨두고 나는 외투를 쥐고 그 집에서 뛰쳐나왔다.

나는 숙소로 달려가서 방에 틀어박혀 밤새 울었다. 내가 한 심부름은 뜻을 이루지 못했고, 이제 나는 야샤를 위해 죽느니만 못하게 사느냐, 아니면 내 몸을 파느냐 사이의 선택과 마주했다. 오두막 몇 채가 흩어져 있는, 토착민이 사는, 얼음에 갇힌 드넓은 황야에서 사라져버리는, 몇 달 동안 눈 무더기 아래 묻혀 있는 정착지인 콜림스크가 눈에 선했다. 북극의 바람이 휘휘 불어대는 소리와 북극곰이 으르렁대는 무시무시한 소리가 들리는 듯했다.

나는 그 한복판에서 사람들과의 교제가 끊기고 무기력한 단조로움 속에서 천천히 시들어가는 야샤를 마음속에 그려보았다. 그리고 나서 내 생각은 다른 대안으로 향했다. 겉으로는 행복하게 야샤와 함께 살면서 일하고 밤에는 타락한 지사에게 남몰래 살금살금 간다는! 그런데 야샤가 이 은밀한 방문을 알게 되면 어쩌지? 어떻게 해명해야 할까? 그리고 해명해보았자 그에게 무슨 소용이 있을까? 아니야, 그럴 수는 없어, 그럴 수는 없어! 아, 어찌나 끔찍한 밤이었는지! 상상을 하다 보니 북극

바다의 꽁꽁 얼어붙은 기슭이 어른어른 보이다가 크라프트 지사가 나를 역겹게 끌어안으려 하고 빠져나갈 길을 찾아도 보이지 않는 환영에 시달렸다.

마침내 아침이 왔고 나는 초주검이 되었다. 친구들이 지사를 찾아간 일은 어떻게 되었느냐고 물었을 때 나는 지사가 내 호소를 거절했다고 대답했다. 축 처진 채로 야샤를 보러 갔다. 그는 그런 내 모습을 금세 알아채고 왜 그러냐고 물었다.

"내가 지사를 만나봤는데, 그자는 당신의 유형지를 바꾸지 않겠대." 나는 풀이 죽어 그에게 알렸다.

야샤는 벌컥 성을 냈다. "뭐, 지사한테 호소를 했다고? 지사는 여자가 하는 이런 종류의 호소를 여태 거절한 적이 없다던데. 그는 도시에 1급 푸줏간이 있어야 한다고 오랫동안 느껴왔고 제대로 호소하면 우리를 결코 그냥 보내지는 않을 거라고 여기 간수가 나한테 말했어. 네가 제대로 간곡하게 청탁하지 않았다는 말이 들리던데. 너는 나를 치워버리고 싶어, 응? 넌 내가 콜림스크로 보내져서 죽기를 바라지. 그래야 여기 혼자 남아서 다른 사내와 바람을 피울 수 있으니까."

야샤의 말에 나는 무척 괴로웠다. 원래도 시새움이 심했지만, 감금과 이동에 시달린 탓에 그는 더 성마른 사람이 되었다. 게다가 지사의 집무실에 있는 누군가가 그에게 내가 자기를 위해 나서서 충분히 애쓰지 않았다고 알려준 것이 분명했다. 나는 그에게 진실을 말할 엄두를 내지 못했다. 그 진실이라는 것이 콜림스크로 유배될 것이 뻔하다는 뜻이었기 때문이다. 나는 아직 희망의 끈을 놓지 않았다.

"야샤." 내가 말했다. "어떻게 당신이 나한테 그런 말을 할 수 있지?

당신은 내가 당신을 얼마나 사랑하는지 알고 있어. 그리고 당신이 콜림스크로 가면 나도 함께 가겠어. 나는 지사한테 가서 청탁을 했어."

"그렇다면 다시 가. 그분 앞에서 무릎을 꿇고 더 열심히 빌어. 그분은 아주 친절한 사람이라는 말이 있으니 틀림없이 자비를 베풀 거야. 그러지 않으면 우리는 망한다고. 우리 운명을 생각해봐. 해가 뜨지 않는 땅, 15킬로미터쯤 되는 공간에 오두막 서너 채가 흩어져 있는 정착촌, 그게 콜림스크야. 말도 없고 장사도 없고 거래도 없고! 사람이 살 땅이 아니라고. 가서 지사한테 빌면, 그분이 가엾게 여기실지 몰라."

나는 야샤를 쳐다보았고, 내 가슴엔 괴로움이 그득했다. 그는 겨우 스물일곱 살이었지만, 머리카락이 벌써 하얘지고 있었다. 핼쑥하니 지칠 대로 지쳐 보였다. 나는 나 스스로를 걷잡지 못하고 흐느꼈다. 마음이 움직인 야샤는 팔로 나를 감싸안으며 자기가 은근슬쩍 한 말을 사과했으며, 자기는 오로지 나만 사랑하며 내가 재판에서 자기를 격려하려고 애써줘서 고맙다는 말로 나를 달랬다. 나는 지사를 다시 찾아가 보겠다고 합의하고 그를 남겨두고 나왔다.

'가느냐 마느냐.' 이 생각이 나를 괴롭혔다. 알고 보니 크라프트 지사는 난봉꾼으로 이름난 사람이었다. 그는 출세하려고 고위 관리의 가문에 장가들었고, 아내는 꼽추에다 외국에서 시간을 대부분 보냈다. 용기를 내서 나는 야샤를 위한 애절한 탄원으로 지사의 환심을 사기를 바라며 다시 그에게 갔다. 내가 집무실에 들어서자 사무원들이 의미심장하게 눈을 찡긋하며 서로 눈짓을 하는 것이 보였다. 나는 스스로를 걷잡을 수 없어서 지사와 또 한 차례 만날 예상에 부들부들 떨었다. 지사는 내가 집무실로 들어가자 일어서서 인자하게 웃으며 말했다.

"아, 드디어 오셨군. 이제는 겁내지 마시오. 해치지 않을 테니, 마음을 가라앉히고 앉으시오." 그리고 의자를 뒤로 살짝 빼주며 나를 앉혔다.

"나리, 저희를 가엾게 여겨주세요. 야샤가 여기 머물도록 허락해주세요." 내가 흐느껴 울었다.

"자, 자, 울지 말고." 내 말을 가로막으며 그가 말했다. "그러겠소. 그가 머물도록 해주겠소."

내 가슴에는 고맙다는 마음이 가득했고, 나는 지사의 발밑에 쓰러져 바닥에 엎드린 채 그의 친절에 고마워하고 그를 축복했다. 야샤가 소식을 듣고 무척 기뻐하리라는 생각이 들었다. 나는 야샤에게 알려야겠다며 가려고 일어섰다.

"괜히 힘들게 감옥으로 달려가지 않아도 됩니다. 내가 간수에게 전화해서 당신 남편에게 곧바로 알려주라고 지시하겠소." 지사가 말했다. "그러니 당신은 여기서 잠시 쉬어도 됩니다."

나는 고마움에 가슴이 벅차올랐다. 그는 잔 하나에 포도주를 따르고는 내게 한 잔 마셔서 기운을 차리라고 다그쳤다. 나는 전에 포도주를 맛본 적이 없었고, 이 특별한 포도주는 무척 독했다. 따스한 기운이 물결처럼 내게 슬금슬금 기어 들어오는 느낌이 들었다. 기분이 아주 좋고 나른했다. 지사가 내 잔에 다시 포도주를 채우고 제 잔에도 채우고는 함께 마시자고 권했다. 나는 저항하려고 안간힘을 썼지만 마다하고 버티기에는 너무 약했다. 두 잔째 뒤로는 지사가 나로 하여금 세 잔째 비우게 하기는 훨씬 더 쉬웠다. 나는 졸리고 께느른해져서 움직일 수 없었다. 지사가 내 옷을 벗기는 느낌이 들었지만, 나는 몸부림쳐서 저항하기는커녕 그러지 말라고 말할 힘도 없었다. 그가 나를 껴안고 입을 맞추었지만 나는 여전히 무기력했다. 그러고 나서 그가 나를 들어 올려 소파로 옮기는 느낌이 들었다. 그 모든 일이 아주 어렴풋이 인식되었고, 마지막 힘을 쥐어짜내 발버둥치려 했지만 마치 약에 취한 것처럼 느껴졌다.

나는 새벽 4시쯤에 깨어났다. 주위가 낯설고 호화로웠다. 잠깐 동안 내가 어디 있는지 알지 못했고 꿈을 꾸고 있다고 생각했다. 내 가까이에 낯선 사내가 있었다. 그가 얼굴을 돌렸고, 나는 그 사람이 지사임을 깨달았다. 갑자기 모든 것이 기억났다. 지사가 나를 껴안으려고 움직였지만, 나는 소리를 지르며 벌떡 일어나 서둘러 옷을 걸쳐 입고는 쫓기듯 그 집에서 달아났다.

동이 막 트고 있었다. 도시는 아직 잠들어 있었고, 안개가 낮게 깔려서 도시와 강이 한데 어우러졌다. 초가을이었다. 모든 곳이 평온했지만 내 가슴속은 그렇지 않았다. 가슴속에서 폭풍우가 휘몰아치고 삶과 죽음이 서로 이기려고 드잡이를 했다. '야샤한테 무슨 말을 해야 할까? 친구들이 나를 어떻게 생각할까? 갈보!' 가슴이 꿰뚫려 저몄다. '아니, 그런 일이 일어나선 안 돼. 죽음이 유일한 내 도피처야.'

나는 한동안 거리를 헤매다 문을 연 잡화점을 찾았고, 거기서 30코페이카어치 식초 진액을 샀다. 숙소로 들어서자 질문이 나를 맞이했다.

"어디 있었나요? 마리야 레온티예브나, 어젯밤에 어디서 잤나요?" 내 모습 자체가 의심을 사기에 충분했다. 나는 대꾸하지 않고 내 방으로 뛰어 들어가 문을 걸어 잠갔다. 마지막 기도를 올린 뒤에 마음을 굳게 먹고 독약을 죄다 들이켰다. 곧 온몸이 고통으로 뒤틀렸다.

아침 10시쯤에 야샤가 감옥에서 풀려났고 푸줏간을 열 돈 500루블을 받았다. 한껏 들뜬 그가 내게 무슨 일이 생겼는지 조금도 모르는 채로 내 숙소로 왔다. 그는 숙소에 다다랐을 때에야 비로소 예사롭지 않은 북새통을 보았다. 내가 끙끙거리는 소리가 들리자 사람들이 방문을 부수고 안으로 들어왔다. 독약 탓에 내 입과 목구멍이 불이 번지는 양 타버렸고, 마룻바닥 위에서 의식을 잃은 채로 발견된 나는 병원으로 옮겨진 뒤에야 의식을 되찾았다. 내 주위에 야샤, 간호사 몇 명, 의사 한 명이 서 있었는데, 의사는 내 목구멍 아래로 뭔가를 들이붓고 있었다. 나는 방에서 벌어지고 있는 일을 다 이해하기는 했어도 말을 할 수 없었다. 야샤의 걱정스러운 질문에 의사는 내가 피를 너무 많이 흘려서 위험한 상황이라고 설명하고는 "드물게 체질이 강한 사람만이 이 같은 시련에서 살아남을 수 있다"고 덧붙였다.

보름 동안 나는 극심한 아픔에 시달리고 숨통을 짓누르는 경련에 몸부림치며 삶과 죽음 사이를 오락가락했다. 내가 먹는 것이라고는 대롱을 거쳐 목구멍으로 들어오는 우유뿐이었다. 나는 한 달 동안 말을 하지 못했고, 그 한 달이 끝날 무렵에는 위험에서 벗어났지만 건강을 되찾기까지 또 한 달을 병원에서 보내야 했다.

야샤는 내가 그런 행동을 한 까닭을 이해하지 못했다. 크라프트 지사가 퍽 상냥하고 퍽 너그러웠으니 말이다. 그는 형량을 줄여주었을 뿐 아니라 가게를 열도록 우리에게 500루블을 주었다. 그 무엇이 이보다 더 고결할 수 있었을까? 마침내 야샤는 지난해의 재판 탓에 내가 일시적 정신착란을 일으켜서 자살하려 들었다는 결론에 이르렀다. 나는 그가 지사를 칭찬할 때마다 그의 환상을 깨뜨리고 싶었으나 그러지는 않았다.

병원에서 나오자마자 우리는 푸줏간을 열었는데, 곧바로 장사가 잘되었다. 몇 달 동안 평온하게 살았다. 그러던 어느 날 오후에 우리가 얼마나 잘 살고 있는지 살펴본다는 핑계로 지사가 느닷없이 우리 가게에 들렀다. 그가 내게 손을 내밀었지만 나는 돌아섰다.

지사가 떠난 뒤 야샤는 설명하기 힘든 행동을 했다며 내게 성을 냈다. 내가 미쳤을까? 우리의 은인, 사람들 가운데 가장 상냥한 이를 반기기를 마다하다니 나는 틀림없이 미친 거다! 나는 뚱하니 입을 다물었지만, 야샤는 납득하려 들지 않았다. 그는 해명을 요구했다. 나로서는 숨김없이 다 털어놓는 것밖에는 다른 수가 없었다.

진실은 그에게 크나큰 충격이어서 그는 부들부들 떨었다. 나를 뭔가로 치고 바닥에 넘어뜨렸다. 그의 얼굴은 새하얘졌고 관자놀이에는 핏줄이 튀어나왔으며 온몸이 다 떨렸다. 이 악몽에 질려서 전혀 몸을 가누지 못하는 듯했다. 지사가 왜 관대했는지 이제는 알 만했다. 500루블과 감형, 그 모든 것의 값비싼 대가를 자기가 사랑하는 사람이 치렀던 것이다.

내 자살 미수의 진상이 이제야 야샤에게 제대로 보였다. 그는 앙갚음을 하고자 했다. 그는 지사를 죽이겠다고 맹세했다. 그렇다, 그는 나쁜 놈들 가운데 가장 비열한 그자를 죽이려 들었다. 나는 야샤의 두 발을 껴안고 그러지 말라고 빌었다. 그는 내 애원에 아랑곳하지 않았고 내 앙갚음을 하지 않는다면 제 삶은 빈껍데기라고 말했다.

야샤는 숙명적인 거사를 하러 나섰다. 내가 아무리 막으려 애를 써도 헛일이었다. 그가 지사의 집무실에 나타나서 제 이름을 대며 접견을 요청했을 때, 사무원들은 곧바로 그에게 무언가 나쁜 의도가 있다고 수상쩍어했다. 비서가 지사에게 푸주한인 부크가 접견을 바라는데 행동거지가 의심을 불러일으킨다고 보고했다. 지사는 그를 붙잡아두고 몸을 뒤져보라고 명령했다. 옷에서 날카로운 긴 칼이 나와서 야샤는 체포되었고, 이튿날에 야쿳스크에서 200킬로미터쯤 떨어진 정착지인 암가*로 유배를 보내라는 명령이 내려졌다. 푸줏간을 처분할 시간이 24시간밖에 되지 않아 나는 몇 달 뒤에 값을 치르기로 합의를 보고 현지의 한 정치범에게 푸줏간을 넘겨야 했다.

우리가 야쿠트인**이 모는 달구지를 타고 암가로 출발했을 때가 1914년 부활절 전야였다. 내가 겪어본 중 가장 심한 진창을 지나야 했다. 말들이 쑥쑥 깊이 빠지고 바퀴가 툭하면 박혀서 우리는 자주 내려서 바퀴 빼내는 일을 거들어야 했다. 우리는 부활절을 한 토착민이 아내와 아이, 짐승과 함께 사는 길가 오두막에서 보냈다. 이런 오두막 한복판에는 늘 화톳불이 있고 연기는 지붕에 있는 구멍으로 빠져나간다. 오두막에서 암소 젖을 짰고, 더럽기가 이루 말할 수 없었다. 우리는 빵, 그리고 사람이 마시기에 알맞지 않은 일종의 차로 저녁을 때운 뒤에 잠자리에 들었다. 이튿날 우리는 다시 암가로 이동했다.

---

* Амга. 시베리아 동부 사하공화국에 있는 작은 마을. 1652년에는 코사크가 세운 요새였고, 러시아 제국의 정치범을 보내는 아북극 기후대의 유배지였다.

** Якут인. 시베리아 동북부의 튀르크계 민족. 야쿠트인 스스로는 사하Caxa인이라고 부른다.

5장 | 유형지에서 빠져나오다

우리는 암가로 가는 길에서 엿새를 보냈다. 암가는 여러 민족의 주민이 뒤섞여 사는 읍이었다. 암가의 집들 절반은 러시아인 유형자들이 지은 조그만 오두막이었는데, 그들 가운데 여럿이 야쿠트인 여자와 결혼했다. 야쿠트인 여자는 몸매가 매력적이었고 백인의 아내임을 자랑스러워했다. 토착민은 제 아내를 함부로 다루고 게을러서 대개 여자가 일을 해서 가족을 먹여 살렸다. 야쿠트인 가운데 몇몇은 큰 부자여서 사슴과 소를 무려 1000마리나 소유했다. 남자, 여자, 아이가 똑같이 털가죽 옷만 입었다. 그들은 손으로 빻은 거친 밀가루로 빵을 만들었다.

암가에 있는 정치범은 열다섯 명쯤이었다. 이들 가운데 다섯은 대학을 나온 사람이었는데, 그중 한 사람이 알렉산드르 가이테무로프 공*이었다. 여덟 해 전에 체포된 가이테무로프의 머리카락은 유형지에서 허옇게 셌다.

---

* Князь Александр Гайтемуров. 영어 원문에는 구테무로프Gutemurov 공으로 잘못 표기되어 있다.

내가 암가에 온 첫 번째 러시아 여자여서 이 조그만 정치범 정착촌은 한없이 기뻐했다. 야쿠트 여자들은 옷을 빨지 않으므로 백인 사내들이 사는 환경은 이루 말할 수 없이 더러웠고, 지저분한 겉모습은 그들이 살아가는 조건을 생생히 보여주는 증거였다. 그들은 나쁜 벌레에 하릴없이 시달렸고 전염병을 거의 버텨내지 못했다. 깨끗한 음식, 마셔도 되는 우유는 어떤 값을 치러도 구할 수 없었다. 암가에서는 돈에 값어치가 없었다. 예를 들어, 가이테무로프 공은 월 수당 100루블을 받았지만, 1000루블을 내고도 목욕을 할 수 없었다.

곧바로 내가 상황을 휘어잡았다. 한 달에 세로 2루블을 내는 작은 오두막이 곧 정착촌의 사교 중심지가 되었다. 나는 탁자 하나와 침대 하나와 긴 의자 여러 개를 만들게 했다. 그리고 1904년에 살인죄로 유배되었고 이제는 장사를 해서 아주 잘사는 카랴킨Карякин의 잡화점에서 밀가루를 손에 넣었다. 나는 진짜 러시아 빵을 굽고 제대로 된 러시아 음식을 요리하고 러시아 차를 만들어서 만찬에 정치범을 죄다 초대했다.

그들에게는 최상급 잔치였다. 홀로 사는 이들은 정기적으로 요리를 해달라고 부탁했다. 나는 그들의 끼니를 챙겨주었을 뿐 아니라 옷도 빨아주고 고쳐주었다. 나는 헛간 한 채를 목욕탕으로 바꾸었고, 오래지 않아 정치범들은 다시 사람 꼴을 갖추었다. 그 목욕탕에서 해야 하는 일에 내 시간과 힘이 몽땅 다 들어갔지만, 나는 도움을 줄 수 있어서 즐거웠다. 사내들은 나를 제 어머니로 여겼고, 지겹지도 않은지 나를 계속 칭찬해댔다.

그 지역에서는 자연이 풍요로운데도 정착민이 거의 없어서 요청만 하면 마을에서 땅이 주어졌으므로 나는 채마밭에 푸성귀를 심고 곡식

씨앗을 뿌렸다. 시베리아 북부의 강에는 물고기가 가득하고 목재는 끝도 없이 넘쳐난다. 우리 마을에서 250킬로미터도 채 안 떨어진 곳에서는 금광이 운영되고 있었다. 야쿠츠크에서 푸줏간을 소유했던 덕에 우리는 외상으로 말을 한 마리 살 수 있었고 돈도 조금 빌릴 수 있었다.

내가 정치범들에게 인기를 누리자 야샤가 부아를 냈다. 그는 그들의 친절에 시새움이 일어 저제는 이 사내가, 이제는 저 사내가 내 사랑을 구한다고 의심했다. 야샤는 할 일이 없었으므로 시새움을 품었고 그 시새움은 그의 상상 속에서 커져만 갔다. 그는 노름을 좋아하는 야쿠트인에게 인기가 높은 카드놀이에 맛을 들였다가 차츰차츰 상습 노름꾼이 되었다. 그는 집을 떠나 이웃 야쿠트인 마을로 가서 툭하면 며칠이고 머무르면서 노름을 하며 시간을 보내곤 했다. 마침내 그것이 버릇이 되었다. 그는 사라졌다가 기분이 완전히 달라져서는 갑자기 나타나곤 했다.

그는 돈을 따면 쨍그랑대는 동전을 호주머니에 넣고 싱글벙글 웃으며 돌아와 내게 선물을 주고 모든 이에게 아낌없이 베풀었다. 하지만 흔한 일은 아니었다. 돈을 잃는 날이 더 잦았고, 그러면 우거지상에 풀이 죽고 신경이 곤두서서 성이 난 채로 집에 돌아와 싸움을 걸고 성가시게 굴곤 했다. 정치범이 집에 있는 모습이 눈에 띌 때마다 유난스레 울화통을 터뜨렸다. 시새움에 사로잡힌 그는 내게 비아냥거렸고, 드물지 않게 주먹질을 해댔다.

"야샤, 정신 나갔어요? 돈이 필요해요? 내가 당신을 도와주고 늘 좋아한다는 거 알잖아요." 나는 이렇게 말하며 그가 마지막 한 푼까지 잃어버렸음을 알고도 얼마 안 되는 내 저금을 내주곤 했다. 하지만 그렇게 해도 내 괴로움이 줄지는 않을 터였다. 고대하던 대로 그가 집을 떠나면 안도했고 그가 돌아오는 것을 보면 걱정이 되었다.

석 달이 지날 무렵 우리는 푸줏간 값으로 받아야 할 돈을 받으려고 야쿳스크를 찾아가도 된다는 허락을 얻었다. 그런데 푸줏간을 넘겨받았던 사내가 이제 와서는 우리가 암가에 유배를 와 있는 동안 값을 다 치렀다고 우기면서 우리에게 남은 빚이 한 푼도 없다고 잡아뗐다. 거세게 다퉜지만 돈을 받지 못했다. 내가 말만 믿고 그에게 가게를 넘겼으므로 우리는 우리 권리를 입증해서 가게에서 그를 몰아낼 수 없었다. 빈손으로 돌아오는 것 말고는 다른 수가 없었으며, 암가에서 진 빚의 부담이 우리 어깨를 무겁게 짓눌렀다. 나는 빚을 갚기 위해 힘든 일을 끝없이 해야 하는 암담한 앞날과 마주했다.

여름 어느 날 새 유형수 일행이 암가에 도착했다. 그들 가운데 스무 살쯤 된 젊은이가 있었는데, 야샤는 그가 마음에 들어서 내 일을 거들며 우리 집에 머물라고 제안했다. 나는 야샤의 시새움을 알기에 반대했다.

"야샤, 뭐 하는 짓이에요?" 나는 이렇게 주장했다. "정착지 주민이 집에 한 사람만 있어도 자기가 얼마나 시샘하는지 당신도 알잖아요. 그런데 이제는 내가 이 젊은이를 여기 두기를 바란다니. 당신은 늘 밖에 나가 집을 비울 텐데. 당신은 지금 나를 애먹이고 있을 따름이에요. 나는 그 사람을 원하지 않고 도움이 필요 없어요. 제발 그 사람을 불러들여 나한테 짐을 지우지 말아요."

"마루샤." 야샤가 나긋나긋하게 대꾸했다. "더는 시샘하지 않겠다고 맹세해. 시샘하지 않겠어. 내가 너한테 준 모든 고통을 용서해줘."

야샤의 말에도 내 마음이 완전히 놓이지는 않았지만, 그는 앞으로는 정신을 차리겠다고 약속하면서 내 반대에 아랑곳하지 않았다. 같은 날 오후에 한 야쿠트 사람이 야샤를 찾아와 둘이 함께 노름하는 곳으로 떠났다. 젊은이는 나와 함께 남았다. 첫째 날이나 둘째 날에는 아무 일도 없었다. 그런데 어느 날 밤에 깨어나 보니 젊은이가 내 위에 몸을 굽히고 있었다. 나는 부끄러운 줄 알라며 그를 밀쳐냈지만 그가 끈덕지게 다가오자 세차게 때렸고 침대에서 뛰어내리고는 의자 하나를 움켜쥐고 목청껏 소리를 지르며 그를 집에서 몰아냈다.

그때가 새벽 1시쯤이었다. 가이테무로프 공이 한 친구와 밤놀이를 하고 나서 집으로 돌아오다 내가 깊은 밤에 젊은이를 쫓아내는 모습을 보았다. 젊은이는 내게 앙갚음하기로 단단히 마음먹었다. 그는 마을 밖 길가에서 야샤가 돌아오기를 기다렸다가 거짓말을 하겠다고 다짐했다!

"당신한테는 참 좋은 아내가 있네요." 야샤가 나타나자마자 그가 비아냥거리며 말을 걸었다.

"무슨 뜻이야?" 야샤가 발끈해서 물었다. 젊은이는 지난밤에 내가 자기에게 다가왔지만 자기는 야샤에게 의리를 지키는 친구여서 나를 거부했고 당신을 만나서 그 일을 알려주고자 집을 나왔다고 대꾸했다. 야샤는 가까스로 자제하고서 소리쳤다.

"너, 사실을 말하고 있다고 맹세해?"

젊은 악당이 대꾸했다.

"그럼요, 사실이죠."

야샤가 문턱에 나타났을 때 나는 그를 보고 곧바로 겁에 질렸다. 그는 감때사나웠지만 분노를 억누르고 있었다. 그래서 더 위험스러웠다. 그는 낱말을, 내게 잔뜩 겁을 주는 낱말을 일부러 골라가며 말을 천천히 했다.

"넌 헤픈 년이야. 넌 끊임없이 날 속이면서 늘 헤프게 굴었지만 이제는 딱 걸렸어. 빠져나가지 못할 거야. 다행히도 드미트리Дмитрий가 올곧은 젊은이라서 네 유혹을 물리쳤지. 넌 마지막 기도를 올릴 수 있어, 이 쌍년아."

이런 말을 하면서 야샤는 내 목을 매달 올가미를 냉정하고 결연하고 아무렇지도 않게 만들기 시작했다. 무시무시한 진지함을 내비치는 행동에 도사린 이 차분함에 나는 사시나무처럼 벌벌 떨었다.

"야샤, 난 잘못한 게 없어요." 나는 그의 발밑에 쓰러져 입을 맞추고 흐느꼈다. "맹세하는데, 난 잘못한 게 없어요." 내가 외쳤다. "제발 좀! 당신이 뭘 하고 있는지 생각해봐요! 난 잘못한 게 없다고요!"

야샤는 아랑곳하지 않고 채비를 계속했다.

그는 천장에 있는 갈고리에 밧줄을 걸고 올가미를 당겨보았다.

"야샤, 정신 차려요." 나는 빌면서 그의 다리를 껴안았다.

그는 나를 밀쳐내고 밧줄 아래에 등받이 없는 의자를 놓더니 무시무시한 목소리로 내게 의자 위에 올라서라고 명령했다.

"지금 마지막 기도를 올려." 그가 되풀이해서 말했다.

그러고 나서 내 목에 올가미를 걸고는 내 발 밑에서 의자를 홱 치웠다. 올가미가 목을 조이는 순간에 나는 소리를 지르고 싶었지만 그럴 수 없었고, 정수리에 가해지는 압력이 너무 세서 정수리가 금방이라도 깨져서 열릴 듯했다. 나는 의식을 잃었다.

올가미가 내 목을 조이고 있을 때 야샤가 제정신을 차리고 서둘러 올가미를 풀었다. 나는 죽은 듯이 축 늘어진 채로 바닥에 떨어졌다. 도와달라는 야샤의 외침을 듣고 정치범 몇 사람이 집으로 달려왔는데, 그들 가운데 의학도가 두어 명 있었다. 그들은 나를 살려내려고 온갖 애를 썼고, 길고도 끈덕진 시도를 한 뒤에야 성공했다. 눈을 떴을 때 정착지에 사는 사람들이 죄다 내가 누운 침대 곁에 있었다. 사람답지 않은 짓을 해명하라는 재촉을 받은 야샤는 드미트리 이야기를 했다.

그러자 가이테무로프 공이 지난밤에 집으로 가는 길에 보았던 일을 밝혔다. 야샤는 몸 둘 바를 몰라 했다. 무릎을 꿇고 용서를 빌면서 드미트리를 욕하고 그를 빨리 해치워버리겠다고 약속했다. 하지만 야샤는 그를 찾을 수 없었다. 드미트리는 사실이 들통났음을 알고는 암가에서 영원히 사라졌다.

얼마 지나지 않아 또 다른 사건이 일어나 야샤와 함께 사는 내 삶이 더 고달파졌다. 야샤가 없을 때 바실리라는 정치범 한 사람이 와서는 당국이 자기를 체포해서 이르쿳스크로 보내 사형이 선고되는 새 혐의로 재판을 받게 하라는 명령을 접수했다고 말했다. 추가 증거가 나오면 2차 재판을 위해 유형수를 소환하는 것이 차르 정부의 관행이었다.

바실리는 탈주를 도와달라며 우리 말 '말칙*'을 빌려달라고 부탁했다. 야샤가 그 말을 얼마나 아끼는지 알기에 나는 마다했다. 그러나 바실리는 끈질기게 빌면서 가이테무로프 공이 체포 명령서를 보았고 경찰관이 벌써 출발했다고 말했다.

"하지만 도대체 말을 어떻게 돌려줄 수 있나요?" 나는 바실리가 거듭해서 비는 데 마음이 움직여 그에게 물었다. 그는 100킬로미터쯤 떨어진 곳에 사는 우리의 야쿠트인 친구에게 말을 남기겠다고 했고, 걱정

---

* Мальчик. 꼬마라는 뜻의 러시아어 낱말.

이 가시지는 않았어도 나는 마침내 말을 내주었다. 그가 말칙을 타고 떠나자마자 걱정은 두려움으로 바뀌었다. 나는 바실리의 이야기를 확인하려고 가이테무로프 공에게 서둘러 갔다. 바실리 체포 명령을 알지 못하고 심지어 바실리를 본 적조차 없다는 말을 듣고는 벼락에 맞은 듯 어찌나 놀랐던지. 내가 속아 넘어갔고 그 말을 다시는 볼 수 없으리라는 것이 분명했다.

'맙소사!' 나는 생각했다. '야샤가 돌아와 말칙이 없어진 것을 알면 무슨 일이 벌어질까?'

죽음의 공포가 일었다. 얼마 전에 목매달려 죽는 꼴을 모면했던 느낌이 아직도 생생했다. 야샤 생각에 나는 덫에 걸려 빠져나갈 구멍을 찾는 짐승 같다는 느낌이 들어 덜덜 떨었다. 그러나 돌이킬 길이 없어 보였다.

그때가 1914년 8월이었다. 대전쟁의 풍문이 머나먼 시베리아 지방에 막 다다르고 있었다. 동원령이 내려졌고, 심지어 활기라고는 없는 북극권의 정착지에서도 크나큰 흥분이 일었다. 단조롭던 그 땅에 갑자기 새 생명력이 불어넣어진 양 말이다. 군 소집령에 뒤이어 곧바로 우리 국민 생활의 병폐인 보드카를 금지한다는 차르의 칙령이 나왔다. 이와 더불어 대중 열광의 거대한 물결이 페트로그라드와 모스크바부터 우랄산맥과 시베리아를 가로질러 중국 접경과 태평양 해안까지 드넓은 러시아의 초지대와 하천 유역과 숲을 휩쓸었다.

국민의 반응에는 숭고한 무엇인가가 있었다. 그와 같은 정신의 고양은 본 적이 없다는 말이 크림전쟁*에서, 1877~78년의 러시아-튀르크 전쟁에서, 러시아-일본 전쟁에서 싸웠던 노인들의 입에서 나왔다. 삶에서 영광스럽고 감정을 고취하는 잊을 수 없는 순간이었다. 내 영혼에 깊은 파문이 일었고, 나는 새 세상이, 더 순수하고 더 행복하고 더 거룩한 세상이 태어나고 있음을 어렴풋하게 깨달았다.

그리고 바실리가 우리 말을 빼앗아 간 뒤, 야샤가 격분할까 봐 두려움에 휩싸였을 때, 그 두려움이 불운에 맞닥뜨린 나의 무기력 탓에 거세질 때, 내 마음속에 느닷없이 '전쟁!'이라는 생각이 퍼뜩 떠올랐다.

'전쟁에 나가 나라 구하는 일을 도와라!' 내 안의 목소리가 외쳤다.

나 한 사람 편안하고 안전하자고 야샤에게서 떠난다는 것은 거의 생각할 수 없는 일이었다. 하지만 야샤에게서 떠나 나를 버리고 희생하는 싸움터로 간다는 것, 그것은 다른 문제였다. 전쟁에 나선다는 생각이 내 온 존재 안으로 더욱더 깊이 파고 들어와 나를 가만히 내버려두지 않았다.

야샤가 돌아왔을 때, 가이테무로프 공을 비롯한 몇몇 친구가 나를 지켜줄 태세를 갖추고 집에 와 있었다. 야샤는 집에 오는 길에 토착민에게 들어 바실리가 우리 말을 타고 달아났음을 이미 알고 있었다. 그는 가장 아끼는 말을 자기 허락 없이 내가 누군가에게 주었으리라고는 믿을 수 없었고, 그래서 내가 바실리와 바람을 피웠다고, 내가 그와 눈이 맞아 함께 달아날 준비를 하려고 그를 떠나보냈다고 의심했다. 그는 주먹으로 나를 흠씬 두들겨 패며 남부끄러운 꼴을 보였다. 내 친구들이 그를 떼어놓았는데, 이러자 그의 부아가 더 치밀어 오를 따름이었다. 제

---

* 러시아 제국이 1853년 10월부터 1856년 3월까지 크림반도 일대에서 튀르크 제국, 영국, 프랑스와 싸워서 진 전쟁.

분노를 터뜨릴 수 없게 되자 그는 미친 사람처럼 굴었다.

명백히 그의 울화는 치료를 받아야 할 만큼 위험해지고 있었다. 암가에는 의사가 한 달에 딱 한 번 왔다. 야샤는 자기가 멀쩡하다고 여기기 때문에 그에게 의사의 진찰을 받아보라고 할 수는 없었다. 그래서 의사가 도착하면 가이테무로프 공이 의사와 함께 마을 주위를 거닐다 우연인 양 우리 집 옆을 지나가고 내가 그들을 반기면서 차를 마시러 들어오라고 권하기로 친구들과 말을 맞추었다. 모든 일이 술술 풀렸다. 인사를 나누고 나서 의사는 곧바로 야샤의 낯빛이 파리하고 눈에 핏발이 서 있다는 소견을 말했다.

"어디 아픈가요?" 의사가 야샤에게 물었다. "열이 있는 듯한데. 내가 당신을 진찰해보겠습니다."

진찰 결과 야샤는 병원에 가서 치료를 받으라는 조언을 들었는데, 물론 그는 코웃음을 쳤다. 의사는 야샤가 신경쇠약 상태에 있으며 어떤 자잘한 꼬투리를 잡아 나를 죽일지도 모르니 그와 함께 살면 위험하다고 귀띔해주었다. 의사는 내가 야샤에게서 어서 떠나야 한다고 다그쳤다. 하지만 나는 망설였다. 그러나 오래지 않아 다툼이 또 벌어졌고, 야샤가 또 나를 죽이려다 내 친구들에게 제지되었다. 더는 버틸 길이 없었다. 나는 달아나기로 마음먹었다.

낮이든 밤이든 나는 싸움터로 가는 상상의 나래를 펼쳤고, 동포가 다쳐서 끙끙대는 소리가 내 귀에 울렸다. 막강한 군대들이 맞붙는 소리가 심지어 문명화되지 않은 시베리아 북부에서도 들렸다. 풍문, 승리와 패배의 풍문이 나돌았고, 사람들이 목소리를 낮추어 피의 급류가, 팔다리가 잘린 사람들의 강이 전선으로부터 거꾸로 흘러 들어오고 있으며 벌써 시베리아 벌판으로 넘쳐흐르고 있다고 말했다. 내 가슴은 거기에, 즉 펄펄 끓는 전쟁의 솥 안에 있기를, 전쟁의 불길로 세례를 받고 전쟁의 용암에 그을리기를 갈망했다. 희생정신이 나를 사로잡았다. 내 나라가 나를 불렀다. 그리고 억누를 길 없는 내면의 힘이 나를 몰아붙였다.

　나는 야샤가 며칠 동안 집을 비우고 나가기만 기다렸다. 9월의 어느 날에 그 기회가 왔다. 야쿠트인 몇 사람이 야샤를 불렀다. 그가 떠나자마자 나는 머리카락을 자르고 남자 옷을 입고 빵 두 덩이를 챙겼다. 내게는 정착지에서 속내를 털어놓을 사람이 아무도 없었으므로 빌릴 만한 돈 따위는 없었다.

　내가 남몰래 살금살금 암가에서 서둘러 빠져나와 야쿳스크로 가는 길에 나선 때는 저녁이었다. 내 앞에는 200킬로미터의 여정이 놓여 있었다. 낮에 이동하면 남의 눈에 띌 수밖에 없었으므로 나는 그날 밤에 냅다 뛰어서 동트기 전에 50킬로미터를 내달렸다.

　나는 야쿠트 사람들과 몇 번 마주쳤는데, 익혀놓았던 그들의 토착어로 그들의 인사에 답을 했다. 어두워서 그들은 틀림없이 나를 야쿠트 사람으로 오인했을 것이다. 그것 말고는 여정에 별일이 없었다. 도로는 말라 있고 날씨는 좋고 별빛이 내 길을 밝혀주었는데, 내딛는 발걸음에 내 심장이 쿵쿵 고동치는 소리가 메아리쳤다.

　날이 새자 나는 개울가에서 멈추고 빵과 찬물로 아침을 때웠다. 그러고 나서 길가의 구덩이에 잔가지로 잠자리를 만들고 누워 나뭇가지로 몸을 덮고는 낮 동안 잠을 잤다. 저녁이 되었을 때 깨어 하느님께 기도하고 조금 더 많은 빵과 물로 저녁을 때우고 여정을 다시 이어나갔다. 빵과 물만 먹으며 낮 동안 눈에 안 띄는 길가 후미진 곳에서 잠을 자며 걸어서 야쿳스크에 다다르는 데 엿새 밤이 걸렸다.

야쿳스크에는 새 지사가 있었다. 크라프트 백작은 서유럽으로 가어느 휴양지에서 아내와 함께 지내다 전쟁이 터진 뒤에 거기서 오도 가도 못 하게 되었고 나중에는 적의 손에 붙잡혀 죄수로 죽었다. 새 지사는 나를 반겨 맞이했고 정부 비용으로 고향, 즉 톰스크로 보내달라는 요청을 승인했다. 그는 호위대를 내게 붙여주기까지 했다.

내 도주는 성공했지만, 내 가슴은 기쁘지 않았다. 슬픔에 겨워 미친듯이 나를 찾아다니며 외치는 야샤의 모습이 눈앞에 떠올랐고 내 양심에 해명을 요구했다. 불쌍한 야샤를 삭막한 암가에 외톨이로 남겨두고떠나는 것이 맞을까? 옳을까? 나는 그에게 영원히 충실하기로 맹세하지않았던가? 끝까지 그의 곁에 있는 것이 내 본분이 아닐까? 그렇다면 나는 그에게 돌아가고 전쟁에 나선다는 이 엉뚱한 공상을 버려야 할까?

나는 망설였다. 다른 한편으로, 야샤가 전문 노름꾼이 되어버린 것은 사실이 아닌가? 그와 함께 사는 것은 위험천만한 모험이 아닌가? 야샤에게 헌신한다는 것은 그와 함께 죽는 것이 아니라 그를 구해내려고애쓰는 것을 뜻한다고 내 안의 목소리가 주장했다. 실제로, 그 황무지에서 야샤를 빼내 온다는 생각이 갑자기 내 상상력을 사로잡았다. 내가 전쟁에서 이름을 날리고 그런 다음에 차르에게 야샤를 선처해달라고 탄원하는 것보다 더 좋은 방법을 도대체 어떻게 찾아낼 수 있을까?

그래서 나는 다시 전쟁의 마법에 걸렸다. 나는 야샤에게 보내는 편지를 써달라고 아는 사람에게 부탁했다. 이상하게 떠나서 미안하다고,나는 군인으로 입대하러 톰스크로 가겠으며 전선에 나가 용맹으로 이름을 날린 다음에 그를 사면해달라고 차르에게 탄원하면 우리는 스레텐스크에서 평온한 삶을 이어갈 수 있다고.

계획은 이러했으나, 운명이 다 망쳐놓았다. 운명은 나를 가만히 내 버려 두지 않았다. 전쟁은 내가 지속되리라고 예상했던 달수만큼의 햇 수 동안 지속되어 러시아를 암흑으로 에워싸고 혁명을 움트게 하고 두 날개에 천둥과 번개를 품고 기근과 혼돈을, 그리고 새로운 세상 질서의 씨앗을 퍼뜨릴 터였다. 이 험악한 세월에 야샤는 내 삶의 저 먼 뒷전으 로 물러났다 완전히 사라질 터였다. 그러나 1914년 가을날에 내가 이르 쿳스크로, 거기에서 톰스크로, 거기에서 전쟁터로 나를 데려갈 너벅선 위에서 마지막으로 스산한 북녘으로 눈길을 돌리던 때 내 마음은 온통 그와 함께 있었다.

2부

전쟁

6장 | 차르의 은총 덕에 입대하다

나는 야쿠츠크에서 출발해 배를 타고 열차를 타고 걸어서 고향으로 가면서 거의 두 달을 보냈다. 어디나 다 전쟁 분위기였다. 레나강의 너벅선은 신병으로 꽉 차 있었다. 이르쿠츠크에서는 군복이 눈에 쉽게 띄었고, 이따금 1개 연대 병력의 군인이 기차역으로 가는 길에 거리를 누비며 행진하면서 사람들의 상무 정신을 일깨웠다. 이르쿠츠크에 도착하자마자 호송대는 나를 두고 떠났고, 나는 여정을 이어갈 노잣돈을 달라고 당국에 호소해야 했다.

여섯 해쯤 없다가 톰스크에 이르니 심장이 쿵쾅쿵쾅 고동치고 있었다. 낯익은 거리를 걸어갈 때에는 눈물이 흘러 눈앞이 흐릿해졌다. 여기서, 이 2층집에서 나는 사내의 사랑이 변덕스럽다는 것을 처음으로 배웠다. 열 해 전 러시아-일본 전쟁 때니, 내가 겨우 열다섯 살 때였다. 저기서, 저 닳아빠진 작은 가게에서 나는 손님 시중을 들고 마루를 문질러 닦고 요리와 빨래와 바느질을 하면서 청소년기 다섯 해를 보냈다. 나는 그 가게에서 계산대 위에 몸을 굽힌 나스타시야 레온티예브나의 모습을 볼 수 있었다. 나는 나스타시야 레온티예브나의 매서운 눈초리 아래서 보낸 그토록 길었던 계시 살이 시절이 나중에 내게 쓸모 있었음을 인정하지 않을 길이 없다. 저쪽에 연기가 피어오르는 굴뚝 달린 집은 여덟 해쯤 전에 내가 결혼해서 사내의 만행을 몸소 겪었던 곳이다. 그리고 여기, 이 지하층에서 내 아버지와 어머니가 열일곱 해 동안 살고 있다.

나는 문을 활짝 열어젖혔다. 어머니는 빵을 굽고 있었던지라 곧바로 몸을 돌이키지 않았다. 어머니가 어찌나 늙었는지! 어깨는 어찌나 구부정하고 머리카락은 어찌나 세었는지! 어머니는 고개를 돌려 한순간 나를 말끄러미 쳐다보았다. 내 목구멍에서 웅어리가 솟구쳐 말문이 막혔다.

"마냐!"* 어머니가 외치며 달려와서 두 팔로 나를 꽉 감싸안았다.

우리는 울면서 서로 입맞춤을 하다 다시 울었다. 어머니는 성모 마리아께 기도하고는 다시는 나를 곁에서 떠나보내지 않겠다고 맹세했다. 내가 돌아왔다고 흥분해서 화덕에 있는 빵을 잊어버리는 바람에 빵이 불에 타서 거의 숯이 되었다. 아버지가 들어왔는데, 아버지도 무척 늙어 있었다. 세월이 흘러 모진 성정이 부드러워졌는지 아버지는 나를 상냥하게 반겼다.

나는 몇몇 옛 벗을 찾아갔다. 나스타시야 레온티예브나는 나를 보고 무척이나 기뻐했다. 내 첫 남편 아파나시 보치카료프의 누이도 따뜻하게 맞아주었다. 내가 자기 남동생에게서 달아난 것이 사실인데도 말이다. 시누이는 그가 얼마나 무지막지하고 거친지를 아주 잘 알았다. 시

---

* Маня. 러시아 여자 이름 마리야의 여러 애칭 가운데 하나.

누이는 아파나시가 첫 징집에 불려 갔고 독일군에게 사로잡힌 첫 포로들 가운데 끼었다는 말이 있다고 알려주었다. 나는 그에 관한 말을 다시는 듣지 못했다.

나는 사흘쯤 쉬었다. 전선에서 오는 소식은 짜릿했다. 대전투가 벌어지고 있었다. 우리나라 군인들은 어디서는 물러서고 다른 데서는 나아가고 있었다. 나는 그들을 도우러 갈 날개가 있었으면 싶었다. 그런 염원으로 가슴이 알알했다.

'전쟁이 뭔지 네가 알아?' 나는 스스로에게 물었다. '전쟁은 여자가 할 일이 아니야. 마루샤, 나서기 전에 망신당하지 않도록 단도리를 해둬야 해. 이 거대한 전쟁의 모든 시련과 위험을 마주할 수 있을 만큼 네 정신이 굳셀까? 피를 흘리고 전쟁의 고초를 견뎌낼 만큼 네 몸이 굳셀까? 사내들 사이에서 지내면서 너한테 닥쳐올 유혹을 이겨낼 만큼 마음은 단단할까? 곰곰이 따져서 자신 있고 진정한 답을 찾아보라고.'

그러고 나서 나는 이 모든 물음에 그렇다고 답하기에 넉넉한 힘을 내 안에서 찾아냈다. 나는 나라는 존재의 저 깊은 곳에서 야샤를 찾는 숨은 염원을 억누르고 운명적 결정을 했다. 나는 전쟁에 나가서 죽을 때까지, 아니면 하느님께서 나를 지켜주신다면 평화가 올 때까지 싸우련다. 나는 내 나라를 지키고 이미 나라를 위해 희생해서 살육장에 있는 불운한 이들을 도우련다.

때는 1914년 11월이었다. 굳게 다짐을 하고 단단히 마음먹은 나는 결연하게 톰스크에 주둔한 제25예비대대 사령부로 갔다. 들어서자마자 행정병이 무슨 일로 왔느냐고 물었다.

"사령관님을 뵈려고요." 내가 대꾸했다.

"무슨 일로?"

"입대하고 싶어요."

사내는 나를 잠깐 쳐다보더니 웃음을 터뜨렸다. 그는 다른 행정병들에게 큰소리로 외쳤다. "여기 입대하고 싶어 하는 바바가 있어!" 그가 나를 가리키며 장난조로 말했다. 그러자 떠들썩한 소동이 한바탕 일어났다. "하! 하! 하!" 그들은 하던 일을 잠시 잊고 다 같이 웃었다. 떠들썩한 분위기가 조금 잦아들자 나는 사령관을 만나보겠다고 거듭 요청했고, 사령관의 부관이 나왔다. 그는 한 여자가 입대하겠다고 찾아왔다는 말을 들었음이 틀림없었다. 재미있다는 듯이 내게 말을 걸었기 때문이다.

"바라는 게 뭐요?"

"저는 군 입대를 하고 싶어요, 나리."

"뭐, 입대? 하지만 당신은 바바인데." 그가 웃었다.

"규정상 우리는 여자의 입대를 허용하지 않아. 법에 어긋난다고."

나는 싸우고 싶다고 우기며 사령관을 보게 해달라고 빌었다. 부관이 사령관에게 보고하자 사령관은 나를 들여보내라고 지시했다.

사령관 앞에 서자 나는 얼굴이 붉어지고 혼란스러워졌고, 부관은 내 뒤에서 웃고 있었다. 사령관은 부관을 꾸짖고는 나를 위해 자기가 무엇을 할 수 있겠느냐고 물었다. 나는 입대해서 나라를 위해 싸우고 싶다는 말을 되풀이했다.

"그런 열망을 품다니 당신은 아주 고결하군. 하지만 여자에게는 군 입대가 허락되지 않소." 사령관이 말했다. "여자는 너무 약해. 예를 들어, 최전선에서 당신이 무엇을 할 수 있겠소? 여자는 전쟁하고는 어울리지 않습니다."

"사령관님." 나는 고집했다. "하느님께서 저한테 힘을 주셨고 저는 내 나라를 남자만큼 잘 지킬 수 있어요. 저는 여기 오기 앞서 군인의 삶을 견뎌낼 수 있을지를 나 자신에게 물어보았고요, 해낼 수 있다는 걸 알아냈어요. 저를 사령관님 연대에 받아주실 수 없나요?"

"여보시오." 사령관이 점잖게 잘라 말했다. "내가 당신을 어떻게 도울 수 있겠소? 그건 법에 어긋납니다. 설령 그러고 싶더라도 나한텐 여자를 군대에 들여보낼 권한이 없소. 당신은 후방으로 가서 적십자 간호사로 일하거나, 아니면 다른 보조 병과에 들어갈 수 있어요."

나는 그의 제안을 마다했다. 후방의 여자들에 관한 소문을 숱하게 들었던지라 그들을 경멸하게 되었다. 그래서 정규 군인으로 전선에 가겠다는 결심을 굽히지 않았다. 사령관은 내 고집에 깊은 인상을 받았고 나를 돕고 싶어 했다. 그는 차르께 전보를 보내서 나라를 지키겠다는 내 열망을, 내 도덕적 목적을 그분께 아뢰어 입대 특별 허가를 내려달라고 간청해보라고 제안했다.

사령관은 자기가 추천서를 써주고 더불어 전보의 초를 손수 잡아주겠다고, 그리고 전보를 자기 집무실에서 보내주겠다고 약속했다. 하지만 문제를 다시 한번 곰곰이 생각해보라고, 내가 견뎌내야 할 고난을, 나를 대하는 병사들의 태도를, 내가 모든 이에게서 살 비웃음을 생각해보라고 충고했다. 하지만 나는 마음을 바꾸지 않았다. 전보 요금은 8루블이었는데, 나는 어머니에게 돈을 얻어서 비용을 치렀다.

내가 제25예비대대 사령관을 무슨 일로 찾아갔는지를 밝히자 식구들은 눈물을 터뜨렸다. 불쌍한 어머니는 자기 딸 마냐가 틀림없이 정신이 나갔다고, 들어본 적이 없는 일이라고, 있을 수 없는 일이라고 울었다.

바바가 전쟁에 나선다는 말을 누가 들어보았겠는가? 어머니는 내가 입대하도록 내버려두느니 자신이 산 채로 묻히려 들 판이었다. 아버지도 어머니 편이었다. 두 분은 내가 자기들의 유일한 희망이라고 말했다. 내가 돕지 않으면 두 분은 굶주리다 동냥을 하지 않을 수 없을 터였다. 집 안에 흐느낌과 한숨이 가득했고, 두 여동생과 이웃 몇 사람도 함께했다.

내 가슴은 두 쪽으로 쪼개졌다. 내 어머니와 내 나라 사이에서 하나를 택해야 하는 것은 잔인하고 고통스러운 선택이었다. 그 새로운 삶에 맞도록 나 자신을 단련하는 일의 대가는 무척 컸고, 내가 그 목표에 가까이 이르렀다고 보이는 지금 오랫동안 고생해온 어머니는 자기를 봐서라도 나를 홀린 이 이상을 제발 내버리라고 다그쳤다. 마음이 약해져서 고민과 고뇌가 깊어졌다. 빨리 결심해야 했다. 나는 무진 애를 쓰고 하느님의 도움을 얻어 내 어머니의 부름보다는 내 나라의 부름이 앞선다고 결정했다.

시간이 조금 지난 뒤에 군인 한 사람이 집에 왔다.

"마리야 보치카료바가 여기 있습니까?"

그 군인은 나를 병사로 군적에 올릴 권한을 사령관에게 준다는 차르의 전보가 왔고 사령관이 나를 보고 싶어 한다는 소식을 가지고 사령부에서 온 사람이었다.

어머니는 예상하지 못한 소식에 넋이 나갔다. 어머니는 늘 차르를 어버이로 공경해왔는데도 온 힘을 다해 차르를 욕했다. 어머니가 외쳤다. "여자를 전쟁에 데려간다니 무슨 놈의 차르가 이래? 그 작자 제정신이 아니고만. 여자를 군대에 불러내는 차르라고 누구 들어본 적 있소? 그 작자한테는 장정이 수두룩하지 않냐고? 어머니 러시아*에 널린 게 사내라는 걸 하느님이 다 아시는데."

어머니는 벽에 걸린 차르의 초상화를 움켜쥐더니 갈가리 찢고서 욕설과 악담을 입에 올리며 마루에 뿌려진 조각들을 짓밟았다. 아침마다 어머니가 앞에 두고 성호를 긋던 그 초상화를 말이다. 어머니는 다시는 차르를 위해 기도하지 않겠다고 딱 잘라 말했다. "안 해, 절대로!"

군인의 전갈은 내게는 정반대 효과를 보았다. 나는 한껏 들떴다. 가장 좋은 옷을 차려입고 사령관을 보러 갔다. 사령부에 있는 모든 이가 차르의 전보를 알고 있는 듯했고, 도처에서 웃음이 나를 맞이했다. 사령관은 내게 축하를 하고 경건한 목소리로 전보문을 읽고는 이는 존엄하신 차르께서 선사하신 대단한 명예라고, 그리고 나는 그 명예의 값어치를 반드시 다해야 한다고 설명해주었다. 나는 너무 기뻤고 너무 즐거웠고 너무 짜릿했다. 내 삶에서 더없이 행복한 순간이었다.

사령관은 당번병을 불러 내가 입을 군인용 피복 일체를 가져오라고 지시했다. 나는 거친 아마포로 만들어진 속옷 두 벌, 발싸개** 두 켤레, 빨래 자루 하나, 군화 한 켤레, 바지 한 벌, 허리띠 하나, 규정 상의 한 벌, 견장 한 짝, 휘장이 붙은 모자 하나, 탄약낭 두 개, 소총 한 자루를 받았다. 내 머리카락은 싹둑싹둑 짧게 잘렸다.

내가 제5연대 4중대의 정식 병사로서 군인 복장을 완전히 갖추고 나타나자 한바탕 웃음이 터졌다. 나는 나 자신을 알아볼 수 없어서 헷갈렸고 조금 어리둥절했다. 여자 신병이 온다는 소식이 내가 도착하기도

---

* Россия-матушка. 러시아라는 나라를 여성에 빗대어 의인화한 표현.

** портянки. 러시아나 유럽 동북부 지역에서 발을 감싸 온기를 유지하는 데 쓰이는 네모꼴 천.

전에 병영에 퍼졌고, 내가 병영에 들어서는 것을 신호로 난리가 났다. 생초짜 신병들이 사방팔방에서 나를 에워싸고는 믿기지 않는다는 듯이 빤히 쳐다보았다. 그들에게 나는 아주 희한한 존재인지라 몇몇 신병은 나를 그냥 쳐다보는 데 그치지 않았다. 제 눈이 잘못 본 것이 아님을 확인하고 싶어서 나를 꼬집어보고 팔꿈치로 밀쳐보고 쓰다듬어보려고 했다.

"말도 안 돼, 저 여자는 바바가 아니야." 그들 가운데 한 사람이 말했다.

"정말로 바바인데." 다른 한 사람이 나를 꼬집어보면서 말했다.

"저 여자는 독일군의 첫 사격에 귀신처럼 내빼겠지." 셋째 사람의 우스갯소리에 왁자지껄 웃음이 터졌다.

"저 여자가 전선에 이르기도 전에 내빼도록 우리가 된맛을 보여주겠어." 넷째 사람이 을렀다.

이때 중대장이 개입했고, 사내들은 흩어졌다. 나는 병영에 완전히 자리 잡기에 앞서 집에 가서 소지품을 가져와도 된다는 허락을 받았다. 나는 경례하는 법을 가르쳐달라고 부탁했다. 집으로 가는 길에 나는 군복을 입은 모든 사람에게 똑같은 방식으로 경례를 했다. 나는 집 문을 열고 문턱에서 멈춰 섰다. 어머니는 나를 알아보지 못했다.

"마리야 레온티예브나 보치카료바가 여기 있습니까?" 내가 군대식으로 무뚝뚝하게 물었다. 어머니는 나를 사령부에서 온 전령으로 잘못 알아보고 대꾸했다. "아니요."

나는 어머니에게 달려들어 목을 끌어안았다. "성모님, 저를 구하소서!" 어머니가 외쳤다. 울고불고 난리가 나서 아버지와 어린 여동생이 왔다. 어머니는 넋 빠진 상태가 되었다. 나는 아버지가 우는 모습을 처음 보았으며, 정신을 차려서 군 복무를 한다는 이 미친 생각을 내버리라는 재촉을 또다시 받았다. 나를 설득해달라고 집주인과 나이 든 나스타시야 레온티예브나가 불러 왔다.

"사내들이 자기들 한가운데 있는 외톨이 여자에게 무슨 짓을 할지 생각해봐." 그들은 이렇게 주장했다. "뭐, 그놈들이 너를 갈보로 삼겠지. 너를 몰래 죽일 거고, 네 흔적을 아무도 찾지 못할 거야. 군용열차에서 내던져진 어떤 여자의 주검이 겨우 며칠 전에 철로가에서 발견되었고. 넌 언제나 아주 똑똑한 여자애였는데, 도대체 어찌 된 일이니? 그리고 네 부모는 어떻게 되겠니? 두 분은 노쇠하고, 넌 두 분의 유일한 희망이야. 두 분은 마루샤가 돌아오면 마음 편히 죽을 거라고 늘 말씀하셨다고. 지금 넌 두 분을 서럽게 무덤 속으로 몰아가면서 두 분의 목숨을 재촉하고 있어."

잠깐 나는 다시 주저했다. 상충하는 두 부름 사이에서 세차게 벌어졌던 가슴속 갈등이 다시 시작되었다. 하지만 나는 모든 간청에 귀를 틀어막고 마음을 바꾸지 않았다. 그러자 어머니는 점점 더 성이 나서 목청을 한껏 높여 울면서 소리쳤다.

"네년은 더는 내 딸이 아니야! 넌 네 어미의 사랑을 걷어차 버렸어."

나는 무거운 마음을 안고 집을 떠나 병영으로 향했다. 중대장은 내가 오리라고 예상하지 못했고, 나는 내가 왜 그날 밤 집에서 지낼 수 없었는지를 설명해야 했다. 중대장은 일반 취침실 자리 하나를 내게 할당하고 나서 부하들에게 나를 괴롭히지 말라고 명령했다. 내 오른편과 왼편에 병사들이 있었으며, 사내들 속에서 지낸 그 첫 밤은 내 기억에 언제나 선명하게 남을 것이다. 나는 그날 밤에 눈을 한 번도 감지 못했다.

당연히, 사내들은 나 같은 색다른 존재에 익숙하지 않았고 나를 법에 어긋나는 거래를 하려고 군문軍門에 들어선 도덕관념 없는 헤픈 여자로 오인했다. 그래서 나는 사방팔방에서 슬금슬금 들어오는 손길을 끊임없이 물리치지 않으면 안 되었다. 눈을 감으려고 해보자마자 내 왼쪽 바로 옆에 있는 병사의 팔이 내 목을 감아와 나는 팔을 그 주인에게 도로 밀쳐냈다. 그의 움직임을 주시하는 동안 오른쪽 바로 옆에 있는 병사가 너무 바짝 몸을 붙여와서 그의 옆구리를 호되게 걷어찼다. 밤새도록 신경이 곤두섰고 주먹은 바빴다. 새벽 무렵에 탈진해서 거의 잠들 뻔했을 때 손 하나가 가슴에 올라와 나는 사내가 내 의도를 눈치채기 전에 그의 얼굴을 갈겼다. 기상 시간인 5시에 종이 울릴 때까지 내 주먹질은 계속되었다.

옷을 입고 씻는 시간으로 10분이 주어졌고, 굼뜨면 혼쭐이 났다. 10분이 지났을 때 병사들은 모두 줄을 서서 손과 귀, 발싸개를 검사받았다. 내가 시간을 엄수하려고 서두르다 바지를 뒤집어 입은 바람에 큰 웃음소리가 터져 나왔다. 차르와 나라를 위한 기도로 하루가 시작되었다. 기도 뒤에는 모두 각자의 소대장에게서 빵 1.25킬로그램과 각설탕 몇 개를 하루치 분량으로 받았다. 1개 중대에 4개 소대가 있었다. 우리의 아침은 빵과 차였는데 30분 안에 식사를 마쳐야 했다.

식당에서 나는 호의적인 병사 몇몇과 사귈 기회를 얻었다. 내가 속한 중대에는 자원입대자가 열 명 있었는데, 죄다 학생이었다. 식사 뒤에 점호가 있었다. 장교가 내 차례에 이르러 "보치카료바"라고 불렀고, 나는 "예"라고 대꾸했다. 그러고 나서 우리는 훈련을 받으러 밖으로 나갔다. 연대 전체가 겨우 사흘 전에 편성되었기 때문이다. 훈련 장교가 우리에게 각인하려고 애쓴 첫째 규칙은 자기의 움직임과 행동을 주의 깊게 지켜보라는 것이었다. 모든 신병이 다 쉽사리 할 수 있는 일은 아니었다. 군인 복무 규율을 익힐 때면 나는 그것을 외울 수 있게 해달라고 하느님께 빌었다.

남자 부대원들과 적절한 관계를 맺기는 더딘 일이었다. 첫 며칠 동안 나는 중대장에게 골칫거리여서 그는 내가 군대에서 내보내 달라고 하기를 바랐다. 그가 그런 눈치를 두어 차례 주었지만, 나는 계속 내 일에만 신경을 썼고 내가 사내들에게서 당하는 짜증 나는 일을 일러바치지 않았다. 차츰차츰 나는 사내들의 존중과 신뢰를 얻었다. 소수의 자원입대자들이 늘 나를 지켜주었다. 러시아 병사들은 서로를 별명으로 부르기 때문에 내 친구들이 내게 한 첫 질문들 가운데 하나가 뭐라고 불리고 싶냐는 것이었다.

"야시카*라고 불러." 내가 말했다. 이 이름은 내 목숨을 여러 번 구하면서 그 뒤로 죽 내게서 떨어지지 않았다. 이름 하나에 참 많은 것이 들어 있는데, '야시카'는 병사들의 마음을 끌고 언제나 내게 이득이 되는 그런 이름이었다. 이 이름은 이윽고 연대의 별명이 되었지만, 남자들이 시련을 주어 나를 시험하고 내가 그저 여자가 아니라 전우임을 확인한 다음에야 비로소 그랬다.

나는 눈치 빠른 훈련병이어서 교관의 명령을 거의 다 미리 알아채게 되었다. 하루 일과를 마치고 병사들이 끼리끼리 옹기종기 모여 놀이를 하거나 이야기를 하면서 한두 시간을 느긋하게 보낼 때면 나는 늘 함

---

* Яшка. 러시아 남자 이름 야콥의 여러 애칭 가운데 하나.

께하자는 요청을 받았다. 나는 사근사근한 병사들을 좋아하고 그들의 장난을 즐기게 되었다. 병영에서 야시카가 낀 패는 으레 가장 인기 있었고, 어떤 일을 꾸미고 제대로 해내려면 내 협조를 얻기만 하면 되었다.

그러나 전선으로 보내지기 전 딱 석 달 동안 집중 훈련 과정을 거칠 때는 휴식 시간이 별로 없었다. 나는 일주일에 한 번 일요일마다 병영을 떠나 집에서 하루를 보내곤 했는데, 어머니는 체념하고 나의 입대를 받아들였다. 쉬는 날이면 친구나 친척이 나를 찾아오곤 했다. 그런 어느 날 언니와 형부가 부대에 들렀다. 내가 병영에서 보초를 서는 날이었다. 병사가 보초 임무를 맡는 동안에는 앉거나 말을 나누는 것이 금지되어 있다. 내가 찾아온 이들을 환대하고 있을 때 마침 중대장이 지나갔다.

"보치카료바, 규칙을 아나?" 그가 물었다.

"예, 중대장님." 내가 대꾸했다.

"규칙이 뭐지?"

"보초 근무 중인 병사는 앉거나 말을 나누면 안 됩니다." 내가 대답했다. 그는 24시간 걸리는 보초 근무를 다 마치면 두 시간 동안 차려 자세로 있으라고 명령했다. 경비병 한 사람이 지켜보는 가운데 완전 군장으로 두 시간 동안 꼼짝 않고 차려 자세로 있기란 가혹한 과업이지만, 흔한 얼차려였다.

나는 훈련 동안 이런 식의 얼차려를 세 번 받았다. 두 번째는 정말로 내 잘못이 아니었다. 어느 날 밤에 나는 분대장이 나를 괴롭혔던 병사임을 알아채고 다른 여느 사내에게라도 가했을 만큼 호된 일격을 그에게 날렸다. 그는 자기는 뜻하지 않게 내 몸에 닿았을 따름이라면서 아침에 나에게 두 시간 동안 차려 자세를 시켰다.

처음에는 목욕 준비를 할 때 얼마간 어려움이 있었다. 목욕탕은 사내들이 썼고, 그래서 나에게는 대중목욕탕을 가도록 하루 외출이 허용되었다. 나는 이것을 재미를 조금 볼 좋은 기회로 생각했다. 나는 군복을 다 갖춰 입은 채로 여탕에 들어갔고, 내가 나타나자마자 엄청난 난리가 났다. 나를 사내로 오인한 것이다. 그러나 그 재미는 오래가지 못했다. 곧바로 사방팔방에서 공격을 당했고 나는 여자라고 소리를 질러서 크게 다치는 꼴을 가까스로 모면했다.

훈련 마지막 달에 우리는 거의 끊임없이 소총 연습을 했다. 나는 소총 다루는 솜씨를 익히려고 열심히 애썼고 사격술이 뛰어나다는 칭찬을 들었다. 그런 덕에 병사들 사이에서 내 위상이 꽤 높아져서 우리는 동무라는 느낌이 강해졌다.

1915년 초에 우리 연대는 전선으로 갈 채비를 하라는 명령을 받았다. 우리는 1주 휴가를 얻었다. 병사들은 이 마지막 나날을 모여서 술을 퍼마시고 흥겹게 놀고 먹으면서 보냈다. 어느 날 저녁에 부대원 한 무리가 유곽에 함께 가자고 나를 꾀었다.

"야시카, 군인이 되어야지." 그들은 내가 그 권유를 받아들이리라고는 예상하지 못하고 웃으며 나를 다그쳤다.

생각 하나가 내 머리를 스쳐갔다.

'이들과 함께 가서 군인의 삶을 배워보자. 그러면 군인의 정신 상태를 더 잘 이해할지 몰라.' 그래서 나는 기꺼이 가겠다는 의사를 밝혔다. 아마도 내 결심에는 호기심이 작용했을 것이다. 떠들썩한 웃음이 내 결심을 반겼다. 우리는 시끌벅적하게 거리를 누비며 목적지에 이를 때까지 노래하고 웃어댔다.

막상 무리 지어 유곽에 들어가려는 참에는 무릎이 떨리기 시작했다. 나는 돌아서서 내빼고 싶었다. 그러나 병사들이 나를 놓아주지 않을 터였다. 야시카가 자기들과 함께 그렇고 그런 집에 간다는 생각을 하면서 그들은 마구 상상의 나래를 펼쳤다. 병사들은 전선에 가기에 앞서 돈을 마음껏 쓰는 탓에 그 악의 소굴에서 늘 환영받았다. 그래서 우리 패거리는 유곽 여인들에게 곧바로 에워싸였고, 아주 젊고 예쁜 아가씨가 제 짝으로 나를 골라서 내 패거리는 끝도 없이 흥겨워했다. 술을 마시고 춤을 추고 왁자지껄했다. 아무도 내 성별을 의심하지 않았다. 심지어 내 짝도 그랬는데, 내 무릎에 앉아 온갖 아양을 떨며 나를 꾀었다. 그 아가씨는 나를 어루만지고 껴안고 입을 맞췄다. 나는 키득거렸고, 내 동무들은 너털웃음을 터뜨렸다. 이내 나는 내 예쁜이와 홀로 남겨졌다.

느닷없이 문이 활짝 열리면서 장교 한 사람이 들어왔다. 병사들이 8시 이후에 병영을 떠나는 일은 금지되어 있었는데, 우리 패거리는 취침 시간에 슬며시 빠져나온 것이었다.

내가 벌떡 일어나서 경례를 하자, 그 장교가 무뚝뚝하게 물었다. "너 어느 연대 소속이야?"

"제5예비연대입니다." 내가 애처롭게 대답했다.

이런 일이 벌어지는 동안에 다른 방에 있던 남자 부대원들은 장교가 와 있음을 알아채고는 나를 내버려두고 창문을 비롯해 나갈 수 있는 모든 문으로 빠져나갔다.

"감히 병영을 떠나서 이런 곳을 밤늦게 드나들다니?" 장교가 내게 고래고래 소리쳤다. "영창으로 가서 밤을 샐 것을 명령한다." 그는 내게 어서 영창으로 가라고 지시했다.

이렇게 나는 처음으로 영창을 알게 되었다. 영창은 하룻밤을 보내기에 아주 아늑한 곳은 아니다. 아침에 나는 영창 사령 앞으로 불려 갔고, 사령은 나를 엄히 추궁했다. 마침내 나는 더는 자제하지 못하고 웃음을 터뜨렸다.

"모두 다 오해였습니다, 사령님." 내가 말했다.

"뭐, 오해? 도대체 무슨 뜻이야, 오해라니? 여기 나한테 보고서가 있는데." 그가 성을 내며 소리쳤다.

"사령님, 저는 여자입니다." 내가 웃으며 말했다.

"여자!" 그가 외치며 눈을 휘둥그레 뜨고는 나를 훑어보았다. 그는 내 말이 맞다는 것을 곧바로 깨달았다. "젠장!" 그가 중얼거렸다. "정말로 여자네. 군복을 입은 여자라니!"

"저는 제5연대 소속 마리야 보치카료바입니다." 내가 설명했다. 그는 나에 관해 들은 적이 있었다.

"하지만 여자인 네가 거기서 뭘 하고 있었나?"

"사령님, 저는 군인입니다. 그래서 저는 군인들이 시간을 보내는 곳을 몸소 탐방하려고 동기 몇 사람과 같이 갔습니다."

그는 제5연대 사령관에게 전화를 걸어 내 기록을 문의하고 내가 어디에 왜 구금되었는지를 말했다. 야시카의 모험을 알아채자 키드득 소리가 사무실에 울렸다. 병사들은 제 동무들에게서 그날 밤 모험에 관한 이야기를 이미 들어 알고 있었고, 장교들의 눈길을 끌고 싶지 않아서 터져 나오는 웃음을 어렵사리 꾹 참았다. 그러나 이제는 어디서나 폭소가 터져 나왔다. 내가 도착하자 최고조에 이르러 부대원들은 아예 마룻바닥에서 떼굴떼굴 구르며 배를 움켜쥐고 웃어댔다. 나는 두 시간 차려 자세 얼차려를 받았다. 훈련 기간 동안 내가 받은 세 번째이자 마지막 얼차려였다. 그 뒤 한 주 동안 연대는 오로지 야시카의 모험 이야기만 했고, 거의 모든 군인이 으레 내게 말을 걸면서 이렇게 물었다. "야시카, 거기는 어땠어?"

우리가 출발할 날짜가 정해졌다. 우리는 새 피복 일체를 받았다. 나는 허락을 얻어 집에 가서 마지막 밤을 보냈는데, 눈물과 흐느낌과 간절함의 하룻밤이었다. 내가 군인으로서 톰스크에서 보낸 석 달은, 어쨌거나 전쟁과는 멀찍이 떨어져 있던 시간이었다. 그러나 그 거대한 경험에 무척 가까이 다가섰다는 느낌이 들었으므로 나는 경외심을 느꼈다. 내 앞에 놓인 새로운 시련을 견딜 용기를, 당당하게 살다 죽을 용기를 달라고 하느님께 빌었다.

이튿날 아침에 병영에는 큰 흥분감이 감돌았다. 우리가 여기서 보낼 마지막 아침이었다. 행군 채비를 완전히 마치고 우리는 입대 선서를 했던 그 성당으로 다시 행진했다. 미사는 경건했다. 성당 안에는 사람이 가득했고, 성당 밖에는 엄청난 군중이 있었다. 주교가 우리에게 연설을 했다. 러시아를 쳐부수려 드는 적이 나라를 어떻게 공격했는지를 말하고 우리에게 차르와 조국을 영예롭게 수호하라고 호소했다. 그는 우리 군대의 승리를 위해 기도하고 우리를 축성祝聖했다.

부대원들에게 영적 열성의 불이 붙었다. 우리는 모두 한껏 들떴고 너무나 즐거웠고 우리 자신의 목숨과 이해관계를 다 잊었다. 시민들이 모두 쏟아져 나와 우리를 따라 함께 기차역으로 갔고, 가는 길에 내내 우리는 환호와 환영을 받았다. 나는 그 2월의 아침에 우리가 그랬던 것처럼 그토록 신이 난 인파를 전에는 본 적이 없었다. 그날 우리와 맞닥뜨렸다면 독일 놈들은 다 죽었을 텐데 말이다. 전쟁 첫 몇 달 동안에는 러시아가 그렇게 싸움에 나서고 있었다. 우리 연대 같은 몇백 개 연대가 동쪽, 북쪽, 남쪽에서 싸움터로 줄줄이 이어 들어가고 있었다. 감정을 돋우는, 분위기를 드높이는, 잊을 수 없는 광경이었다.

어머니는 내게는 가득 찼던 들뜬 감정을 조금도 느끼지 않았다. 부대원들 곁에서 거리를 따라 걸으며 울면서 딸을 살려달라고 성모 마리아와 모든 교회 성자에게 빌었다.

"정신 차려라, 마루샤. 뭐 하고 있니?" 어머니가 외쳤다. 하지만 너무 늦었다. 나는 전쟁의 열정에 완전히 홀렸다. 사랑하는 어머니가 목 놓아 우는 소리가 가슴 깊은 곳 어디선가 메아리쳤지만, 내 눈은 기쁨의 눈물로 흐려졌다. 마지막이라고 생각하는 어머니와 부둥켜안고 입을 맞추며 작별 인사를 하고는 슬픔에 겨워 넋이 나간 채 엎드려 있는 어머니를 역 승강장에 남겨두고 열차에 올라탔을 때 비로소 내 가슴이 내려앉고 머리부터 발끝까지 온몸이 덜덜 떨렸다. 열차가 역을 빠져나갈 때 나의 굳은 다짐은 무너질 참이었다.

나는 전쟁에 나가고 있었다.

7장 | 나의 첫 무인지대 경험

우리를 태운 열차는 유개 차량 여러 대와 여객 차량 한 대로 이루어져 있었다. 병사들은 양쪽에 침대가 두 개씩 놓인 유개 차량에서 지냈는데, 툐플루시카тeплушкa라고 불리는 이 유개 차량은 개조된 화물 차량이어서 창문이 없다. 여객 차량은 새 중대장 그리샤니노프Гришанинов를 비롯한 우리 연대의 장교 네 명이 차지했다. 그리샤니노프는 키가 작고 쾌활한 사람으로 곧 부하들의 사랑과 충성을 얻었다.

여객 차량에는 남는 공간이 많아서 장교들은 공간을 나눠 쓰자고 내게 권고했다. 그 권고가 못마땅해서 병사들은 다 고개를 저었다. 그들은 장교들의 동기를 의심했고 야시카는 상관들 사이에서만큼 자기들 사이에서 잘 지내리라고 생각했다.

"보치카료바." 그리샤니노프 중대장이 자기가 탄 차량에 내가 들어서자 말했다. "자네는 이 차량에 배치되기를 바라겠지? 여기는 공간이 남아돌아."

"아닙니다, 중대장님." 나는 경례를 하며 대답했다. "저는 평범한 병사이고, 병사로서 이동하는 것이 제 본분입니다."

"아주 좋아." 중대장이 아쉬워하며 말했다. 그래서 나는 내 툐플루시카로 되돌아왔다.

"야시카가 돌아왔어. 야시카는 좋은 녀석이라니까." 부대원들이 나를 열렬히 반기며 장교들에게 거한 욕을 해댔다. 그들은 야시카가 널찍한 여객 차량에서 장교들과 함께 지내기보다는 툐플루시카에서 자기들과 함께 지내기를 더 좋아한다는 생각에 무척 기뻐했고, 나를 위해 한쪽에 편안한 자리를 만들어주었다.

우리는 당시에 폴로츠크*에 사령부를 두고 구르코Василий Гурко 장군이 지휘하는 제2군에 배속되었다. 우리가 톰스크에서 그곳으로 가는 데 보름이 걸렸다. 구르코 장군은 군軍** 사령본부에서 우리를 사열했고 연대의 상태가 양호하다며 연대장을 추어올렸다. 그러고 나서 우리는 제5군단에 배속되었다. 우리가 출발하기에 앞서, 우리 연대에 여자가 있다는 소식이 퍼졌다. 곧바로 호기심이 일었다. 병사 무리들이 내가 탄 툐플루시카 주위에 모여들어 그 믿기지 않는 소식을 제 눈으로 확인하려고 출입구와 차량 네 면의 깨진 틈으로 안을 엿보았다. 그러고 나서 그들은 바바 한 명이 참호로 간다는 설명할 길 없는 경이로운 일을 목도했다고 확언하며 침을 뱉어 제 말을 강조했다. 병사들이 우르르 몰려 있는 모습이 눈길을 끌어서 장교 몇 사람이 무슨 일로 야단법석인지 알아보려고 다가왔다. 그 장교들은 역 사령에게 나에 관해 보고했고, 사령은

---

* Полоцк. 벨라루스 북쪽에 있는 유서 깊은 소도시. 벨라루스어로는 폴라츠크Полацк. 18세기 말엽에 러시아 제국에 편입되었다.

** 여러 개의 군단으로 이루어지는 육군 전술 부대.

곧바로 그리샤니노프 대령을 불러서 해명을 요구했다. 그러나 대령은 사령의 의심을 충분히 풀어주지 못해서 나를 사내들과 함께 제1선으로 보내지 말라는 지시를 받았다.

"보치카료바, 자네는 참호에 갈 수 없네." 사령에게서 돌아오자마자 중대장이 내게 이렇게 말했다. "장군님이 허락하시지 않을 걸세. 장군님이 자네를 무척 걱정하셨고 여자가 어떻게 군인이 될 수 있는지 이해하지 못하셨거든."

나는 잠시 멍해 있다가 묘안이 퍼뜩 떠올랐다. 차르의 명령을 어길 권한은 어떤 장군에게도 없다.

"중대장님!" 내가 그리샤니노프 대령에게 외쳤다. "저는 차르의 은총 덕에 정규 군인으로 입대했습니다. 중대장님은 제 기록에서 차르 폐하의 전보를 찾아보실 수 있습니다."

이렇게 해서 문제가 풀렸고, 사령은 이의 제기를 거둬들였다. 우리는 군단 사령부까지 20킬로미터쯤을 걸어가야 했다. 길은 진창인 데다 바퀴 자국투성이로 엉망이었다. 우리는 10킬로미터를 걸은 끝에 지쳐서 휴식 명령을 받았다. 녹초가 되었는데도 병사들은 제 외투로 나를 위해 마른자리를 만들어주었다. 우리는 행군을 재개해 사령부에 도착해서 저녁을 먹었고 그날 밤에 마구간에서 임시 숙영을 했다. 우리는 바닥에 흩뿌린 밀짚 위에서 죽은 듯 잠들었다.

발루예프Петр Балуев 장군*이 그때 제5군단 사령관이었다. 그가 아침에 우리를 사열한 뒤 매우 흡족해하면서 몇 킬로미터 떨어진 곳에 있

---

* 영어 원문에는 발루예프 장군의 이름 표기가 'Valuyev'로 되어 있는데, 이것은 'Baluev'의 오기이다.

는 제7사단에 우리를 배속했다. 이름이 발테르*인 제7사단 사령관은 독일 핏줄의 아주 나쁜 놈이었다. 우리는 그날 밤에 제1선 뒤에 있는 숲에서 숙영했다.

예비대 지휘관은 스투벤도르프Стубендорф 대령이었는데, 그도 독일 핏줄이었지만 점잖고 인기 있는 장교였다. 그는 새로 도착한 연대에 여자가 있다는 통지를 받자 놀랐다.

"여자라니!" 그가 외쳤다. "여자는 여기 있어도 된다는 허가를 받을 수 없어. 이 연대는 곧 전투에 나설 텐데, 여자는 전쟁과는 맞지 않아."

그와 그리샤니노프 중대장 사이에 열띤 토론이 한바탕 벌어졌고, 토론 끝에 내가 그들 앞에 불려 갔다. 나는 꼬치꼬치 캐묻는 심문을 받았고 잘 통과했다. 전투에 참여하고 싶으냐는 질문에 나는 그렇다고 대답했다. 스투벤도르프 대령은 놀랍다고 중얼거리면서 자기가 이 문제를 더 들여다볼 때까지 내가 남아도 좋다고 허락했다.

우리가 있는 전선 구획에서 이때 큰 전투가 벌어지고 있었다. 언제라도 전선으로 이동할 수 있도록 대비하라는 명령이 내려왔다. 우리는 비바람을 피해 엄체호**에서 지냈다. 내가 속한 중대는 엄체호 열 개를 차지했는데, 흠잡을 데 없는 상태는 아닐지라도 모두 다 포탄에도 끄떡없는 곳이었다. 엄체호는 추웠고 창문이 없었다. 우리는 동이 트자마자 창문을 내고 난로를 만들고 나무와 모래로 된 닳아빠진 천장을 고치고 대청소를 하느라 바빴다. 엄체호가 열을 지어 구축되었고, 홀수 번호 중

---

* Вальтер. 독일어 이름 발터Walter, Walther에 해당하는 러시아어 이름.
** 掩體壕. 적의 사격, 폭격으로부터 인원과 장비를 보호하도록 벽과 지붕을 두껍고 단단하게 만든 호.

대는 오른쪽 열에 배정되고 짝수 번호 중대는 왼쪽 열이었다. 길을 따라 안내판들이 있었고 중대마다 보초 한 명이 근무를 섰다.

우리 진지는 제1선 참호에서 8킬로미터 뒤에 있었다. 멀리서 쿵쿵거리는 대포 소리가 들렸다. 일부는 탈것을 타고 일부는 걸어가는 부상병들이 길을 따라 줄줄이 이어졌다. 우리는 둘째 날 거의 내내 스투벤도르프 대령의 참관 아래 훈련을 했다. 스투벤도르프 대령은 나를 눈여겨 지켜보았음이 틀림없었다. 훈련이 끝났을 때 나를 불러서 내 일머리를 칭찬했고 부대에 남아도 된다고 허락을 해주었다.

셋째 날에 참호선으로 이동하라는 명령이 내려왔다. 우리는 포격을 받으며 진창을 헤치고 행군해서 나아갔다. 우리가 사선射線에 이르렀을 때 아직 날이 환했다. 행군 중에 두 명이 죽고 다섯 명이 다쳤다. 독일군은 진지가 언덕 위에 있었으므로 우리의 모든 움직임을 관찰할 수 있었다. 그래서 우리는 해가 지고 어두워질 때까지는 참호에 들어가지 말라는 지시를 야전 전화로 받았다.

'이것이 전쟁이구나.' 이런 생각이 들었다. 내 고동이 빨라졌고, 나는 연대에 스며든 흥분감을 감지했다. 우리는 모두 기대하고 있었다. 마치 엄숙한 계시가 있기라도 한 양 말이다. 우리는 싸움에 뛰어들어 독일군에게 우리가, 제5연대 군인들이 무엇을 할 수 있는지를 보여주고 싶어서 좀이 쑤셨다. 우리가 초조했을까? 의심할 여지 없이 그랬다. 하지만 겁먹은 초조함이 아니라, 차라리 젊은 피의 들썩임이었다. 우리 손은 차분했고 우리 총검은 딱 고정되어 있었다. 우리는 모험을 한다며 신이 났다.

밤이 왔다. 독일군이 다량의 가스를 우리에게 뿜어대고 있었다. 아마도 독일군은 전선 뒤의 움직임이 예사롭지 않음을 알아챈 모양이었고 우리가 전투에 나서기 전에 우리를 모조리 없애버리고 싶어 했다. 그러나 독일군은 그러지 못했다. 방독면을 쓰라는 명령이 유선으로 내려왔다. 이렇듯 우리는 독일의 모든 전쟁 발명품 가운데 가장 비인간적인 것의 세례를 받았다. 우리 방독면은 완벽하지 않았다. 죽음의 가스가 몇 사람에게 스며들었고 그 가스 탓에 눈이 쓰려서 눈물이 났다. 그러나 우리는 어머니 러시아의 병사들이었다. 어머니 러시아의 아들들은 숨을 제대로 쉬지 못하게 하는 공기가 낯설지 않았으며, 그래서 우리는 그 아린 가스를 버텨냈다.

한밤이 지나갔다. 중대장이 우리 대열을 지나쳐 가면서 참호 안으로 이동할 시간이 되었으며 동트기 전에 우리가 공격을 해야 한다고 알렸다. 그는 우리에게 격려사를 했고 마음에서 우러난 환호를 받았다. 밤새도록 포성이 크게 울렸고 포격은 매시간 더욱더 거세졌다. 우리는 교통호를 따라 전선까지 한 줄로 이동했다. 몇 사람이 다쳤지만, 우리는 여전히 주눅 들지 않았다. 우리의 피로는 싹 다 가신 듯했다.

제1선 참호는 그저 깊이 파인 홈으로, 우리가 그 안에 늘어서자 어깨가 맞닿았다. 적 진지는 1킬로미터도 채 떨어져 있지 않았고, 그 사이 공간에는 신음이 가득했으며 총알이 스쳐 지나갔다. 진정 끔찍한 광경이었다. 가끔 적의 포탄이 우리 부대원들 한가운데에 떨어져 여러 명이 죽고 부상자는 더 많았다. 전우의 피가 튀고 진흙이 후두두 떨어졌다.

새벽 2시에 중대장이 우리 한가운데에 나타났다. 그는 초조해 보였다. 다른 장교들이 그와 함께 와서 부대원들 맨 앞에 자리 잡았다. 그들은 칼을 빼 들고 돌격을 이끌 준비를 했다. 중대장에게는 소총이 있었다.

"뛰쳐나가 돌격!" 그가 외쳤다.

나는 성호를 그었다. 내 가슴은 주위에서 피 흘리는 부대원들에게 느끼는 비통함으로 가득 찼고 독일군에게 앙갚음하려는 거센 열망으로 떨렸다. 내 마음은 숱한 상념과 상상의 만화경이었다. 거기에는 어머니, 죽음, 팔다리가 잘리는 부상, 내 삶의 자잘한 사건이 그득했다. 하지만 생각할 겨를이 없었다.

나는 부대원들과 함께 참호에서 뛰쳐나갔고 기관총 일제사격에 맞닥뜨렸다. 잠시 혼란이 일었다. 우리 편에서 숱한 부대원이 사탄의 보이지 않는 팔이 휘두르는 거대한 낫에 잘리는 무르익은 밀처럼 쓰러졌다. 몇 시간이나 며칠 동안 거기에 놓여 있던 차디찬 주검들 위에 갓 나온 피가 뚝뚝 떨어지고 있었고, 아파서 끙끙거리는 소리에 가슴이 미어졌다.

혼란의 와중에 중대장이 목청을 높여 소리쳤다.

"앞으로!"

그래서 우리는 앞으로 나아갔다. 적군의 포격으로 참호 밖은 지옥으로 변했다. 우리는 앞으로 뛰어가면서 총을 계속 쏘았다. 그러고 나서 엎드리라는 명령이 내려왔다. 포격이 점점 훨씬 더 집중되었다. 우리는 번갈아 가며 일정 거리를 뛰었다 엎드렸다 하면서 적의 가시철조망에 이르렀다. 우리는 철조망이 아군의 포격으로 허물어졌으리라고 예상했지만, 아뿔싸, 가시철조망은 멀쩡했다! 우리 중대 250명 가운데 겨우 70명쯤이 거기에 있었다.

누구의 잘못이었을까? 이것은 20킬로미터 길이의 전선에서 3개 군단이 수행하는 공격이었다. 그런데 철조망이 제거되지 않았다니! 어쩌면 아군의 포격술이 허술했을 것이다! 어쩌면 더 고위급에 있는 누군가의 잘못이었을 것이다! 어쨌든, 우리는 거기에 있었다. 250명 가운데 70

명이 말이다. 그리고 1초 1초가 다 귀중했다. 우리는 적군과 맞붙어보지도 못하고 여기서 무더기로 죽을 운명일까? 우리 몸뚱이가 내일 이 철조망에 매달려 있다가 모레에는 까마귀밥이 되어 몇 시간 뒤에 우리를 대신해서 새로 투입되어 이 자리에 설 병사들의 간담을 서늘하게 만들까?

이런 생각이 퍼뜩 내 머리에 스칠 때 후퇴 명령이 내려왔다. 적군이 우리 앞에 일제사격을 퍼부었다. 전진할 때보다 후퇴할 때 피해가 훨씬 더 컸다. 마흔여덟 명만이 살아서 참호로 되돌아갔다. 250명 가운데 3분의 1쯤이 죽었다. 더 많은 수의 부상자가 무인지대에 있었는데, 그들이 아파서 소리를 지르고 도와주든지 아니면 죽여달라고 애원하는 통에 마음이 무너졌다.

우리 중대의 나머지 대원들은 용케도 다치지 않은 것을 믿지 못해하며 지쳐서 멍하니 쭈그리고 앉아 있었다. 우리는 배고프고 목말랐으며 몸과 마음을 가눌 안전한 마른자리를 반겼을 것이다. 그러나 거기서 우리는 적군의 철조망 장애물 앞에서 패배한 탓에 속이 상한 데다 도와달라는 전우들의 애원에 가슴이 미어졌다. 그 애원이 가슴을 더욱더 깊이 후벼 팠다. 보채는 어린아이의 목소리처럼 너무나도 애처로운 애원이었다.

어둠 속에서 내 눈에 그들의 얼굴이, 붐비는 툐플루시카에서 나를 위해 아늑한 자리를 마련해주고, 추운 날씨에 외투를 벗어 진창길에서도 마른자리를 마련해주던, 그토록 상냥하게 나를 보살펴주었던 착한 친구들 이반Иван과 표트르Петр, 세르게이Сергей와 미탸*의 낯익은 얼굴

---

* Митя. 러시아 남자 이름 드미트리의 애칭.

이 어른거리는 듯했다. 그들이 나를 불렀다. 나는 내 쪽으로 뻗은 그들의 손, 구조되리라는 희망을 품고서 밤중에 부릅뜬 그들의 눈, 죽은 사람처럼 파리한 그들의 낯빛을 볼 수 있었다. 내가 그들이 외치는 소리에 무덤덤한 채로 있을 수 있었을까? 괴로워하는 전우를 도와주는 것은 군인으로서의 내 본분, 적과 싸우는 것만큼이나 중요한 의무가 아닐까?

나는 참호에서 뛰쳐나가 아군 철조망 아래를 포복했다. 고요한 편이었다. 오로지 소총 사격 탓에 고요함이 이따금 깨졌는데, 나는 그럴 때면 엎드려 주검인 양 꼼짝하지 않고 가만히 있곤 했다. 우리 진영에서 멀지 않은 곳에 부상자들이 있었다. 나는 그들을 한 명씩 우리 참호의 가장자리까지 옮겼고, 그들은 거기서 후방으로 옮겨졌다. 한 사람을 구하고 나니 용기가 나서 계속 애를 썼고 그러다 보니 들판 저 건너편에 이르렀다. 이 벌판에서 나는 몇 차례 하마터면 죽을 뻔했다. 뜻하지 않게라도 소리를 내면 어김없이 총알 몇 발이 날아왔고, 나는 곧바로 땅바닥에 찰싹 엎드려 목숨을 구했을 따름이다. 먼동이 틀 때 무인지대를 이리저리 누비는 원정을 끝낸 나는 쉰 명쯤의 목숨을 구했다.

그때는 내가 무엇을 해냈는지를 알지 못했다. 그러나 내가 데려간 병사들이 구호소로 옮겨져서 자기를 누가 구조했느냐는 질문을 받았을 때, 쉰 명쯤이 "야시카"라고 대답했다. 이 이야기가 사령관에게 전해졌고, 사령관은 "총격을 받으며 많은 생명을 구하는 탁월한 용기를 보였다"며 나를 4급 무공훈장 수훈자로 추천했다.

우리 취사장이 지난밤에 적군 포격으로 부서져서 우리는 쫄쫄 굶었다. 우리 부대는 새 징집병으로 보충되었고, 아군 대포가 다시 하루 내내 쿵쿵 울리며 적군의 철조망 울타리를 쑥대밭으로 만들었다. 우리는 그런 사태가 다음 날 밤에 진격 명령이 또 한 차례 있을 신호라고 추측했고, 우리 예상은 맞았다. 우리는 어제 아침과 같은 시간에 참호에서 뛰쳐나가 적 진지 쪽으로 내달리기 시작했다. 다시 포탄과 총알이 빗발쳤고, 다시 수십 명이 죽거나 다쳤고, 다시 연막과 가스가 퍼지고 피와 진흙이 튀었다. 그러나 우리는 철조망에 다다랐다. 이번에는 철조망이 쓰러지고 산산조각 나 있었다. 한순간 멈췄다가 우리는 반쯤 허물어진 참호 속에서 아직 살아남은 독일 군인들의 간담을 서늘하게 만드는 무시무시한 "우라! 우라!"* 소리를 내지르며 착검한 채 돌진해서 참호 안으로 뛰어들었다.

참호로 뛰어 내려갈 참에 갑자기 나를 겨냥하고 있는 덩치 큰 독일 군인이 눈에 들어왔다. 내가 사격을 하자마자 뭔가가 내 왼다리에 맞았고, 뜨듯한 액체가 살을 타고 흘러 내려가는 느낌이 들었다. 나는 쓰러졌다. 전우들이 그 적병을 추격하고 있었다. 다친 사람이 많았으며, "나를 구해줘, 제발!"이라고 외치는 소리가 사방팔방에서 나왔다.

나는 별로 아프지 않아서 일어나 아군 참호로 가려고 몇 번 애를 썼다. 그러나 그럴 때마다 일어서지 못했다. 기운이 하나도 없었다. 어두컴컴한 밤에 나는 24시간 전에는 적군의 진지였던 곳에서 15미터쯤 떨어진 지점에 누워 동이 트고 구조대가 오기를 기다리고 있었다. 물론, 나 홀로가 아니었다. 용맹한 전우 몇백, 몇천 명이 몇 킬로미터에 걸쳐 군데군데 흩어져 있었다.

내가 다친 지 네 시간 뒤에야 날이 밝으면서 아군 들것병들이 왔다.

---

* ypa. '만세'라는 뜻이며 러시아군의 돌격 구호로도 쓰이는 러시아어 감탄사.

그들이 나를 들어서 2.5킬로미터 뒤에 있는 응급구호소로 옮겼다. 상처에 붕대가 감겼고, 나는 사단 병원으로 보내졌다. 거기에서 부상병 운반 열차에 태워져 키예프*로 옮겨졌다.

내가 키예프에 도착했을 때는 1915년 부활절 즈음이었다. 키예프의 기차역에는 전선에서 온 부상병들이 가득 들어찬 나머지 들것 몇백 개가 역사 안으로 들어가지 못하고 역사 밖 승강장에 줄지어 죽 늘어서 있었다. 나는 구급차에 실려 예브게니예프Евгеньев 병원으로 가서 남자들과 같은 병동에 수용되었다. 군병원인 그곳에 여성용 병동은 없었다.

나는 1915년 봄 내내 거기에 있었다. 간호사와 의사가 병원의 모든 환자를 잘 보살폈다. 부풀었던 다리가 정상 상태로 회복되었고, 나는 키예프에서 느긋하게 두 달을 보냈다. 치료가 끝날 무렵 군의무단으로 불려 가 검사를 받고 건강이 양호하다는 판정을 받아서 차표와 돈과 증명서를 받고 다시 전선으로 보내졌다.

내가 가는 경로는 중요한 철도 종점인 몰로데치노**를 거쳤다. 7월 초순에 그곳에 도착했을 때 나는 마차를 타고 군단 사령부로 간 다음 걸어서 내가 속했던 연대로 갔다.

전선에 더 가까이 다가가자 심장이 기쁨으로 고동쳤다. 나는 전우들에게 돌아가려고 안달했다. 그들이 워낙 마음에 들었기에 내 중대를 내 어머니만큼 사랑했다. 내가 목숨을 구해준 전우들을 생각했고 그들 가운데 얼마나 많이 최전선으로 돌아갔는지 궁금했다. 내가 살려낸 병

---

* Киев. 우크라이나 한복판에 있는 우크라이나의 수도. 우크라이나어로는 키이우Київ.

** Молодечно. 벨라루스 북서부의 소도시. 벨라루스어로는 말라제치나Маладзечна.

사들을 생각했고 그들이 아직 생존자들 사이에 있는지 궁금했다. 눈부신 햇살 아래 보무도 당당하게 걸어갈 때 낯익은 장면이 머릿속에 많이 그려졌다.

내가 연대 사령부에 다가가자, 한 병사가 멀리서 나를 보고는 제 동무에게 몸을 돌리며 내 쪽을 가리켰다.

"저게 도대체 누구지?" 그가 곰곰이 생각하며 물었다. 같이 있던 병사가 제 목을 긁으며 말했다.

"어라, 저 사람 낯이 익은데."

"어라, 야시카네!" 내가 더 가까이 다가가자 첫 번째 병사가 소리쳤다. 그들은 내 쪽으로 있는 힘껏 달려오며 목청껏 외쳤다. "야시카다! 야시카!"

"야시카가 돌아온다! 야시카가 돌아온다!" 이 소식이 병사와 장교를 가리지 않고 전해졌다. 내가 난처할 만큼 다들 누가 시키지도 않았는데 즐거워했다. 우리 연대는 그때 예비대였고, 나는 곧 옛 친구 수백 명에게 에워싸였다. 입을 맞추고 춤을 추고 악수를 했다. 사내들이 어린애처럼 깡충거리면서 외쳤다. "여기 누가 있는지 봐! 야시카야!" 내가 장애를 입고 돌아오지 못하리라고 생각했던 그들은 내 완쾌를 축하했다. 장교들까지 나와서 악수를 했는데, 어떤 장교는 내게 입맞춤까지 하고 모든 장교가 내 완쾌를 기뻐했다.

나는 전우들에게서 받은 환영을 결코 잊지 않으련다.

그들은 어깨에 나를 태우고는 외쳤다. "야시카 만세! 야시카를 위해 만세 삼창!" 그들 가운데 여럿이 고향에서 보내온 음식물 꾸러미를 내게 나눠 주고 싶어 했다. 엄체호는 상태가 아주 좋았다. 깨끗하고 가구가 갖춰져 있고 방비가 잘 되어 있었다. 나는 옛 중대인 13중대에 재배치되었고, 이제는 고참으로 여겨졌다.

얼마 지나지 않아 우리 중대는 호위 부대 노릇을 하는 임무를 띠고 1개 포대*에 파견되었다. 건강에 좋은 환경에서 제대로 쉴 수 있었기 때문에 부대원들은 그 임무를 휴가로 여겼다. 우리는 그 포대와 함께 두어 주를 지냈고 그다음에는 몰로데치노에서 40킬로미터쯤 떨어진 나로치 호수** 근처 슬로보다***로 이동했다. 우리 진지는 진구렁과 늪투성이인 습지에 있었다. 그곳에 평범한 참호를 구축해서 유지하기는 불가능했다. 그래서 우리는 모래주머니로 장벽을 만들고 그 뒤에서 무릎 깊이의 물속에 쭈그려 앉았다. 그 같은 조건을 얼마 동안이라도 견디는 것은 불가능했다. 우리는 선 채로 쪽잠을 자야 했으며, 가장 튼튼한 사람조차 금세 무너졌다. 우리는 엿새를 지낸 끝에 교대되어 후방으로 가서 힘을 되찾았고, 그리고 나서는 우리 자리에 섰던 병사들과 교대해야 했다.

이처럼 우리는 전선을 계속 유지했다. 여름 끝물에 비가 많이 내리면 물이 더 차올라 때로는 허리까지 이르곤 했다. 몇 킬로미터에 걸쳐 땅바닥이 사실상 지나갈 수 없을 만큼 질퍽거렸지만, 전선을 온전하게 유지하는 것이 중요했다. 독일군은 8월에 진창을 빙 돌아가 측면을 치려고 했지만 실패했다.

나중에 우리는 조금 떨어진 또 다른 진지로 이전 배치되었다. 우리 전선은 비교적 조용했다. 우리의 주요 업무는 침투조를 내보내고 추진

---

* 포병의 중대급 단위부대.
** Нарочь. 벨라루스 북서부에 있는 호수. 벨라루스어로는 나라치Нарач.
*** Слобада. 벨라루스 북서부의 읍. 벨라루스어로는 슬라바다Слабада.

청음초소에서 적군의 움직임을 예의 주시하는 일이었다. 우리는 아침에 자고 밤새도록 말똥말똥 깨어 있었다.

나는 정찰조에 숱하게 배정되었다. 으레 네 명이 한 청음초소에 파견되었는데, 초소는 때로는 덤불 속에, 때로는 땅속 구덩이나 나무 그루터기 뒤, 아니면 비슷한 장애물에 위치했다. 우리는 초소까지 워낙 소리 없이 포복해서 적군뿐 아니라 심지어 아군도 평균 15미터 간격으로 떨어진 우리의 은신처를 알지 못할 정도였다. 초소에서 안전하게 임무를 다 해내려면 꼼짝하지 않고 경계를 해야 했다. 우리는 귀를 쫑긋 세우고 수상한 소리는 모조리 잡아내서 그것을 초소에서 초소로 전달해야 했다. 게다가, 우리가 미처 알아채지 못한 적의 정찰대나 초소가 지근거리에 있을 가능성이 늘 있었다. 두 시간마다 초소 근무조가 교대되었다.

어느 안개 낀 날에 한 청음초소에서 경계 근무를 하는 동안 나는 둔탁한 소음을 감지했다. 침투조처럼 들렸고, 처음에는 우리 편 침투조라고 생각했지만 암구호를 대라는 매서운 내 요구에 대꾸가 없었다. 안개 속이라 볼 수가 없었다. 우리는 사격을 했고, 독일군은 땅에 납작 엎드려 기다렸다.

그들은 우리가 그 일을 잊어버릴 때까지 거의 두 시간 동안 엎드려 있다가 우리 초소 쪽으로 포복해 와서 갑자기 우리 앞에 나타났다. 여덟 명이었다. 한 명이 수류탄을 던졌지만 빗나가 우리가 있는 구덩이 뒤에서 터졌다. 우리가 사격을 해서 두 명이 죽고 네 명이 다쳤다. 나머지 두 명은 달아났다.

수색조를 보내라는 명령이 내려오면 중대장은 자원자를 받곤 했다. 가장 뛰어난 병사 30여 명이 수류탄으로 무장하고 무인지대로 들어가 적군의 사격을 이끌어내서 적군 병력 수를 확인해보거나 수류탄과 총으로 맹렬히 공격해서 적군에게 겁을 주곤 했다. 드물지 않게 아군과 적군의 수색조가 서로 마주치곤 했다. 그러면 전투가 한바탕 제대로 벌어졌다. 적군 수색조를 앞으로 지나가도록 내버려두고 나서 뒤에서 공격해 사로잡는 일이 가끔 있었다.

1915년 8월 15일은 우리 삶에서 기억할 만한 날이었다. 적군이 새벽 3시에 세찬 포사격을 개시해서 아군 철조망 방어물을 제거하고 아군 참호 몇 개를 파괴하고 숱한 병사를 산 채로 파묻었다. 포탄에 죽은 병사도 많았다. 250명 가운데 우리가 잃은 병력은 전사 열다섯 명에 부상 마흔 명이었다. 독일군이 공격을 신중하게 궁리했음이 분명했다. 아군 포대가 거세게 대응했고, 우레 같은 포성에 땅이 흔들렸다. 우리는 가능한 모든 보호책을 모색했고, 금방이라도 공격을 받을 듯해서 신경이 곤두섰다. 우리는 성호를 긋고 하느님께 기도하고 소총을 준비하고 명령을 기다렸다.

6시에 독일군이 참호에서 뛰쳐나와 우리 쪽으로 달려오는 모습이 관찰되었다. 독일군이 더욱더 가까이 왔는데도, 우리는 조금도 움직이지 않았고 아군 포대가 그들에게 포탄을 퍼부었다. 독일군이 우리 진지선 30미터 이내로 다가왔을 때, 사격 개시 명령이 떨어졌다. 총알을 우박처럼 퍼붓는 집중 사격에 적군의 대오가 대거 살상당하며 혼란에 빠졌다. 그 상황을 이용해서 우리는 독일군에게 달려들어 그들을 물리쳤고 그들이 전진하기 시작했던 18킬로미터 길이의 전선에 걸쳐 적을 추격했다. 그날 아침에 적군은 1만 명을 잃었다.

그날 우리는 증원군을, 그리고 방독면을 비롯한 새 장비도 받았다.

그러고 나니 이튿날 밤에 공격을 한다는 전갈이 왔다. 아군 대포가 저녁 6시에 독일군 진지를 맹렬히 두들기기 시작했다. 우리는 모두 다 차분한 흥분 상태에 있었다. 장교와 병사들이 함께 어울려 죽음을 가지고 농담을 했다. 돌아오지 못하리라 예상하고 소중한 사람에게 편지를 쓰는 이가 많았다. 다른 이는 기도를 했다. 공격에 앞서 부대원들의 전우애가 절정에 이르렀다. 정겹게 작별을 하고 죽음의 예감을 솔직히 밝히고 벗에게 메시지를 보냈다. 아군 포탄이 적군의 철조망 방어물에 틈을 내거나 적군 참호 한복판에 떨어질 때마다 누구랄 것 없이 기쁨을 내비쳤다.

새벽 3시에 "전진" 명령이 울렸다. 우리는 기세등등하게 적군 진지를 향해 출발했다. 도중에 우리 쪽 사상자 피해가 엄청났다. 우리는 엎드려 있으라는 명령을 여러 차례 받았다. 아군의 제1열이 완전히 쓸려버리다시피 했지만, 제2열의 병사들이 그 대열을 채웠다. 우리는 독일군에 다다를 때까지 멈추지 않고 나아가서 독일군을 제압했다. 우리 폴로츠크 연대 홀로 적군 2000명을 사로잡았다. 우리의 기쁨은 하늘을 찔렀다. 적군 진지가 우리 손에 있었고 무인지대가 이제는 우리 차지였는데, 무인지대에는 부상자와 전사자가 널려 있었다. 들것병을 거의 구할 수 없어서, 부상자들을 한데 모으는 일에 자원할 사람이 있으면 나오라는 부름이 있었다. 나도 그 부름에 응했다.

고통스러워하는 사람을 도우면 무척 흐뭇하다. 아파서 괴로워하는 사람이 고마워하면 보람이 크다. 의식이 없는 사람의 몸에서 목숨이 끊어지지 않게 할 수 있다는 것이 내게 크나큰 기쁨을 주었다. 나는 피를 많이 흘려 괴로워하는 부상병 곁에서 무릎을 꿇고 그를 들어 올리려던 참에 저격수의 총알에 맞았다. 총알은 엄지와 검지 사이를 지나 내

왼 팔뚝 살을 꿰뚫고 지나갔다. 다행히도 나는 무슨 부상인지 빨리 알아채고 상처에 붕대를 감았으며, 피 흘리는 그 병사를 위험에서 구해냈다. 그가 그러지 말라고 했는데도 말이다.

나는 밤새 내 일을 계속했고, "공격과 방어에서 용감했고 부상을 입고서도 싸움터에서 응급 치료를 했다"며 4급 성 게오르기 십자훈장 수훈자로 추천되었다. 그러나 나는 십자훈장을 받지 못했다. 대신 4급 훈장이 주어졌는데, 여자는 성 게오르기 십자훈장*을 받을 수 없다는 통지와 함께였다.

나는 실망했고 분했다. 성 게오르기 십자훈장이 적십자 간호사 몇 사람에게 주어졌다는 말을 내가 들은 적이 없었을까? 나는 중대장에게 항의했다. 그는 나와 똑같이 느끼며 내가 분명 성 게오르기 십자훈장을 받을 만하다는 확신을 내비쳤다.

"하지만" 그는 이렇게 덧붙이고는 경멸조로 어깨를 으쓱하며 말했다. "나찰스트보начальство(관료)가 다 그렇지."

나는 팔이 아파서 제1선에 남을 수 없었다. 우리 연대 병원의 위생병이 크게 다치는 바람에 내가 대신 파견되어 의사의 감독 아래 그의 일을 맡았다. 나는 팔이 나을 때까지 연대 병원에서 보름을 머물렀는데, 전문의의 지시를 받으면서 아주 능숙해져서 의사는 위생병 직무를 임시로 수행할 수 있는 자격증을 내게 발급해주었다.

우리에게는 별일 없이 1915년 가을이 지나갔다. 틀에 박힌 일상이

---

* Георгиевский крест. 조국 수호에 크게 이바지한 용맹한 군인에게 주어지는 러시아의 훈장. 1769년에 창시되었으며, 무공의 정도에 따라 4개 등급이 있다.

이어졌다. 밤에 우리는 제1선 참호에 있는 작은 난로로 끓인 뜨거운 차로 몸을 데우며 망을 보았다. 우리는 동틀 때 잠들곤 했다. 우리 가운데 몇 사람은 아침 9시에 하루를 시작했는데, 그때가 빵과 설탕을 나누어주는 시간이었기 때문이다. 모든 병사는 하루에 빵 1.25킬로그램씩 배급을 받았다. 빵은 겉은 타고 속은 설익기 일쑤였다. 아침 식사가 도착하는 11시에 모두 깨어나 소총을 소제하고 전반적인 정리 정돈을 했다. 취사장은 늘 조금 떨어진 후방에 있었고, 부대원 몇 명을 보내서 도시락통을 참호로 가져오게 했다. 식사는 대개 고기가 조금 든 따뜻한 양배춧국과 러시아에서 흔히 먹는 죽인 카샤*로 구성되었다. 고기는 종종 상태가 좋지 않았다. 하루 설탕 배급량은 100그램으로 정해져 있었다. 음식이 우리에게 도착할 때면 식어 있었고, 그래서 다시 차를 끓여 마셨다. 우리는 정오 지나서 해야 할 임무를 받았고, 오후 6시에 저녁 식사가 도착했다. 마지막 끼니로 단품이어서 빵에 양배춧국이나 카샤, 아니면 청어 반 토막이었다. 저녁 식사 전에 빵을 다 먹어 치우는, 또는 첫 끼니를 먹었는데도 점심때 배가 너무 고파서 먹을 것을 조금만 달라고 전우를 조르거나 저녁을 허기진 채로 보내는 부대원이 많았다.

우리는 열이틀마다 교대되어 엿새 동안 쉬러 후방으로 보내졌다. 후방에는 우리가 쓸 욕탕이 준비되어 있었다. 1915년에 활동 범위를 전선 전체로 넓혔던 젬스트보 동맹**이 세운 시설이었다. 모든 사단 욕탕

---

* каша. 물과 우유에 귀리 같은 곡식을 넣고 끓여서 먹는 걸쭉한 죽.
** Земский союз. 병들거나 다친 군인을 지원할 목적으로 1914년 8월부터 활동을 개시한 러시아의 시민사회 단체. 정부 보조금과 기부금으로 운영되었고, 정부의 전쟁 수행 노력을 뒷받침하며 활동 영역을 차츰 넓혔다.

은 의사 한 명과 자원봉사자 100명이 맡아서 관리했다. 욕탕은 세탁장이기도 해서, 부대원들은 욕탕에 들어가면서 더러운 속옷을 벗어놓고 대신 깨끗한 아마포 속옷을 받았다. 1개 중대가 참호를 떠나 후방으로 갈 참이면 중대가 온다는 전갈이 욕탕에 전달되었다. 병사들이 욕탕만큼 반기는 것은 없었다. 그만큼 참호에는 나쁜 벌레가 들끓었고 그 통에 병사들의 괴로움이 컸다.

벌레 때문에 다른 누구보다 내가 더 고생했다. 나는 처음에는 사내들과 함께 욕탕에 갈 엄두를 내지 못했다. 살갗은 온통 긁어 먹혔고 온몸에 옴이 오르기 시작했다. 나는 중대장에게 가서 내 상태를 말하고 어떻게 하면 내가 목욕을 할 수 있는지 물었다. 중대장은 공감하며 내 말을 들었다.

"하지만 야시카, 난들 어쩌겠나?" 중대장이 말했다. "욕탕을 자네 혼자 쓰게 해주려고 내가 중대 전체를 밖에 붙잡아둘 수는 없어. 사내들과 함께 가. 난 그들이 자네를 무척 우러러보니까 못된 짓은 하지 않으리라 굳게 믿네."

나는 처음에는 마음을 뚜렷이 정하지 못했다. 그러나 벌레는 나를 내버려두지 않았고, 나는 될 대로 되라는 심정에 가까워졌다. 우리가 다시 교대되어 남자 부대원들이 욕탕으로 갈 채비를 하고 있을 때 나는 용기를 내서 상사에게 가서 말했다.

"저도 욕탕에 가겠습니다. 더는 못 참겠습니다."

상사가 내 결심을 받아들여 내가 중대를 따라가자 다들 유쾌해했다. "오, 야시카가 우리랑 같이 욕탕에 가는구나!" 부대원들이 싹싹하게 농담을 했다. 일단 욕탕 안에 들어서자 나는 서둘러 구석을 홀로 차지했고 사내들에게 멀찍이 있어달라고 사정했다. 부대원들은 계속 웃고 놀리면서도 그렇게 해주었다. 나는 처음에는 아주 거북했지만, 목욕을 마치자마자 새 속옷을 서둘러 입고 후다닥 옷을 걸치고는 욕탕 건물 밖으로 뛰쳐나갔다. 그러나 목욕을 하니 너무 개운해서 으레 보름마다 중대와 함께 욕탕에 가곤 했다. 이윽고 병사들은 익숙해져서 내게 아랑곳하지 않았고, 신입 중대원이 희롱을 할라치면 바로 나서서 그만두라고 타일렀다.

8장 | 부상과 마비

겨울 즈음 우리는 젤료노예폴레Зеленое Поле라는 곳으로 이전되었다. 거기서 나는 들것병 열두 명을 지휘하게 되었고 6주 동안 위생병으로 근무했는데, 아픈 사람을 병원으로 보내고 쉬어야 할 사람은 근무에서 벗어나 며칠 쉬게 해주는 일을 맡았다.

우리 진지는 버려진 시골 저택 한 채를 따라 구축되었다. 그 저택은 두 전선 사이에 있었다. 우리는 야산 꼭대기에, 독일군은 낮은 지대에 진을 쳤다. 그래서 우리는 독일군의 움직임을 관찰할 수 있었고, 독일군은 그들대로 우리를 지켜볼 수 있었다. 양편에서 누구라도 머리를 들면 저격병의 표적이 되었다.

바로 여기서 우리 부대원들이 한 최고위 장교의 반역에 제물이 되었다. 군대와 궁정에 친독일 고관대작들이 있다는 소문이 참호에 무성했다. 우리도 의혹을 품었는데, 이제 그 의혹이 충격적인 방식으로 확인되었다.

발테르 장군이 전선을 찾아왔다. 그는 독일 핏줄로 알려졌고, 병사를 함부로 다루어 일반 부대원들에게서 마음에서 우러나는 미움을 샀다. 발테르 장군은 장교와 부하를 우르르 데리고 돌아다니면서 아군 참호를 시찰하며 제 몸을 훤히 드러냈는데도 적군의 사격을 단 한 번도 받지 않았다. 물을 구하려고 배를 땅에 대고 기어다녀야 하던 우리로서는 상상도 할 수 없는 일이었다. 그리고 여기서 발테르 장군이 적군에게 훤히 보이는데도 적군은 이 이상한 정적을 유지했다.

발테르 장군은 희한하게 굴었다. 그는 철조망이 끊겨 열려 있거나 축성築城 시설이 취약한 지점에서 멈춰 서서 손수건으로 얼굴을 훔치곤 했다. 누구랄 것도 없이 부대원들이 수군거렸다. "반역"이라는 낱말이 숱한 이의 입에서 살며시 새어 나왔다. 성이 난 장교들이 장군에게 쓸데없이 몸을 훤히 드러내면 위험하다며 주의하라고 했다. 그러나 장군은 그들의 경고를 무시하면서 "니체보Ничего!"(별일 아니야)라고 말했다.

규율이 워낙 세서 어느 누구도 그런 문제로 발테르 장군과 입씨름을 할 엄두를 내지 못했다. 그가 떠나자 장교들이 욕을 했다. 병사들은 궁시렁거렸다.

"그 작자가 우리를 적에게 팔고 있어!"

장군이 떠나고 반 시간 뒤에 독일군이 세차디세찬 사격을 개시했다. 그 사격은 발테르 장군이 멈춰 섰던 지점들을 유난히 겨누었고, 그래서 그 지점의 허술한 방어 시설이 쑥대밭이 되었다. 우리는 처음에는 적군의 의도가 공격 개시라고 생각했지만, 우리 예상은 들어맞지 않았다. 적군은 세찬 포사격만 지속해서 아군 부대원 몇백 명이 다치고 산 채로 파묻혔다. 파묻힌 부대원들이 하도 소리를 질러대는 바람에 구조 작업을 늦출 수 없었다. 포격이 여전히 계속되는 동안 나는 부상병 150

명쯤을 맡아서 붕대를 감아주었다. 만약 그때 발테르 장군이 눈앞에 나타났더라면 부대원들은 결코 그를 살려 보내지 않았을 것이다. 그만큼 그들의 감정은 거셌다.

보름 동안 우리는 허물어진 아군 참호를 재구축하는 일을 했고 주검을 모두 합쳐 500구쯤 파냈다. 나는 "격렬한 사격을 받으며 참호에서 부상자들을 구조했다"며 2급 황금장 수훈자로 추천되었다. 위생병은 대개 4급 훈장을 받았지만, 특수한 상황에서 일을 했으므로 내게는 2급 훈장이 주어졌다.

그러고 나서 우리는 한 달 동안 교대되었고 15킬로미터 후방, 즉 우즐랸카*라고 불리는 하천에 있는 센키Сенки 마을로 보내졌다. 그곳에 있는 포병 기지에서 우리의 생활은 편했다. 그러나 길이 엉망진창이어서 거기에 가기는 쉬운 일이 아니었다. 우리는 완전히 녹초가 되었고, 저녁을 먹지도 않은 채 대다수가 곯아떨어졌다.

후방에는 위생병이 할 일이 없는 데다 팔이 말끔히 나아서 나는 부대로 돌아가게 해달라고 지휘관에게 신청했다. 지휘관은 허락하면서 내 계급을 하사로 올려주었고, 그래서 부하가 열한 명 생겼다.

여기서 나는 편지 두 통을 받았다. 한 통은 전쟁이 끝나면 당신에게 돌아가겠다고 써 보낸 편지의 답장으로 야샤가 야쿠스크에서 보낸 편지였다. 그 편지에 답장을 보내면서 나는 약속을 되풀이했는데, 나를 대하는 행동을 바꾸고 배려와 사랑으로 대하라는 조건을 달았다. 다른 한 통은 집에서 온 편지였다. 어머니는 자기의 고난과 고생을 하소연하면서

---

* Узлянка. 벨라루스 북서부에서 나로치강으로 흘러드는 지천. 벨라루스어로는 부즐랸카Вузлянка.

내가 돌아오기를 바랐다.

10월이었다. 포병 기지에서 보낸 이 10월은 즐거운 한 달이었다. 우리는 마을 오두막에서 임시 숙영을 했고, 거의 날마다 운동 경기와 놀이를 했다. 바로 여기서 나는 처음으로 내 이름을 쓰고 알파벳을 베끼는 법을 배웠다. 예전에 읽는 법을 배운 적이 있는데, 야샤가 내 첫 선생님이었다. 전선에서 돌려 보기가 허용된 문학서는 주로 선정적인 탐정소설이었고, '닉 카터'*라는 이름은 심지어 내게도 낯설지 않았다.

다른 재미도 있었다. 어느 날 장대비가 쏟아지는 동안 헛간에서 비를 피했다. 알고 보니 장교와 병사 40여 명도 거기서 비를 피하는 중이었다. 헛간 주인인 중년의 농부 아낙이 암소와 함께 그곳에 있었다. 나는 짓궂은 마음이 들어서 그 아낙과 시시덕거리기 시작했고, 사내들은 다 같이 떠들썩하게 웃었다. 나는 아낙에게 입에 발린 소리로 비위를 맞추며 당신한테 반했다고 말했다. 아낙은 내가 여자임을 알아채지 못하고 자기가 창피를 당했다고 말했다. 사내들의 떠들썩한 소리에 용기가 나서 나는 끈덕지게 치근댔고, 마침내 아낙에게 입을 맞추려고 했다. 군인들이 웃자 아낙은 잔뜩 성이 나서 큼직한 장작개비를 쥐고는 나와 사내들을 을러댔다.

"불쌍한 아낙네를 괴롭히는 네놈들, 여기서 꺼져!" 아낙이 소리를 질렀다.

나는 싸움을 일으키고 싶지 않아서 아낙에게 외쳤다.

"이런, 당신은 멍청한 여자군요. 나는 농민 아가씨요."

---

* Nick Carter. 1886년부터 미국에서 나온 연작 탐정소설의 주인공.

이 말은 헛간 주인의 화를 더더욱 북돋을 따름이었다. 아낙은 그 말을 더한 놀림으로 알아듣고 더 크게 을러댔다. 우리 가운데 어느 누구도 내쫓겨 비를 맞고 싶지 않았으므로 장교와 병사들이 끼어들어 내 말이 맞다고 아낙을 설득하려 애썼다. 그러나 말만으로는 설득할 길이 없었기에 나는 어쩔 도리 없이 외투 단추를 풀었다.

"어이구 맙소사!" 아낙이 성호를 그으며 말했다. "참말로 여자네." 그러고는 곧바로 아낙의 마음이 풀어졌고 말투가 나긋나긋해졌다. 아낙은 눈물을 터뜨렸다. 남편과 아들이 군대에 있는데 오랫동안 소식을 듣지 못했다고 했다. 아낙은 나를 두 팔로 감싸안았고, 먹을 것과 소젖을 조금 주면서 내 어머니에 관해 묻고는 어머니의 팔자를 슬퍼했다. 우리는 정겹게 헤어졌고, 아낙은 나를 따라오며 축복을 해주었다.

우리가 전선으로 돌아갔을 때 눈이 내리고 있었다. 우리 진지는 이제 나로치 호수와 바라노비치* 사이의 페르디난도프노스Фердинандов Нос에 있었다. 첫째 날 밤에 중대장이 수색을 나가 적군의 병력과 위치를 살펴볼 자원자가 있으면 서른 명 나오라고 했다. 나는 자원했다.

우리는 한 줄로 서서 되도록 소리를 내지 않고 들키지 않게 살금살금 앞으로 나아갔다. 수풀을 지나쳐 갔는데, 수풀 안에는 적 정찰대가 우리 군화에 눈이 밟혀서 나는 뽀드득 소리를 듣고 몸을 숨기고 있었다. 우리는 포복해서 적군 참호에 이르러 철조망 앞에 엎드렸고 바람에 날려 쌓인 눈에 가슴을 착 붙였다. 우리가 있다는 것을 들키지 않은 것이 이상해서 우리는 조금 불안했다. 전에는 학교 교사였지만 이제는 으뜸

---

* Барановичи. 벨라루스 중서부에 있는 소도시. 벨라루스어로는 바라나비치Баранавічы.

가는 전투원인 보브로프Бобров 소위가 뒤쪽에서 나는 소음을 갑자기 감지했다.

"뭔가 일어나고 있어." 그가 우리에게 속삭였다. 우리는 귀를 곤두세웠는데, 주위를 둘러볼 겨를이 생기자마자 우리보다 더 많은 적군에게 에워싸였음을 알아챘다. 총을 쏘기에는 너무 늦었다. 우리는 총검으로 싸웠다. 짧지만 잔혹한 싸움이었다.

나는 나보다 훨씬 더 큰 독일 군인과 맞닥뜨렸다. 허비할 틈이 없었다. 삶과 죽음이 엇갈리는 순간이었다.

나는 독일 군인이 움직일 겨를을 주지 않고 달려들어 총검으로 배를 찔렀다. 총검이 박혔고, 상대가 쓰러졌다. 피가 줄줄 쏟아져 나왔다. 나는 총검을 빼려고 애를 썼지만 실패했다. 그는 내가 총검으로 찌른 첫 사람이었다. 모든 일이 번개 치듯 빠르게 벌어졌다.

나는 독일 군인 한 명에게 쫓기면서 아군 참호 쪽으로 달아났는데, 몇 번 넘어졌지만 그때마다 다시 일어나서 내달렸다. 아군 철조망이 삐뚤빼뚤한 모양으로 쳐져 있었고, 아군 진지는 보이지 않았다. 상황이 위태로워지던 차에 나는 몸에 지니고 다니던 수류탄을 떠올렸다. 나를 쫓아오는 자에게 수류탄을 던지고는 땅바닥에 엎드려서 폭발의 충격을 피했고, 드디어 아군 참호에 다다랐다.

우리 수색조 서른 명 가운데 돌아온 이는 겨우 열 명이었다. 중대장은 내게 고마워하면서 내가 독일 군인을 총검으로 찔러 죽일 수 있었다는 데 놀라움을 비쳤다. 마음속 깊이로는 나도 놀라웠다.

1915년이 저물고 있었다. 겨울은 매서웠고 참호 생활은 못 견딜 지경이었다.

죽음은 반가운 손님이었다. 사람을 병원으로 보내줄 수 있는 부상은 훨씬 더 반가웠다. 부대원이 눈에 파묻혀 얼어 죽는 일이 잦았다. 동상 탓에 발을 잘라내야 하는 일은 더욱더 잦았다. 장비 부족 사태가 아주 심해지고 있었다. 보급 조직이 이미 허물어지고 있었다. 닳은 군화 한 켤레를 교체하기가 어려웠다. 취사장에서 툭하면 뭔가 잘못되어 우리는 추운 데다가 배가 고파서 고생해야 했다. 그러나 우리는 어머니 러시아의 참된 자녀답게 참아냈다. 이 무료함, 얼어붙은 참호를 그저 지키기만 하는 이 일은 지독히도 단조로웠다. 우리는 승리해서 전쟁을 끝낼 전투를, 대전투를 열망했다.

매섭게 춥던 어느 날 밤에 나는 병사 세 명과 함께 청음초소에 파견되었다. 내 군화는 닳아서 해어져 있었다. 그런 임무 동안에는 조금도 움직이면 안 되었다. 움직이면 죽을 수도 있다. 그래서 우리는 청음초소에서 서리 임금*의 공격에 노출된 채 하얀 땅바닥에 누워 있었다. 서리 임금은 꾸물대지 않고 제 할 일을 했다. 그것도 아주 제대로 말이다. 내 오른발의 느낌이 이상해지고 있었다. 오른발이 얼기 시작했다. 나는 일어나 앉아서 그 발을 문지르고 싶었다. 그러나 몸을 일으켜 앉는 것은 생각할 수 없는 일이었다. 소리가 들렸나? 나는 발 걱정을 멈추고 저 특이한 소리를 놓치지 않으려고 온 신경을 곤두세워야 했다. 아니면 그저 바람의 장난이었을까? 내 발은 곱아갔다. 발에서 느낌이 사라지고 있었다.

'아이고 맙소사, 어쩐다?' 나는 속으로 생각했다. '오른발에 힘이 없어. 다른 세 사람 발도 얼고 있어. 그들이 나한테 그렇다고 막 속삭였어.

---

* Морозко. 사람을 얼려 죽이기도 하는 겨울 추위를 의인화한 러시아 민담의 등장인물.

중대장이 지금 우리를 교체해주면 좋을 텐데! 하지만 두 시간이 아직 되지 않았어.'

갑자기 흰옷을 입은 두 사람이 우리 쪽으로 포복해 오는 모습이 보였다. 살상 임무에 안성맞춤인 복장을 한 독일군이었다. 우리는 사격을 했고, 그들이 대응했다. 총알 하나가 내 외투를 꿰뚫었는데, 살갗에 스치기만 했다. 그리고 나서는 모든 것이 다시 고요해졌고, 우리는 곧 교대되었다. 나는 참호에 다다를 힘이 거의 없었다. 거기서 나는 "내 발! 내 발!"이라고 외치며 탈진해서 쓰러졌다.

나는 병원으로 실려 갔고 내 발의 끔찍한 상태가 드러났다. 서리에 뒤덮여 발이 눈처럼 새하얬다. 아파서 괴로웠지만, 십중팔구 발을 잘라내야 할 듯하다는 의사의 말만큼 나를 겁먹게 한 것은 없었다. 그러나 나는 굽히지 않고 싸워서 내 오른다리를 구해냈다. 의사들은 나를 곧 회복의 길로 들어서게 했고 끈질기게 보살펴서 내 발을 정상으로 되돌리는 데 성공했다.

1916년 새해가 밝았을 때 나는 아직 병원에 있었다. 내가 퇴원한 직후에 우리 중대는 제1선 뒤 조금 떨어진 곳에 있는 마을 벨로예Белое에서 한 달 동안 쉬라고 후방으로 보내졌다. 우리는 임시로 농가에서 농민과 함께 지냈는데, 욕탕을 즐겨 사용하고 농부의 화덕 위에서 잠을 잤다. 참으로 소박하게 말이다. 우리에게는 활동사진을 볼 기회까지 생겼다. 이 장치는 젬스트보 동맹 소유인 자동차에 실려 이 기지에서 저 기지로 옮겨 다녔다. 우리도 나름의 극장을 세우고 포병 장교들 가운데 한 사람이 만든 연극을 했다. 여성 등장인물이 둘 있었는데, 내가 주연으로 뽑혔다. 다른 여성 배역은 젊은 장교가 맡았다. 나는 중대장이 사정사정한 뒤에야 주연을 맡는 데 무척 망설이며 동의했다. 내게 연기력이 있다고 믿지 않았고, 연극에서 우레 같은 박수까지 받았는데도 내 믿음을 바꾸지 않았다.

벨로예에서는 장병들 아내가 많이 찾아왔다. 여기서 나는 사람을 많이 사귀었고 몇 사람과는 금세 친분을 쌓았다. 그렇게 친분을 쌓은 사람들 가운데에는 나와 함께 일했던 들것병의 아내도 있었다. 젊고 예쁘고 아주 사랑스러운 여자였는데, 남편은 아내를 아주 예뻐했다. 한 달 휴식이 끝나가고 여자들을 떠나보내라는 명령이 내려왔을 때 들것병은 아내를 역에 바래다주려고 중대장의 말을 빌렸다. 그는 돌아오는 길에 뇌졸중 발작을 일으켜서 곧바로 죽었다. 그의 장례는 군장軍葬으로 치러졌고, 나는 꽃다발을 만들어 그의 관에 올려놓았다.

그의 관을 무덤 안에 내려놓을 때, 나도 이처럼 묻힐까, 아니면 내 주검이 무인지대에 내팽개쳐져서 바람에 나부낄까라는 생각이 들지 않을 수 없었다. 똑같은 생각이 틀림없이 여러 사람의 머리를 스쳐 지나갔을 것이다.

같은 시기에 사귄 또 다른 친구는 학교 교사였던 보브로프 소위의 아내였다. 부부가 함께 내가 글쓰기를 배우고 읽기 실력을 키우는 일을 도와주었다. 지역의 농민 아낙들은 너무 가난하고 무지해서 내가 얼마간 시간을 내어 그들을 도와주었다. 아낙들 가운데에는 주의해야 할 자잘한 병을 앓는 이가 많았다. 어느 날 저녁에는 불려 가서 아기를 낳는 여자를 돌보기까지 했는데, 아기를 받은 내 첫 경험이었다. 또 한번은 부탁을 받아 열병을 아주 심하게 앓는 이를 찾아갔다.

그리고 나서 다시 참호였다. 다시 몹시도 추웠고, 다시 끊임없이 경계를 섰고 짜증이 나도록 지루했다. 그러나 기대감이 가득했다. 겨울이 끝나갈 무렵, 거대한 봄 공세가 있으리라는 소문이 더욱더 끈질기게 나돌았다. 병사들은 전면적인 전투 없이는 전쟁이 끝날 리 없음이 분명하다고 주장했다. 그리고 2월 말에 다시 보름 휴식을 받았을 때, 우리가 공세를 준비하리라는 점이 명백해졌다. 우리는 새 피복과 장비를 받았다. 3월 5일에 연대장이 연설을 했다. 그는 전투가 임박했다고 말하며 우리에게 용맹해져서 대승리를 거두자고 호소했다. 적군의 방어가 퍽 굳세니 그것을 이겨내려면 크나큰 노력을 해야 하리라고 말했다.

그러고 나서 우리는 전선으로 출발했다. 질척이는 눈과 진창은 상상을 넘어섰다. 얼음과 뒤섞인 물을 깊이 헤치며 걸었다. 길에서 우리는 병원으로 이송 중인 숱한 부상병과 마주쳤다. 아군 전선에서 전사한 병사들이 커다란 무덤 하나에 묻히고 있는 묘지 옆을 지나가기도 했다. 그날 밤 우리는 예비대로 후방에 배치되었고 다음 날 참호로 가야 하니 이동 명령을 기다리라는 지시를 받았다.

3월 6일이 전에 없이 세찬 아군의 포격으로 시작되었다. 똑같은 강도의 세찬 포격으로 독일군이 대응했고, 땅이 심하게 흔들렸다. 하루 내내 포격이 지속되었다. 그때 우리에게 대열을 편성해서 참호로 들어가라는 명령이 내려왔다. 우리는 이 명령이 우리가 공격에 가담하리라는 뜻임을 알았다.

보브로프 소위가 나에게 다가오더니 뜻밖에도 이런 말을 했다.

"야시카, 이것을 가지고 있다가 나중에 내 아내한테 전해줘. 나는 이번 전투에서 살아남지 못할 거야. 사흘 내내 그런 예감이 들었어." 그가 편지와 반지를 내게 건넸다.

"하지만 소위님." 이 같은 순간에는 그러지 않겠다고 말해봤자 헛일임을 알면서도 마다하면서 내가 말했다. "당신은 틀렸습니다. 그런 일은 일어나지 않을 겁니다. 예감은 사람을 속입니다."

그가 머리를 세차게 가로저으며 내 손을 꽉 잡았다.

"그렇지 않아, 야시카."

우리는 이미 참호에 있었고, 포탄이 진짜 우박처럼 쏟아졌다. 우리 가운데 죽은 이와 죽어가는 이가 있었다. 허리까지 차오른 물속에서 우리는 웅크리고 하느님에게 기도했다. 갑자기 가스가 넘실대며 우리 쪽으로 왔다. 그 가스가 방독면이 없는 몇 사람을 덮쳤고, 그들은 꼼짝없이 당했다. 하마터면 나도 이렇게 끔찍한 죽음을 맞이할 뻔했다. 입술이 쪼그라들었고 그 뒤 3주 동안 눈물이 나고 눈이 화끈거렸다.

진격 신호가 왔다. 우리는 무릎 깊이 진창에서 적을 향해 나아가기 시작했다. 허리 위까지 차오르는 물웅덩이가 군데군데 있었다. 포탄과 총탄으로 아수라장이 되었다. 다쳐서 쓰러지는 사람들 가운데 진창에 가라앉아 익사하는 이가 많았다. 독일군의 화력은 무시무시했다. 우리 전열은 더욱더 얇아졌고, 전진이 너무 느려져서 한 번 더 진격하다가는 우리가 죽을 게 뻔했다.

후퇴 명령이 크게 울렸다. 1916년 3월 7일 그날 밤에 무인지대의 불지옥을 거쳐 되돌아오는 행군을 어떻게 서술할 수 있을까? 머리를 빼고 온몸이 물에 잠긴 채 도와달라고 애처롭게 외치는 부상병들이 있었다. "나를 구해줘, 제발!" 이런 소리가 사방팔방에서 났다. 가슴이 미어지는 똑같은 호소가 참호에서 일제히 터져 나왔다. 우리는 살아 있는 한 전우들의 애원에 귀를 막은 채로 있을 수는 없었다.

쉰 명이 나가서 구조 작업을 했다. 나는 그토록 가슴 저미고 피가 얼어붙는 상황에서 일했던 적이 없다. 한 사람이 목인가 얼굴을 다쳤는데, 나는 겨드랑이 아래를 붙잡고 그의 몸을 진창에서 끌어내야 했다. 또 한 사람은 포탄에 옆구리를 찢겨서, 조심스레 살살 여러 번 움직여야 그를 빼낼 수 있었다. 몇몇 사람은 내 힘으로는 끌어내지 못할 만큼 너무 깊이 가라앉아 있었다.

나는 짐을 메고 아군 참호에 이르렀을 때 결국 픽 쓰러졌다. 너무 진이 빠진 나머지 온몸의 뼈가 다 쑤셨다. 얻기가 무척 힘들었던 식수를 병사들이 구해 와서 내가 마실 차를 만들었다. 또 어떻게 했는지 마른 외투 한 벌을 구해서 비바람이 들이치지 않는 구석에 깔고 그 위에 나를 누였다. 나는 네 시간쯤 잠을 잤고, 그러고 나서 다친 전우를 찾아내는 일에 다시 나섰다.

대포가 다시 전날만큼 세차게 하루 내내 쿵쿵댔다. 갓 들어온 징집병들이 충원되어 우리 부대는 밤에 다시 참호 밖으로 뛰쳐나가 적을 향해 돌진했다. 우리는 다시 막심한 손실을 입었지만, 우리 작전이 이번에는 더 큰 성공을 거두었다. 독일군은 자기들 쪽으로 결연하게 들이닥치는 우리를 보자 역공에 나섰다. 우리는 총에 총검을 꽂고 우렁찬 "우라" 소리와 함께 그들에게 덤벼들었다.

독일군은 러시아 총검을 좋아하지 않았다. 사실 그들은 다른 어떤 병기보다 총검을 더 무서워했고, 그래서 겁을 집어먹고 부리나케 달아났다. 우리는 그들을 뒤쫓아서 적군 참호 안으로 들어가 격렬한 백병전을 벌였다. 독일군 여럿이 항복의 표시로 두 손을 들었다. 그들은 우리가 성나고 격분한 상태에 있음을 깨달았다. 다른 독일군은 끝까지 싸웠고, 그러는 동안 독일군 기관총이 게르만인과 슬라브인이 뒤섞여 싸우는 자기네 참호를 휩쓸듯이 사격했다. 우리는 기관총 진지로 뛰어들었다.

이 공격에서 우리 연대는 독일군 2500명을 사로잡고 기관총 30문을 노획했다. 나는 오른다리를 아주 살짝 다쳤을 뿐 중상을 모면했고 전열을 떠나지 않았다. 강력한 제1선 방어진지에 승리를 거두어서 신이 난 우리는 적군의 제2선을 향해 몰려갔다. 적군의 사격이 꽤 느슨해졌다. 대승리가 눈에 보였다. 허술한 제2선과 제3선 뒤에는 몇 킬로미터에 걸쳐 무방비 상태의 기다란 개활지가 있었기 때문이다.

우리 선두 대열이 적군 참호 약 20미터 안에 들어섰을 때, 발테르 장군에게서 진지로 되돌아오라는 명령이 내려왔다. 그 명령은 장교와 병사 가리지 않고 모두에게 엄청난 충격이었다. 우리 대령이 발테르 장군에게 야전 전화를 걸어 상황을 설명했다. 발테르 장군은 완고했다. 우리 모두 반역과도 같은 명령에 잔뜩 성이 나서, 만약 우리 가운데 누군가가 그때 지휘권을 얻었더라면 우리는 틀림없이 대승리를 거두었을 것이다. 독일군 방어가 완전히 돌파되었기 때문이다.

대령과 장군 사이의 대화는 말싸움으로 끝났다. 보아하니, 발테르 장군은 우리가 독일군 제1선을 돌파하리라고 기대하지 않았다. 그 제1선을 러시아 병사들이 물결처럼 여러 차례 들이쳤지만 헛일이었다. 퍽 끔찍한 손실을 입고서도 말이다. 우리를 되도록 많이 죽게 만드는 것이 반역과도 같은 발테르 장군의 속셈임이 부대원들에게 뚜렷해졌다.

그러나 규율은 엄했고 명령은 명령이었다. 우리는 물러서야 했다. 너무 탈진한 나머지 우리 몸은 휴식을 반겼다. 그 이틀, 즉 8월 7일과 8일에 우리 부대는 팔팔한 징집병으로 네 차례 재충원되었다. 우리의 사상자 피해는 막대했다. 주검이 비 온 뒤에 자라난 대나무 순처럼 어디에나 두껍게 쌓여 있었으며, 다친 사람은 헤아릴 길 없이 많았다. 무인지대에서는 러시아군이나 독일군의 주검과 마주치지 않고서는 한 걸음도 뗄수 없었다. 피투성이의 발, 손, 때로는 머리가 진창에 흩어져 있었다.

이는 내가 참여한 가장 지독한 공격이었고, 포스타비Поставы 전투로 역사에 전해 내려온다. 우리는 손에 넣은 독일군 참호에서 첫 밤을 지냈다. 잊지 못할 무시무시한 밤이었다. 칠흑처럼 어두웠다. 악취에 숨이 턱 막혔다. 땅바닥은 진구렁투성이였다. 우리 가운데 몇몇은 주검 위에 걸터앉았다. 다른 이들은 죽은 사람 위에 발을 받쳐놓고 쉬었다. 죽은 사람의 몸을 건드리지 않고서는 손을 뻗을 수가 없었다. 우리는 배고팠다. 우리는 추웠다. 주위가 무시무시해서 살에 소름이 돋았다. 나는 일어나고 싶었다. 손을 짚을 데를 찾았다. 손이 벽에 기대어 있는 주검의 얼굴에 닿았다. 나는 비명을 지르며 미끄러져 넘어졌다. 주검 한 구의 찢긴 배에 내 손가락이 파묻혔다.

나는 겪어본 적이 없는 공포에 사로잡혔고 넋이 나가서 소리를 질렀다. 엄체호에 있던 장교들이 그 소리를 듣고는 야시카를 구해내라고 전등을 들려 사람을 보냈다. 장교들은 야시카가 다쳤다고 추측했다. 이전에 적군 연대 참모가 썼던 그 엄체호는 따뜻하고 아늑했다. 나는 차를 조금 마셨고, 조금씩 자제력을 되찾았다.

엄체호 입구는 당연히 이제는 적을 마주보고 있었다. 적은 엄체호의 정확한 위치를 알아내 거기에 화력을 집중했다. 포격에 견디도록 만들어지긴 했어도 엄체호는 빗발치는 포탄에 곧 허물어지기 시작했다. 포탄 몇 발에 입구가 부스러기로 거의 다 막혔다. 마침내 포탄 한 발이 지붕을 꿰뚫어 전등이 꺼지고 다섯 명이 죽고 여러 명이 다쳤다. 나는 호의 잔해와 병사들과 장교들 아래 깔려 한구석에 파묻혀 있었다. 병사와 장교들 가운데 몇몇은 다쳤고 몇몇은 죽었다. 말로는 이루 표현할 수 없는 신음이 가득했다. 새 포탄 한 발이 내는 쌩 소리가 머리 위에서 들릴 때 나는 죽음이 가까운 곳에 있다고 믿었다. 아직도 포탄이 구덩이 안에 떨어지는 동안에는 곧바로 빠져나가 대피하기가 불가능했다. 동이 트면서 마침내 포격이 그치고 구조되었을 때, 나는 다친 데 없이 멀쩡하다는 감각이 확실한데도 믿기지 않았다.

다음날 나는 보브로프 소위의 주검을 발견했다. 그의 예감은 결국 들어맞았다. 그는 용맹한 전사였고 고결한 감정의 소유자였다. 나는 그의 바람대로, 의사에게 부탁해서 그의 반지와 편지를 아내에게 보냈다. 우리 연대에서는 2000명이 다쳤다. 그리고 들판에서 거둬들여지고 참호 밖으로 옮겨진 죽은 이들의 기나긴 줄이 후방에 만들어지고 있는 거대한 공동 무덤에서 영원히 잠들기를 기다리며 햇빛이 내리쬐는 가운데 죽 늘어서 있었다.

우리는 머리를 숙이고 쓰라린 가슴을 안고 전우들에게 마지막 경의를 표했다. 그들은 참된 영웅처럼 목숨을 바쳤다. 자기가 비열한 반역자 한 놈에게 헛되이 희생되고 있다는 의심을 품지 않은 채 말이다.

주검들 사이에서 무시무시한 밤을 보낸 여파로 여전히 고생하던 나는 3월 10일에 사단 병원으로 보내져 사흘 동안 쉬었다. 또다시 진격 명령이 나온 14일에는 참호로 돌아갔다. 독일군 진지는 아직 강력하게 요새화되지 않았고, 우리는 심각한 손실 없이 독일군 제1선을 빼앗았다. 그러고 나서 며칠 동안의 휴지기가 또 한 차례 있었고, 그동안 우리 전열이 재편되었다.

3월 16일 이른 아침에 아군 포병이 적군 진지에 효과 없는 포격을 한 뒤에, 참호에서 뛰쳐나가 돌격하라는 신호가 내려왔다. 우리는 독일군의 완강한 포화를 무릅쓰고 전진해서 무인지대를 거쳐 내달렸는데, 적군의 철조망 방어 시설이 멀쩡하다는 것을 깨달았다. 후퇴밖에는 할 것이 없었다. 뛰어서 돌아오는 동안 총알 하나가 내 오른다리에 박혔고 뼈가 부서졌다. 나는 넘어졌다. 내가 있는 곳 30미터 안에 적군의 제1선이 있었다. 총알이 내 머리 위로 핑핑 날아가며 달아나는 전우의 뒤를 쫓아갔다.

나 홀로가 아니었다. 다른 이들이 그리 멀지 않은 데서 끙끙대고 있었다. 몇몇은 죽여달라고 빌었다. …… 나는 목이 말랐다. 나는 피를 무척 많이 흘렸다. 그러나 움직여봤자 헛일임을 알았다. 동녘에서 해가 떴지만 먹구름에 가려 흐릿했다.

'내가 구조될까?' 나는 궁금했다. '어쩌면 적군 들것병이 곧 나를 들고 가겠지. 아니야, 적군은 움직이려고 애쓰며 일어난 저기 저 병사에게 그냥 총을 쏘았어.'

나는 땅바닥에 더 가까이 몸을 붙였다. 가까이 다가오는 목소리가 들리는 듯했다. 숨을 멈추고 마음을 졸였다.

'독일군에게 사로잡히는구나!' 이런 생각이 들었다. 다음 순간 목소리가 잦아들었고, 나는 다시 목이 타서 괴로웠다.

'성모 마리아님, 구원이 언제 올까요? 아니면 내가 정신을 잃고 죽을 때까지 여기 무한정 누워 있을 팔자인가요? …… 해가 벌써 하늘 한가운데 있네. 내 전우들은 국과 따뜻한 차를 마시고 있겠군. 뜨거운 차

한 잔이면 내가 뭔들 주지 못할쏘냐! 독일군도 먹고 있겠지. 독일군 냄비가 달가닥거리는 소리가 들려. 어라, 그들의 국에서 피어나는 김 냄새까지 어렴풋이 맡을 수 있네.'

이제 고요했다. 아주 드물게 저격병의 총알이 들판을 가로지른다. …… 밤, 밤, 밤. …… '밤이라면 얼마나 좋을까! 분명 우리 부대원들이 우리가 모두 여기서 죽도록 내버려두지 않을 거야. 게다가 내가 없다는 걸 이제는 틀림없이 알아챘겠지. 분명 그들은 야시카가 죽었든 살았든 들판에 누워 있게 내버려두지 않을 거야. 그러니 희망이 있어.'

전우들이 내 부재를 알아채리라는 생각을 하니 새로 힘이 났다. 몇 초가 몇 시간, 몇 분이 며칠인 듯했지만, 마침내 그림자가 져서 해가 사라진 쪽으로 살살 기어갔다. 그리고 나서는 어두워졌고 그리 오래지 않아 구조대가 왔다. 용감한 아군 들것병들이 몇몇 병사의 도움을 받으며 갸륵한 임무에 나섰다. 그들은 조심스레 독일군 전선으로 더욱더 가까이 다가와서 마침내 나를 들어 올렸다. 그렇다, 그들이 아군 참호 안으로 옮긴 이는 바로 야시카였다.

전우들이 퍽 기뻐했다. "야시카, 살아 있었구나! 네가 회복되길 빈다, 야시카!" 나는 나직하게 대답할 따름이었다. 그들은 나를 응급구호소로 데려가서 다친 데를 씻어내고 붕대를 감아주었다. 무척 아팠다. 나는 모스크바로 보내졌고, 예카테리나 병원 20번 병동에 입원했다.

나는 병원에서 거의 석 달을 지냈는데, 내내 외로웠다. 다른 환자들은 사람이 찾아오거나 집에서 보낸 소포를 받았을 터이지만, 내게는 어느 누구도 찾아오거나 뭔가를 보내지 않았다. 무료한 20번 병동에서 3월, 4월, 5월이 왔다 갔다. 드디어, 6월 초 어느 날, 나는 최전선으로 돌아가기에 적합하다는 판정을 받았다. 내 연대는 그때 마침 루츠크 전선으로 이전 배치되고 있었다. 6월 20일에 나는 연대를 따라잡았다. 내가 받은 환영은 심지어 지난해에 받았던 환영을 넘어섰다. 나는 열매와 단 것을 듬뿍 받았다. 병사들은 즐거워했다. 이 구역에서 알렉세이 브루실로프Алексей Брусилов 장군이 독일군을 몇십 킬로미터 뒤로 막 밀어냈을 때였다. 일대에는 버려진 독일군 진지가 드문드문 있었다. 여기저기에 적의 주검이 보였다. 비록 기쁨에 넘치기는 했어도 우리 부대원들은 강행군과 오랜 추격으로 지쳐 있었다.

때는 한여름이었고 무더위에 몸이 축 늘어졌다. 우리는 6월 21일에 15킬로미터 거리를 행군한 뒤 쉬려고 멈췄다. 부대원들 가운데 풀썩 주저앉은 이가 많았고, 우리는 행군을 계속하기에는 너무 지쳐 있었다. 그러나 연대장은 행군 속도를 유지하자고 간청하면서 참호에서 쉬게 해주겠다고 약속했다. 전선까지는 20킬로미터였고, 우리는 같은 날에 전선에 다다랐다.

우리는 행군하면서 길 양쪽에서 전투 와중에도 망가지지 않고 무르익어가는 곡물을 보았다. 제1선은 두보바코르치마*라는 마을 가까이에 있었다. 우리는 그 부근에서 독일군이 허둥지둥 버리고 떠난 시골 저택 한 채를 찾아냈다. 저택 영지에는 가축과 가금과 감자, 그리고 그 밖의 먹을 것이 그득했다. 그날 밤에 우리는 호화 잔치를 벌였다.

우리는 독일군이 버린 참호를 차지했다. 쉴 때가 아니었다. 초저녁

---

* Дубова Корчма. 우크라이나 북서부, 루츠크시 남서쪽에 있는 마을의 우크라이나어 이름. 러시아어로는 두보바야코르치마Дубовая Корчма.

에 대포가 포문을 열고는 밤새도록 끊임없이 쿵쿵거렸다. 틀림없이 곧 바로 공격이 있으리라는 신호였다. 우리 예상은 틀리지 않았다. 새벽 4시에 독일군이 진지를 떠나 우리 쪽으로 출발했다는 전갈을 받았다. 바로 이때 우리가 좋아하는 지휘관인 그리샤니노프가 땅바닥에 부딪쳐 다쳤다. 우리는 곧바로 그를 간호한 뒤 후방으로 보냈다. 허비할 시간이 없었다. 우리는 전진하는 독일군을 거듭되는 일제사격으로 맞이했고, 독일군이 진지로 다가오자 총에 총검을 꽂고 참호에서 뛰쳐나와 그들에게 돌진했다.

느닷없이 엄청난 폭발이 일어나서 나는 귀가 먹먹해졌고 땅바닥에 쓰러졌다. 독일군의 포탄 한 발이 가까이에 떨어졌는데, 나는 그 포탄을 결코 잊지 못할 것이다. 포탄 조각이 아직도 내 몸 안에 있으니 말이다.

등이 몹시 아팠다. 파편 하나가 척추 끝에 맞았던 것이다. 통증이 아주 오래가서 병사 두어 명이 달려왔다. 그러고 나서 나는 의식을 잃었다. 병사들이 나를 메고 야전응급구호소로 갔다. 워낙 크게 다쳐서 담당 의사는 내가 살 수 있으리라고 믿지 않았다. 나는 구급차에 실려 루츠크*로 갔다. 전기 치료를 받아야 하는데 루츠크 병원에는 필요한 장비가 없어서 키예프로의 이송이 결정되었다. 그러나 의사들이 보기에 이송을 감당하기에는 내 상태가 너무 위중해서 사흘 동안 기다려야 했다.

키예프에서는 부상병이 줄줄이 너무 많이 들어오는 바람에 병원에 들어가기에 앞서 들것에 누워 두어 시간 동안 길거리에 있어야 했다. 엑스선 검사를 받은 뒤에 나는 포탄 조각 하나가 몸 안에 박혀 있는데 그

---

* Луцк. 우크라이나 북서부의 소도시. 우크라이나어 표기로는 Луцьк.

조각을 빼내는 수술을 받고 싶으냐는 질문을 받았다. 나는 포탄 조각이 살 속에 박힌 채로 살아간다는 생각은 할 수가 없어서 빼달라고 부탁했다. 그러나 내 상태 때문인지, 아니면 다른 무슨 까닭인지 의사는 수술을 하지 않기로 결정했고 페트로그라드나 모스크바로 가서 치료를 받아야 한다고 내게 말했다. 선택권이 주어졌을 때, 나는 모스크바의 예카테리나 병원에서 그해 봄 석 달을 보냈기 때문에 모스크바로 가기로 결심했다.

척추를 다쳐서 나는 손가락 하나조차 움직일 수 없을 만큼 마비되었다. 몇 주 동안 삶과 죽음 사이를 헤매면서 사람 몸이라기보다는 통나무마냥 모스크바의 병원에 누워 있었다. 정신만 활발하고 가슴에는 고통이 가득했다.

나는 날마다 마사지를 받았고 들것에 실려 가서 목욕을 했다. 그러고 나면 의사가 나를 보살피면서 다친 데를 아이오딘으로 진찰하고 전기로 치료했다. 날마다 하는 이 절차는 모르핀이 주입되는데도 상상도 할 수 없을 만큼 고통스러웠다. 내가 있는 병동은 그리 평온하지 않았다. 모든 병상을 중환자가 차지했고, 앓는 소리와 끙끙대는 소리가 틀림없이 하늘에 가 닿았을 것이다.

나는 넉 달 동안 마비 상태였고 회복을 기대하지 않았다. 식사로 나오는 우유와 카샤를 간병인이 떠먹여 주었다. 음울한 숱한 나날에 죽음은 반가운 손님이었을 것이다. 그런 상태에서 목숨을 이어나간다는 것이 너무 헛되고 너무 끔찍해 보였지만, 유대인이고 마음씨가 아주 고운 의사는 희망을 버리려고 하지 않았다. 그는 끈질기게 날마다 치료를 하면서 내 극기력을 칭찬하고 친절한 말로 나를 북돋았다. 그의 믿음은 마침내 보상을 받았다.

넉 달 만에 나는 무기력한 내 몸 안에서 다시 한번 꿈틀대는 생기를 느끼기 시작했다. 손가락을 움직일 수 있었다! 어찌나 기쁘던지! 며칠 뒤에는 고개를 조금 돌리고 팔을 뻗을 수 있었다. 활기 없던 팔다리가 이렇게 차츰차츰 되살아나다니, 기막힌 기분이었다. 마비된 지 넉 달 뒤에 손가락을 오므릴 수 있다니! 벅차서 몸이 다 부르르 떨렸다. 그토록 오래 꼼짝하지 않던 무릎을 굽힐 수 있다니! 기적 같았다. 나는 내가 할 수 있는 열과 성을 다해 하느님께 감사했다.

어느 날 다리야 막시모브나 바실리예바Дарья Максимовна Васильева라는 여인이 나를 보러 찾아왔다. 나는 그분을 내 병상으로 데려오라고 부탁하면서 그런 이름을 가진 아는 사람을 찾아 머릿속을 뒤져보았지만 헛일이었다. 나는 병동에서 아무도 찾아오지 않고 소포를 받지 않은 딱 하나뿐인 환자였으니 내가 얼마나 좋아했을지 가늠해볼 수 있을 것이다. 그 여인은 자기를 내 연대의 일원인 스테판Степан의 어머니라고 소개했다. 물론, 나는 스테판을 잘 알았다. 그는 전쟁 전에는 학생이었다가 하급 장교로 자원입대했다.

"스테판이 편지를 보내서 당신을 찾아가 보라고 부탁했어요." 바실리예바 부인이 말했다. "스테판의 편지에는 이렇게 쓰여 있어요. '예카테리나 병원으로 가서 우리 야시카를 방문하세요. 야시카가 거기서 외롭거든요. 야시카가 제 목숨을 한 번 구해주었으니 어머니가 저를 위하려는 만큼 야시카를 위해주세요. 여기서 야시카는 사내애들한테 엄마 같았어요. 야시카는 존경할 만한 애국자 아가씨고요, 제가 그에게 품는 관심은 다만 전우에게 품는 관심입니다. 야시카는 군인, 그것도 용감하고 씩씩한 군인이니까요.' 스테판이 당신을 그토록 칭찬하니 마음이 쓰였어요. 당신에게 하느님의 축복이 있기를."

바실리예바 부인은 나를 자상하게 배려했고, 우리는 바로 벗이 되었다. 나는 그분에게 스테판과 우리의 참호 생활을 낱낱이 다 말해주었다. 그분은 울었고 내가 그 생활을 어떻게 견뎌냈는지 궁금해했다. 바실리예바 부인이 내게 품은 호의가 더욱 두터워져서 그분은 모스크바시 변두리에 사는데도 한 주에 네댓 번은 찾아오곤 했다. 남편은 어느 공장의 부소장이었고, 부부는 그들의 재산에 어울리는 작지만 아늑한 집에 거주했다. 다리야 막시모브나는 수수한 옷차림에 기품 있는 외모의 중년 여인이었다. 그분에게는 결혼한 딸인 토네치카Тонечка와 고등학교에 다니는 열일곱 살쯤 된 또 다른 아들이 있었다.

내 벗은 내가 기운을 되찾도록 도왔고, 나는 회복을 향해 착착 나아갔다. 힘살과 신경의 통제력이 차츰차츰 돌아오자 나는 가끔 의사를 놀렸다.

"아이고, 의사 선생님." 내가 그에게 말하곤 했다. "저는 다시 전쟁터로 갈 겁니다."

"아니야, 아니야." 의사가 대꾸하곤 했다. "자네한텐 전쟁이 끝났을 텐데."

나는 내가 정말로 전선으로 돌아갈 수 있을지 궁금했다. 그 포탄 조각이 아직도 내 몸 안에 있었다. 의사는 그것을 끄집어내려고 하지 않았다. 그는 그 조각이 그물막*에 박혀 있으니 완전히 회복될 때까지 기다

---

* 배 안의 장기를 감싸고 있는 복막의 층.

렸다가 언젠가 개복 수술로 그것을 빼내라고 권했다. 나는 그런 수술을 받을 기회를 여태 얻지 못했고, 그 포탄 조각을 아직도 몸 안에 지니고 있다. 지금도 소화가 조금만 안 돼도 그것 때문에 아프다.

나는 걷는 법을 알지 못하는 양 새로 배워야 했다. 첫 시도에서는 성공하지 못했다. 목발 한 짝을 달라고 의사에게 부탁해서 일어서 보려고 했지만, 침대에 풀썩 주저앉았다. 그러나 간병인들은 나를 휠체어에 태워 뜰로 데리고 나갔다. 이렇게 움직여보니 아주 즐거웠다. 한번은 간병인이 없을 때 혼자 일어서서 한 걸음을 떼보았다. 무척 아팠지만 균형을 유지했고, 두 뺨에 기쁨의 눈물이 흘러내렸다. 뛸 듯이 기뻤다.

하지만 내가 간병인의 부축을 받아 조금 걸어도 괜찮다는 의사의 허락을 받은 때는 한 주 뒤였다. 나는 승리감에 환히 웃으며 아픔을 이겨내려고 무진 애를 쓰면서 딱 열 걸음을 떼고는 주저앉아 졸도했다. 간호사들이 깜짝 놀라 의사를 불렀고, 의사는 앞으로는 더 조심하라고 간호사들에게 말했다. 그러나 나는 꾸준히 나아져서 두어 주 뒤에는 걸을 수 있었다. 당연히 처음에는 내 다리가 미덥지 않았다. 연신 후들댔고 퍽 허약해 보였다. 차츰차츰 다리에 이전의 힘이 되돌아왔고 병원에서 여섯 달을 지낸 끝에 나는 모든 신체 기능을 되찾았다.

9장 | 독일군에게 붙잡혀 있던 여덟 시간

군의무단 앞에 불려 가는 날 아침에 내 기분은 들떠 있었다. 12월 하순의 어느 날이었지만, 다른 환자 200명쯤이 고향 집으로 보내질지 아니면 전선으로 돌아가기에 적합하다고 간주될지를 결정할 심사를 받으러 기다리고 있는 큰 방으로 인도될 때 내 가슴은 불타올랐다.

군의무단장은 장군이었다. 장군은 내 차례가 와서 마리야 보치카료바라는 이름에 이르자 이름이 잘못 적혔다고 생각하고 마린 보치카료프*로 고쳤다. 나는 군중 사이에서 그 이름으로 불려 나갔다.

장군이 퇴원을 기다리는 모든 병사에게 내려지는 명령을 외쳤다.

"옷 벗어."

나는 결연하게 걸어 나가 옷을 벗어 던졌다.

"여자네!"라는 소리가 몇백 명의 입에서 튀어나온 다음에 웃음이 터져 건물을 뒤흔들었다. 군의무단 위원들은 너무 놀라서 말을 하지 못

---

* Марин Бочкарев. 마리야 보치카료바와 가장 비슷한 남자 이름.

했다.

"젠장!" 장군이 외쳤다. "자네는 왜 옷을 벗었나?"

"각하, 저는 군인입니다. 저는 명령에 두말없이 따릅니다." 내가 대답했다.

"이런 이런. 어서 옷 입어"라는 명령이 나왔다. "각하, 심사는 어떻게 합니까?" 옷을 입으면서 내가 물었다. "괜찮아. 자네는 합격이야."

내가 입었던 부상의 심각성을 고려해 군의무단이 두어 달짜리 휴가를 주었지만, 나는 마다하고 며칠 뒤에 전선으로 보내달라고 요청했다. 15루블과 열차표를 받은 나는 병원을 떠나 다리야 막시모브나에게 갔다. 전에 그가 자기 집에서 잠시 머물라고 권한 적이 있었던 것이다. 사흘 동안의 짧은 방문이었지만, 무척 행복한 시간이었다. 다시 집에 있다는 것, 집 음식을 먹는다는 것, 내게 두 번째 어머니가 된 한 여인의 보살핌을 받는다는 것이 너무 즐거웠다. 나를 따라 나온 온 가족의 축복을 받으며, 스테판과 나를 위한 꾸러미를 들고서 나는 니콜라에프 역에서 모스크바를 떠났다. 열차는 몹시 붐볐고 서서 가는 자리뿐이었다.

역 승강장에서 한 가여운 여인에게 이목이 쏠렸다. 여인은 조그만 아기를 팔로 안고 또 다른 꼬마는 바닥에 누여놓았으며 다섯 살쯤 된 계집아이는 여인의 치마를 꼭 쥐고 있었다. 여인의 전 재산은 보따리 하나가 다였다. 아이들은 빵을 달라고 울고 여인은 아이들을 달래려고 애썼는데, 뭔가를 겁내는 것이 분명했다. 이 작은 가족을 보고 있자니 가슴이 아려서 나는 아이들에게 빵을 조금 주었다.

그러자 여인은 자기가 무서워하는 까닭을 내게 털어놓았다. 돈도 차표도 없어서 다음 역에서 쫓겨나리라고 예상했던 것이다. 그는 독일군 손에 들어간 마을에서 온 병사의 아내였고 3000킬로미터 떨어진 한 도시로 향하고 있었다. 거기에 친척이 있다는 것이었다. 나는 이 여인을 위해 뭐라도 해야 한다고 느껴서 차량을 메운 병사들에게 호소했지만, 처음에 그들은 호응하지 않았다.

"저 여인은 당신들과 같은 병사의 아내입니다." 내가 말했다. "저 여인이 여러분 가운데 누구의 아내라고 생각해보십시오! 다 알다시피, 여기 여러분 가운데 몇 사람의 아내가 똑같은 꼴로 나라를 헤매고 있을지 모릅니다. 자, 다음 역에서 내려 역장한테 가서 저 여인이 목적지까지 갈 수 있도록 해주라고 요청합시다."

병사들이 감동해서 내가 다음 역에서 여인과 아이들을 데리고 내리도록 도와주었다. 우리는 역장에게 갔다. 역장은 아주 친절했지만, 이 문제에서 자기는 아무 일도 할 수 없다고 설명했다. "나한테는 무임승차를 허용할 권한이 없고, 나는 공짜 차표를 나눠줄 수 없소." 이렇게 말하며 우리를 군 사령에게 보냈다. 기적 소리가 들리자 열차를 놓치고 싶지 않은 병사들은 우리를 두고 떠났다. 나는 다음 열차를 타기로 했다.

군 사령은 역장의 말을 되풀이했다. 자기에게는 군용 통행증을 그여인에게 줄 권한이 없다는 얘기였다.

"권한이 없다라!" 내가 격분해서 소리쳤다. "저 여인은 병사의 아내고, 그의 남편은 십중팔구 지금, 바로 이 순간에도 나라를 지키려고 전투에 나서고 있는데, 여기 후방에서 안전하게 잘 먹고 잘 사는 당신은 그 병사의 아내와 아이들을 돌보는 일조차 하지 않으려 드는군요. 이것은 도리가 아닙니다. 저 여인을 보시오. 저 여인은 치료를 받아야 하고, 저 아이들은 허기져 있어요."

"그런데 넌 누구야?" 군 사령이 무뚝뚝하게 물었다. "내가 누군지 보여주겠소." 나는 내 훈장과 십자훈장을 꺼내고 내 증서를 보여주면서 대꾸했다. "나는 어디에도 기댈 데 없는 병사의 아내를 위해 정의를 요구할 권리를 가질 만큼 충분히 피를 흘렸습니다."

그러나 군 사령은 내게 등을 돌리고는 가버렸다. 모금밖에는 달리 방법이 없었다. 나는 장교와 부자 승객이 들어찬 1등석 대합실로 가서 모자를 손에 들고 가여운 병사의 아내를 위해 적선해달라며 돌아다녔다. 모금을 마쳤을 때, 모자에는 80루블이 들어 있었다. 나는 다시 사령에게 가서 여인과 아이들에게 자리를 주라고 부탁하면서 돈을 건넸다. 여인은 내게 고마운 마음을 어떻게 표현해야 할지 몰라 했다.

다음 열차가 들어왔다. 그렇게 꽉 들어찬 열차는 처음 보았다. 차량 안으로 들어갈 엄두를 낼 수 없었다. 구할 수 있는 유일한 공간은 차량 지붕 위였다. 거기조차 승객이 넘쳐났다. 나는 몇몇 병사의 도움을 받아 꼭대기로 올라가서 거기서 이틀 밤낮을 보냈다. 산보를 하려고 역마다 내리기는 불가능했다. 차를 가져오기라도 할라치면 누군가를 보내야 했고, 차와 빵으로 끼니를 때웠다.

사고가 드물지 않았다. 내가 타고 가는 바로 그 차량의 지붕에서 한 사내가 곯아떨어져서 굴러 떨어지는 바람에 즉사했다. 나도 비슷한 운명을 가까스로 모면했다. 내가 깜빡 졸기 시작해서 가장자리로 옮아갔는데, 한 병사가 아슬아슬하게 때맞춰 나를 붙잡지 않았더라면 틀림없이 떨어졌을 것이다. 우리는 마침내 키예프에 이르렀다.

그 열차 여행은 1916년 겨울에 나라 꼴의 상징이었다. 정부 기구가 허물어지고 있었다. 병사들은 지도자들을 믿는 마음을 잃어버렸고, 몇천 명씩 끌려가 그저 도살당하고 있다는 느낌이 널리 퍼져 있었다. 소문이 한꺼번에 빠르게 나돌았다. 오래된 병사는 다 죽어 없어졌고 갓 징집된 병사는 전쟁을 끝내고 싶어 안달이었다. 1914년의 기백은 더는 없었다.

키예프에서 나는 내 연대가 어디 있는지를 알아내야 했다. 내 연대는 이제 베레스테치코*라는 읍 부근에 있었다. 내가 없는 사이에 연대원들이 15킬로미터를 전진했던 것이다. 키예프에서 출발한 열차도 초만원이었고 서서 가는 자리만 있었다. 역마다 우리는 뜨거운 물을 주전자에 채워 오도록 병사 몇 명을 보냈는데, 병사들은 출입구로 드나들 수 없으므로 창문을 이용했다. 열차는 루츠크로 가는 길에 지토미르와 즈메린카를 거쳤다.** 나는 루츠크에서 지선으로 갈아타서 우리 연대 진지의 30킬로미터 안에 있는 베르바***의 역으로 갔다.

전선으로 가는 길은 진창이었다. 머리 위에는 비행기 떼가 날아가며 폭탄을 비처럼 떨궜다. 나는 그런 것들에 익숙해졌다. 오후에는 소나기가 한바탕 내려서 몸이 푹 젖었다. 기진맥진한 나는 옷에서 물이 줄줄 흐르는 채로 저녁에 제1선의 5킬로미터 이내에 이르렀다. 길 양쪽에 야영하는 연대 치중대****가 있었다.

나는 보초에게 다가가서 물었다.

"어느 연대가 여기서 숙영하나?"

"제28 폴로츠크 연대입니다."

---

* Берестечко. 루츠크시 근처에 있는 우크라이나 서부의 읍.

** 지토미르Житомир는 우크라이나 중부의 도시, 즈메린카Жмеринка는 우크라이나 중서부의 읍.

*** Верба. 우크라이나 북서부의 읍.

**** 輜重隊. 식량과 군수물자를 보급하고 후송하는 일을 맡는 지원 부대.

기뻐서 심장이 마구 뛰었다. 그 병사는 나를 알아보지 못했다. 그는 신병이었다. 그러나 다른 병사들이 그에게 내 이야기를 한 적이 틀림없이 있었을 것이다.

"내가 야시카야."

이 말은 통과 암호였다. 병사들은 내 이름을 다 알고 있었고 고참 연대원들에게서 나에 관한 여러 이야기를 들었다. 나는 치중대를 지휘하는 대령에게 불려 갔다. 별난 늙은이인 대령은 내 두 볼에 입을 맞추고는 이리저리 깡총깡총 뛰어다니며 손뼉을 치고 "야시카! 야시카!"라고 소리쳤다.

그는 곧바로 내가 편히 지내도록 보살펴주기 시작했다. 지체 없이 새 피복을 가져오라고 당번병에게 명령했고 나를 위해 장교용 욕탕을 준비하라고 지시했다. 깨끗이 씻고 새 군복을 입은 나는 대령의 저녁 식사 초대를 받아들였다. 식탁에는 다른 장교 대여섯 명이 있었고 다들 나를 보고 즐거워했다. 야시카가 도착했다는 소식이 퍼지자 몇몇 병사는 나와 악수를 하고픈 마음을 억누르지 못했다. 이따금 문에서 소심한 손기척 소리가 났고 "거기 누군가?"라는 대령의 물음에 애처로운 목소리가 이렇게 말했다.

"대령님, 야시카를 좀 봐도 되겠습니까?"

이윽고 허락을 얻어 꽤 많은 동무가 안으로 들어왔다. 그 집의 한켠에서 어린 딸을 둔 홀어미인 주인이 지내고 있었다. 나는 그날 밤을 그 딸과 함께 보낸 뒤 아침에 전선으로 출발했다. 우리 부대의 몇몇 연대는 예비대였고 내 여정은 마치 개선 행차가 되었다. 가는 길에 나는 푸짐한 대접을 받았고 박수를 여러 번 받았다.

나는 연대장에게 가서 보고했다. 연대장은 그날 오후에 연대 참모들과 함께 식사를 하자고 나를 초대했다. 틀림없이 연대의 역사에서 일개 병사가 그런 초대를 받은 첫 사례일 것이다. 만찬에서 연대장은 내가 연대에서 한 일을 이야기하고 내가 여러 해 더 그렇게 복무하기를 바란다면서 나를 위해 건배했다.

자리를 마무리할 즈음에 연대장이 내 가슴에 3급 십자훈장을 달아주었고 연필로 내 어깨에 세 줄을 그었다. 내 계급을 중사로 올려준 것이다. 참모들이 내 주위에 몰려와서 내 손을 꽉 붙잡고 칭찬하며 행운을 빌어주었다. 나는 장교들의 진심 어린 인정과 호의 표시에 깊이 감동했다. 그동안 내가 겪은 모든 고난의 보상인 듯했다.

그리고 그것은 받을 만한 보상이었다. 이것이 내가 희생해서 받은 보상이라면 척추 부상과 넉 달 동안의 마비가 무슨 대수겠는가? 그때는 피투성이 주검이 가득 찬 참호가 두렵지 않았다. 무인지대가 다리에서 피가 나는 채로 하루를 지내기에 아주 매력적인 장소로 보였다. 포탄의 휙 소리와 총탄의 핑 소리가 내 상상 속에서는 음악처럼 들렸다. 아, 어쨌든 삶은 그리 삭막하지도 무의미하지도 않았다. 삶에는 여러 해 동안의 고난과 고통을 보상해주는 더없이 행복한 순간이 있었다.

연대장이 시달示達에서 내가 돌아왔고 진급했다는 사실을 알린 상태였다. 그는 내게 참호로 가는 길을 안내해줄 당번병 한 명을 붙여주었다. 내가 연대장의 엄체호에서 나오자 모든 이가 다시 환호했다. 연대장은 나를 1개 소대 70명을 거느리는 직위에 올려놓았다. 이 직위를 맡은 나는 부하들의 보급품과 장비 물품 목록을 작성해야 했다. 병사 한 명이 내 지시를 받으며 사무원 노릇을 했다.

우리 진지는 스티르강* 기슭에 있었는데, 그 지점에서 스티르강은 아주 좁고 얕다. 맞은편 강기슭에는 독일군 참호가 있었다. 우리에게서 몇십 미터 떨어진 곳에는 양편이 손대지 않고 그냥 둔 다리 하나가 강에 놓여 있었다. 우리는 다리의 우리 쪽 끝에 초소를 두었고, 적군은 맞은편 끝에 비슷한 감시소를 세웠다. 강의 진로가 고르지 않았으므로 아군의 전선은 삐뚤빼뚤했다. 독일군은 아주 끈질기게 기뢰를 흘려 보냈다. 그러나 기뢰가 너무 느릿느릿 움직여서 우리는 기뢰가 우리 편에 닿기 전에 엄폐할 수 있었다.

내가 참호에서 지낸 지 한 달이 채 되기 전에 국지 전투가 한 차례 일어났고, 그 결과로 나는 독일군에게 사로잡혔다. 독일군이 열이틀쯤 동안 거르지 않고 때맞춰 꼬박꼬박 기뢰를 던지는 바람에 우리는 심드렁해졌고 공격을 예상하지 않고 있었다. 게다가 연중 활발한 싸움을 하는 철은 지나갔고 추위는 매서웠다.

늘 하던 대로 잠자리에 들었던 어느 날 아침 6시쯤에 우리는 엄청난 "후라!"** 소리에 갑자기 깼다. 우리는 안절부절못하며 소총을 집어 들고 틈새로 내다보았다. 세상에! 우리 앞과 뒤로 30미터 이내에서 독일군이 스티르강을 건너고 있었다! 우리가 저항을 해볼 겨를도 없이 독일군이 들이닥쳐 부대원 500명을 사로잡았다. 그 가운데 한 명이 나였다.

우리는 조사를 받으러 독일군 참모 앞으로 불려 갔다. 한 명 한 명 다 군사 정보를 뽑아내려는 질문에 들들 볶였다. 뭐라도 밝히기를 거부

---

* Стырь. 우크라이나 서북부의 450킬로미터 길이의 하천.
** Hurra. 독일군이 돌격할 때 지르는 소리.

하는 이는 위협을 받았다. 우리 가운데 몇몇 겁쟁이, 특히 러시아 핏줄이 아닌 자들이 중요한 사실을 털어놓았다. 조사가 이루어지고 있을 때, 맞은편에 있는 아군 포병이 독일군 방어진지에 거센 포격을 개시했다. 독일군 지휘관이 전화로 미친 듯이 지원을 요청했으니, 그에게 예비대가 많지 않음이 분명했다. 적군은 러시아군이 금방이라도 공격해 오리라고 예상하고 있었으므로 원군이 도착할 때까지는 우리를 옮겨 놓지 않기로 결정했다.

'이렇게 독일군 포로 신세가 되었군.' 이런 생각이 들었다. '얼마나 뜻밖인가! 맞은편에 있는 아군이 우리를 구하러 올 희망이 아직 있어. 다만, 1분 1분이 귀중해. 아군이 서둘러야 해. 그러지 않으면 우리를 놓칠 텐데. 이제 내 차례가 오겠지. 그놈들한테 무슨 말을 해야 할까? 군인이 아니라고 잡아떼고 모종의 이야기를 꾸며내야 해.'

"저는 여자고요, 군인이 아니에요." 불려 가자마자 내가 말했다.

"너는 귀족 핏줄인가?" 독일군이 물었다.

나는 "예"라고 대답하고는, 곧바로 내가 전선 참호에 있는 장교인 남편을 방문하려고 남자 군복을 입은 적십자 간호사라고 주장하기로 마음먹었다.

"전열에서 싸우는 여자가 많은가?" 다음 질문이었다. "몰라요. 저는 군인이 아니라고 당신에게 말했습니다."

"그렇다면 참호에서 넌 뭘 하고 있었어?"

"저는 제 남편을 보러 왔어요. 남편은 그 연대의 장교입니다."

"그렇다면 총은 왜 쏘았지? 병사들이 네가 자기들한테 총을 쏘았다고 말하는데."

"나 스스로를 지키려고 그랬습니다. 사로잡힐까 봐 겁이 났거든요. 저는 후방 병원에서 적십자 간호사로 근무하는데, 방문하러 제1선에 들 렀어요."

러시아군의 포화가 1분 1초가 지날수록 더 거세지고 있었다. 아군 포탄 가운데 몇 발에 적군 병사뿐만 아니라 포로 몇 명이 다쳤다. 정오 가 지났지만, 독일군은 안절부절못해서 점심 끼니도 먹지 않았다. 온다 던 예비대는 오지 않았고, 아군의 거센 역공이 있을 조짐이 짙었다.

2시에 아군 병사들이 참호에서 뛰쳐나와 독일군 진지로 향하기 시 작했다. 적군 지휘관은 제1선 참호를 지키기보다는 자기가 잡은 포로 무 리를 데리고 제2선으로 물러나기로 결심했다. 우리가 줄을 설 때 아군 전우들의 "우라" 소리가 우리에게 와 닿았다. 그 소리에 자극을 받아 우 리는 누가 시키지 않았는데도 결심을 했다.

아군 병사들이 끊긴 철조망 시설을 지나 돌진해서 참호로 들어오는 바로 그때 우리 500명은 적군에게 달려들어 소총과 총검을 빼앗아 들고 격렬한 백병전을 벌였다. 혼란은 이루 말할 수 없었고 살육은 무자비했 다. 나는 곁에 놓인 수류탄 다섯 개를 집어 들고 열 명 남짓한 독일군 무 리에게 던졌다. 그들은 틀림없이 죄다 죽었을 것이다. 강 건너편의 우리 전선 전체가 동시에 전진하고 있었다. 아군 부대원들이 독일군의 제1선 을 점령해서 스티르강 양쪽 기슭이 다 우리 차지였다.

이렇게 내 포로 신세가 끝났다. 나는 딱 여덟 시간 동안 독일군에게 붙잡혀 있었고 이 짧은 억류에도 한껏 앙갚음을 했다. 두어 날 동안 우 리 부대는 무척 부산했다. 우리는 새로 얻은 진지를 요새화했고 또 다른 공격을 준비했다. 이틀 뒤에 우리는 전진 신호를 받았다. 그러나 또다시

아군 포병은 독일군의 철조망 방어 시설을 끊어내지 못했다. 무시무시한 사격을 받고 그에 따른 크나큰 손실을 입으면서도 밀어붙인 뒤에 우리는 다쳤거나 죽어가는 여러 전우를 싸움터에 남겨 놓은 채 뒤로 물러서지 않으면 안 되었다.

연대장이 자원자 스무 명을 받아 구조대를 급조했다. 내가 일착이었다. 우리는 적십자 표시 스무 개를 받아 눈에 확 띄게 붙이고 소총을 참호에 남겨두고서 훤한 대낮에 부상자를 구하러 나섰다. 독일군은 내가 자기네 철조망 가까이 다가오도록 내버려두었다. 다리가 부러진 한 부상병 위로 몸을 굽힐 때 방아쇠가 철컥 하는 소리가 들려서 나는 곧바로 땅바닥에 납작 엎드렸다. 총알 다섯 발이 내 위로 핑핑 소리를 내며 잇달아 날아왔다. 총알은 거의 다 부상병을 맞혔고, 그는 숨졌다. 나는 꼼짝하지 않고 계속 엎드려 있었다. 독일군 저격병은 자기가 나까지 죽였다며 만족했음이 분명했다. 나는 같은 자세로 밤까지 기다렸다가 기어서 아군 참호로 돌아왔다.

적십자 자원자 스무 명 가운데 겨우 다섯 명이 살아 돌아왔다.

다음 날 연대장이 사흘 전에 사로잡혔다가 적군과 싸워서 스스로를 구하기로 다짐했던 모든 병사에게 감사한다는 시달을 내걸었다. 명단에서 내 이름이 맨 먼저 나왔다. 적군에게 어떤 정보도 주기를 거부한 아군 병사들이 그 시달에서 칭찬을 받았다. 독일군에게 숱한 주요 정보를 내준 병사 한 명은 처형되었다. 나는 2급 십자훈장에 추천되었지만, 여자라서 3급 훈장을 받았을 따름이다.

1917년 새해가 밝았을 때 우리는 3킬로미터 뒤에서 쉬고 있었다. 예비대의 임시 숙영지는 아주 즐겁고 재미있었다. 규율은 여느 때처럼 엄했지만 전쟁이 세 해 반 지나면서 장교와 부하의 관계가 완전히 바뀌었다.

전쟁 이전의 상황에서 양성된 오래된 장교들은 싸우다 죽거나 장애를 입어서 더는 보이지 않았다. 민간인 생활을 하다 불려 온 젊은이인 새 하급 장교들 가운데에는 학생이거나 교사였던 이가 많았는데, 그들의 견해는 자유주의적이었고 행동거지는 매우 인간적이었다. 그들은 부대원과 자유로이 어울렸고 전보다 더 많은 자유를 우리에게 허용했다. 설 축제에서 우리는 다 함께 춤을 추었다. 이 새로운 관계가 모두 다 위로부터의 새로운 태도에서 비롯한 것은 아니었다. 어느 모로, 그 관계는 술렁이는 저류低流가 소리 없이, 그러나 세차게 흐르면서 밑으로부터 생겨났다.

우리는 전선으로 돌아가기에 앞서 제5군단장 발루예프 장군의 사열을 받았다. 연대장이 나를 그에게 소개했다. 장군은 나와 다정하게 악수하면서 나에 관해 칭찬받을 만한 말을 많이 들었다고 했다.

우리 진지는 이제 젤료나야콜로니야Зеленая Колония 부근의 한 야산 위에 있었고, 적군은 우리 발아래 골짜기에 있었다. 우리가 차지한 참호는 얼마 전만 해도 독일군 손에 있던 참호였다.

1월 느지막이 나는 정찰대 열다섯 명을 거느리고 무인지대로 들어가 정탐을 했다. 우리는 한때 독일군 교통호였던 깊은 홈을 따라 포복했다. 그 홈은 들판의 훤히 드러난 부분을 따라 나 있었고 우리는 극도로 조심했다. 적군 참호 선에 가까이 갔을 때 독일군의 말소리가 들리는 것 같았다. 싸움이 벌어지면 우리를 도우러 오라는 지시와 함께 열 명을 뒤에 남겨두고 우리 다섯 명은 소리 없이 기어서 아주 느릿느릿 앞으로 나아갔다. 독일군의 목소리가 더욱더 또렷해졌다.

마침내 우리 눈에 독일군 청음초소가 들어왔다. 네 명이 우리 쪽을 등지고 앉아 있었다. 그들은 불에 손을 쬐고 있었고 소총은 땅바닥에 흩어져 있었다. 부하 둘이 손을 뻗어 소총을 치웠다. 느리고 어려운 작전이었다. 독일 군인들은 무심하게 수다를 떨었다. 내가 세 번째 소총으로 조심스레 손을 뻗을 때, 소리가 들렸는지 독일 군인 둘이 금방이라도 몸을 돌이킬 낌새였다.

내 부하들이 득달같이 달려들었다. 무슨 일이 벌어지는지 내가 미처 깨닫기도 전에 적군 둘이 총검에 찔렸다. 네 명을 모두 사로잡아 데려가려고 했는데 말이다. 나머지 둘은 우리 손아귀에 탈 없이 들어왔다. 나는 적어도 백 번은 무인지대 침투 정찰에 참여했는데, 이런 식으로 독일군 청음초소 하나를 장악한 적은 처음이었다. 우리는 전리품과 함께 의기양양하게 되돌아왔다.

포로 가운데 한 명은 키가 크고 머리카락이 붉었고, 코안경을 낀 다른 한 명은 분명히 배운 사람이었다. 우리는 그 둘을 연대 본부로 데려갔는데, 가는 길에 환호와 축하가 따랐다. 연대장은 생포의 세부 사항을 낱낱이 알고 싶어서 낱말 하나도 빠뜨리지 않고 받아 적게 했다. 그는 내 손을 꽉 쥐고 축하를 해주었고, 다른 장교들도 모두 다 축하하면서 내 이름이 폴로츠크 연대 연혁에서 영원히 사라지지 않으리라고 말했다. 나는 1급 황금십자훈장 수훈자에 추천되었고 마을에서 쉬라고 이틀 휴가를 받았다.

그 이틀이 끝나고 나는 예비대에서 내 중대와 합류했다. 우리 가운데서 이상한 일이 벌어지고 있었다. 부대원들이 목소리를 낮추고 라스푸틴Григорий Распутин의 죽음에 관한 어두운 소문을 이야기하고 또 이야기했다. 그가 황실 및 독일과 연줄이 있다는 터무니없는 이야기가 입에서 입으로 나돌았다. 아직 선을 넘지는 않았을지라도 불복종의 기운이 병사들 사이에서 자라나고 있었다. 부대원들은 전쟁을 지긋지긋해했다. 끔찍이도 지긋지긋해했다. "우리는 이 싸움을 얼마나 오래 계속해야 할까?" "뭘 위해 싸우고 있을까?" 이런 말이 모든 이의 입에 오르내렸다. 네 번째 겨울이었는데도 아직 끝이 보이지 않았다.

우리 부대원들은 크나큰 수수께끼를 정말로 풀고 싶어 했다. 전쟁은 그들에게 그런 수수께끼가 되어버렸다. 사령부 장교들이 병사들을 적에게 팔아넘기고 있음이 거듭 드러나지 않았는가? 황실이 친親독일이라는 숱한 보고가 병사들에게도 닿지 않았는가? 국방장관이 체포되어 반역자 혐의로 기소되었다는 말을 듣지 않았는가? 그러니 정부가, 즉 지배계급이 적과 한통속임이 뚜렷해지지 않았는가? 그런데 이 살육은 왜 끝없이 계속될까? 만약 정부가 독일과 한통속이라면, 무엇이 강화 조약 체결을 가로막았을까? 병사 몇백만 명을 더 죽게 만들려는 마음보였을까?

이것이 농민처럼 순박한 마음에 떠오른 수수께끼였다. 그 수수께끼는 여러 경로로 그의 머리에 주입된 몇백 가지 다른 생각으로 복잡해졌다. 1917년 2월에 러시아 병사는 겉보기에 의기소침하고 용기를 잃고 시무룩했다.

우리는 진지로 돌아가서 중책을 걸머졌다. 오래지 않아 독일군 전선에 대한 공격이 조직되었다. 아군 포병이 또다시 제 할 일을 제대로 하지 못해서 적군의 철조망 방어 시설이 멀쩡한데도 우리는 또다시 참호에서 뛰쳐나가 무인지대를 가로질러 갔다. 러시아군은 첫 제파 공격에서만 저 죽음의 장애물을 부질없이 들이치다가 적과 맞붙어보지도 못한 채 큰 손실을 입고 격퇴당한 것은 아니었다. 하지만 각각의 제파 공격마다 생존자들의 마음에는 쓰라린 앙금이 남았다. 그리고 이 헛된 마지막 공격이 우리 구역에 있는 병사들의 영혼에 남긴 것은 유난히 강렬한 한 줄기 쓰라림이었다.

그렇지만, 1917년 2월에, 전선은 곧 세계를 뒤흔들 분출에 대비되어 있지 않았다. 전선의 병사들은 독일군에 품은 맹렬한 증오를 삭이지 않았고 대규모 공세를 효율적으로 펼쳐서 얻는 강화 말고는 다른 정당한 강화를 생각해낼 수 없었다. 그런 공세를 가로막는 장애물은 반역을 일삼는 정부였다. 이 정부에 일반 병사들의 분노와 억눌린 불만이 겨눠졌다. 그러나 아무리 그들이 몰래 정부 관리들을 미워해도 차르 체제는 워낙 오래되고 워낙 안정되고 워낙 탄탄해서 전선의 군대는 아직은 의식적이고 의도적인 봉기를 일으킬 만큼 무르익지 않았다.

3부

혁명

10장 | 전선에서 일어난 혁명

폭풍우가 다가온다는 첫 경고가 페트로그라드에서 휴가를 보내고 돌아온 우리 중대의 한 병사를 통해 우리에게 도달했다.

"오, 맙소사!" 그 병사가 말했다. "너희 등 뒤에서 무슨 일이 벌어지고 있는지 너희가 안다면! 혁명이야! 어디서나 사람들이 차르 타도 이야기를 한다고. 수도가 혁명으로 불타오르고 있다니까."

이 말이 부대원 사이에서 들불처럼 번졌다. 부대원들은 옹기종기 모여 그 병사가 알려준 상황이 무엇을 뜻하는지 토론했다. 평화가 온다는 뜻일까? 사람들이 토지와 자유를 얻을까? 아니면 전쟁이 끝나기 전에 대공세가 또 한 차례 있다는 뜻일까? 물론, 그 토론은 장교들 몰래 소곤대며 이루어졌다. 혁명이란 강화 조약 체결에 앞서 승리를 거두려고 독일군을 총공격할 준비를 뜻한다는 데 견해가 일치하는 듯했다.

며칠 동안 흥분과 기대의 분위기가 달아올랐다. 모두가 세상을 뒤흔드는 사건이 일어나고 있음을 느꼈고 폭풍우가 멀리서 우르릉거리는 소리가 우리 마음에 메아리쳤다. 장교들의 표정과 태도에는, 중요한 소

184

식을 비밀로 부치고 있는 양, 입을 다물고 있는 뭔가가 있었다.

드디어 기쁜 소식이 왔다. 연대장이 연대 전체를 한데 모으고 첫 선언문의 영예로운 문구를, 그 유명한 명령 1호*와 함께, 우리에게 읽어주었다. 기적이 일어났다! 우리를 노예로 삼고 일하는 사람의 피와 땀 위에 번성해온 차르 체제가 타도되었다. 자유, 평등, 우애! 이 낱말들이 우리 귀에 어찌나 달콤하던지! 우리는 도취되었다. 기뻐서 눈물을 흘리고 부둥켜안고 춤을 추었다. 모든 것이 꿈, 멋진 꿈인 듯했다. 미움받던 체제가 우리 살아생전에 그토록 쉽사리 허물어지리라고 누가 믿을 수 있었겠는가?

연대장이 우리에게 읽어준 그 선언문은 우리가 자유 시민인 만큼 눈을 더욱더 부릅뜨고 전선을 지키자고, 새로 얻은 우리의 자유를 카이저**와 하수인들의 공격으로부터 지켜내자고 열렬히 호소하면서 끝을 맺었다. 우리가 우리 자유를 지켜낼까? 수많은 사람이 한목소리로 외쳤고 그 소리가 무인지대를 넘어 독일군 참호에 울려 퍼졌다. "예, 그렇게 하겠습니다!"

우리가 고향으로 돌아가 땅을 나누어 가지기에 앞서 자유 러시아에서 독일군을 몰아낼 각오를 하기를 바라는 임시정부***에 충성을 맹세

---

* Приказ No. 1. 페트로그라드 소비에트의 1917년 3월 14일(율리우스력으로는 3월 1일) 자 첫 공식 포고령. 러시아 군인들에게 소비에트의 포고령에 어긋나지 않을 때만 임시정부와 장교의 명령에 따를 것, 부대 운영에 참여할 위원회를 선출할 것을 지시하고, 군대에서 장교와 병사를 동등한 존재로 규정했다.

** Kaiser. 독일 제국의 황제를 뜻하는 독일어 낱말.

*** Временное правительство. 러시아에서 니콜라이 2세가 제위에서 물러난 뒤 1917년 3월 중순에 구성된 정부. 임시로 국정을 맡아 헌법제정회의가 개최될 때까지 존속하기로 공약했다.

했을까?

"맹세합니다!" 부대원 몇천 명이 오른손을 들고 외쳐서 적군을 소스라치게 만들었다.

그러고 나서 페트로그라드 노동자·병사 소비에트가 서명한 명령 제1호로 넘어갔다. 그것은 병사와 장교가 이제 평등하다고 선언했다. 이제부터는 자유 러시아의 모든 시민이 평등했다. 규율은 더는 없을 터였다. 미움을 받는 장교는 인민의 적이며 그에게 더는 복종해서는 안 되고 그가 현재의 직위에 남아서는 안 된다. 이제는 일반 병사들이 군대를 다스릴 터였다. 일반 병사들이 가장 뛰어난 병사를 선출해서 위원회를 구성하도록 한다. 중대 병사위원회, 연대 병사위원회, 군단 병사위원회, 군 병사위원회가 생긴다.

우리는 그럴듯하게 들리는 이 풍성한 문구에 황홀했다. 부대원들은 도취된 양 돌아다녔다. 나흘 동안 축제가 잦아들지 않았고, 부대원들은 기뻐서 제멋대로 굴었다. 독일군은 처음에는 우리가 기뻐하는 까닭을 이해하지 못했다. 그들은 까닭을 알고 나서는 사격을 멈췄다.

집회가 열리고 또 열리고 다시 열렸다. 연대는 밤낮으로 끊임없이 회의를 하면서 오로지 평화와 자유의 말만 곱씹는 연설을 들었다. 부대원들은 미사여구를 갈구했고 그것에 흐뭇해했다.

며칠 동안 모든 의무가 내팽개쳐졌다. 나는 대격변에 깊은 영향을 받았고 처음 하루 이틀 동안에는 부대원들의 희열을 전적으로 공유했지만, 얼른 깨어나서 책임감을 품었다. 선언문과 연설을 들으며 나는 우리에게 요구되는 바가 전보다 훨씬 더 힘을 내서 전선을 지키는 것이라고 헤아렸다. 우리로서는 이것이 혁명의 의미가 아닐까? 내가 이렇게 질문하자 병사들은 그렇다고 답했지만, 그들에게는 달콤한 연설과 장밋빛 미래라는 마법에서 헤어나려는 굳은 의지가 없었다. 그들은 내 눈에 더는 제정신이 아니라고 보일 만큼 멍한 상태에 있었다. 전선은 영락없이 정신병자 수용시설이 되었다.

혁명 첫 주의 어느 날, 나는 한 병사에게 청음초소에서 임무를 수행하라고 명령했다. 그는 거부했다.

"난 계집한테서는 명령을 받지 않겠어." 그가 비웃었다. "나는 내 마음대로 할 수 있어. 우리한테는 이제 자유가 있다고."

내게는 지독한 충격이었다. 한 주 전에는 나를 위해 포화를 무릅썼을 바로 그 병사가 이제는 나를 비웃고 있다니. 믿기지 않고 당해낼 길이 없어 보였다.

"하하." 그가 비아냥거렸다. "네가 몸소 갈 수 있어."

분해서 얼굴이 붉어진 내가 소총을 쥐고 대꾸했다.

"내가 갈 수 있다고? 자유 시민이 자기의 자유를 지켜내려면 어떻게 해야 하는지 너한테 보여주겠다!"

나는 참호에서 뛰쳐나가 청음초소로 가서 임무를 수행하며 꼬박 두 시간 동안 머물렀다.

나는 병사들에게 말을 걸어서, 그들의 명예심에 호소하고 혁명은 군대에 있는 사람에게 더 큰 책임을 안긴다고 주장했다. 병사들은 우리가 마주한 가장 중요한 과업이 나라 지키기라는 데 동의했다. 그러나 군대를 스스로 통제하라는, 그리고 규율을 없애버리라는 훈령으로 혁명은 그들에게 자유도 가져다주지 않았던가? 부대원들은 열광의 도가니에 빠져 있었고, 복종은 그들의 자유 개념에 거슬렸다. 나는 내 부하들이 제

의무를 다하게 할 수 없음을 알고서 중대장에게 가서 제대와 귀향을 요청했다.

"저는 여기 남아서 아무것도 하지 않고 있어야 할 까닭을 모르겠습니다." 내가 말했다. "이런 게 전쟁이라면, 저는 관두고 싶습니다. 저는 제 부하들과 아무것도 할 수 없습니다."

"야시카, 자네 정신 나갔나?" 중대장이 말했다. "아니, 농민인 자네가, 농민들 가운데 한 사람이고 일반 병사 모두한테서 사랑받는 자네가 남을 수 없다면, 장교인 우리가 뭘 할 수 있겠나? 마지막까지, 부대원들이 정신을 차릴 때까지 남아 있는 게 군인인 우리 의무야. 나도 내 나름의 골칫거리를 안고 있다네, 야시카." 그는 나지막한 목소리로 내게 속내를 털어놓았다. "나도 내 뜻대로 할 수 없어. 자네도 알다시피, 우리 모두 같은 배에 있지. 우리는 다만 참고 견뎌내야 해."

내 뜻과는 완전히 어긋났지만, 나는 남았다. 조금씩 조금씩 사정이 나아졌다. 병사위원회가 기능을 발휘하기 시작했지만, 장교들의 순전히 군사적인 활동 영역에는 끼어들지 않았다. 부하들의 미움을 산 장교나 전형적인 차르정 관리 경력을 가진 장교들이 혁명으로 사라졌다. 연대장 스투벤도르프 대령조차 그의 독일식 이름 때문인지 퇴역해서 사라지고 없었다. 우리의 신임 연대장은 인기 있는 장교인 쿠드랴체프Кудрявцев였다.

규율이 차츰차츰 다시 섰다. 낡은 규율이 아니었다. 그 규율의 밑바탕은 징벌의 두려움이 더는 아니었다. 우리 군대의 회색 군복 대열 안에 금세 주입된 드높은 책임감 위에 들어선 규율이었다. 사실, 우리와 적군 사이에는 전투가 없었다. 심지어는 나중에 막강한 러시아 군대가 무너지는 원인이 될 저 치명적인 친교 행위*라는 역병까지 나돌기 시작했다. 그러나 병사들은 1917년 봄의 처음 몇 주 동안에는 임시정부와 소비에트에서 나온 호소에 호응했다. 그들은 페트로그라드에서 나오는 어떤 명령도 거리끼지 않고 수행할 태세였다.

아직은 크나큰 가능성을 지닌 나날이었다. 부대원들은 자기에게 자유와 평등의 혜택을 가져다준 후방 머나먼 곳에 있는 인물들을 숭배했다. 우리는 갖가지 정당과 당파에 관해 거의 아무것도 알지 못했다. 부대원들은 오로지 평화만 생각했다. 부대원들은 카이저를 물리치거나 뒤엎지 않고서는 평화가 올 수 없다는 말을 들었다. 그러므로, 우리 모두 총진군하자는 말을 기대했다. 당시 그런 지시가 내려졌더라면, 세상 무엇도 우리의 압박을 견뎌낼 수 없었을 것이다. 그 무엇도 말이다. 혁명으로 말미암아 우리 가슴속에 말로는 이루 다 표현할 길이 없는, 그리고 앞으로도 표현할 길이 없을 원초적인 힘이 생겨났다.

그리고 나서 연사들이 줄줄이 오기 시작했다. 군에서 오는 대의원들이 있었고, 두마** 의원들이 있었고, 페트로그라드 소비에트 특사들이 있었다. 거의 날마다 집회가 열렸고, 거의 하루 걸러 선거가 치러졌다. 우리는 군단 사령부에 대의원을, 군 사령부에 대의원을, 페트로그라드에서 열리는 대회에 대의원을 보냈고, 임시정부와 협의할 대의원을 보냈다. 연사들은 거의 다 달변이었다. 그들은 러시아의 미래, 보편적 우애, 행복과 번영의 아름다운 그림을 그렸다. 병사들의 눈이 희망으로 활

---

* 전시에 싸움터에서 병사들이 싸움을 멈추고 적군 병사들과 만나서 사귀는 행위.
** Дума. 1905년 10월에 구성되어 1917년에 해체될 때까지 제한적이나마 대의기구 노릇을 한 러시아 의회.

활 타올랐다. 나조차 그처럼 유창하고 매혹적인 문구에 여러 차례 사로 잡혔다. 연사들은 일반 병사를 무릉도원으로 데려갔고 엄청난 박수갈채를 받았다.

다른 종류의 연사도 있었다. 이들은 혁명이 군대의 어깨에 당면 의무를 걸머지웠음을 깨달으라고 경건하게 호소했다. 애국심이 그들의 기조였다. 그들은 우리에게 나라를 지켜달라고, 언제라도 공격할 태세를 갖춰서 독일군을 몰아내고 바라 마지않는 승리를 거둬 평화를 얻어내라고 요청했다. 의무를 다하라는 이 요청에 병사들은 똑같은 강도로 열렬하게 호응했다. 그들은 태세를 갖추고 있다고 맹세했다. 그들이 그렇다는 데에 의심이 있었을까? 없었다. 러시아 병사는 지난날에도 조국을 사랑했다. 이제는 백배는 더 사랑했다.

봄의 첫 기운이 왔다. 강이 풀리고 얼어붙은 들판에서 얼음이 녹았다. 땅은 질퍽거렸지만 향긋했다. 사람을 취하게 만드는 향기가 바람에 실려 왔다. 어머니 러시아의 드넓은 들판과 골짜기를 가로질러 새 시대의 소식을 실어 나르는 바람이었다. 우리 영혼에도 봄이 왔다. 오랜 고난을 견뎌온 사람과 나라가 새 삶을 얻었고 사람들은 살고 싶어 했다.

그러나 가까이에 독일군이 있었다. 그들은 자유롭지 않았다. 그들의 영혼은 하느님과 교감하지 않았다. 그들의 가슴은 이 경이로운 봄의 크나큰 기쁨을 알지 못했다. 그들은 아직도 노예였고, 그들은 우리를 자유롭게 내버려두지 않을 터였다. 또한 우리나라로 꽤 많이 치고 들어왔고 물러나지 않을 터였다. 그들을 반드시 몰아내야만 평화의 삶에 나설 수 있을 터였다. 우리는 그들을 몰아낼 태세를 갖췄다. 그들에게 달려들어 끽소리도 내지 못하게 자유 러시아가 무엇을 할 수 있는지 보여주라는 명령을 우리는 기다리고 있었다. 그런데 왜 그런 명령이 미뤄졌을까? 왜 꾸물댈까? 왜 쇠가 달았을 때 두드리지 않을까?

하지만 쇠는 그대로 식어버렸다. 후방에서는 말이 흘러넘쳤고 전선에서는 행동이 일절 없었다. 그리고 몇 시간이 흘러 며칠이 되고 며칠이 흘러 몇 주가 되자 행동이 없는 상황에서 벗어나 친교 행위가 처음으로 이루어지기 시작했다.

"차 한잔 마시러 이리 오게나!"라는 소리가 아군 참호에서 나와 무인지대를 가로질러서 독일군에게 닿았다. 그러면 저쪽에서 대꾸하는 소리가 나왔다.

"보드카 한잔 마시러 이리 오게나!"

며칠 동안은 이 같은 상호 초대를 넘어서지 않았다. 그러다 어느 날 아침에 우리 쪽 병사 한 명이 앞으로 나가더니 거리낌 없이 무인지대로 들어가 자기는 사태를 속속들이 토의하고 싶다고 말했다. 그는 들판 한복판에서 멈춰 섰고, 거기서 독일 군인 한 사람과 만나 논쟁을 벌였다. 양쪽에서 병사들이 나와 논쟁을 벌이는 두 사람에게 몰려갔다.

"너희는 왜 전쟁을 계속하느냐?" 우리 부대원들이 물었다. "우리는 차르를 타도했고 평화를 바라지만, 너희 카이저는 전쟁을 고집하지. 너희 카이저를 없애버려. 그러면 양쪽 다 고향으로 가게 될 거야."

"너희는 진실을 몰라." 독일 군인이 대꾸했다. "너희는 잘못 알고 있어. 어이, 우리 카이저가 지난겨울에 모든 연합국에 강화 제안을 했지. 하지만 너희네 차르가 강화 맺기를 거부했어. 그리고 지금 너희네 연합국이 강요해서 러시아가 전쟁을 계속하고 있다고. 우리는 강화를 할 태세를 늘 갖추고 있어."

나는 무인지대에서 병사들과 함께 있었고 그들에게 독일군의 주장이 어떤 인상을 주는지를 보았다. 독일군 몇몇이 보드카를 가지고 와서 우리 병사들에게 주었다. 병사들이 카이저가 강화를 제안했었다는 이야기를 놓고 열띤 논쟁을 벌이면서 진지로 돌아오는 동안, 쿠드럅체프 연대장이 나와서 그들을 꾸짖었다.

"너희 뭐 하고 있나? 독일군이 우리 적이라는 걸 모르나? 그놈들은 너희를 덫에 넣고 싶어 한다고."

"저놈을 죽여라!" 군중 속에서 누군가 외쳤다. "우리는 아주 오랫동안 속아왔어! 저놈을 죽여!" 연대장은 군중이 그 나쁜 놈의 고함 소리를 알아듣기 전에 빠르게 피신했다. 이 사건은 혁명이 아직 걸음마 단계에 있을 때 러시아 군대가 향후 여러 달 뒤에 걸릴 질병을 예고한 초기 징후였다. 아직은 쉽게 고칠 수 있는 단계였다. 그러나 이런 질병을 초기에 진단해서 시간이 있을 때 고칠 선견지명을 가진 의사가 어디 있었을까?

우리는 교대되어 예비대 임시 숙영지로 보내졌다. 거기서 우리에게 연설하러 온 군 병사위원회 대표에게 경의를 표하는 대중 집회가 조직되었다. 우리 부대의 가장 깬 병사들 가운데 한 명이며 말을 조리 있게 잘하는 크릴로프Крылов가 그를 반겼다.

"독일인들이 그들의 카이저를 지키고 그에게 복종하는 한 우리는 평화를 얻을 수 없을 것입니다." 크릴로프가 선언했다. "카이저는 러시아에서 많은 지방을 빼앗아서 주민을 노예로 삼고 싶어 합니다. 독일 군인들은 우리가 차르의 의지를 따랐던 것과 똑같이 카이저를 따릅니다. 맞지 않습니까?"

"맞다! 정말로 맞아! 옳소!" 군중이 외쳤다.

크릴로프가 이어서 말하기 시작했다. "자, 카이저는 차르를 좋아하고 차르의 친척입니다. 하지만 카이저는 자유 러시아를 사랑하지 않으며 사랑할 수 없습니다. 카이저는 독일 인민이 우리에게서 교훈을 얻어 제 나라에서 혁명을 일으킬까 겁을 냅니다. 따라서 카이저는 제 제위를 지키고 싶어 하기 때문에 우리의 자유를 망가뜨리려 들고 있습니다. 뻔하지요?"

"그래! 그렇지! 좋아! 맞는 말이야!" 몇천 명이 외치면서 크릴로프를 세차게 응원했다.

연사는 계속 말했다. "그러므로 카이저에게서 우리 나라를, 우리의 소중한 자유를 지키는 것이 우리 의무입니다. 우리가 카이저를 쳐부수지 않으면, 그가 우리를 쳐부술 것입니다. 우리가 카이저를 물리치면, 그의 나라에서 혁명이 일어날 테고 독일 인민이 그를 없애버릴 것입니다. 그러면 우리는 자유를 확보할 것입니다. 또 그러면 우리는 고향으로 돌아가 얻을 수 있는 모든 땅을 차지할 것입니다. 하지만 우리는 적을 등 뒤에 두고서 고향에 돌아갈 수는 없습니다. 우리가 그럴 수 있습니까?"

"아니요! 아니요! 아니요! 절대 아니요!" 동요하던 병사 대중이 소리쳤다.

"그리고 우리는 마음속으로 우리를 미워하는, 차르의 은밀한 공범이었던 통치자와 강화를 맺을 수 없습니다. 맞지 않습니까?"

"맞다! 맞다! 맞다! 크릴로프 만세!" 대군중이 외치며 열렬히 박수를 쳤다.

그리고 나서 군 병사위원회에서 온 대표가 연사의 의자에 올라섰다. 병사들은 신이 났고, 계몽의 모든 낱말에 목말라했다.

"동무들!" 대표가 말하기 시작했다. "세 해 동안 우리는 피를 흘렸고 배고프고 추워서 고생했으며, 벌레가 들끓는 질퍽질퍽한 참호에서 지냈습니다. 수많은 형제가 목숨을 잃었고 평생 불구가 되었으며 포로 신세가 되었습니다. 누구의 전쟁이었나요? 차르의 전쟁이었지요. 그자는 자기와 제 패거리가 사치와 재물 속에서 흥청대는 동안 우리를 싸우다 죽게 만들었습니다. 지금은 차르가 더는 없습니다. 그렇다면, 동무들, 우리가 왜 그자의 전쟁을 계속해야 합니까? 여러분은 다시 몇천 명씩 목숨을 내버리고 싶습니까?"

"아니요! 아니요! 아니요! 전쟁은 할 만큼 했소!" 몇천 명의 목소리가 울렸다.

"좋소." 이어서 대표가 말했다. "나는 여러분에게 동의합니다. 정말로 우리는 전쟁을 할 만큼 했지요. 여러분은 적이 우리 앞에 있다는 말을 듣습니다. 하지만 후방에 있는 우리 적은요? 지금 전선을 떠나 안전한 곳으로 달아나고 있는 장교는요? 차르에게 받은 대영지를 꽉 움켜쥐고 있는 지주는요? 대대로 우리 피를 빨아먹고 우리의 땀과 노동으로 부자가 된 부르주아지는요? 그자들은 지금 다 어디 있습니까? 그자들은 우리가 무엇을 하기를 바랄까요? 그자들은 인민의 적인 자기들이 후방에서 강탈과 약탈을 할 수 있도록 우리가 여기서 적군과 싸우기를 바랍니다. 그러니 여러분은 귀향할 때, 만약 살아서 귀향한다면, 모든 토지와 국부가 그자들의 손에 있음을 알게 될 것입니다!"

"맞는 말이다! 맞다! 그가 옳소!" 대군중이 끼어들어 외쳤다.

"지금 여러분에게는 적이 둘 있습니다." 대표가 말을 이었다. "하나는 외국인이고 다른 하나는 내국인입니다. 여러분은 두 적과 한꺼번에 싸울 수 없습니다. 우리가 전쟁을 계속하면 여러분 등 뒤의 적이 혁명이 준 자유와 토지와 권리를 여러분에게서 빼앗아 갈 것입니다. 그러므로 이 부르주아 흡혈귀와 싸우려면 우리는 독일과 강화를 꼭 맺어야 합니다. 그렇지 않습니까?"

"그렇지! 그렇지! 맞는 말이다! 맞는 말이야! 우리는 평화를 바란다! 우리는 전쟁이 지긋지긋하다!"라는 외침이 사방팔방에서 한목소리로 나왔다.

병사들의 열정이 활활 타올랐다. 병사들은 대표의 말이 맞다고 말했다. 자신들이 참호에 남아 있으면 토지를, 그리고 새 자유의 열매를 빼앗기리라고 자기들끼리 열띤 논의를 했다. 병사위원회 대표의 말이 일으키는 효과를 보고 나는 가슴이 아팠다. 크릴로프가 한 연설의 모든 인상이 지워졌다. 제 의무를 다하라는 크릴로프의 호소에 그토록 열렬히 호응한 바로 그들이 이제는 동족상잔의 전쟁을 벌이라는 군 병사위원회 대표의 호소에, 더하지는 않을지라도, 똑같이 뜨거운 갈채를 보냈다. 나는 미쳐버릴 듯했다. 자제할 수가 없었다.

"너희는 멍청한 바보야!" 내가 버럭 소리를 질렀다. "1분 전에는 이리로 쏠렸다가 다음 1분 뒤에는 저리로 쏠릴 수 있다니. 카이저가 우리 적이라고, 우리가 먼저 카이저를 러시아에서 반드시 몰아내야만 그다음에 평화를 누릴 수 있다고 크릴로프가 옳은 말을 했을 때 너희가 크릴로프에게 환호하지 않았나? 그리고 이제는 카이저가 그냥 러시아를 제멋대로 짓밟아서 온 나라를 그의 권력 아래 두도록 내전을 개시하라는 선동을 당했지. 이건 전쟁이야! 전쟁, 알지, 전쟁! 그리고 전쟁에서는 적과

타협하는 일이란 있을 수 없어. 적한테 한 보를 내주면 적은 천 보를 차지할 거야! 자, 일하러 가자고. 우리 의무를 다하자고."

병사들 사이에서 동요가 일었다. 몇몇이 큰 목소리로 불만을 터뜨렸다.

"왜 여기 서서 이 멍청한 계집의 말을 듣지?" 한 사람이 말했다.

"저년을 한 대 갈겨!" 다른 사람이 외쳤다.

"저년을 걷어차 버려!" 세 번째 사람이 소리쳤다.

곧바로 그들이 나를 거칠게 다루었다. 주먹질이 사방팔방에서 내게 비 오듯 쏟아졌다.

"뭐 하는 짓이야? 어, 이 사람은 야시카라고! 너희 미쳤어?" 내 편인 사람이 부대원들에게 대드는 소리가 들렸다. 다른 동무들이 나를 도우러 달려왔고 나는 크게 다치지 않고 구출되었다. 그러나 나는 고향으로 가게 해달라고, 싸우지도 않는 이 전쟁에서 벗어나게 허가해달라고 요청하기로 마음먹었다. 연대장이 말려도 내 뜻을 꺾지 않을 터였다. 아니지, 이번에는 아니야.

다음 날 미하일 로쟌코 두마 의장이 우리 구역에 도착했다. 우리는 사열을 위해 정렬했고, 비록 규율이 얼마간 느슨해졌을지라도 부대원들은 이를 열정으로 메웠다. 로쟌코는 병사들 앞에 나타나 떠들썩한 환영을 받았다.

그가 말했다. "러시아를 위한 책임이 전에는 차르와 그의 정부의 어깨 위에 얹혀 있었는데, 지금은 인민에게, 여러분에게 얹혀 있습니다. 이것이 자유가 뜻하는 바입니다. 그것은 우리가, 우리의 선량한 의지로 적에 맞서 나라를 지켜야 한다는 뜻입니다. 우리가 다 함께 일하고, 우리의 견해차와 다툼을 잊고 굳건한 전선을 독일군에게 선사해야 한다는 뜻입니다. 독일인들은 영악한 위선자입니다. 여러분에게 달콤한 말을 하지만 그들의 마음에는 미움이 가득합니다. 자기들이 여러분의 형제라고 주장하지만, 그들은 여러분의 적입니다. 그들은 우리를 갈라놓으려드는데, 그래야 자기들이 우리의 자유와 나라를 파괴하기가 더 쉬울 터이기 때문입니다."

"맞습니다! 맞습니다! 옳소! 옳소! 그렇습니다! 그렇습니다!" 모인 병사들이 찬성을 표명했다.

"자유로운 러시아는 카이저의 군인들이 러시아에서 쫓겨날 때까지는 확보할 수 없을 것입니다." 로쟌코가 말을 이어나갔다. "따라서 우리는 대승리를 거둘 총공세를 준비해야 합니다. 우리는 독일을 물리치기 위해 우리를 돕고 있는 동맹국과 협력해야 합니다. 양치기 없는 양 떼가 있을 수 없듯이 상관 없는 군대가 있을 수 없으므로 우리는 장교들을 존중하고 따라야 합니다."

"맞아! 맞아! 말 잘했소! 그게 진리지! 그게 진리야!" 병사들이 구석구석에서 외쳤다.

"자, 친구들, 내게 말해주시오! 적에게 공격을 개시하는 것을 여러분은 어떻게 생각합니까?" 로쟌코 두마 의장이 물었다. "여러분은 우리의 소중한 자유를 확보하기 위해 진격해서 필요하다면 죽을 준비가 되어 있습니까?"

"예, 그렇습니다! 우리는 나아가겠습니다!" 자리에 있는 몇천 명이 외쳤다.

그러고 나서 배운 사람인 오를로프Орлов 연대 병사위원회 위원장이 일반 병사들을 대신해 대답하려고 일어섰다. 그는 전선에 있는 우리 모두가 마음속에 품고 있는 바를 밝혔다.

"예, 우리는 진격 태세를 갖추고 있습니다. 하지만 우리는 나라 곳곳에 퍼져서 도시에 넘쳐나고 모든 철도에 꽉 들어차 있고 아무 일도 하지 않는 후방 병사 몇백만 명을 전선으로 도로 보내기를 바랍니다. 다함께 전진합시다. 말을 하는 시간은 지났습니다. 우리는 행동을 원합니다. 그러지 않으면 우리는 집으로 가겠습니다."

오를로프 동무는 세찬 환호를 받았다. 사실, 그는 우리 모두가 강렬히 느끼는 바를 말했다. 참호에 있는 부대원들이 보기에는 자기들과 다를 바 없는 군인 몇백만 명이 후방에서 무한정 휴가를 보내도록 허용하는 것은 옳지 않은 일이었다. 로쟌코는 우리 의견에 동의했다. 이 올바르지 않은 일을 최선을 다해 바로잡겠다고 약속했다. 그러나 왜 공세를 펼 황금과도 같은 기회가 버려지고 있느냐는 장교들의 끈질긴 질문에 사적으로 답하면서, 그는 임시정부와 두마에게 힘이 없다고 고백했다.

"그런 문제에서는 결정권이 바로 소비에트와 케렌스키, 그리고 다른 소비에트 지도자들에게 있습니다." 그가 말했다. "그들이 나라의 정책을 만들고 있습니다. 나는 그들에게 꾸물대지 말고 지체 없이 전면 공격을 명령하라고 다그쳤습니다."

그러고 나서 오를로프 위원장이 전쟁 개시 이후의 내 이력을 짧게 알려주며 나를 로쟌코에게 소개했다.

두마 의장은 크게 놀라고 감동했다.

"나는 이 여인에게 무릎을 꿇고 싶습니다." 그가 내 손을 따뜻하게 붙잡고 흔들면서 말했다. 그러고 나서 전선의 상태를 어떻게 생각하는

지 물었다. 나는 가슴에 품은 비통함을 쏟아냈다.

"저는 이 새로운 사태를 견딜 수 없습니다. 병사들은 독일군과 더는 싸우지 않습니다. 제가 입대한 목적은 나라 지키기였습니다. 이제는 그러기가 불가능합니다. 그래서 떠나버리는 것 말고는 저한테 다른 길이 없습니다."

"하지만 어디로 가려고요?" 그가 물었다.

"저도 모릅니다. 고향으로 갈까 싶습니다. 아버지는 늙으셨고 어머니는 편찮으셔서, 두 분 다 빵을 동냥할 지경입니다."

로쟌코가 내 어깨를 토닥댔다.

"작은 영웅님, 페트로그라드로 나를 찾아오세요. 내가 당신을 위해 뭘 할 수 있는지 알아보겠습니다."

나는 그의 권고를 기쁘게 받아들였고, 곧 떠난다고 전우들에게 말했다. 연대장이 내게 새 피복과 100루블을 주었다. 야시카가 떠난다는 소식이 퍼졌고, 병사 1000여 명이 내게 감사장을 주었다. 그들 가운데에는 전투에서 내가 목숨을 구해준 이도 많았다.

1000명의 서명이라니! 이는 모두 다 불과 피의 끈으로 내게 묶인 소중한 전우들의 이름이었다. 이 긴 두루마리에는 우리가 치렀던 모든 전투가, 그리고 내가 참여했던 인명 구조와 자기희생의 모든 일화가 적혀 있었다. 내 가슴은 기뻐서 두근대고 눈에는 눈물이 가득했으며, 내 마음 저 깊은 곳에서는 뭔가가 아렸고 그리움이 있었다.

때는 5월이건만 내 가슴에는 가을이 있었다. 어머니 러시아의 가슴에도 가을이 있었다. 햇빛이 눈부셨다. 들과 숲에는 봄의 찬란함이 넘실댔다. 참호는 평화롭고 무인지대는 고요했다. 내 나라는 아직도 갓 태어난 자유의 축제를 즐겁게 벌이고 있었다. 고통과 고난의 세대가 낳은 이 아기는 두 달이 채 되지 않았다. 이 아기는 최초의 따스한 바람과 함께 태어났다. 아기가 우리 안에서 일깨운 힘은 어찌나 세차고 아기가 하는 약속은 어찌나 무한했던지! 나의 인민은 이와 같은 첫 나날의 엄청난 환상을 아직도 품고 있었다. 때는 봄이었고, 그들에게는 영원한 봄의 시작이었다.

그러나 내 가슴은 파리했다. 가슴속에서는 모든 즐거움이 죽었다. 내게는 가을바람이 휘몰아치는 소리가 들렸다. 나는 거대한 비극이 펼쳐진다고 본능적으로 느꼈고, 어머니 러시아에게 마음이 쓰였다.

내가 작별 인사를 할 수 있도록 연대 전체가 정렬했다. 나는 그들에게 다음과 같이 연설했다.

"여러분은 내가 여러분을 얼마나 사랑하는지, 내가 여러분을 얼마나 아꼈는지 알고 있습니다. 싸움터에서 누가 여러분을 구해냈습니까? 야시카였습니다. 포화 속에서 누가 여러분의 상처에 붕대를 감아주었습니까? 야시카였습니다. 누가 여러분과 함께 모든 위험에 용감하게 맞섰고 여러분과 함께 모든 고생을 같이했습니까? 바바인 야시카였습니다. 나는 여러분의 모욕을 견뎌냈고 여러분의 애정 표시에 기뻐했습니다. 나는 여러분 마음을 알기 때문에 그 둘을 같이 받는 법을 알고 있습니다. 나는 여러분과 무엇이든 견뎌낼 수 있지만, 이것은 더는 견뎌낼 수 없습니다. 나는 적과의 친교 행위를 참을 수 없습니다. 이 끊임없는 집회를 참을 수 없습니다. 이처럼 끝없이 줄줄이 이어지는 연사들과 그들의 알맹이 없는 말을 나는 참을 수 없습니다. 행동할 때입니다. 떠들 시간이 없습니다. 그러지 않으면 너무 늦을 것입니다. 우리나라와 자유가 죽어가고 있습니다."

"그래도 나는 여러분을 사랑하고 여러분과 벗으로서 헤어지고 싶습니다."

여기서 나는 멈췄다. 말을 이어나갈 수 없었다. 내 전우들이 다정하게 작별 인사를 해주었다. 그들은 나를 잃으니 애석하다고, 무척 애석하다고 말했지만, 내게는 상황에 관한 의견을 밝힐 권리가 있었다. 그들은 자기들이 여전히 나를 우러러본다고, 휴가를 얻어 고향에 가면 자기 어머니에게 나를 위해 기도해달라고 늘 말했다고 내게 확언했다. 그리고 나를 위해 목숨을 바칠 태세를 늘 갖추고 있겠다고 맹세했다.

연대장이 내가 기차역에 타고 가도록 자기 마차를 내주었다. 연대 대표 한 사람이 같은 날 페트로그라드로 떠나려던 차여서, 우리는 함께 갔다. 말이 출발하면서 내 두 손을 움켜쥐고 내게 행운과 성공을 빌어주는 부대원들에게서 나를 떼어낼 때, 뭔가가 내 가슴에 큰 구멍을 냈고 세상은 온통 적막해 보였다. ……

11장 | 결사대대를 창설하다

페트로그라드로 가는 길에 별다른 일은 없었다. 열차에는 밤낮으로 토론을 벌이는 귀환병이 빈틈없이 꽉꽉 들어차 있었다. 나는 그런 토론에 한 차례 끌려 들어갔다. 강화, 즉각적 강화가 모든 토론의 주제였다.

내가 끼어들어서 말했다. "하지만 독일이 러시아의 일부를 점령하고 있는데 너희는 어떻게 강화를 맺을 수 있지? 우리는 승리를 한 차례 거둬야 해. 그러지 않으면 우리나라가 질 거야."

"아, 저 여자는 구체제에 찬성하는군. 저 여자는 차르가 되돌아오기를 바라는데." 병사 몇 사람이 으르듯이 수군댔다.

나와 함께 가던 대표가 페트로그라드에 무사히 도착하고 싶다면 입을 다물고 있으라고 충고했다. 나는 그의 충고에 따랐다. 우리가 수도에 도착하자 그는 나를 남기고 떠났다. 때는 오후였고, 나는 전에 페트로그라드에 와본 적이 없었다. 나는 로쟌코의 주소를 되뇌며 돌아다니면서 거기에 어떻게 가는지를 물어보았다. 전차를 타라는 답이 돌아왔다. 나로서는 처음 타보는 전차였다.

오후 5시쯤에 나는 큰 저택 앞에 서 있었다. 잠시 배짱을 잃었다. '그분이 나를 잊었으면 어쩌지? 그분이 집에 없을지도 모르고 나에 관해 뭔가 아는 사람이 아무도 없을 텐데.' 나는 물러서고 싶었지만, 내가 어디로 갈 수 있었을까? 이 도시에서 나는 아무도 알지 못했다. 용기를 내서 초인종을 울렸고 떨리는 가슴을 안고 문이 열리기를 기다렸다. 하인이 나오자 내 이름을 대면서 로쟌코를 보러 전선에서 막 도착했다고 알렸다. 나는 난생처음으로 엘리베이터를 탔고, 로쟌코 의장의 비서를 만났다. 그는 나를 따뜻하게 맞이하면서 내가 오리라 기대했다고 말하고 느긋하게 쉬고 있으라고 했다.

이윽고 로쟌코가 나타나서 다정하게 외쳤다.

"내 작은 영웅! 당신이 와서 기쁘네요." 그가 내 뺨에 입을 맞추었다. 그러고 나서 내 훈장을 가리키며 아내에게 나를 작은 영웅으로 소개했다. 그의 아내는 매우 다정했고 칭찬을 아끼지 않았으며, "당신은 만찬 시간에 딱 맞춰 오셨네요"라고 말하면서 여정에서 묻은 먼지를 털어내라며 자기의 옷방으로 인도했다. 이 따뜻한 손님맞이에 나는 푹 들떴다.

식탁에서 오간 대화의 주제는 전선 상황이었다. 최근 사태를 말해 달라는 요청에 나는, 가장 정확히 기억하는 한, 이렇게 말했다.

"참호를 내버리고 고향으로 떠나라는 선동이 심해지고 있습니다. 지체 없이 공세를 펼치지 않으면, 모든 게 틀어집니다. 병사들은 해산할 것입니다. 지금 후방에 흩어져 있는 군대를 최전선으로 돌려보내는 일도 꼭 해야 할 급선무입니다."

내가 기억하는 한 로쟌코의 대답은 다음과 같았다.

"후방의 많은 부대에 전선으로 가라는 명령이 내려졌습니다. 하지만 모든 부대가 따르지는 않았습니다. 볼셰비키*의 정치 선전 탓에 시위와 항의를 하는 부대가 몇몇 있었습니다."

그때 나는 볼셰비키에 관해 처음으로 들었다. 1917년 5월이었다.

"그들은 누굽니까?" 내가 물었다.

"그자들은 독일을 거쳐 외국에서 막 돌아온 레닌이란 사람이, 그리고 트로츠키와 콜론타이Александра Коллонтай, 다른 망명 정치가들이 이끄는 무리입니다. 그자들은 두마가 열리는 타브리다 대저택**의 소비에트 회의에 참석해서 계급 갈등을 부추기고 즉각적 강화를 요구합니다."

나는 케렌스키가 전선을 방문하려고 막 떠났다는 말을 들었고, 그가 병사들과 얼마나 사이가 좋으냐는 추가 질문을 받았다.

"케렌스키는 아주 인기가 많습니다. 사실 전선 병사들에게는 으뜸가는 인기인입니다. 병사들은 그를 위해서라면 뭐든지 다 할 겁니다." 내가 대답했다.

그때 로쟌코가 사건을 하나 이야기해주어서 우리 모두를 웃겼다. 차르의 여러 장관을 모셨던 나이 든 수위가 정부 청사에 있었다. 케렌스키는 버릇처럼 모든 사람과 악수를 하는 듯했다. 그는 집무실에 들어갈 때마다 나이 든 수위와 악수를 했고, 그래서 금세 하인들의 웃음거리가 되었다.

수위가 동료 하인에게 "이런, 나와 악수를 하다니, 무슨 놈의 장관

---

* Большевики. 정식 명칭은 러시아 사회민주주의노동당(볼). 러시아 사회민주노동당의 좌익 분파로 출발해서 1903년부터 사회주의 혁명을 목표로 삼은 독자 정당으로 활동한 정당의 당원과 지지자들. 볼셰비키당은 1917년 10월혁명으로 권력을 잡은 뒤 이듬해에 공산당으로 이름을 바꾸었다.

** Таврический дворец. 러시아 제국의 권신인 포툠킨Потемкин 공이 1780년대 후반기에 상트페테르부르크에 지은 대저택. 20세기에는 두마나 소비에트의 회의 장소로 쓰였다.

이 이래?"라고 투덜대는 소리가 퍼진 것이다.

만찬 뒤에 로쟌코가 나를 타브리다 대저택으로 데려가서 회기 중인 병사 대표 회의에 나를 소개했다. 나는 따뜻한 환영과 함께 귀빈석한 자리를 받았다. 연사들이 전선 여러 구역의 상황을 설명해주었는데, 내 나름의 관찰과 딱 맞아떨어졌다. 규율이 사라지고 친교 행위가 늘어나고 참호를 버리고 떠나라는 선동이 힘을 얻고 있었다. 빨리 뭔가 해야 한다고 대표들이 주장했다. 공격 명령이 내려지는 순간까지 어떻게 병사들을 양호한 상태로 유지할 수 있을까? 그것이 문제였다.

로쟌코가 일어서더니 해결책을 제시해달라고 나한테 요청해보자고 제안했다. 그는 대표들에게 내가 전쟁 초에 자원입대해서 남자들과 함께 싸우고 고생해온 농민이라고 말했다. 그러므로 해야 할 올바른 일이 무엇인지를 내가 알고 있으리라는 것이 그의 생각이었다. 당연히 나는 몹시 당황했다. 어떤 제안을 할 준비가 조금도 되어 있지 않았다. 그래서 문제를 곰곰이 생각해볼 시간을 달라고 부탁했다.

내가 골똘히 생각에 잠겨 있는 동안 회의가 계속되었다. 나는 30분 동안 머리를 쥐어짰지만 헛일이었다. 그때 착상 하나가 퍼뜩 떠올랐다. 여성결사대대라는 생각이었다.

"여러분은 제가 군인으로서 무엇을 했고 견뎌냈는지 들었습니다." 나는 일어나서 청중 쪽을 돌아보고 말했다. "자, 저 같은 여자 300명을 편성해서 그 부대가 본보기가 되어 남자들을 전투로 이끌면 어떻겠습니까?"

로쟌코가 내 착상에 찬동했다. 그가 말을 보탰다. "만약 우리가 마리야 보치카료바 같은 이를 몇백 명 더 찾을 수 있다면 말입니다. 그럴 수 있을지 무척 의심스럽습니다만."

나는 숫자는 중요하지 않고, 중요한 일은 남자들을 부끄럽게 만드는 것이며 한 곳의 여성 소수가 전선 전체에 본보기가 될 수 있다고 대답했다. 나는 "이 여성 조직은 규율 복원에 도움이 되도록 위원회를 두지 말고 정규군처럼 운영해야 할 것"이라고 추가로 설명했다.

로쟌코는 내 제안이 썩 괜찮다고 생각했고 여자들이 참호 몇 개를 점령하고 공격을 주도한다면 남자들 사이에서 반드시 불붙을 열정을 곱씹었다.

그러나 청중 속에서 이의가 제기되었다. 대표 한 명이 일어나서 이렇게 말했다.

"보치카료바 같은 군인은 어느 누구도 반대할 수 없습니다. 전선의 남자들은 보치카료바를 알고 그의 공훈에 관해 들었습니다. 하지만 다른 여자들이 보치카료바만큼 점잖고 군대의 명예를 더럽히지 않으리라고 누가 보장하겠습니까?"

또 다른 대표 한 사람이 이렇게 말했다.

"전선에 여자 군인들이 있으면 거기서 군인 아이가 태어나지 않으리라고 누가 보장하겠습니까?"

이 비판에 여기저기서 소동이 벌어졌다. 내가 답변했다.

"제가 만약 여성대대 편성을 맡는다면 대대원을 한 명 한 명 다 책임지겠습니다. 엄한 규율을 도입하고 연설하기와 거리에서 어슬렁거리기를 허용하지 않겠습니다. 어머니 러시아가 물에 빠져 죽어가는 이때 군대를 병사위원회로 운영해서는 안 됩니다. 저 스스로가 평범한 농민이며, 오로지 규율만이 러시아군을 구할 수 있음을 압니다. 제안된 대대에서 절대 권위를 행사하고 복종을 요구할 것입니다. 그러지 않으면 그 대대를 편성해봤자 쓸모가 없을 것입니다."

부대를 창설하는 전제로 내가 간추려 설명한 조건에 이의가 나오지 않았다. 그러나 케렌스키가 전선에서 돌아오는 대로 그에게 안이 제출되리라는 말을 듣기는 했어도, 나는 정부가 그 문제를 진지하게 고려하고 내가 그 착상을 실행하게 해주리라는 기대는 하지 않았다.

로쟌코 의장은 내 계획에 큰 흥미를 품었다. 그는 나를 상이용사 구호원 사령인 데멘티예프Дементьев 대위에게 소개하면서 내가 방 한두 개를 마음대로 쓸 수 있게 하고 이것저것 뒷바라지를 해주라고 부탁했다. 대위는 나와 함께 집으로 가서 아내에게 나를 소개했다. 사랑스럽고 애국적인 여인인 그의 아내는 곧 나를 아주 마음에 들어 했다.

다음 날 아침에 로쟌코가 전화를 걸어 해당 문제에 관한 이야기를 국방장관에게, 즉 케렌스키에게 꺼내기에 앞서 군대의 관점에서 판단해줄 수 있는 총사령관 브루실로프 장군과 상의하면 좋겠다는 제안을 했다. 브루실로프가 승인한다면, 케렌스키의 허락을 얻기가 더 쉬우리라는 것이었다.

그때는 총사령부가 모길료프*에 있었는데, 데멘티예프 대위와 나는 총사령관을 접견하러 그곳으로 갔다. 5월 14일에 부관이 우리를 맞이했다. 그는 우리가 어떤 목적으로 찾아왔는지 브루실로프 장군에게 알렸고, 장군은 우리를 들여보내라고 명령했다.

나는 전선을 떠난 지 한 주가 채 지나지 않아 다시 전선에 있었는

---

* Могилев. 벨라루스 동부의 도시. 벨라루스어로는 마힐료우Магілёў.

데, 이번에는 참호 안이 아니라 총사령관 앞에 있었다. 아주 느닷없는 변전이었고 나는 운명의 희한한 변화가 마음속 깊이 신기하지 않을 수 없었다. 브루실로프가 우리와 다정하게 악수를 했다. 그는 내 착상에 관심이 있다고 말했다. 내가 나에 관해서, 또 그 계획에 관해서 내 생각을 말하지 않으려고 했을까?

나는 총사령관에게 내 군 생활에 관해서 이야기했고 현 상황을 받아들일 수 없어서 전선을 떠났다고 말했다. 나는 계획의 목적이 여자들이 먼저 참호에서 뛰쳐나가 돌격하는 모습을 보여주어 참호에 있는 남자들을 부끄럽게 만드는 것이라고 설명했다. 그러자 총사령관이 다양한 관점에서 그 문제를 데멘티예프 대위와 의논한 뒤에 내 착상을 승인했다. 그는 작별 인사를 하면서 내 거사가 성공하기를 바란다고 말했고, 나는 흐뭇한 마음으로 페트로그라드로 떠났다.

케렌스키가 전선에서 돌아왔다. 우리는 로잔코를 찾아가서 우리의 특파 임무의 결과를 말해주었다. 그는 케렌스키 접견을 이미 요청했고 다음 날 아침 7시에 만나기로 했다며 그때 그 주제를 꺼내겠다고 알려주었다. 로잔코는 케렌스키를 방문한 뒤에 우리에게 전화를 걸어 다음 날 정오에 겨울궁전*에서 내가 케렌스키를 접견하도록 해놓았다고 말했다.

데멘티예프 대위가 자동차로 나를 겨울궁전에 데려다주었고, 12시 몇 분 전에 나는 국방부 대기실에 들어섰다. 나는 거기서 브루실로프 장군을 보고 놀랐으며, 그는 자기와 논의했던 그 계획 건으로 케렌스키를

---

* Зимний дворец. 오늘날의 예르미타시Эрмитаж 박물관. 1732년부터 1917년까지 러시아 제국 황제의 공식 거처로 쓰인 궁전. 1917년 3월부터 10월까지 러시아 임시정부 청사로 쓰였다.

보러 왔느냐고 물었다. 나는 그렇다고 대답했다. 그는 국방장관과 함께 내 착상을 기꺼이 지원해주겠다고 말했고 함께 있던 페트로그라드 군관구* 사령관 표트르 폴롭초프Петр Половцов 장군**에게 나를 소개했다.

갑자기 문이 활짝 열리더니 잠을 못 자서 눈에 핏발이 선 앳된 얼굴이 내게 들어오라고 손짓했다. 그때는 대중의 우상이었던 케렌스키였다. 그의 한 팔이 삼각건에 싸여 있었다. 그는 다른 팔을 내밀어 나와 악수를 했다. 그는 초조하게 이리저리 걸어 다녔고 짧고 무미건조하게 말했다. 나에 관해 들은 적이 있고 내 착상에 흥미가 있다고 말했다. 나는 그 계획의 목적을 간추려 설명하면서 여성 대대에는 병사위원회가 아니라 정상적인 규율이 있으리라고 말했다.

케렌스키는 듣는 둥 마는 둥했다. 틀림없이 그는 결정을 내린 상태였다. 다만 딱 한 가지 면에서 확신이 없었다. 내가 그 조직의 높은 도덕 수준을 유지할 수 있겠는가? 그는 내가 여자들의 몸가짐과 평판에 책임을 진다면 곧바로 모집을 허용하겠다고 했다. 나는 그렇게 하겠다고 서약했다. 그래서 모든 것이 풀렸다. 그때 그 자리에서 내게 제1러시아 여성결사대대라는 이름 아래 부대를 편성할 권한이 주어졌다.

믿기지 않았다. 며칠 전 내 머리에 그저 공상으로 떠오른 게 결사대대였다. 이제 그 꿈이 최고 권력자에게 실제 정책으로 채택되었다. 나는 구름 위에 붕 뜬 기분이었다. 케렌스키가 나를 배웅할 때 폴롭초프 장군이 그의 눈에 띄었다. 케렌스키는 내게 필요한 모든 도움을 주라고 그에

---

* 러시아 제국 각 지역의 군대와 군사 시설을 관장하는 기구로 국방부가 1864년에 만든 10개 군관구 가운데 상트페테르부르크(페트로그라드)와 주변 일대를 관장한 군관구.
** 폴롭체프Половцев라고도 표기되며, 영어 원문에는 폴롭체프로 표기되어 있다.

게 요청했다. 나는 기쁨에 겨웠다.

곧바로 데멘티예프 대위와 폴롭초프 장군 사이에 상의가 짧게 이루어졌는데, 폴롭초프 장군이 다음과 같은 제안을 했다.

"상이용사 구호원을 위해 내일 밤에 마리인스키 극장*에서 집회가 열리는데, 거기서 일을 시작하는 게 어떻겠나? 케렌스키, 로쟌코, 치헤이제Николай Чхеидзе와 다른 요인들이 연설할 텐데, 진행 순서에서 보치카료바를 로쟌코와 케렌스키 사이에 두자고."

나는 안절부절못했고 대중 앞에 나설 수 없다며, 무슨 말을 해야 할지 모르겠다며 거세게 거부했다.

그들은 내 거부를 대수롭지 않게 여기며 이렇게 말했다. "로쟌코, 브루실로프, 케렌스키한테 한 말을 그대로 대중에게 말하면 됩니다. 당신이 전선과 나라에 관해 어떻게 느끼는지를 그냥 말하세요."

미처 생각해볼 겨를도 없이 나는 벌써 한 사진사의 작업실에 가 있었고, 거기서 초상 사진을 찍었다. 이튿날 이 사진이 도시 곳곳에 나붙은 큼직한 포스터 윗부분에 찍혀 나왔다. 여성결사대대를 편성할 목적으로 내가 마리인스키 극장에 등장한다고 알리는 포스터였다.

나는 집회 전날 밤을 뜬눈으로 지새웠다. 이 모든 것이 몽상인 듯했다. 로쟌코와 케렌스키 같은 거물 사이에 내가 도대체 어떻게 자리를 잡을 수 있을까? 까막눈 시골 아낙인 내가 배운 사람들의 집회를 어떻게 감당할 수 있을까? 그리고 내가 도대체 무엇을 말할 수 있을까? 내 혀는

---

* Мариинский театр. 1860년에 개관한 상트페테르부르크의 대형 예술 공연장. 마리인스키 발레단의 본산이기도 하다.

우아한 연설을 하는 훈련을 받아본 적이 없었다. 내 눈은 이전에 차르와 황실 가족이 자주 드나든 마리인스키 극장 같은 곳을 본 적이 없었다. 침대에서 나는 들뜬 상태로 뒤척였다.

나는 두 눈에서 눈물을 줄줄 흘리며 기도했다. "하느님 아버지, 당신의 미천한 종에게 진실로 가는 길을 보여주세요. 저는 두렵습니다. 제 마음에 용기를 불어넣어 주세요. 저는 제 무릎이 풀리는 것을 느낄 수 있습니다. 당신의 힘으로 제 무릎이 떨리지 않게 해주세요. 제 마음이 어둠 속에서 더듬거리고 있으니, 당신의 빛으로 제 마음을 밝혀주세요. 제 연설은 무식한 아낙네의 흔한 수다일 따름이니, 당신의 슬기로 말이 술술 나와 제 말을 듣는 사람들의 마음속으로 파고들도록 해주세요. 이 모든 일을 해주세요. 당신의 미천한 마리야를 위해서가 아니라 어머니 러시아, 불쌍한 제 나라를 위해서 말입니다."

아침에 일어났을 때 내 눈은 핏발이 서서 벌겠다. 나는 하루 내내 조마조마했다. 데멘티예프 대위는 내게 연설에서 할 말을 외우라고 제안했지만 나는 마다했다.

"저는 하느님을 믿어왔으니 제 입에서 올바른 말이 나오도록 그분께 기댑니다."

때는 1917년 5월 21일 저녁이었다. 나는 자동차를 타고 마리인스키 극장으로 가서 데멘티예프 대위와 그의 아내를 대동하고 이전의 황제 전용 칸막이 관람석으로 들어갔다. 극장은 꽉 들어찼고, 매표소 수입금이 3만 루블에 이르렀다. 모든 이가 손가락으로 나를 가리키고 있는 듯했다. 나는 무척 어렵사리 마음을 다잡았다.

케렌스키가 나타났고 엄청난 환영을 받았다. 그는 10분쯤만 연설했다. 다음 차례는 케렌스키의 부인, 그다음이 나였다. 그러나 케렌스키 부인은 청중을 마주하자마자 무너졌다. 이 일은 내 배짱에 보탬이 되지 않았다. 나는 최면에 걸린 양 앞으로 이끌려 나갔다.

"남녀 시민 여러분!" 말하는 내 목소리가 내 귀에 들렸다. "우리 어머니가 망해가고 있습니다. 우리 어머니는 러시아입니다. 저는 러시아를 구하는 일을 돕고 싶습니다. 저는 충성스러운 마음을 가진, 순수한 영혼을 가진, 드높은 목적을 가진 여자들을 원합니다. 그런 여자들이 희생의 모범을 보임으로써 남자인 여러분은 이 중대한 시기에 자기의 의무를 깨달을 것입니다!"

그러고 나서 나는 말을 멈췄고 말을 이을 수 없었다. 흐느낌에 말문이 막히고 전율에 몸이 떨리고 다리가 후들거렸다. 우레 같은 박수가 터지는 가운데 나는 부축을 받고 이끌려 나왔다.

같은 날 저녁에 참석자 사이에서 결사대대 지원자 등록이 이루어졌다. 그 자리에서 곧바로 말이다. 열기가 워낙 대단해서 여자 1500명이 입대 신청을 했다. 내가 곧바로 쓸 수 있는 막사가 반드시 있어야 해서 콜로멘스크Коломенск 여학원 건물과 부지를 쓰기로 결정되었다. 나는 지원한 여자들에게 내일 그곳으로 오라고 지시했다. 그들은 내일 신체검사를 받고 정식 입대를 할 터였다.

신문에 기사가 실려서 집회가 널리 알려진 덕에 결사대대 자원자 수가 2000명으로 불어났다. 그들은 콜로멘스크 여학원 정원에 모여 희희낙락했다. 나는 폴롭초프 장군의 부관인 쿠즈민Андрей Кузьмин 대위보大尉補,* 데멘티예프 대위, 아노소프Николай Аносов 장군과 함께 도착했다. 아노소프 장군은 내 착상에 관심이 아주 많은 사람이라고 했다. 쉰 살쯤 되어 보이는 강한 인상을 주는 외모의 소유자였다. 그는 나를 돕고 싶다고 설명했다. 기자도 스무 명쯤 있었다. 나는 정원 한복판에 있는 탁자에 올라서서 여자들에게 다음과 같은 식으로 연설했다.

"여러분은 내가 무엇 때문에 여러분을 여기로 불렀는지 압니까? 여러분 앞에 놓인 과업을 분명하게 뚜렷이 깨닫습니까? 여러분은 전쟁이 무엇인지 압니까? 전쟁 말입니다! 여러분의 마음을 들여다보십시오. 여러분의 영혼을 살펴보십시오. 여러분이 그 크나큰 시련을 견딜 수 있는지 확인해보십시오."

"우리나라가 망해가는 시기에 나라를 구하려고 일어서는 것은 우리 모두의 의무입니다. 우리 남자들의 사기가 땅에 떨어져버렸으니, 우리 여자들이 그들을 자극하는 노릇을 해야 합니다. 그러나 이 일은 자기 개인의 이익과 사정을 완전히 내버린 그러한 여자만이 해낼 수 있습니다."

"여자의 천성은 진득하지 못하고 가볍습니다. 그러나 희생을 위해 스스로를 정화할 수 있다면 여자는 다정한 말, 사랑하는 마음, 영웅적 용기의 귀감으로 조국을 구할 수 있습니다. 우리의 신체는 약하지만, 우리의 윤리와 정신이 강하다면 대군보다 더 많은 일을 해낼 것입니다."

"나는 결사대대에 병사위원회를 두지 않겠습니다. 규율은 엄할 것이며, 어떠한 규율 위반도 가혹하게 처벌할 것입니다. 사소한 불복종 행위조차도 처벌할 것입니다. 연애는 허용하지 않겠습니다. 연애를 하려든다면 붙들려서 귀향 조치되는 처벌을 받을 것입니다. 군대에서 규율을 다시 세우는 것이 이 대대의 목적입니다. 그러므로 결사대대는 성격

---

* штабс-капитан. 대위 바로 밑의 러시아군 계급.

상 나무랄 데 없는 대대여야 합니다. 자, 여러분은 이런 조건 아래 기꺼이 입대하겠습니까?"

"예, 그러겠습니다! 그러겠습니다! 기꺼이 그러겠습니다!" 여자들이 한목소리로 대답했다.

"이제 나는 내 조건을 받아들이는 여러분에게 보치카료바의 어떠한 명령에도 따를 의무를 지도록 서약서에 서명하라고 요청하겠습니다. 나는 천성이 엄격하다고, 그리고 어떠한 자잘한 잘못도 몸소 처벌하고 절대 복종을 요구하겠다고 여러분에게 경고합니다. 여러분 가운데 망설이는 사람은 서약서에 서명하지 않는 게 더 낫습니다. 이제 건강 검진을 하겠습니다."

서약서에 서명한 사람이 거의 2000명이었다. 서약서에는 우리나라 최고 명문가에 속한 이의 이름도 있었고, 평범한 시골 아가씨와 하녀의 이름도 있었다. 여자 의사가 몇 명 끼어 있는 의사 열 명이 수행한 신체 검사는 남자 신체검사와 똑같은 기준을 따르지는 않았다. 당연히, 여자들 가운데에서 건강의 완벽한 표본은 아주 드물었다. 그러나 우리는 심각한 질병을 앓고 있는 사람에게만 퇴짜를 놓았다. 불합격은 모두 합쳐 서른 건쯤이었다. 합격자들에게는 다음 날 복귀하라는 지시와 함께 귀가가 허용되었다. 복귀하면 쓸 숙소가 배정되고 훈련이 개시될 터였다.

나는 페트로그라드 군관구 사령관 폴롭초프 장군에게 피복을 요청했다. 그날 저녁에 일체 피복 2000벌이 내 본부에 송달되었다. 나는 교관 스물다섯 명도 요청했다. 교관들은 규율이 잘 잡혀 있고 질서를 잘 유지하고 2주 뒤에 훈련 과정을 마칠 수 있도록 군사 훈련의 세부 사항을 모조리 꿰고 있어야 했다. 장군은 모든 등급의 볼린스키 연대* 부사관 스물다섯 명을 내게 보냈다.

그다음에는 보급 문제가 있었다. 우리에게 자체 취사장이 있어야 할까? 자체 취사장을 두지 않고 우리 숙소에서 멀지 않은 곳에 주둔한 근위연대의 취사장을 활용하면 더 편리하다는 사실이 밝혀졌다. 빵 1킬로그램, 양배춧국, 카샤(귀리죽), 설탕, 차로 이루어진 정규 부대의 배급 식량이 나왔다. 나는 양동이를 주고 한 번에 1개 중대를 보내서 끼니를 받아오게 하곤 했다.

5월 26일 아침에 신병 전원이 여학원 부지에 모였다. 나는 그들을 키 순서로 정렬한 뒤에 부대 전체를 약 1000명씩 2개 대대로 나누었다. 각 대대는 4개 중대로, 각 중대는 4개 소대로 다시 나누었다. 각 소대를 지휘하는 남자 교관이 한 명 있었고, 각 중대를 지휘하는 장교가 한 명 있었다. 그래서 나는 남자 교관의 수를 모두 합쳐서 마흔 명으로 늘려야 했다.

나는 여자들에게 다시 연설을 해서 그들이 임무에 들어선 순간부터 더는 여자가 아니라 군인임을 알렸다. 영내 이탈을 금지했고, 저녁 6시와 8시 사이에만 일가친지의 면회를 허용했다. 나는 똑똑한 신병들 가운데에서—부대에는 대학 졸업생이 많았다—소대와 중대의 사관으로 진급할 이를 여럿 골랐는데, 이들의 직무는 부대 내 감독에 한정될 터였다. 남자 지휘관들은 교관일 따름이고 하루 일과가 끝나면 자기 병영으로 돌아가기 때문이었다.

---

* Волынский полк. 1817년에 창설된 러시아 제국군 정예 부대의 하나. 주로 폴란드에 주둔했고 여러 전쟁에 참여했다. 1917년 2월에 페트로그라드 시민의 시위를 진압하는 부대로 투입되었으나, 진압을 거부하고 시위대에 가세해서 2월혁명의 한 주역이 되었다.

그다음에 나는 신병들을 이발소 네 곳으로 보냈다. 아침 5시부터 정오까지 이발사 여럿이 여자들의 머리카락을 차례차례 짧게 깎았다. 이발소 밖 군중이 이 낯선 절차를 지켜보면서 여자가 머리카락을 빡빡 깎이고 아마도 마음 아파 하면서 이발소에서 나올 때마다 비아냥으로 맞이했다.

같은 날 오후에 병사들이 커다란 정원에서 첫 교습을 받았다. 신병 한 명이 당직사관의 허락 없이는 아무도 들어보내지 말라는 임무를 맡고 정문에 파견되어 보초를 섰다. 보초는 두 시간마다 교대되었다. 높은 담이 부지를 에워싸서 방해받지 않고 훈련이 진행되었다. 키득거리기는 엄금되었고, 나는 여자들을 예의 주시했다. 첫날에 서른 명쯤을 격식에 얽매이지 않고 잘라냈다. 몇몇은 너무 많이 웃는다고, 다른 몇몇은 까분다고 쫓겨났다. 그들 가운데 몇몇은 내 발밑에 꿇어앉고는 제발 좀 봐달라고 빌었다. 그러나 나는 냉혹하지 않으면 내 계획을 차라리 초장에 그만두는 편이 더 낫다고 마음을 굳혔다. 내 말에 무게가 실리려면 내 말이 최종적이고 변경 불가능해야 했다. 그렇지 않다면, 도대체 어떻게 여자 2000명을 다룰 수 있기를 바라겠는가? 훈련병 한 명이 명령에 불복종하자마자 나는 곧바로 군복을 벗기고 그를 내쫓았다. 이 일에서 문제는 질이지 양이 아니었다. 나는 해야 한다면 몇백 명을 거리낌 없이 잘라내겠다고 마음먹었다.

우리는 훈련용 소총 500자루를 받았는데, 병력의 4분의 1에게만 돌아가는 수량이었다. 그래서 보급된 소총을 부대 전원이 쓰게 해줄 방법을 궁리해내야 했다. 결사대대원이 특별 휘장으로 식별되어야 한다는 생각도 떠올랐다. 그래서 우리는 흰 바탕에 붉고 검은 줄이 하나씩 그어진 견장을 새로 고안했다. 또 붉은색과 검은색 화살촉 모양 표시 하나를 오른팔에 붙이기로 했다. 나는 새 휘장 2000개를 주문했다.

저녁이 오고 취침 시간이 되었을 때 여성 훈련병들은 10시에 잠자리에 들라는 명령을 들은 체 만 체 계속 수다를 떨고 웃었다. 나는 당직 사관을 꾸짖고는 병사들이 10시 뒤에도 깨어 있을 경우에는 여섯 시간 동안 차려 자세를 시키겠다고 을렀다. 여성 훈련병 쉰 명에게 벌로 두 시간 동안 차려 자세로 서 있으라고 명령했다. 나는 나머지 훈련병에게 말했다.

"모두 지금 당장 취침한다! 파리 한 마리가 윙윙거리는 소리가 들릴 만큼 조용히 하기 바란다. 기상 시간은 새벽 5시다."

나는 잠 못 이루는 하룻밤을 보냈다. 생각할 일이 많았고 이겨내야 할 어려움이 많았다.

5시에 당직사관만 깨어 있었다. 병영에서 꿈쩍이는 사람은 단 한 명도 없었다. 당직사관이 여성 훈련병들에게 기상하라고 두 번 명령했는데 아무도 움직이지 않았다고 내게 보고했다. 나는 나가서 천둥 같은 목소리로 명령했다.

"프스타바이!"*

신병들이 놀라고 졸린 채로 일어났다. 그들은 옷 입기와 씻기를 마치자마자 불려 나가 기도를 했다. 나는 기도를 꼭 해야 하는 일과로 만들었다. 그다음에 차와 빵으로 이루어진 아침 식사가 뒤따랐다.

8시에 나는 중대들에게 모두 정렬하고 15분 뒤에 열병식을 할 준비

---

* Вставай. '일어나'라는 뜻의 러시아어 낱말.

를 갖추라는 명령을 내렸다. 그리고 나가서 각 중대를 지나가며 인사를 했다. 중대는 한목소리로 대답하곤 했다.

"건강하십시오, 사령관님."

훈련이 재개되었고, 나는 선별 과정을 계속했다. 한 여성 훈련병이 교관에게 눈웃음을 치고 까불대고 제 일을 하는 둥 마는 둥 하는 꼴을 보자마자 곧바로 그에게 군복을 벗고 집으로 가라고 명령했다. 이런 식으로 둘째 날에는 쉰 명쯤을 솎아냈다. 나로서는 내가 진 책임의 무게가 천근만근이었다. 언제나 나는 여성 훈련병들에게 우리 앞에 놓인 과업과 가장 진지하게 마주하라고 호소했다. 결사대대는 꼭 성공작이 되어야 했다. 그러지 않으면 틀림없이 내가 나라의 웃음거리가 되는 동시에 내 구상을 지원해준 이들이 망신을 당할 터였다. 결사대대를 전선에 파견할 수 있으려면 훈련 과정을 빨리 마치는 것이 가장 중요했기 때문에 나는 새 지원자를 받아들이지 않았다.

며칠 동안 훈련이 진행되었고, 여성 훈련병들은 병사 기본 훈련을 다 마쳤다. 내가 품행이 나쁜 훈련병의 뺨을 벌로 때리는 일이 몇 번 있었다.

어느 날 보초가 당직 장교에게 여자 두 명이 나를 만나고 싶어 하는데 한 명은 유명한 영국 여성이라고 보고했다. 나는 내가 방문객을 맞이하는 동안 차려 자세로 있으라고 대대에 명령했다. 방문객은 에멀린 팽크허스트와 키쿠토바Кикутова 공작 부인이었는데, 키쿠토바*는 내가 아

---

* 영어 원문에는 키쿠아토바Kikuatova로 표기돼 있다. 케쿠아토바Кекуатова나 케이쿠아토바Кейкуатова로 표기된 문헌도 있다.

는 사람이었다.

나는 팽크허스트 부인을 소개받고 "여성과 영국을 위해 큰일을 하신 저명한 방문객"에게 경례를 하라고 결사대대에 명령했다. 팽크허스트 부인은 대대를 자주 찾아왔고, 대대가 기강이 선 군부대로 자라나는 모습을 큰 관심을 가지고 지켜보았다. 우리는 서로에게 깊은 애착심을 품게 되었다. 팽크허스트 부인은 페트로그라드의 1급 호텔인 아스토리야Астория에서 열리는 만찬에 나를 초대했다. 만찬에는 케렌스키와 수도에 있는 여러 연합국 대표가 참석할 터였다.

한편, 결사대대는 빠른 진척을 보이고 있었다. 우리는 처음에는 별로 골머리를 앓지 않았다. 볼셰비키 선동가들은 그 기획이 금세 끝장나리라고 예상하고는 진지하게 받아들이지 않았다. 내가 처음에 받은 협박 편지는 서른 통쯤밖에 되지 않았다. 그러나 내가 병사위원회 없이 지휘하면서 가장 엄한 규율을 유지한다는 것이 차츰차츰 알려졌고, 선전가들이 나를 위험한 자로 여기기 시작했다. 그들은 내 계획을 뒤틀어버릴 방법을 찾았다.

만찬이 예약된 저녁에 나는 아스토리야로 갔다. 거기서 케렌스키는 내게 무척 살가웠다. 그는 내게 볼셰비키가 임시정부 반대 시위를 준비하고 있으며, 페트로그라드 수비대가 처음에는 임시정부 지지 시위를 조직하는 데 동의했지만 결국 지지 행진을 하지 않기로 번복했다고 말했다. 그러고 나서 국방장관은 내게 임시정부를 지지하는 행진을 결사대대와 함께하겠느냐고 물었다.

나는 그의 권고를 기쁘게 받아들였다. 케렌스키는 여성결사대가 이미 유익한 영향력을 발휘했다고, 몇몇 군부대가 기꺼이 전선으로 떠나겠다는 뜻을 밝혔다고, 부상병 가운데 많은 이가 여자들이 싸울 수 있다면—불구자인—자기들도 싸우겠다고 선언하면서 최전선으로 가려고 스스로 조직을 만들었다고 말했다. 끝으로 그는 결사대대의 행진이 공표되면 페트로그라드 수비대가 자극을 받아서 따라 하리라는 자기의 믿음을 비쳤다.

나는 아스토리야에서 즐거운 저녁을 보냈다. 돌아올 때 같은 쪽으로 가는 지인 한 사람이 나를 자동차로 콜로멘스크 여학원까지 데려다주겠다고 제안했다. 나는 제안을 받아들였지만, 그가 일부러 자기 목적지에서 벗어나 운전하기를 바라지 않았으므로 본부에서 조금 떨어진 곳에서 내렸다. 내가 임시 막사에 다다른 때는 11시쯤이었다. 정문에 작은 무리가 있었는데, 서른다섯 명쯤 되는 병사, 불량배, 부랑자 등 온갖 부류의 사내들이었다. 점잖아 보이는 자도 몇 명 있었다.

"당신들은 누구요? 여기서 뭐 하고 있습니까?" 내가 무뚝뚝하게 물었다.

"사령관님." 보초가 외쳤다. "저 사람들은 사령관님을 기다리고 있습니다. 저들은 여기에 한 시간도 더 죽치고 있다가 정문을 밀치고 들어와서는 구내와 사령관님 숙소를 뒤지며 돌아다녔습니다. 그러다 사령관님이 자리에 없음을 확인하고는 사령관님이 돌아올 때까지 여기서 기다리기로 결정했습니다."

"좋아, 너희는 무엇을 원하나?" 무리가 나를 에워싸자 내가 그들에게 물었다.

"뭐, 우리가 뭘 원하느냐고? 우리는 네가 결사대대를 해체하기를 원한다. 규율이라면 진절머리가 난다고. 피는 흘릴 만큼 흘렸어. 우리는 군대와 군국주의를 더는 원하지 않아. 넌 보통 사람들에게 새 골칫거리를 만들어내고 있을 따름이야. 결사대대를 해체하면 우리는 너를 가만히 놔두겠다."

"나는 해체하지 않을 것이다." 내 대답은 이랬다.

몇몇이 권총을 뽑더니 나를 죽이겠다고 을렀다. 보초가 경보를 울리자 모든 여성 훈련병이 창문에 나타났는데, 그들 가운데 많은 이가 소총을 쏠 태세였다.

"이봐요." 사내들 가운데 두어 명이 다시 주장했다. "당신은 인민의 일원이고 우리는 보통 사람들이 잘 살기를 바랄 뿐이오. 우리는 평화를 원하지 전쟁을 원하지 않아요. 그런데 당신은 전쟁을 다시 부추기고 있소. 우리는 전쟁이라면 진절머리가 나요. 전쟁은 할 만큼 했다고. 우리는 이제 전쟁이 쓸데없는 짓이라고 이해하오. 틀림없이 당신도 얼마 안 되는 부자를 위해 가난한 사람들이 살육당하는 꼴을 보고 싶어 하지 않을 거요. 자, 우리 편에 가세해서 다 같이 평화를 위해 일합시다."

"너희는 나쁜 놈이야!" 온 힘을 다해 내가 소리쳤다. "너희는 멍청이야! 나도 평화에 찬성하지만, 우리는 러시아에서 독일군을 몰아내 버릴 때까지는 결코 평화를 얻지 못한다고. 그놈들은 우리를 노예로 삼고 우리나라와 우리의 자유를 파괴할 거야. 너희는 반역자야!"

느닷없이 나는 등을 세게 걷어차였다. 누군가 옆에서 두 번째 일격을 가했다.

나는 얻어맞아 넘어지면서 창가에 있는 훈련병들에게 "사격!"이라고 외쳤다. 언제나 첫 발은 경고로 허공에 쏘라고 훈련병에게 가르쳤던 것을 잊지 않았던 것이다.

소총 몇백 정의 일제사격 소리가 크게 울렸다. 나를 공격했던 자들이 재빨리 흩어졌고, 나는 무사했다. 그러나 그자들은 다시 와서 창문에 돌을 던져 거리를 마주보는 창의 유리를 죄다 깨뜨렸다.

12장 | 병사위원회의 지배에 맞선 나의 싸움

내가 병영에 들어선 것은 자정 지나서였다. 당직사관이 그날 저녁의 사건을 내게 보고했다. 처음에는 그 패거리의 한 볼셰비키 선동가가 보초에게 내가 무언가를 가지러 오라고 자기를 보냈다고 말해서 안으로 들어온 듯했다. 그 선동가는 출입이 허용되자마자 여성 훈련병들을 불러모으더니 연설을 시작해서 그들에게 새로운 정신에 따라 병사위원회를만들어 스스로 운영하라고 호소했다. 그자는 내가 확립한 규율 체계에복종한다며 그들을 비웃으면서 그 체계를 차르 체제라 일컫고 내가 벌을 준 불쌍한 여자들에게 동정심을 내비쳤다. 그는 전쟁을 규탄하고 어떤 대가를 치르더라도 강화 조약을 맺어야 한다고 호소하면서 내 신병들에게 자유 시민으로 행동하라고, 반동적인 최고 상관을 끌어내리고민주주의 방식으로 새로 뽑으라고 다그쳤다.

그 연설 탓에 대대의 대오에 분열이 일어났다. 대대원 반 이상이 그연사에 찬동하면서 외쳤다. "우리는 자유롭다. 지금은 구체제가 아니야.우리는 독립적이기를 바란다. 우리는 우리 권리를 행사하고 싶다." 그들은 부대에서 떨어져 나갔고, 투표를 한 뒤 자기들이 과반수임을 알고 병사위원회를 뽑았다.

나는 무척 흥분해서 늦은 시간이었는데도 여성 훈련병들에게 정렬하라고 명령했다. 정렬이 이루어지자마자 나는 다음과 같이 명령했다.

"병사위원회를 원하는 사람은 오른쪽으로 가라. 병사위원회에 반대하는 사람은 왼쪽으로 가라."

과반수가 오른쪽으로 갔다. 300명쯤만 왼쪽에 섰다.

나는 이렇게 외쳤다. "너희 가운데 여태 너희가 다루어진 대로 내게 다루어질, 필요할 때 벌을 받을, 가능한 한 가장 엄혹한 규율을 대대에서 유지할, 병사위원회 없이 기꺼이 지휘를 받을 뜻이 있는 사람은 지금 '예'라고 하라."

왼쪽에 있는 무리 300명이 한목소리로 소리쳤다. "예, 우리는 동의합니다! 기꺼이 그러겠습니다, 사령관님."

나는 말이 없는 오른쪽 무리에게 돌아서서 말했다.

"너희는 왜 입대했나? 나는 너희에게 입대하면 힘들 거라고 미리 말했다. 너희는 복종 서약에 서명하지 않았나? 나는 행동을 원하지 말을 원하지 않는다. 병사위원회는 말의 홍수로 행동을 마비시킨다."

"우리는 노예가 아니다. 우리는 자유로운 여성이다." 항명자들 가운데 여럿이 소리쳤다. "이것은 구체제가 아니다. 우리는 더 정중한 대우, 더 많은 자유를 바란다. 나머지 군대처럼 우리 일은 우리가 운영하고 싶다."

"아, 너희는 바보 같은 여자들이로구나!" 미어지는 가슴을 안고 내가 대꾸했다. "나는 나머지 군대처럼 되려고 이 대대를 편성하지 않았다. 우리는 본보기 노릇을 해야지, 지금 러시아에 넘쳐나는 쓸모없는 병사 몇백만 명에 그저 바바를 조금 보태서는 안 된다. 우리는 새 길을 뚫어내야지, 사기가 꺾인 군대를 흉내 내면 안 된다. 너희가 어떤 부류인지 알았더라면, 나는 너희와 아무 관계도 맺지 않았을 것이다. 생각해봐라. 총공격에서 우리가 맨 앞에 설 것이다. 자, 가정해봐. 우리에게 병사 위원회가 있고 공격할 때가 왔다고. 그런데 갑자기 위원회가 전진하지 않기로 결정하고 우리 계획 전체가 물거품이 된다."

"알았소." 반도叛徒가 외쳤다. "공격할지 말지는 우리 스스로 결정하고 싶소."

"이런." 넌더리를 내며 내가 그들을 쳐다보고 말했다. "너희는 걸치고 있는 군복을 입을 값어치가 없다. 이 군복은 고결한 희생을, 이타적 애국심을, 순수와 명예와 충성을 상징한다. 너희 한 명 한 명이 다 군복의 수치다. 군복을 벗고 이곳을 떠나라."

내 명령은 비아냥과 반항에 맞닥뜨렸다.

"우리는 과반수다. 당신의 명령에 복종하기를 거부한다. 당신의 권위를 더는 인정하지 않는다. 새 최고 상관을 뽑겠다!"

무척 속상했지만 나는 경솔하게 행동하지 않고 자제했다. 그들에게 다시 한번 호소하기로 마음먹고 말했다.

"너희는 새 최고 상관을 뽑지 못할 것이다. 하지만 가고 싶으면 조용히 가라. 남부끄럽게 굴지 마라. 여자들을 위해서 말이다. 이 모든 일이 널리 알려지면, 우리 모두의 체면과 명예가 깎일 것이다. 남자들이 여자는 진지한 일에 걸맞지 않다고, 여자는 큰일을 해내는 법을 알지 못한다고, 여자는 다투지 않고는 못 배긴다고 말할 것이다. 우리는 온 세계의 놀림거리가 될 것이며 너희 행동은 여성에게 영원한 오점일 것이다."

"하지만 당신은 우리한테 왜 그리 잔혹하고 가혹한가?" 반도가 다시 주장하기 시작했다. "왜 당신은 우리한테 휴일도 허용하지 않고 나들이할 기회도 주지 않고 언제나 소리를 지르며 이래라저래라 명령하면서 우리를 마치 감옥에 있는 죄수처럼 대우하는가? 당신은 우리를 노예로 삼고 싶어 한다."

"애당초 나는 엄격하다고, 소리치고 벌을 준다고 너희한테 말했다. 너희를 영내 밖으로 내보내지 않은 까닭은 내가 너희의 외부 행실을 확신할 수 없기 때문임을 너희는 알고 있다. 나는 이 집이 거룩한 곳이 되기를 바랐다. 나는 하느님께 당신의 순결로 우리를 거룩하게 해달라고 기도했다. 나는 너희가 성자 같은 여자로서 전선에 가기를 희망했고 적군의 총알이 너희를 건드리지 않기를 소망했다."

밤새도록 항명자들과 충성스러운 여성 훈련병 300명 사이에 논쟁이 세차게 벌어졌다. 나는 반도가 제 하고 싶은 대로 하도록, 심지어 군복 차림으로 떠나더라도 내버려두라는 지시를 장교들에게 남기고 물러났다. 내 기획의 결과를 곱씹어보니 절망감이 가득했다. 한 착상을 대표해서 자기 명예를 걸고 맹세했다가 스스로 치켜들었던 깃발을 내팽개친 여자들의 창피한 행동을 생각하니 모든 여자가 가여워서 가슴이 쓰렸다.

아침에 나는 반도가 군관구 사령관 폴롭초프 장군에게 가서 나를 고발할 대표단을 뽑았다는, 그리고 그들이 다 군복 차림으로 출발했다는 보고를 받았다. 같은 날 나는 폴롭초프 장군에게 불려 가서 그 문제의 전모를 보고했다. 장군은 내게 반도의 요구 사항 가운데 몇몇을 들어주고 타협하라고 충고했다.

"이제는 병사들의 위원회가 군대 전체를 운영하고 있네. 자네 혼자 옛 체제를 보전할 수는 없어. 추문을 피해서 자네의 대업을 구하려면 자네의 여자 부하들이 위원회를 만들게 내버려두게나." 폴롭초프 장군이 나를 설득하려고 애썼다. 그러나 나는 설득되지 않으려고 했다.

장군은 이어서 제1군과 제10군의 병사들이 내 일에 관해 듣고는 나를 위해 성상화 두 개를 샀다는 말을 해주었다. 성모의 성상화와 게오르기 성자*의 성상화인데 둘 다 은으로 만들어져 금테를 둘렀다는 것이다. 그들은 깃발 두 개에 알맞은 문구를 수놓으라는 설명을 전보로 보냈다. 폴롭초프 장군은 케렌스키가 성상화 증정식을 장엄하게 치를 생각이며 내 군 경력을 빠짐없이 조사하게 한 뒤에 황금 십자가 하나를 사서 함께 증정하기로 했다고 내게 말해주었다.

"자네가 여성 훈련병들을 달래지 않으면 지금 이 행사가 어떻게 되겠나?" 폴롭초프 장군이 물었다. 당연히 그가 해준 말에 우쭐했지만 나는 의무가 우선이라고, 내게 약속된 영예를 위해서라도 내가 물러서서는 안 된다고 여겼다. 병사위원회를 만든다는 데 내가 동의하면 자기가 여성 훈련병들에게 나를 고발하지 말라고 명령하겠다고 폴롭초프가 내게 확약했는데도 말이다.

"저는 무슨 일이 있어도 그 반도를 대대에 두지 않겠습니다." 내가 말했다. "그 반도한테서 모욕을 당했으니, 저는 늘 그들이 조직에 해롭다고 여길 겁니다. 그들은 여기서는 내 힘을 빼려 하고 전선에서는 나

---

* Святой Георгий. 그리스도교의 순교자(?~303년). 디오클레티아누스 로마 황제의 박해를 받아 참수되었다. 나쁜 용을 물리친 성자로 추앙되며, 미술에서는 갑옷을 입고 용과 싸우는 기사로 그려진다.

를 욕보이려 합니다. 결사대대의 결성 목적은 사기를 잃은 남성 병사들에게 본보기를 보여주는 것이었습니다. 반도에게 병사위원회를 내주면, 모든 것이 틀어집니다. 군대에서 일어난 똑같은 사태를 제가 겪을 것입니다. 군대가 허물어진 꼴이, 제가 새 체제를 도입하지 않겠다고 다짐하기에 충분한 이유입니다."

"그래, 병사위원회가 화근거리라는 자네 말에 동의하네." 폴롭초프 장군이 속내를 털어놓았다. "하지만 어쩌겠나?"

"저는 이것만큼은 압니다. 저만큼은 병사위원회와 절대 엮이지 않으리란 것을요." 내가 힘주어 말했다.

장군이 벌떡 일어서더니 주먹으로 탁자를 내리치며 소리를 질렀다.

"나는 병사위원회를 만들라고 자네에게 명령하네!"

나도 박차고 일어나 탁자를 치면서 큰 소리로 잘라 말했다.

"그러지 않겠습니다! 저는 결사대대를 제가 맞다고 보는 방식으로, 그리고 병사위원회 없이 운영하게 해준다는 조건으로 이 일에 나섰습니다."

"그렇다면 자네 대대를 해체할 수밖에 없어!" 폴롭초프 장군이 선언했다.

"바라시면 지금 바로 하십시오!" 내가 대꾸했다.

나는 자동차로 콜로멘스크 여학원으로 갔다. 여성 훈련병들에게 복귀 명령이 내려졌음을 알고 나는 정문에 소총을 든 보초 열 명을 세우고 누구도 들여보내지 말라고, 그리고 유사시에는 발포하라고 지시했다. 반도 가운데 많은 이가 왔지만 소총으로 위협을 받자 물러갔다. 그들은 도로 폴롭초프에게 갔는데, 폴롭초프는 적어도 지금 당장은 그들을 위해 아무것도 할 수 없었다. 그는 케렌스키에게 문제를 보고하면서, 나를 제어할 조치를 취해야 한다는 권유를 곁들였다.

나는 결사대대를 개편하는 일에 나섰다. 남은 대원은 300명뿐이었지만, 이들은 충성스러운 잔류자였고 나는 수가 줄었다고 속상해하지 않았다. 남아 있는 여성 훈련병 대다수가 나처럼 농민이었고 까막눈이었지만 어머니 러시아에 아주 헌신적이었다. 그들의 나이는 한 명만 예외로 하면 모두 서른다섯 살을 밑돌았다. 예외는 오를로바Орлова였는데, 마흔 살이었지만 드물게 튼튼한 체질의 소유자였다. 우리는 전보다 더 큰 열의를 품고 훈련을 재개했다.

하루인가 이틀 뒤에 케렌스키의 부관이 전화를 걸어왔다. 겨울궁전으로 와서 국방장관을 만나라는 전언이었다. 대기실에는 많은 사람이 들어차 있었고 몇몇 아는 사람이 내게 인사를 했다. 나는 예약된 시간에 케렌스키의 집무실로 인도되었다.

내가 들어갔을 때 케렌스키는 집무실을 기운차게 서성이고 있었다. 잔뜩 찌푸린 그의 이마에는 주름살 한 줄이 깊이 파여 있었다.

"아침인데 안녕하십니까, 장관님." 내가 인사했다.

"안녕하오." 그는 손을 내밀지 않은 채 쌀쌀맞게 인사했다.

"당신은 군인이오?" 그가 불쑥 물었다. "예." 내가 대꾸했다.

"그렇다면 왜 상관들에게 복종하지 않소?"

"이 경우에는 제가 옳기 때문입니다. 그 명령은 우리나라의 이익을 거스르며 제 권한에 어긋납니다."

"당신은 복종해야 하오!" 케렌스키가 목소리를 높였고, 성이 나서 얼굴이 벌게졌다. "나는 당신에게 내일 병사위원회를 만들라고, 여성 훈런병들을 정중하게 대우하라고, 그들에게 벌 주는 행위를 그만두라고 명령하오. 그러지 않으면 내가 당신을 자르겠소!" 국방장관은 제 말을 강조하려고 탁자에 주먹을 내리쳤다.

하지만 나는 내가 옳다고 느꼈고, 그래서 이 성질 부리기에 주눅 들지 않고 오히려 내 다짐을 더 굳혔다.

"아니요!" 나도 주먹을 내리치며 외쳤다. "안 됩니다. 저는 어떤 위원회도 만들지 않겠습니다. 저는 결사대대에 가장 엄한 규율이 있으리라는 합의를 하고 일을 시작했습니다. 당신은 결사대대를 지금 해산할 수 있습니다. 저는 군인이고 군인으로 남을 겁니다. 저는 물러나 고향 마을로 가서 평화롭게 지내겠습니다." 그리고 나는 깜짝 놀란 장관 면전에서 문을 거세게 쾅 닫고 뛰쳐나갔다.

나는 무척 흥분해서 콜로멘스크 여학원으로 돌아간 뒤에 여성 훈련병들을 모아놓고 다음과 같이 연설했다.

"나는 내일 고향으로 간다. 내가 병사위원회를 만드는 데 동의하지 않았기 때문에 결사대대는 해산될 것이다. 너희는 모두, 내가 가혹한 규율주의자라고 모든 입대 신청자한테 경고했음을 알고 있다. 나는 이 결사대대를 우리나라 역사에서 영원히 빛날 본보기로 만들고 싶었다. 나는 남자들이 실패한 지점에서 여자들이 성공할 수 있음을 보여주기를 바랐다. 나는 여자들이 남자들을 자극해서 큰 공훈을 세우게 만들고 가여운 우리나라를 구하는 꿈을 감히 꾸었다. 하지만 내 희망은 이제 산산조각 난다. 내 호소에 호응한 여성 훈련병의 과반수가 약해빠진 겁보임이 드러났고 시련을 겪는 러시아를 구제한다는 내 계획을 망쳐버렸다. 나는 케렌스키에게서 막 돌아왔다. 그는 내가 위원회를 만들어야 한다고 말했지만, 나는 마다했다. 너희는 위원회가 무엇을 뜻할지 아는가?"

"아니요, 모릅니다, 사령관님." 여성 훈련병들이 대답했다.

나는 이렇게 설명했다. "위원회는 말, 말, 말밖에는 아무것도 뜻하지 않는다. 병사위원회는 군대와 나라를 망가뜨렸다. 이것은 전쟁이고, 전쟁에서는 말이 아니라 행동이 있어야 한다. 나는 이 결사대대에 영광스러운 우리 군대를 산산조각 내버린 바로 그 체제를 도입하라는 명령에 굴복할 수 없다. 그래서 난 고향으로 갈 것이다. …… 그래, 난 내일 떠난다. ……"

여성 훈련병들이 눈물을 흘리며 내 발밑에 엎드렸다. 그들은 흐느끼며 내게 자기들 곁에 남아달라고 빌었다. "우리는 당신을 사랑합니다. 우리는 마지막까지 당신 옆에 서 있겠습니다." 그들이 외쳤다. "당신은 우리에게 벌을 줄 수 있고, 하고 싶으면 우리를 때릴 수도 있습니다. 우리는 당신의 동기를 알고 있고 존중합니다. 우리는 러시아를 돕고 싶고 당신이 우리를 활용하기를 바랍니다. 당신은 하고 싶은 대로 우리를 다룰 수 있고 우리를 죽일 수도 있지만, 우리를 두고 떠나지는 마십시오. 우리는 당신을 위해 어디든지 가겠습니다. 우리가 폴롭초프 장군에게 가서 그자를 갈기갈기 찢어버리겠습니다!"

그들은 내 두 발을 부둥켜안고 나를 껴안고 내게 입을 맞추며 애정과 충성을 고백했다. 내 가슴은 이 용감한 친구들에게 느끼는 고마움과 사랑으로 가득 찼다. 그들은 내게 아이처럼, 내 아이처럼 보였고 나는 자상한 어머니 같다는 느낌이 들었다. 나는 비록 쓸모없는 대대원 1500명을 성나게 했을지라도 이 고결한 300명의 크나큰 헌신을 얻었다. 그들은 군 생활의 된맛을 보았지만 꽁무니를 빼지 않았다. 다른 훈련병들은 겁

보였고 '민주주의'를 가장해서 자기가 쓸모없다는 것을 가렸다. 이 300명은 핑곗거리를 찾지 않았고, 스스로를 남김없이 바쳐야 하는 상황에도 주눅 들지 않았다. 심장은 용감하고 영혼은 순수하며 스스로를 바칠 태세를 갖춘 러시아 여성 300명을 생각하니 아린 가슴에 위안이 되었다.

"그럴 수 있으면 좋겠지만 나는 남을 수 없다." 나는 훈련병들의 애원에 답했다. "당국자의 명령은 병사위원회를 만들든지, 아니면 결사대대를 해산하라는 것이다. 내가 위원회를 대번에 거부했기 때문에 나로서는 고향으로 가는 것밖에는 다른 길이 남아 있지 않다. 당분간, 잘 있거라. 오후에 나는 리흐텐베르크Лихтенберг* 대공 부인에게 갈 것이다."

리흐텐베르크 대공 부인은 내 일에 큰 흥미를 품었던 사교계 여인들 가운데 한 명으로, 아주 소박하고 사랑스러운 사람이었다. 마음을 털어놓을 수 있는 누군가가 내게 있어야 했다. 나는 대공 부인이 이해하고 도움을 주리라 늘 믿어 의심치 않았다.

"마리야, 어디 아파요?" 내가 집 문턱에 나타나자마자 대공 부인이 나를 맞이하며 한 말이었다. 나는 울음을 억누를 수 없었다. 우느라 멈칫거리며 그에게 항명과 뒤이은 결사대대의 붕괴를 말해주었다. 그것이 나를 짓눌렀고 참사에 으스러지는 느낌이 들었다. 대공 부인은 충격을 받고 나와 함께 울었다. 우리가 간직했던 아름다운 꿈은 깨졌다. 참으로 구슬픈 저녁이었다. 나는 부인과 함께 식사를 했다.

8시쯤에 여성 훈련병 한 명이 찾아와서 나를 보겠다고 요청했다. 훈련병들이 폴롭초프 장군을 방문한 결과를 내게 보고하려고 병영에서

---

* 레이흐텐베르크Лейхтенберг로 표기된 문헌도 있다.

전령으로 파견한 병사였다. 내 충성파 300명이 소총으로 무장하고 그 군관구 사령관에게 가서 자기들을 보러 나오라고 한 모양이었다. 그들은 사뭇 진지했다. 장군이 나왔다.

"우리 사령관에게 무슨 짓을 하셨습니까?" 그들이 매섭게 따졌다.

"난 너희 사령관에게 아무 짓도 하지 않았다." 이 위협적 시위에 놀라서 폴롭초프가 대답했다.

"우리 사령관님을 우리한테 돌려주십시오!" 여성 훈련병들이 외쳤다. "우리는 그분이 곧바로 돌아오기를 바랍니다. 그분은 성자 같은 여자이며, 그분의 가슴은 가엾은 러시아 때문에 아파하고 있습니다. 우리는 고분고분하지 않은 그 나쁜 여자들과는 결코 엮이지 않겠으며, 결사대대를 해산하지 않겠습니다. 우리가 결사대대입니다. 우리는 우리 사령관님을 원합니다. 우리는 그분께 했던 서약에 따라 엄한 규율을 원하며, 어떤 위원회도 만들지 않겠습니다."

성이 나서 으르는 여자들 무리에 에워싸여 폴롭초프 장군은 정말로 놀랐다고 한다. 그는 결사대대를 해산하지 않겠다고, 그리고 다음 날 아침 9시에 병영으로 가보겠다고 약속해서 그들을 콜로멘스크 여학원으로 돌려보냈다. 나는 그 전령과 함께 병영으로 갔다. 모든 것이 아주 반듯한 상태에 있었다. 여성 훈련병들은 자기네 지도자를 위로하려고 애쓰는 듯했고 그래서 소리 내지 않고 차분하게 여기저기 움직였다.

아침에 기상, 기도, 아침 식사, 훈련 등 모든 것이 여느 때처럼 진행되었다. 9시에 폴롭초프 장군, 케렌스키의 부관, 데멘티예프 대위, 그리고 결사대대에 관심을 가진 여자 몇 명이 정문에 있다고 보고를 받았다. 나는 얼른 결사대대를 정렬했다. 폴롭초프 장군이 우리에게 인사를 했고 우리는 경례를 했다. 장군은 나와 악수를 하고 나서 이러저러한 문제를 이야기하고 싶으니 여성 훈련병들을 정원 안으로 보내라고 명령했다.

나는 저명한 방문객들을 이끌고 건물 안으로 들어가면서 이 모든 일이 무엇을 뜻하는지 마음속으로 물어보았다. 나는 이렇게 생각했다. '이분들이 병사위원회를 만들라고 나를 설득하러 왔다면, 나로서는 무척 힘들겠지만 모든 설득에 저항할 테다.'

내 예상이 맞았다. 폴롭초프 장군은 내 고집을 꺾는 일을 거들도록 나를 후원하는 이 여인들을 다 데려온 것이다. 곧바로 그는 일반 규정에 따라 결사대대에 병사위원회 체제를 도입해야 한다고 설명하기 시작했다. 그가 이미 익히 아는 논거를 들먹거렸지만, 나는 물러서지 않을 터였다. 그는 차츰차츰 성을 냈다.

"당신은 군인이오?" 케렌스키가 했던 질문을 그가 되풀이했다.

"예, 장군님!"

"그러면 왜 명령에 복종하지 않소?"

"그 명령이 나라의 이익에 어긋나기 때문입니다. 병사위원회는 역병입니다. 그것이 우리 군대를 망가뜨렸습니다." 내가 대답했다.

"하지만 그게 나라의 법이오." 그가 잘라 말했다.

"예, 그리고 그 법은 전시에 전선을 허물어뜨리려고 만들어진 망할 법입니다."

"지금 나는 귀관에게 형식적으로 그렇게 하라고 요청하는 거요." 내 말이 맞다는 것을 깨달았는지 그가 완전히 다른 어조로 주장했다. "군대의 모든 병사위원회가 귀관에 관해 묻기 시작했소. '이 보치카료바는 누군가?' 그들이 묻소. '그리고 왜 그 여자가 병사위원회 없이 지휘하게 해주는가?' 형식적으로만 그렇게 하시오. 귀관의 여성 병사들은 귀관에게 헌신적이니 그들이 뽑은 병사위원회는 귀관을 결코 심각하게 괴롭히지 않겠지. 한편으로 그 위원회는 수고를 덜어줄 거요."

그러자 나를 찾아온 귀부인들이 나를 에워싸더니 뜻을 굽히라고 애원하며 구슬렸다. 몇 사람은 흐느끼고 다른 몇 사람은 나를 부둥켜안 았는데, 이 모든 것이 신경에 거슬렸다. 이 구슬리기보다 더 화나는 것 은 없었다. 부아가 치민 나머지 나는 자제심을 완전히 잃고 넋 빠진 상 태가 되었다.

"당신들은 나쁜 사람이야, 죄다! 당신들은 나라를 망치고 싶어 하는 군. 썩 꺼져!" 내가 고래고래 소리쳤다.

"닥쳐! 네가 감히 소리를 질러? 나는 장군이다. 너를 죽여버리겠 다!" 폴롭초프가 화가 나서 부들부들 떨며 내게 외쳤다.

"그래, 넌 나를 죽일 수 있어! 나를 죽여라!" 나는 내 외투를 풀어헤 치고 가슴을 가리키며 소리쳤다. "나를 죽이라고!"

그러자 폴롭초프 장군은 두 손을 들고는 노여워서 낮은 목소리로 중얼거렸다. "젠장! 이건 악마지 여자가 아니야! 저 여자하고 할 수 있는 일은 없어." 그는 자기를 따라온 남녀들과 함께 물러갔다.

내가 병사위원회 없이 내 일을 계속해도 된다고 알리는 폴롭초프 장군의 전보가 이튿날 아침에 왔다.

이렇게 모든 일을 망칠 뻔했던 결사대대의 항명으로 빚어진 분란 이 끝났다. 힘든 싸움이었지만, 내 권한이 확립되었고 내가 물러날 일은 없었다.

사태는 내 신념이 옳음을 완전히 입증해주었다. 한때는 세계에서 가장 거대했던 군사 기구인 러시아군이 병사위원회 체제로 말미암아 몇 달 만에 난파했다. 참호 출신이기에 나는 병사위원회의 치명적 의미를 일찍 깨달았다. 참호에서 병사위원회가 어떤 재앙으로 판명되고 있는지 몸소 배웠던 것이다. 병사위원회가 끝도 없이 이어지는 연설을 뜻한다는 것은 내게 늘 명백했다. 내게는 그것이 병사위원회에서 도드라지는 요소였다. 나는 위원회의 다른 측면은 고려하지 않았다. 나는 우리 남성 병사들이 말을 하는 동안 독일군은 하루 내내 일을 한다는 것을 알았고, 전쟁에서는 행동이야말로 승리의 요체임을 늘 인식했다.

13장 | 전선의 결사대대

폴롭초프 장군에게서 전보가 온 그날 아침에 펼침막도 도착했는데, 거기에 새겨진 문구는 이랬다.

"임시정부 만세! 할 수 있는 자, 전진하라! 용감한 여성이여, 앞으로! 피 흘리는 조국을 수호하자!"

우리는 같은 날 예정된 볼셰비키 시위에 대항해 조직된 시위에서 이 펼침막을 들고 행진할 터였다. 상이용사단이 같은 행렬에서 행진할 터였다. 우리가 모르스카야*에서 만났을 때 나는 상이용사단 단장과 여러 문제를 상의했다.

뒤숭숭한 소문이 나돌았다. 상이용사단 단장이 내게 마음대로 쓰라며 권총 쉰 자루를 주었다. 나는 그것을 교관과 다른 장교에게 나누어 주고 두 자루는 내가 쓰려고 챙겨두었다.

---

* Морская. 상트페테르부르크(페트로그라드) 도심의 주요 대로. 정식 명칭은 볼샤야 모르스카야 거리Большая Морская улица.

볼린스키 연대의 군악대가 결사대대의 선두에 섰다. 6월밖에 안 되었는데도 벌써 볼린스키 연대 병사 절반이 볼셰비키 사상에 감염돼버려서 볼셰비키 반대 행진에 나서기를 거부했기 때문이다.

우리 병영에서 목적지인 마르스 연병장*까지는 5킬로미터쯤이었다. 그 경로 전체에 엄청난 군중이 늘어서서 우리와 상이용사단을 응원했다. 상이용사단에서는 500명쯤이 나왔다. 포장도로 위에서 많은 여자가 아가씨들이 가엾다고 슬퍼하며 울먹였다. 볼셰비키와 한번 맞붙을 듯한데 내가 아가씨들을 그 싸움판에 끌고 들어가고 있다는 것이었다. 모두 말했다. "오늘 뭔가 일어나겠군."

우리가 반대 측 시위가 열리는 마르스 연병장에 다가섰을 때, 나는 부하 병사들에게 15분 동안 앉아서 쉬라고 명령했다.

"정렬!" 15분 뒤에 내가 명령했다. 우리 모두 마치 공세 전야인 양 다소 초조했다. 나는 결사대대에 몇 마디 말을 해서, 공황 사태를 피하기 위해 나를 끝까지 지지하고 누구에게도 무례하게 굴지 말고 도발이 조금만 있어도 물러서라고 지시했다. 그들은 내 지시를 이행하겠다고 맹세했다.

행진을 재개하기에 앞서 상이용사단 단장과 부하 장교 몇 명, 그리고 결사대대 교관 전원이 나서더니 나와 함께 앞줄에 서서 행진하겠다고 주장했다. 나는 반대했지만 그들이 하도 졸라대서 결국은 뜻을 굽혀야 했다. 내가 두려워하지 않는다는 것을 볼셰비키에게 보여주고 싶기

---

* Марсово поле. 제정 러시아 시절에 연병장으로 쓰였던 상트페테르부르크(페트로그라드) 도심의 넓은 공터.

는 했지만 말이다.

마르스 연병장에 있는 군중은 참으로 어마어마했다. 긴 행렬이 볼
셰비키의 펼침막을 들고 그 거대한 광장으로 흘러 들어갔다. 우리는 볼
셰비키 무리의 15미터 이내에서 멈춰 섰고 곧바로 야유와 욕설 세례에
맞닥뜨렸다. 임시정부를 놀리는 조롱과 "혁명적 민주주의 만세! 전쟁을
멈춰라!"라는 외침이 나왔다.

여성 대대원 몇몇이 분노를 억누르지 못하고 대꾸하기 시작해서
열띤 논쟁을 불러일으켰다.

내가 앞으로 걸어 나가 사납게 구는 이웃 시위대에 말했다. "너희는
'전쟁을 멈춰라!'라고 외칠 때 자유 러시아를 망치는 일을 거들고 있다."

"저년 죽여라! 저년 죽여라!" 몇몇 목소리가 울렸다.

나는 무척 흥분해서 몇 걸음 뛰쳐나가 군중에게 더 가까이 갔다. 내
손가락이 권총 두 자루를 감싸 쥐었지만, 뒤이은 소란의 와중에 내 동포,
평범한 노동자와 농민에게 총을 쏘아서는 안 된다는 생각이 머릿속에
박혔다.

조롱이 계속되자 나는 말을 끝맺으며 이렇게 말했다. "속아 넘어간
너희 러시아의 아들들아, 정신 차려라! 너희가 무슨 짓을 하고 있는지
생각해봐라! 너희는 조국을 망가뜨리고 있다고! 나쁜 놈들아!"

군중이 내 주위에 몰려들자 대대 교관들이 나를 붙들고 제지하려
고 애썼지만, 나는 그들의 팔을 뿌리치고 군중 한복판으로 뛰어들었다.
너무 흥분한 나머지 우리에게 총격이 일제히 퍼부어질 때조차 말을 멈
추지 않았다. 그러자 장교들이 결사대대에 사격 명령을 내렸다. 뒤이어
끔찍한 드잡이가 벌어졌다.

대대 교관들 가운데 둘이 숨졌고, 그중 한 교관은 나를 지키다 그랬다. 다른 교관 둘이 다쳤다. 내 여성 병사 열 명도 다쳤다. 총알 여러 발이 나를 스쳤다. 나는 총알을 피했지만, 머리에 쇠막대를 한 방 얻어맞고 기절했다. 뒤에서 내리친! 구경하던 이들 가운데 드잡이에 끌려 들어간 사람이 많았고 그 결과는 공황이었다.

나는 그날 저녁에 의식을 되찾았다. 침대 옆에 의사가 와 있었다. 그는 내가 피를 많이 흘리기는 했어도 상처가 위중하지 않다고, 곧 임무를 재개할 수 있다고 말했다.

저녁 늦게 당직사관이 미하일 로쟌코가 나를 보러 왔다고 보고했다. 의사가 나가서 그를 만났고 옆방에서 두 사람이 나누는 대화가 내게 들렸다. 맨 먼저 로쟌코는 내가 죽었느냐고 물었다. 내가 마르스 연병장에서 맞아 죽었다는 소문이 도시에 퍼지고 있는 모양이었다. 보아하니 내 상태에 관한 의사의 설명을 듣고 그 두마 의장이 다행이라며 마음을 놓는 듯했다.

그러고 나서 그가 들어오더니 웃으며 침대로 다가와 내게 입맞춤을 했다.

"내 작은 영웅, 당신이 중상을 모면했다니 무척 기쁘군요. 당신에 관한 걱정스러운 보고가 많았습니다. 볼셰비키 한가운데로 곧장 행진해 들어간 것은 용감한 행동이었습니다. 그렇기는 해도 수가 그렇게 크게 밀리는데 맞붙다니 당신과 상이용사들은 바보 같았어요. 결사대대에 병사위원회 체제를 도입하려는 데 맞서 싸워서 당신이 이겼다는 말을 들었습니다. 잘했습니다! 더 일찍 찾아와서 축하해주고 싶었지만 무척 바빴습니다."

나는 나를 찾아온 분에게 내가 아주 멀쩡하다는 것을 보여주려고 침대에서 윗몸을 일으켜 앉았다. 그는 내게 코르닐로프 장군이 남서부 전선군 사령관에 임명되었고 다음 날 겨울궁전에서 있을 오찬에 코르닐로프가 참석한다고 말했다. 로잔코는 그 오찬에 갈 수 있을 만큼 내 몸이 괜찮은지 물었고, 의사는 십중팔구 그렇다고 생각했다. 그러자 로잔코는 언제든지 기꺼이 나를 돕겠다고 장담하고 쾌차를 바라면서 떠났다.

나는 이튿날 아침을 머리에 붕대를 감은 채 내 여성 병사들이 훈련하는 모습을 창가에서 지켜보며 지냈다. 몸이 회복되어 로잔코와 함께 오찬에 가도 괜찮겠다는 느낌이 들었다. 그가 정오 전에 들러서 나를 자동차에 태우고 겨울궁전으로 갔다. 겨울궁전 영접실에서 두마 의장이 나를 코르닐로프 장군에게 소개했다.

여위고 사나이답고 체격이 탄탄하고 얼굴이 뾰족하고 콧수염이 희끗희끗하고 눈이 쭉 째지고 광대가 튀어나온 중년. 코르닐로프는 이랬다. 말수는 적었지만 그가 하는 모든 말은 낭랑하게 울렸다. 사람들은 강력한 기질과 끈질긴 참을성을 지닌 사나이가 여기 있다고 본능적으로 느꼈다.

"당신을 만나서 무척 반갑습니다." 나와 악수하며 그가 말했다. "병사위원회에 맞선 당신의 결연한 싸움을 치하합니다."

"장군님, 저는 제 마음이 제가 옳다고 말했으므로 결연했습니다." 내가 대답했다.

"마음이 해주는 조언에 늘 따른다면 당신은 옳은 일을 할 것입니다." 그가 말했다.

바로 이때 케렌스키가 나타났다. 우리는 일어나서 그를 맞이했다.

그는 코르닐로프와 로쟌코, 그리고 나와 악수를 했다. 국방장관은 기분이 좋았고 내게 상냥하게 웃었다.

"여기 작은 고집쟁이가 있군요. 나는 저런 사람을 본 적이 없습니다." 케렌스키가 나를 가리키며 말했다. "저 사람은 오로지 병사위원회를 두지 않겠다는 일념에 꽂혔고, 무엇도 그의 의지를 꺾을 수 없었습니다. 저 사람을 제대로 알아보아야 합니다. 저 사람은 우리 모두에 맞서 홀로 버티는 옹고집입니다. 저 사람은 그런 법은 없다고 바보처럼 끈질기게 주장했습니다."

"아이고, 보치카료바가 그런 바보는 아니지요. 아마도 당신과 나를 합친 것보다 더 똑똑할 겁니다." 로쟌코가 나를 감싸들며 말했다.

그때 식당으로 들어오라는 전갈이 왔다. 케렌스키가 식탁 상석에, 나는 맞은편 끝에 앉았다. 로쟌코가 케렌스키 오른쪽에, 코르닐로프가 내 오른쪽에 있었다. 연합국 장군 세 명도 동석했다. 한 명은 내 왼쪽에, 다른 두 명은 케렌스키와 코르닐로프 사이에 있었다.

대화가 대부분 외국어로 이루어져서 나는 아무 말도 알아듣지 못했다. 게다가 요리와 식탁 예절 때문에 고생했다. 낯선 요리를 다루는 법을 알지 못해서 옆에 있는 이들을 곁눈질하는 동안 얼굴을 여러 번 붉혔다.

나는 이따금 코르닐로프와 이야기를 나누었다. 그는 군대에는 반드시 규율이 있어야 한다는 단호한 내 견해에 찬동했고 만약 규율이 다시 세워지지 않는다면 러시아가 진다고 잘라 말했다. 식탁에서 케렌스키가 한 대화의 요지는 해체가 꽤 진행되어 군 계급이 힘을 잃고 있기는 해도 아직 너무 늦지는 않았다는 것이었다. 그는 전선을 순방할 생각을 하고 있었고 자기가 전선을 순방하면 우리 군대가 공세에 나서게 되리라 굳게 믿었다.

마침내 케렌스키가 일어섰고 오찬이 끝났다. 자리를 뜨기에 앞서 그는 전선 병사들이 보낸 깃발 두 개와 성상화를 내게 증정하는 장엄한 의식이 있으리라고 내게 말했다. 나는 그런 영예를 얻을 자격이 없지만 그가 내게 주는 신임이 옳았음을 보여줄 수 있기를 바란다고 대답했다.

코르닐로프는 나와 화기애애하게 헤어지면서 전선에 도착하면 자기 사령부에 들르라고 권했다. 그러고 나서 로잔코가 나를 숙소에 바래다주면서 전선으로 떠나기에 앞서 자기를 보러 와달라고 요청했다.

케렌스키가 결사대대의 전투 깃발을 증정하는 날로 잡은 날짜가 되기 전 남은 시간에는 집중 훈련과 소총 실습이 이루어졌다. 여성 훈련병들은 전선에 갈 태세를 거의 갖추었고 안달하며 6월 25일을 기다렸다.

드디어 그날이 왔다. 여성 훈련병들은 들떠 있었다. 내 가슴은 기대감으로 가득 찼다. 결사대대는 일찍 일어났다. 모든 병사가 새 군복을 입었다. 소총은 티끌 하나 없이 말끔했다. 축제일 분위기가 났다. 그날의 책임감에 짓눌려 초조하기는 했어도 우리 모두 신이 났다.

아침 9시에 2개 군악대가 우리 병영의 정문에 도착했는데, 군악대를 뒤따라 온 페트로그라드 군관구 사령관 보좌관 쿠즈민 대위보가 완전한 분열식 대열로 10시에 성 이삭 대성당* 앞에 있으라고 결사대대에 지시했다. 곧바로 우리는 두 군악대를 앞세우고 출발했다.

성 이삭 대성당 쪽으로 움직이는 군중은 어마어마했다. 주민 전체

---

* Исаакиевский собор. 상트페테르부르크 한복판에 있는 초대형 석조 성당. 이전과 개축을 여러 차례 했는데, 현재의 건물은 1818년에 지어지기 시작해서 1858년에 완성되었다.

가 수비대 부대들과 함께 늘어서 있었다. 온갖 부대가 있었다. 심지어 창끝에 깃발을 맨 카자크 부대도 있었다. 케렌스키, 로쟌코, 밀류코프, 코르닐로프, 폴롭초프 등을 비롯한 저명한 시민과 장교가 대성당 입구에 이르는 계단에 서 있었다. 결사대대는 그 거대한 건물 안으로 걸어 들어가면서 경례를 했다.

집전 성직자는 주교 두 명과 사제 열두 명이었다. 대성당에는 사람이 넘쳐났다. 내가 앞으로 걸어 나와 이름을 말해달라는 요청을 받자 대군중이 고요해졌다. 나는 하느님 그분 앞에 있는 양 두려움에 사로잡혔다. 축성될 깃발이 내 손에 맡겨졌고 그 깃발 위에 낡은 전투 깃발 두 개가 교차되었는데, 깃발이 접혀서 나를 거의 다 가렸다. 그때 집전 주교들이 내 이름을 부르고서 한 여자를 위한 군기軍旗의 증정에는 전례 없는 영예가 깃들어 있다고 강조했다.

군부대 깃발에 부대장 이름을 새기는 것은 관례가 아니지만 이 깃발에 마리야 보치카료바라는 이름이 또렷이 새겨져 있고 내가 죽을 경우에는 그 깃발이 성 이삭 대성당으로 반환되어 다른 부대장이 사용하지 못하게 된다고 주교가 설명해주었다. 그가 기도문을 읊으면서 연설을 하고 내게 성수聖水를 세 번 뿌릴 때 나는 온 마음과 온 힘을 다해 주님께 기도했다. 의례가 한 시간쯤 지속된 뒤에 제1군과 제3군을 대표하는 병사 두 사람이 동료 병사들이 준 두 성상화를 내게 증정했다. 성상화 덮개에는 내가 러시아를 명예와 명성으로 이끌 여인이라는 믿음을 표현하는 글귀가 새겨져 있었다.

나는 겸허해졌다. 나는 스스로를 그 같은 명예를 얻을 만한 사람으로 여기지 않았다. 두 성상화를 받는 순간 나는 그 앞에 무릎을 꿇고 하느님의 인도를 바란다고 기도했다. 무식한 여자인 내가 내 나라의 이토록 많은 용감하고 계명된 아들들의 희망과 신뢰가 옳았음을 과연 어떻게 입증할 수 있을까?

코르닐로프 장군이 군대를 대표해서 권총 한 자루와 황금 손잡이가 달린 칼을 내게 선사했다.

"당신은 이 멋진 무기를 받을 만했으며 이 무기의 명예를 더럽히지 않을 것입니다." 그가 이렇게 말하고 내 뺨에 입을 맞추었다.

나는 칼에 입맞춤을 하고 이 무기의 명예를 결코 더럽히지 않고 내 나라를 지키는 데 쓰겠다고 맹세했다.

그리고 나서 케렌스키가 내 어깨에 소위보小尉補* 견장을 꽂아 나를 장교 계급으로 올려주었다. 그도 내게 입맞춤을 했고 뒤이어 저명한 내빈 몇 명이 나와서 나를 따뜻하게 축하해주었다.

고관들이 떠났고 폴롭체프 장군이 나머지 순서를 맡았다. 나는 마음을 얼른 가라앉히지 못해서 몸을 가눌 수 없었다. 맨 먼저 폴롭체프 장군과 아노소프 장군의 손이 나를 들어 올렸다. 그러고 나서 하급 장교 몇 사람이 나를 옮겼다. 그다음에는 열광적인 육군 병사 몇 명이 나를 군중 위로 쳐들었고, 훨씬 더 환희에 찬 해군 병사들이 육군 병사들의 손에서 나를 끌어냈다. 나는 내내 무척 무안했지만 박수갈채가 계속되었고 환호는 잦아들지 않을 기세였다. 인파 속에 있던 여인들이 내게로 와서 내 발에 입을 맞추고 나를 축복해주었다. 인파는 애국심에 차 있었고 주된 기조는 러시아 사랑이었다. 연사들이 즉석에서 만들어진 연단에

---

* прапорщик. 러시아 육군에서 준위와 소위 사이에 있는 계급.

올라 임박한 공세와 결사대대에 관해 말하고 "보치카료바 만세!"로 끝맺었다. 바로 그때 감정이 북받쳐 오른 나머지 병사들이 외쳤다. "우리는 보치카료바와 함께 전선으로 가겠다." 연사들은 영웅이라며 여성 병사들을 가리키면서 몸 성한 남자는 모두 다 들고일어나서 러시아를 수호하라고 다그쳤다.

경이로운 하루였다. 꿈이었지, 그냥 하루가 아니었다. 내 공상이 실현되었을까? 이 여성 집단은 결성 목적을 이미 이루었을까? 그날은 그렇게 보였다. 나는 러시아의 사나이들이 결사대대의 뒤를 따라 나라를 구하기 위해 마지막 일격을 가할 태세를 갖추었다고 느꼈다.

그것은 환상이었다. 내가 환상에서 깨어나는 데에는 그리 오래 걸리지 않았다. 그러나 워낙 아름다운 환상이었던지라 나는 그 환상을 되살려내 실현하고자 꾹 참고 일할 수 있을 만큼 크나큰 힘을 얻었다. 성이삭 대성당 부근에 모인 러시아 군인 몇천 명이 1917년 6월 25일에 느낀 것은 진실을 위한 자기희생에서, 조국에 대한 이타적 헌신에서, 고결한 이상주의에서 비롯되는 설렘이었다. 그 설렘이 드넓은 나라에 흩어져 있는 러시아 군인 몇백만 명이 진실의 말에 귀를 기울일 수 있다는 확신을 내게 주었고, 내 나라가 끝에 가서는 옛 모습을 되찾으리라는 믿음을 내 안에 불어넣었다.

결사대대 깃발 축성식 뒤에는 전선으로 떠날 날까지 이틀이 채 남지 않았다. 이 이틀은 채비를 하는 데 들어갔다. 그동안 우리가 써온 근위연대 취사장을 들고 갈 수는 없었으므로 자체 보급대를 편성해야 했다. 또한 모든 대대원이 전투 장비 일체를 받았다.

6월 29일에 우리는 콜로멘스크 여학원을 떠나 철도역으로 가는 길에 카잔 대성당*으로 행진했다. 주교들이 우리에게 연설을 하면서 중차대한 때라고 누구이 힘주어 말하고 우리를 축복했다. 다시 대군중이 우리를 따라 대성당으로 들어갔고 역까지 함께했다. 우리가 대성당에서 출발할 때, 볼셰비키 한 무리가 길을 가로막았다. 곧바로 여성 병사들이 소총을 장전하기 시작했다. 나는 그들에게 장전을 멈추라고 명령하고 내 칼을 칼집에 넣고는 볼셰비키 쪽으로 나아갔다.

"너희는 왜 길을 막는가? 너희는 우리 여자들을 비웃으면서 우리가 아무 일도 할 수 없다고 주장한다. 그렇다면 너희는 왜 여기 와서 우리가 가는 데 끼어들었나? 그것은 너희가 우리를 무서워한다는 표시다." 나는 그들에게 이렇게 말했다. 그들은 비아냥대며 흩어졌다.

거리에 늘어선 사람들의 따뜻한 응원을 받으며 우리는 역으로 행진했다. 우리 열차는 유개 차량 열두 개와 2등 여객 차량 하나로 이루어져 있었다. 우리는 결사대대가 배속될 제1시베리아군단의 사령부가 있는 몰로데치노로 가라는 명령을 받고 열차에 올라탔다.

여정은 개선 행렬이었다. 역마다 우리는 군인과 민간인 군중의 환호를 받았다. 응원, 시위, 연설이 있었다. 허락 없이 차량을 떠나지 말라는 엄명이 여성 병사들에게 내려졌다. 전보로 주문한 음식이 중간중간 역에서 제공되어 우리는 그곳에 하차해서 식사를 했다. 한 정거장에서는, 내가 쉬고 있는 동안, 우리에게 경의를 표하는 시위가 일어났고, 사람들이 느닷없이 나를 침대에서 빼내고는 군중에게 보이도록 밖으로 들

---

* Казанский собор. 상트페테르부르크 한복판에 있는 러시아 정교회 성당. 1811년에 완공되었으며, 러시아에서 가장 중시되는 성상화 가운데 하나인 「카잔의 성모」가 모셔져 있다.

고 나갔다.

이렇게 우리는 전선으로 이동해서 몰로데치노에 도착했다. 거기서 스무 명쯤 되는 장교들이 나를 맞이했고 참모진과의 만찬으로 데려갔다. 결사대대는 군단 사령부에 도착하자 두 개 병영에서 숙영했다.

몰로데치노에는 병영이 스무 개쯤 있었다. 이 병영의 거의 절반이 전선에서 온 탈영병으로 가득 차 있었다. 그들은 혁명이 터졌을 때 징발되어 군대로 들어왔다 곧 대열에서 이탈한 순경과 헌병이었다. 또 범죄자가 조금 있었고 볼셰비키 선동가가 여럿 있었다. 한마디로, 그 전선 구역의 어중이떠중이였다.

그들은 결사대대가 도착했다는 소식을 듣고는 내가 자동차로 만찬장으로 가는 동안 여성 병사들 주위에 몰려들어 욕을 하고 지분대기 시작했다. 이 깡패들이 더욱더 버릇없이 구는 꼴을 당직사관이 알아채고 불안해서 서둘러 역 사령에게 가서 보호를 요청했다.

"하지만 내가 뭘 할 수 있겠나?" 역 사령이 무기력하게 대답했다. "나한텐 힘이 없네. 그자들은 1500명이야. 그들의 조롱을 꾹 참고 친근하게 굴어서 그들의 호의를 사는 것 말고는 달리 할 일이 없다고."

사형은 군대에서 이미 폐지되었다.

당직사관이 빈손으로 돌아왔다. 그는 병영에서 몇몇 폭도가 여성 병사들에게 못되게 구는 꼴을 보고는 그자들을 구슬려서 쫓아내려고 애썼지만 헛일이어서 내게 전화를 걸었다. 내가 만찬석에 앉자마자 그의 호출이 내게 전해졌다. 나는 서둘러 자동차를 타고 병영으로 갔다.

"너희 여기서 뭐 하고 있나?" 차에서 뛰어내려 안으로 달려가서는 내가 퉁명스레 물었다. "무엇을 원하나? 여기서 나가라! 너희가 뭔가를 원한다면, 밖에서 내가 너희와 이야기하겠다."

"하, 하, 하!" 그 사내들이 비아냥댔다. "넌 누구야? 뭔 여편네가 이 모양이야?"

"나는 사령관이다."

"뭐, 사령관? 하, 하, 하! 이 사령관 좀 봐!" 그들이 비웃었다.

나는 흔들림 없이 느릿느릿 말했다. "자, 어쨌든 여기엔 너희가 할 일이 없어. 너희는 떠나야 해. 밖에서 내가 너희가 원하는 것을 다 해주겠다. 너희가 뭔가를 원한다면 밖에서 나한테 말할 수 있다. 너희는 여기서 나가야 해!" 스무 명밖에 안 되는 사내들은 여전히 비아냥대고 욕설을 중얼거리며 문 쪽으로 갔다. 나는 그들의 뒤를 따라갔다. 시끄러운 소리에 이끌려 군중이 곧바로 모여들었다. 병사 군복을 입은 타락한 사내들과 마주하고 보니 내 가슴이 아팠다. 이보다 더 사기가 꺾이고 해진 누더기를 걸친 병사 무리를 나는 본 적이 없었다. 그들 대다수가 살인자의 얼굴을 하고 있었다. 다른 이들은 그저 볼셰비키의 정치선전에 물들어 타락한 사내아이들이었다.

얼마 전만 하더라도, 즉 구체제 시절이던 1917년 1월에는 이 1500명을 점잖고 말 잘 듣는 사람으로 바꾸려면 그들 가운데 두어 명만 처형해도 충분했을 터였다. 이제는, 엄청난 힘을 가진 적군과 목숨을 건 전투를 벌이는 동안, 막강한 러시아 군 조직이 그처럼 말 안 듣는 작은 무리에도 쩔쩔매는 꼴이 되어버렸다! 이것이 두 달 만에 내가 처음 겪은 전선이었다. 군 조직을 허물어뜨리는 영향력이 이 짧은 시간에 얼마나 크게 진척되었는가! 혁명이 일어난 지 넉 달이 되었고, 전선은 불복종이라는 병충해에 벌써 심하게 감염되었다.

"넌 여기 왜 왔어? 도대체 여기 왜 왔냐고? 넌 싸우고 싶어? 우린 평화를 원해! 우린 싸울 만큼 싸웠다고!" 하는 소리가 사방에서 내게 퍼부어졌다.

"그래, 나는 싸우고 싶다. 독일군과 싸우지 않고서 우리가 어떻게 평화를 얻을 수 있나? 너희보다 내가 전쟁을 더 많이 겪었고, 여기 있는 어느 누구보다 내가 더 평화를 바란다. 내가 너희와 더 많이 이야기하고 너희가 묻고 싶은 어떤 질문에도 대답해주기를 바란다면, 내일 와라. 지금은 너무 늦었다. 내일 너희가 하라는 대로 다 해주겠다."

깡패들은 끼리끼리 무리 지어 이리저리 돌아다녔는데, 어떤 자들은 여전히 비아냥거렸고 어떤 자들은 논쟁을 했다. 나는 더 안전을 기하려고 여성 병사들을 제2병영에서 제1병영으로 옮기고 모든 입구에 보초를 세웠다. 이렇게 해서 여성 병사들의 기운을 얼마간 북돋았지만, 병사들은 내가 그날 밤을 참모본부에서 보내라는 권고를 마다했다는 말을 들었을 때 훨씬 더 많이 힘을 얻었다. 내가 어찌 이 악당 1500명 가까이에 내 여성 병사들을 내버려둘 수 있었겠는가? 나는 그들과 함께 같은 지붕 아래서 잠들겠다고 다짐했다.

밤이 되어 부하 병사들은 잠자리에 들었다. 그날 저녁에 우리 가운데 많은 이가 탈영병들이 내 말을 새겨들을지 아니면 밤 동안 돌아와서 병영을 공격할지 틀림없이 궁금해했을 것이다. 아직 자정이 안 되었을 때 탈영병 한 무리가 와서 창문과 얇은 나무 문을 손으로 두들겨댔다. 그들은 우리 모두를, 특히 나를 욕했다. 그들은 문을 통해 들어오려고 했지만 총검과 맞닥뜨렸다. 비웃어봤자 효과가 없다고 판명되자, 그들은 병영에 돌을 던져서 창유리를 모조리 깨뜨리고 내 여성 병사 열다섯 명쯤에게 타박상을 입혔다.

하지만 우리는 불평하지 않았다. 사령이 그들을 제어할 힘이 없다고 고백한 판에 우리인들 어쩔 수 있었겠는가? 더구나 우리는 독일군과 싸우려고 전선에 가고 있었다. 우리보다 세 배 더 많은 무뢰배와 싸우려는 것이 아니었다.

우리가 더 참을수록 사내들의 공격이 더 대담해졌다. 그들 가운데 몇 명이 산산조각 난 창유리 안으로 느닷없이 손을 밀어 넣어 여성 병사의 머리카락을 움켜잡는 바람에 병사들이 아파서 소리를 질렀다. 아무도 잠을 자지 못했다. 모두가 흥분했고 안절부절못했다. 돌멩이가 나무 벽에 쾅쾅 부딪치면 가끔 건물 전체가 흔들렸다. 이 모든 것을 견뎌내려면 많이 참아야 했는데, 싸움을 일으키지 말라는 것이 내 명령이었다.

그러나 밤이 깊어가는데 시끄러운 소리와 비아냥이 끊이지 않자 피가 끓기 시작했고 마침내 나는 자제력을 잃었다. 서둘러 외투를 입고 병영 밖으로 뛰어나갔다. 7월 초순의 어느 날, 막 동이 트고 있었다. 모두 합쳐 쉰 명쯤인 악당 패거리가 잠깐 가만히 있었다.

"이 나쁜 놈들아, 이 양아치들아!" 내가 있는 힘껏 소리쳤다. "무슨 짓을 하고 있나? 너희는 참호로 가는 길에 쉬고 싶지 않았나? 우리를 그냥 내버려둘 수 없나? 아니면 너희는 부끄러운 줄도 모르나? 여성 병사들 가운데 몇몇은 어쩌면 네 누이일 수도 있어. 너희 몇 명은 나이깨나 먹은 사람인 게 보인다. 뭔가를 바란다면, 날 보러 와라. 난 말하고 논쟁하고 물음에 답해줄 준비가 언제나 되어 있다. 하지만 여성 병사들은 그냥 내버려둬라, 부끄러운 줄 모르는 나쁜 놈들아!"

내 호통에 웃음과 비아냥이 한바탕 터져 나와 나는 더욱더 부아가

치밀었다.

"지금 당장 떠나라! 그러지 않을 거면 여기서 나를 죽여라!" 내가 앞으로 뛰쳐나가며 소리쳤다. "들리느냐? 날 죽이라고!" 잔뜩 성이 나서 나는 부들부들 떨었다. 내 어조와 말발에 불량배들의 기가 죽었다. 그들은 하나씩 차례로 떠났고, 우리는 진정하고 두어 시간 잠을 잤다.

이제는 제10군 사령관인 발루예프 장군이 아침에 결사대대를 사열했다. 그는 크게 기뻐하면서 부대의 규율과 태도가 완벽하다며 흐뭇함을 내비쳤다. 그러고 나서 우리의 자체 취사장 두 곳에서 식사를 준비했다. 취사장에 식량과 말꼴이 보급된 뒤였다. 결사대대에 배속된 말이 열두 마리, 마부가 여섯 명, 취사병이 여덟 명, 군화수선병이 두 명이었다. 이 밖에 우리와 함께 온 군사 교관 두 명이 있었다. 이 남자들은 여성 병사와 늘 따로 떨어져 있었다.

식사 뒤에 탈영병이 우리 병영 주위에 모여들기 시작했다. 전날 나는 토론을 하겠다고 약속했고, 지금 그들은 내 말을 곧이곧대로 받아들였다.

"너는 부하 병사들을 어디로 데려가고 있는가? 부르주아지를 위해 싸우려고? 뭐 하러? 넌 농민을 자처하는데, 그렇다면 왜 부유한 착취자들을 위해 인민의 피를 흘리고 싶어 하지?"

이런 물음과 더불어 비슷한 여러 물음이 사방팔방에서 내게 퍼부어졌다. 나는 일어나서 팔짱을 끼고 군중을 험한 눈길로 쳐다보았다. 내 눈이 악당을 차례로 훑을 때 내게 전율이 흘렀음을 고백해야겠다. 그들은 자포자기한 무리인지라 사람이라기보다는 짐승처럼 보였다. 그야말로 군대의 찌꺼기였다.

"자신을 바라보고 너희가 어떻게 되었는지 생각해봐라!" 내가 말문을 열었다. "한때는 적군의 무시무시한 화력에 맞서 영웅처럼 전진했고, 러시아를 수호하는 조국의 충직한 아들로 벌레가 들끓는 진흙탕 참호에서 몇 주 동안 버텼고, 무인지대를 기어다니면서 고생한 너희다. 지금의 너희 모습과 얼마 전의 너희 모습을 잠시 곰곰이 생각해봐라. 지난겨울만 해도 너희는 나라와 세계의 자랑이었지. 지금 너희는 군대와 국가의 저주야. 틀림없이 너희 가운데 제5시베리아군단 소속이었던 사람이 몇 명 있을 거야, 안 그런가?"

"그래, 그래."

"그렇다면 너희는 나를, 야시카를 기억할 텐데. 아니면 나에 관해 들어봤을 텐데."

"그래, 그렇다! 우리는 널 알지!"라는 말이 군중 몇 군데에서 나왔다.

"좋아, 너희가 나를 안다면, 내가 너희와 함께 참호의 진창을 헤치며 걸었다는 것, 내가 너희나 너희 형제와 똑같이 젖은 땅바닥에서 잠을 잤다는 것, 내가 똑같은 위험과 마주치고 똑같이 배고파서 고생하고 똑같은 양배춧국을 먹었다는 것도 알 텐데. 그렇다면 너희는 왜 나를 공격하나? 왜 나를 비웃지? 내가 너희의 경멸과 조롱을 받을 짓을 언제 어떻게 했나?"

"넌 평범한 병사였을 때에는 우리와 같았지만, 이제는 장교가 되어 부르주아지의 영향을 받고 있어." 두어 명이 대꾸했다.

"너희가 아니면 누가 나를 장교로 만들어주었나? 너희 전우들, 그러니까 제1군과 제10군의 보통 병사들이 특별 대표를 보내서 나를 예우하고 성상화와 깃발을 내게 증정하지 않았나? 나는 인민, 너희 피붙이,

노동하는 농민 여자야."

　나 개인에게서는 잘못을 들추어낼 길이 없자 그들은 "하지만 우리는 전쟁이 지긋지긋해. 우리는 평화를 바란다"고 불평했다.

　"나도 평화를 바란다. 하지만 너희는 어떻게 평화를 얻을 수 있지? 방법을 나한테 알려줘." 내 말에 군중의 노여움이 꽤 누그러지고 있음을 알아채고는 내가 거세게 주장했다.

　"그거야 그냥 전선을 떠나 고향으로 가면 되지. 그게 우리가 평화를 얻을 수 있는 길이야."

　"전선을 떠난다라!" 나는 젖 먹던 힘까지 다 짜내서 소리쳤다. "그러면 어떻게 될까? 내게 말해줘! 너희가 평화를 얻을까? 아니야! 독일군은 우리 방어를 쉽사리 물리치고 인민과 인민의 자유를 짓밟겠지. 이건 전쟁이야. 너희는 군인이고 전쟁이 무엇인지 알지. 너희는 전쟁에서는 무슨 짓이든 다 저질러진다는 것을 알지. 전선을 떠난다라! 아예 러시아를 카이저한테 넘겨주지 그래! 그게 그거라는 걸 나뿐만 아니라 너희도 알지. 아니야, 공격해서 적군을 물리쳐 이기는 것 말고는 평화로 가는 다른 길은 없어. 독일 놈들을 무찌르면 평화가 올 거야! 그놈들을 쏘고 죽이고 찔러. 하지만 우리가 사랑하는 러시아의 적들과 친교 행위는 하지 마!"

　"하지만 그들이 우리와 친교 행위를 한다. 그들도 전쟁이라면 신물을 내. 그들은 우리만큼 평화를 바란다." 몇 사람이 이렇게 말했다.

　"그놈들은 너희를 속이고 있어. 그놈들은 여기서는 친교 행위를 하면서 병사들을 보내서 우리 동맹국과 싸운다고."

　"동맹국이 평화를 바라지 않는다면 동맹국은 우리한테 뭘까?" 몇 사람이 주장했다.

"동맹국은 독일이 속임수를 쓴다는 걸 알기 때문에 평화를 바라지 않는다고. 너희도 나도 그걸 알지. 독일군이 독가스로 우리 형제 몇천 명을 숨도 못 쉬게 해서 죽이지 않았나? 우리 모두 그놈들의 비열한 속임수에 당하지 않았나? 그놈들이 우리 나라 땅을 많이 점령하고 있지 않나? 그놈들을 몰아내고 평화를 얻자!"

아무 말이 없었다. 누구도 할 말이 없었다. 힘이 펄펄 난 나는 묘안 하나가 퍼뜩 떠오르자 다시 말을 이어갔다.

"그래, 그놈들을 러시아에서 몰아내자. 만약 내가 너희를 전선으로 데려가서 잘 먹이고 새 군복과 군화를 준다면, 나와 함께 가서 믿을 수 없는 놈들인 적군을 공격하겠는가?"

"그래, 그래! 우리는 가겠다! 넌 우리 동무야. 넌 부르주아 흡혈귀가 아니야! 너와 함께라면 우리는 가겠다!" 여러 목소리가 사방팔방에서 울렸다.

나는 이렇게 말했다. "하지만 너희가 나와 함께 간다면, 나는 너희를 가장 엄한 규율 아래 두겠다. 규율 없는 군대는 있을 수 없어. 나는 너희처럼 농민이고, 나는 신의를 지키겠다는 너희의 명예 서약을 받고자 한다. 하지만 너희 가운데 누구라도 탈주 시도를 한다면, 내가 그놈을 곧바로 총살형에 처하겠다."

"동의한다! 우리는 기꺼이 너를 따르겠어! 너는 우리 편이야! 야시카 만세! 보치카료바 만세!" 군중이 거의 한목소리로 함성을 질렀다.

가슴 뭉클한 장면이었다. 누더기를 걸친 이 사내들은 한 시간 전에는 마치 심장이 굳어버린 양 행동했다. 이제 그들의 심장이 뜨겁게 고동치고 있었다. 조금 전에 그들은 가장 타락한 깡패처럼 보였다. 하지만 지금 그들의 얼굴은 인류애의 불길로 환했다. 기적처럼 보였다. 그러나 기적이 아니었다. 러시아인의 영혼은 그러했다. 러시아인의 영혼은 어느 순간에는 무정하고 잔혹하고 또 다른 순간에는 헌신과 사랑으로 가득 차 있다.

나는 발루예프 장군에게 탈영병 무리를 전선으로 데려가도록 허락해달라고 애원하면서 그들에게 줄 장비를 요청했다. 장군은 마다했다. 그는 탈영병 무리가 나머지 병사의 사기를 떨어뜨릴까 두려워했다. 나는 그들의 행동을 책임지겠다고 제안했지만, 발루예프 장군을 설득해서 내 관점에 동의하게 만들 수 없었다.

나는 빈손으로 돌아와야 했지만, 사실을 밝히지 않았다. 그들에게 나는 구할 수 있는 장비가 없었고 장비가 도착하는 대로 곧 그들이 결사대대 구역으로 급파되리라고 말했다. 한편으로는 아침에 몰로데치노에서 나가는 우리를 호위해달라고 청했다.

우리는 이튿날 10시에 완전군장 차림으로 출발했다. 여성 병사들이 저마다 자기 장비 일체를 걸머졌는데, 짐 무게가 약 30킬로그램이었다. 군단 사령부까지 우리 앞에 놓인 길은 30킬로미터. 길은 탁 트여 있었고, 길 양쪽에는 들과 숲이 번갈아가며 펼쳐졌다.

나는 군단 사령부에 초저녁에 도착하리라고 예상하고 저녁 식사를 주문하는 전보를 사령부에 보냈다. 그러나 머리 위에 구름이 끼더니 소나기가 내려 가는 길을 방해해서 여성 병사들이 기운을 낼 수 없는 지경에 이르렀다. 마을을 지날 때마다 그곳에서 병사들을 쉬게 하고 싶은 마음이 굴뚝같았지만, 나는 대열을 깨뜨리도록 허용하면 그들을 다시는 한데 모을 수 없음을 알았다. 그래서 결사대대를 계속 행군하게 하고 길과 날씨의 상황에 상관없이 몰아붙이지 않을 도리가 없었다.

우리가 군단 사령부에 도착해서 참모장인 코스탸예프Костяев 장군과 만난 시각은 밤 11시였다. 코스탸예프 장군은 우리를 위해 준비된 식사를 하러 가자고 권했다. 그는 군단장이 내일 우리를 사열하리라고 말했다. 여성 병사들은 너무 지쳐서 식사를 하지 못했고, 결사대대에 할당된 헛간에서 통나무처럼 쓰러져 옷을 입은 채로 밤새 잠을 잤다.

군단 사령부는 렛키Редки에 있었다. 우리는 병영에서 아침을 먹고 나서 군단장에게 사열을 받을 준비에 착수했다. 나는 사열 뒤에 있을 참모본부 오찬에 초대되었다.

그제야 나는 전날 고된 행군의 여파로 여성 병사 몇 명이 앓아 누워 있음을 알았다. 앓아 누운 병사들 가운데 두 사람, 즉 흑해 함대를 지휘했던 제독의 딸인 내 부관 스크릐들로바Скрыдлова와 장군의 딸인 두브롭스카야Дубровская는 부대에 남기에는 위중해서 병원으로 보내졌다. 나는 티플리스*의 유명한 조지아인 가문의 일원인 타투예바Татуева 공녀**를 내 부관으로 임명했다. 타투예바는 고등교육을 받아서 3개 외국어를 유창하게 하는 용감하고 충성스러운 여자였다.

12시에 나는 사열을 받으려고 결사대대를 정렬했다. 여성 병사들이 전날 얼마나 많은 일을 겪었는지 알기에 나는 당장은 근엄함을 누그러뜨리고 부하 병사들과 농담을 하면서 군단장에게 좋은 인상을 주도록 애쓰라고 그들을 구슬렸다. 여성 병사들은 최선을 다해 정신을 가다듬

---

* Тифлис. 조지아의 수도 트빌리시의 러시아어 명칭.

** 공작의 딸을 뜻하는 러시아어 호칭 크냐지나княжна를 '공녀'로 옮겼다.

고 결사대대가 어떤 가치를 지니는지를 군단장에게 보여줄 태세를 갖추었다. 군단장이 곧 도착했다. 그는 내 병사들을 사열했고 그들을 철저히 점검했다. 심지어 함정 시험까지 실시했다.

"아주 훌륭해!" 시험을 마치고 군단장이 내게 만족감을 표하고 나와 악수를 하면서 흥분해서 말했다. "나는 여자는 말할 나위도 없고 남자도 4주 만에 훈련을 이렇게 잘 받을 수 있다고는 생각하지 못했네. 음, 석 달 훈련을 받은 신병들이 우리 부대에 들어온 적이 있는데, 그들은 자네의 여성 병사들과는 비교도 안 되지."

그러고 나서 군단장은 여성 병사들에게 몇 마디 칭찬을 건넸고, 내 여성 병사들은 무척 기뻐했다. 나는 군단장과 그의 수행원들과 함께 군단 사령부로 갔는데, 오찬이 우리를 기다리고 있었다. 군단장은 내 결사대대에 병사위원회가 없음을 알고 하마터면 내게 입맞춤을 할 뻔했다. 그만큼 그의 기쁨은 진정이었다.

"군대에서 병사위원회 제도가 시행된 뒤로 모든 게 바뀌어버렸다네." 그가 말했다. "나는 병사들을 사랑하고 병사들은 늘 나를 사랑했지. 하지만 이제는 모든 게 예전 같지 않아. 말썽이 끊이지 않지. 매일, 거의 매시간 일반 병사들에게서 들어줄 수 없는 요구가 나온다네. 전선은 이전의 힘을 거의 다 잃어버렸어. 이건 익살극이야, 전쟁이 아니라."

우리가 오찬을 시작하기도 전에 몰로데치노에서 전보가 왔다. 케렌스키가 오찬을 위해 몰로데치노에 도착했음을 참모진에게 알리고 군단장과 나의 참석을 요청하는 전보였다. 지체 없이 군단장은 자기 자동차를 대령하라고 명령했고, 우리는 자동차를 타고 전속력으로 몰로데치노로 갔다.

군 사령부 오찬에는 스무 명쯤이 참석했다. 케렌스키가 식탁 상석에 앉았다. 내 오른쪽에는 내가 속한 군단 사령관이, 내 왼쪽에는 또 다른 장군이 있었다. 식사하는 동안 오간 대화는 전선 상황과 총공세의 준비 상태에 관해서였다. 나는 그 논의에 거의 끼지 않았다. 식사가 끝나고 모두 일어설 때, 케렌스키가 군단장에게 걸어가 불쑥 고압적으로 말했다.

"귀관은 결사대대에 병사위원회가 곧바로 구성되도록 조치해야 하오." 그러고는 나를 가리키며 덧붙였다. "그리고 저 여자가 여성 병사들에게 벌을 주지 못하도록 조치하시오!"

나는 벼락에 맞은 듯했다. 방에 있는 모든 장교가 귀를 쫑긋 세웠다. 조마조마한 순간이었다. 내 피가 불길처럼 머리로 몰리는 느낌이 들었다. 나는 성이 나서 펄펄 뛰었다.

나는 내 양쪽 견장을 확 뜯어내서 국방장관의 얼굴에 내던졌다.

"저는 당신 밑에서 일하기를 거부합니다!" 내가 소리쳤다. "당신은 오늘은 이랬다 내일은 저랬다 합니다. 당신은 이전에 제가 병사위원회 없이 결사대대를 운영하도록 허락했습니다. 저는 어떤 위원회도 두지 않겠습니다! 저는 고향으로 가겠습니다."

얼굴이 시뻘게진 케렌스키에게 이런 말을 내뱉고 나는 방에 있는 사람들이 충격에서 헤어나기 전에 사령부 건물에서 뛰쳐나갔다. 군단장의 자동차로 뛰어들어 가서는 군단장 운전병에게 곧바로 렛키로 차를 몰라고 명령했다.

내가 방을 나가자마자 큰 소란이 있었다고 코스탸예프 참모장의 친구가 나중에 말해주었다. 케렌스키가 처음에는 격분했다.

"저 여자를 총살하시오!" 그가 불같이 성을 내며 명령했다.

"장관님." 제10군 사령관 발루예프 장군이 나를 감싸는 말을 했다. "저는 보치카료바를 세 해 동안 알고 지냈습니다. 그는 제 군단의 일원으로서 전쟁을 처음 맛보았습니다. 그는 전선에서 다른 어느 병사보다도 더 고생했습니다. 여자로서도 고생하고 병사로서도 고생했기 때문입니다. 어떤 일에도 늘 맨 먼저 자원했고, 그렇게 본보기가 되었습니다. 그는 평범한 군인이며, 말은 그에게 곧 약속입니다. 그에게 병사위원회의 원조 없는 결사대대 지휘권이 약속되었다면 그는 약속 위반을 결코 이해하지 못할 것입니다."

군단장과 다른 장교들도 나를 감싸주었다. 끝내 몇몇이 케렌스키가 사형 제도를 없애버렸음을 기억해냈다.

"장관님, 사형은 폐지되었습니다." 그들이 말했다. "보치카료바를 총살에 처해야 한다면, 우리가 여기서 난동을 부리고 있는 탈영병 1500명 가운데 일부를 총살하도록 해주시는 게 어떻겠습니까?"

그러자 케렌스키는 나를 총살한다는 생각을 버렸지만, 몰로데치노를 떠나기 전에 재판을 열어 나를 처벌해야 한다고 고집했다. 재판은 열리지 않았다.

군단장은 내가 자기 자동차를 타고 사라졌음을 알고서 무척 흥분했다. 그는 자동차를 빌려 타고 렛키로 가야 했으며, 내가 울화통을 터뜨린 것을 마음속으로는 즐거워했을지라도 나를 꾸짖고 내게 규율을 상기해주기로 마음먹었다. 몰로데치노에서 돌아왔을 때 나는 무슨 일을 하기에는 너무 들뜨고 조마조마해서 숙소에 누워 이제 결사대대가 어떻게 될지 그려보려고 애썼다. 나는 내가 규율을 심하게 어겼음을 알고 있었고 그 점을 자책했다.

나는 그날 오후 늦게 군단장 앞으로 불려 갔다. 군단장은 내가 군인답지 않게 굴었다며 꾸짖었다. 꾸지람은 혹독했다. 나는 꾸지람을 되받지 않고 다 받아들였고 내가 용서받을 수 없음을 인정했다.

만찬 시간이 되어 나는 사령부로 갔다. 식탁에 가보니 다들 속 시원해하면서도 애써 참는 모습이 보였다. 몰로데치노에서 무슨 일이 벌어졌는지 모두 다 알고 있었다. 장교들은 다 안다는 듯이 눈을 찡긋하며 웃음을 주고받았다. 나는 이 비밀 축하연의 영웅이었다. 식탁 상석에 앉은 장군이 깜빡해서 웃기라도 해서 나의 케렌스키 다루기에 참모들이 몰래 흐뭇해하며 즐거워하는 것을 용인하지 않으려고 무진 애를 쓰며 근엄한 표정을 지었기 때문에 아무도 큰 소리로 웃을 엄두를 못 냈다. 마침내 장군은 근엄함을 더는 유지하지 못하고 함께 웃었다. 삼가는 분위기가 가셨다.

"잘했어, 보치카료바!" 사람들 가운데 한 명이 외쳤다.

"그자는 그렇게 다뤄야지." 다른 사람이 말했다.

"그자는 마치 군대에 위원회가 넉넉하지 않은 양 위원회를 더욱더 많이 원한다니까!" 셋째 사람이 말했다.

"그자는 자기가 사형제를 없애놓고는 이제는 보치카료바를 총살하라고 명령하다니." 넷째 사람이 말하고 웃었다.

장교들은 케렌스키를 대놓고 못마땅해했다. 왜? 그들은 케렌스키가 러시아 병사의 성미를 이해하지 못하는 것을 보았기 때문이다. 케렌스키가 후다닥 해치운 전선 순방은 아마도 자기 자신과 세계에 러시아 군대가 활발하고 강력하고 지성적인 유기체라는 인상을 남겼을 것이다.

밤낮으로 병사들과 함께 있는 장교들은 한 시간 전에 케렌스키를 열렬하게 환영했던 바로 그 병사 무리가 볼셰비키 선동가나 아나키스트 선동가를 똑같이 환영할 것임을 알고 있었다. 뭐니 뭐니 해도, 장교들에게서 케렌스키의 평판을 깎아 먹은 것은 그가 군대에 들여놓은 병사위원회 체제였다.

만찬 뒤에 나는 결사대대와 함께 참호로 갈 장교 일곱 명과 남자 교관 열두 명을 장군에게 요청했다. 그들 가운데 한 명인 레오니트 그리고리예비치 필리포프Леонид Григорьевич Филиппов라는 이름의 젊은 소위가 전투 부문 부관이라는 직위로 내게 추천되었다. 필리포프는 독일군 포로수용소에서 탈출했던 적이 있어서 용감한 사람으로 알려졌다. 나는 교관들에게 누구라도 내 병사들을 군인으로 여길 수 없다면 결사대대에 합류하지 않는 편이 더 나을 테니 앞으로 불유쾌한 일을 하지 말라는 취지의 경고를 했다.

결사대대는 렛키에서 6킬로미터 안 벨로예라는 마을에 있는 172사단에 배속되었다. 우리는 우리를 환영하려고 차출된 예비 부대의 퍽 열렬한 마중을 받았다.

한여름의 맑은 날이었다. 우리는 사단 사령부에서 시간을 거의 보내지 못했다. 벨로예에서 1.5킬로미터쯤 떨어진 곳에, 최전선으로부터는 1.5킬로미터보다 조금 더 떨어진 곳에 있는 제525 큐륙-다라 연대Кюрюк-Дарьинский полк*에 추가로 배속되어 우리는 점심 식사를 한 뒤 행군을 재개했다. 우리는 해가 진 뒤에 연대본부가 있는 센키에 도착했고,

---

* 쿠랴그-다랴 연대Курьяг-Дарьинский полк로 표기된 문헌도 있다.

공격전을 위해 자원병으로 편성된 1개 '돌격대대'가 우리를 마중했다. 그와 같은 대대 여럿이 군 여기저기에 흩어져 있었고, 그 대열에는 러시아군의 최정예 군인들이 있었다.

결사대대가 헛간 둘을, 장교들이 엄체호 하나를 쓰도록 정해졌다. 다른 엄체호 하나는 교관들과 보급대원들이 차지했다. 그곳 사내들이 내 여성 병사들에게 얼마간 호기심을 내비쳤으므로 나는 한 헛간에서 자고 타투예바에게 둘째 헛간을 맡기기로 마음먹었다. 밤에 병사 한 무리가 두 헛간을 에워쌌고 우리가 잠을 자도록 내버려두지 않으려 했다. 그들은 해를 끼치지 않았고 을러대지 않았다. 그냥 신기해했다. 무척 신기해했다.

"우리는 그냥 보고 싶을 뿐이다. 듣도 보도 못한 거야." 보초의 항의에 그들이 대꾸했다. "바지를 입은 바바들이라니! 더군다나 군인들이라니! 이목을 끌기에 충분하지 않나?"

끝내 나는 밖으로 나가서 병사들과 이야기를 해야 했다. 나는 앉아서 끝까지 토론을 했다. 그들은 여성 병사들이 하루 행군을 한 뒤에 쉬고 싶어 하는 것이 옳다고 생각하지 않았을까? 그렇다, 그들은 그렇다고 생각했다. 그들은 공격하기에 앞서 반드시 쉬어야 한다는 것을 인정하지 않으려 했을까? 그들은 그렇다고 인정했다. 그렇다면 호기심을 억누르고 기진맥진한 여성 병사들에게 새 힘을 얻을 기회를 주면 어떻겠는가? 사내들은 동의하고 흩어졌다.

이튿날 여성 병사들은 들떠 있었다. 러시아군 포병이 일찍부터 할 일을 해서 적군 진지에 포탄을 줄줄이 퍼부었다. 그것이 공격이라는 뜻이었음은 물론이다. 연대장이 나와서 우리를 사열했다. 그는 결사대대에게 힘을 북돋는 연설을 하면서 나를 대대원의 어머니라고 일컬었고 그러니 그만큼 여성 병사들이 나를 사랑할 것이라는 바람을 표명했다. 1917년 7월 6일이 끝나갈 때 포격이 거세졌다. 독일군 대포가 오래 잠자코 있지는 않았다. 포탄이 우리 주위에 떨어지기 시작했다.

그날 밤은 센키의 같은 헛간에서 보냈다. 여성 병사들 가운데 얼마나 많은 병사가 잠을 잤는지 나는 모른다. 실제로 전쟁을 마주하는 상황에서 그들 대다수에게 틀림없이 경외심이 들었을 것이다. 대포가 끊임없이 쿵쿵거리고 있었지만, 용감한 내 작은 병사들은 마음속에서야 무엇을 느꼈든 씩씩하게 굴었다. 그들이 러시아 전선 전체를 이글이글 타오르게 만들 총공격에서 선봉에 서지 않겠는가? 그들은 사랑하는 러시아를 위해 제 목숨을 바치지 않겠는가? 러시아는 여자 300명으로 이루어진 이 용감한 집단을 분명히 자랑스럽게 기억할 것이다. 죽음은 두려웠다. 그러나 어머니 러시아의 파멸이 백배는 더 두려웠다. 더욱이, 그들의 사령관은 그들을 이끌고 참호를 뛰쳐나가 돌격하려 했고 그들은 사령관과 함께라면 어디라도 가려 했다.

그리고 결사대대 사령관은 무엇에 관해 생각하고 있었을까? 앞날이 내게 보였다. 나와 여성 병사 300명이 독일군 참호로 가다 무인지대에서 사라진 뒤에 러시아 병사 몇백만 명이 적군을 마구 무찌르며 전진하는 모습이 내게 보였다. 틀림없이, 사나이들은 자기 누이들이 전투에 나서는 모습에 부끄러워하겠지. 틀림없이, 전선이 깨어나 일치단결해 돌진하고 후방의 막강한 군대가 뒤따르겠지. 세상에 1400만 러시아 병사의 거침없는 돌격을 버텨낼 수 있는 군대는 없지. 그리고 나서 평화가 오겠지. ……

14장 | 케렌스키의 밀명을 띠고 코르닐로프에게 가다

7월 7일 땅거미가 질 무렵에 우리는 참호로 들어가기에 앞서 마지막 준비를 했다. 기관총 여덟 문과 이 기관총을 다루는 조원들로 이루어진 1개 분견대가 결사대대에 주어졌다. 한 수레분의 소화기小火器 탄약도 내게 공급되었다.

나는 다가오는 밤에 연대 전체가 공격에 참여한다고 여성 병사들에게 말해주면서 연설했다.

"겁쟁이가 되지 마라! 반역자가 되지 마라! 너희는 군대의 느림보들에게 본보기가 되려고 자원했음을 기억하라. 나는 너희에게 영광을 얻을 자질이 있음을 안다. 너희가 전선 전체의 본보기가 되는 것을 나라가 지켜보고 있다. 하느님을 믿어라. 그러면 그분이 우리가 조국을 구하도록 도와주실 것이다."

대기하고 있는 남성 병사들에게 나는 협업의 필요성을 말했다. 케렌스키가 이 구역 순방을 막 마쳤으므로 그 병사들은 아직은 나라와 자유를 수호하라는 그의 열렬한 호소에 반응하고 있었다. 내 부름에 호응해서 그들은 곧 있을 공격에서 우리에게 합세하겠다고 약속했다.

어둠이 땅에 내려앉았고, 이따금 폭발의 불꽃으로 환해졌다. 어느 밤보다도 더 힘든 밤이 될 터였다. 포성이 더욱더 크게 울릴 때 우리는 몰래 살금살금 한 교통호로 들어가 한 줄로 서서 제1선 참호에 들어섰다. 다른 교통호를 통해 같은 방향으로 나머지 연대원들이 쏟아져 들어오고 있었다. 그러는 동안 사상자가 나왔다. 병사 몇 명이 전사했고 많은 병사가 다쳤는데, 부상자들 가운데 내 여성 병사 여러 명이 있었다.

제10군 사령관 발루예프 장군에게서 온 명령은 우리 군단 전체가 7월 8일 새벽 3시에 참호에서 뛰쳐나가 돌격하라는 것이었다. 결사대대는 제1선 참호의 한 구역을 차지했고 양 옆에는 다른 중대들이 포진했다. 나는 결사대대가 지키는 선의 맨 오른쪽에 있었다. 맨 왼쪽에는 교관 페트로프Петров 대위가 있었다. 내 부관 필리포프 소위는 선의 한가운데에 있었다. 그와 나 사이에 장교 두 명이 같은 간격을 두고 여성 병사들 가운데 자리를 잡았다. 그와 페트로프 대위 사이에도 같은 위치에 다른 장교 두 명이 있었다. 우리는 전진 신호를 기다렸다.

심한 긴장 속에서 밤이 지나갔다. 공격을 개시하기로 정해진 시각이 다가올 때 이상한 전갈이 내게 도달했다. 장교들이 불안해했다. 그들은 남성 병사들 사이에 일정한 동요가 있음을 알아챘고 그 남성 병사들이 전진할지 의심하기 시작했다. 3시가 되었다. 대령이 신호를 주었다. 그러나 내 오른쪽에 있는 병사들과 페트로프 대위 왼쪽에 있는 남성 병사들이 움직이려 들지 않았다. 대령의 명령에 대응해서 그들은 전진이 타당한지를 묻고 의심을 내비쳤다. 겁쟁이들!

"우리가 왜 죽어야 하지?" 몇몇이 물었다.

"전진해봤자 무슨 소용이 있지?" 다른 몇몇이 말했다.

"아마도 공격하지 않는 쪽이 나을걸." 망설임을 내비치는 이가 더 많았다.

"그래, 공격을 꼭 해야 하는지를 먼저 알아보자고." 나머지 여러 중대가 의논했다.

대령과 중대장, 그리고 더 용감한 병사 몇몇이 연대를 설득해서 참호를 뛰쳐나가 돌격하게 만들려고 애썼다. 그러는 사이에 날이 새고 있었다. 시간은 기다려주지 않았다. 제9군단의 다른 연대들도 주저하고 있었다. 케렌스키의 웅변에 용기백배했던 남성 병사들이 전진이 임박하자 배짱을 잃었다. 내 결사대대는 양 측방에 있는 남성 병사들의 비겁한 행동 탓에 참호 안에 붙들려 있었다. 견딜 길 없는, 어처구니없는, 터무니없는 상황이었다.

동녘에서 해가 나와서 사령관의 전진 명령을 놓고 군단 전체가 토론을 하고 있는 그 기이한 광경을 비추었다. 4시였다. 토론이 여전히 열띠게 계속되었다. 해가 더 높이 솟았다. 아침 안개가 거의 걷혔다. 포화가 잦아들고 있었다. 토론은 아직도 계속되었다. 5시였다. 독일군은 예상되던 러시아군의 공격이 도대체 어찌 되었는지 궁금해하고 있었다. 밤 동안 결사대대에 축적된 모든 기백이 우리가 견디고 있던 육체적 긴장에 짓눌려 시들해지고 있었다. 그런데 병사들은 공격을 해야 마땅한지를 아직도 토론하고 있었다!

1초, 1초가 다 귀중했다. 나는 '그들이 긍정적인 결정을 하기만 하면, 지금이라도 공격하기에 너무 늦지 않았을지도 몰라'라고 생각했다. 그러나 1분, 2분이 흐르고 한 시간, 두 시간이 지나갔건만 결정의 조짐은 없었다. 6시가 되고, 7시가 되었다. 하루가 날아갔다. 어쩌면 모든 것이 틀어졌을 것이다. 이 부조리함에, 일 전체가 어그러진 데 부아가 나서 피가 끓어올랐다. 줏대 없는 위선자들! 그들은 공격 개시라는 대원칙이 바람직한지를 걱정하는 체했다. 그에 관해 몇 주 동안 실컷 이야기하지 않기로도 했던 양 말이다. 그들은 한가한 수다를 한껏 떨어서 제 두려움을 감추는 겁쟁이에 지나지 않았다.

계속 포격하라는 명령이 포병에게 내려졌다. 온종일 포성이 울리는데, 남성 병사들은 논쟁을 했다. 그 꼴의 창피함과 수치심이란! 바로 이런 자들이 명예를 걸고 공격을 맹세했다니! 지금 그들의 머리와 마음에는 온통 제 한 몸의 안전에 대한 두려움뿐이었다. 정오인데도 그들은 아직 한창 토론 중이었다! 전선 바로 뒤에서 집회와 연설이 있었다. 병사들의 논쟁보다 더 멍청하고 더 쓸데없는 게 또 어디 있을까. 허위라고 거듭 판명난 낡고 아리송한 문구가 엉터리 연설에서 그들 마음에 쏙 들 때까지 되풀이되고 있었다. 그런데도 그들은 정신이 나약해서 의심과 동요 쪽으로 끌려가 우물쭈물했다.

날이 저물었다. 병사들은 최종 결의에 이르지 못했다. 그러자 장교 일흔다섯 명쯤이 이바노프Иванов 대령*을 앞세우고 나에게 와서는 합동 전진을 위해 결사대대 대열 안에 들어가게 해달라고 요청했다. 그들 뒤에는 연대에서 가장 똑똑하고 용맹한 병사 300명쯤이 있었다. 모두 합치니 결사대대의 대열이 1000명쯤으로 불어났다. 나는 상관인 이바노프 대령에게 지휘권을 주겠다고 했지만, 그가 마다했다.

---

* 영어 원문에는 "중령"으로 잘못 표기되어 있다.

모든 장교에게 소총이 주어졌다. 남자와 여자가 번갈아 서도록 정렬해서 한 여성 병사의 양옆에 남성 병사 둘이 있었다. 이제는 100명쯤을 헤아리는 장교들이 일선 전체에 걸쳐 같은 간격으로 배치되었다.

뒤에 남은 병사들이 우리가 무인지대에서 죽도록 내버려두지는 않으리라는 결론에 이르렀으므로 우리는 그들을 부끄럽게 만들기 위해 전진하기로 결심했다. 우리 모두 그 결심의 중압감을 느꼈다. 우리에게는 남성 병사들이 우리를 죽게 내버려두지 않으리라는 믿음을 정당화해줄 것이 전혀 없었다. 그런 소름 끼치는 일이 일어날 리 없다는 느낌을 빼고는 말이다. 게다가, 뭐라도 해야 했다. 공격이 곧 개시되어야 했다. 전선이 급속히 무기력 상태에 빠져들고 있었다.

이바노프 대령이 결사대대의 결심을 전화로 사령관에게 전달했다. 절박한 도박이었고, 우리 한 명 한 명 모두 그 순간의 오싹함을 인식했다. 우리의 양 측방에 있는 남성 병사들이 우리를 놀리고 비웃고 있었다.

"하, 하! 여자들과 장교들이 싸우겠지!" 그들이 비아냥댔다.

"저들은 그러는 척하고 있어. 장교들이 손에 소총을 들고 병사처럼 참호에서 뛰쳐나가 돌격하는 모습을 누구든 본 적 있어?"

"저 여자들이 내빼는 꼴을 그냥 지켜봐!" 한목소리로 왁자지껄하게 떠드는 가운데 한 녀석이 농지거리를 했다.

우리는 분해서 이를 악물었지만 대꾸하지 않았다. 우리의 희망은 아직 이 남성 병사들에게 있었다. 우리는 그들이 우리를 뒤따라 참호에서 뛰쳐나가 돌격하리라는 믿음에 매달렸고, 따라서 그들에게 기분을 상하게 할 빌미를 주지 않으려 했다.

드디어 신호가 왔다. 우리는 성호를 그은 뒤 소총을 부여잡고 목숨을 남김없이 다 '국가와 자유'에 바쳐 참호 밖으로 뛰어나갔다. 우리는 기관총과 대포의 무시무시한 포화 아래 앞으로 나아갔다. 용감한 내 여성 병사들은 양옆에 사나이들이 있다는 데 용기를 얻어 빗발치는 총알을 무릅쓰고 차근차근 나아갔다.

순간순간 사람이 죽어나갔다. 모든 이의 머리에 든 생각은 딱 하나였다. "저들이 뒤따라 올까?" 그 찬란한 아침에 찰나의 순간순간이 한참처럼 보였다. 우리 가운데 벌써 여럿이 쓰러졌지만, 우리 뒤에서는 아무도 오지 않았다. 우리는 이따금 고개를 돌려 지원이 오는지 어둠 속을 뚫어져라 쳐다보았지만 헛일이었다. 우리 뒤에서 참호 위로 머리를 들어 내민 이가 많았다. 거기 있는 느림보들은 우리가 진정인지 궁금해하고 있었다. 아니다, 그들은 죄다 속임수라고 판단했다. 1000명밖에 안 되는 여자와 장교가 몇 킬로미터에 걸친 전선에서 이틀 동안의 포격 뒤에 도대체 어떻게 공격을 할 수 있을까? 믿을 수 없고 있을 수 없는 일로 보였던 것이다.

그러나 겁먹지 않고 단호한 걸음으로 우리는 앞으로 나아갔다. 우리의 손실이 늘어나고 있었지만, 우리의 선은 끊기지 않았다. 우리가 더욱더 전진해서 무인지대 속으로 들어가고 그림자가 마침내 우리를 완전히 집어삼키고 이따금 폭발의 불길이 일어나고서야 우리의 형체가 뒤에 있는 아군 병사들의 눈에 드러나자, 그들의 마음이 움직였다.

뒤에서 큰 북새통이 일어나는 소리가 포격의 소음과 굉음을 뚫고 갑자기 우리 귓전을 울렸다. 수치심이 그들을 무기력 상태에서 벗어나도록 일깨웠을까? 아니면 한 줌밖에 안 되는 이 용감무쌍한 자들의 모습이 그들의 기백을 불러일으켰을까? 어쨌든, 그들이 마침내 떨쳐 일어났다. 많은 병사가 이미 참호에서 뛰쳐나와 함성을 지르며 앞으로 내달리고 있었고, 잠시 뒤에 우리 오른쪽과 왼쪽의 전선은 요동치는 한 무리의 병사가 되었다. 처음에는 우리 연대가, 그다음에는 그 오른쪽과 왼쪽에 있는 연대가 쏟아져 나왔으며, 그 분위기가 전염병처럼 퍼졌고 부대가 차례 차례 전진에 가세해서 군단 전체가 움직였다.

아군이 휘몰아치듯 전진해서 독일군 제1선을, 그다음에는 제2선을 제압했다. 우리 연대만 해도 2000명을 사로잡았다. 그러나 참호의 그 제2선에는 우리를 기다리는 독이 있었다. 보드카와 맥주가 아주 많이 있었던 것이다. 아군 부대의 절반이 그 술을 게걸스레 퍼마시고는 금세 취했다. 내 여성 병사들은 여기서 일을 똑 부러지게 잘해서, 내 명령에 따라 술 창고를 부쉈다. 그러지 않았더라면 연대 전체가 술에 취해버렸을 것이다. 나는 분주히 돌아다니며 남성 병사들에게 술을 그만 마시라고 호소했다.

"너희 미쳤어?" 내가 애원했다. "우리는 제3선을 차지해야 해. 그러면 제9군단이 와서 우리와 교대해서 계속 밀어붙일 거야."

나는 잃어버리기에는 너무나 소중한 기회임을 깨달았다. 나는 생각했다. '이 일격을 총공세로 전환하려면 우리가 제3선을 차지해서 적군의 방어에 돌파구를 뚫어야 해.'

그러나 남성 병사들은 술이라는 그 끔찍한 저주에 한 사람씩 차례로 걸려들고 있었다. 그리고 보살펴야 할 부상자들이 있었다. 여성 병사들 가운데 몇 명은 즉사했고 여럿이 다쳤다. 다친 이들은 모두 다 극기심을 발휘했다. 내 부하 병사였던 클리팟스카야Клипатская의 얼굴이 지금도 보인다. 나는 피 웅덩이에 누워 있는 그에게 달려가서 도우려고 했지만, 너무 늦었다. 그는 총알과 포탄 파편에 맞아 열두 군데를 다쳤다. 그는 마지막으로 살포시 웃으며 말했다.

"대장님, 별일 아닙니다."

바로 이때 독일군이 역공에 나섰다. 위기의 순간이었지만, 우리는 그 공격의 충격을 총검으로 맞이했다. 이런 경우에 늘 그렇듯이 적은 돌아서서 내뺐다. 우리는 그들을 뒤쫓아 가서 그들의 제3선에서 쓸어내 우리 앞에 있는 숲속으로 몰아냈다.

우리가 적의 제3선을 점령하자마자 곧바로 사령관의 명령이 야전 전화로 내려왔다. 독일군이 참호를 파서 방비를 굳히지 못하도록 계속 추격하라는 명령과 더불어 지원하는 군단이 지체 없이 출발할 거라는 약속도 내려왔다. 우리는 적의 병력을 알아내려고 정찰조를 여럿 조심스레 숲속으로 보냈다. 나는 정찰조 하나를 이끌었고, 독일군 병력이 천천히, 그러나 차근차근 증강되고 있음을 알아낼 수 있었다. 그래서 우리가 지체 없이 숲으로 들어가, 우리가 전진을 재개할 수 있게 해줄 원군이 올 때까지 그곳 진지를 점령해야 한다고 결정되었다.

어슴새벽이었다. 수풀이 가장 우거진 곳에 있는 독일군에게는 우리 움직임이 속속들이 보이는데, 우리는 독일군을 전혀 볼 수 없었다. 맹렬하고도 효율적인 사격과 마주치는 바람에 아군 병사 100여 명이 용기를 잃고 달아나서 병력이 800명쯤으로 줄었는데, 그 가운데 250명이 전사나 부상을 모면한 내 여성 병사들이었다.

우리 상황이 빠르게 위태로워졌다. 숲 사이로 쳐진 선은 길었다. 그 선을 유지하기에는 아군의 병력 수가 너무 적었다. 우리 양 측방은 무방비 상태였다. 탄약이 바닥나고 있었다. 다행히도, 우리는 적이 내팽개친 기관총들 가운데 몇 문을 적에게 겨누었다. 주검에서 소총과 총알을 빼냈다. 그리고 우리는 사령관에게 남성 병사들이 사격을 받자 우리를 버리고 달아났고 사로잡힐 위험이 임박했다고 보고했다. 사령관은 제9군이 우리를 도우러 올 3시까지 버텨달라고 우리에게 간청했다.

독일군이 우리 병력 규모를 알았더라면, 우리는 거기에 몇 분이라도 더 머물러서는 안 되었을 것이다. 우리는 측방 우회되어서 포위될까봐 매 순간 겁이 났다. 우리의 선은 쭉 늘어나 있어서 각 병사가 맡은 거리가 몇 미터는 되었고 우리 부대 전체가 맡은 거리는 3킬로미터였다. 독일군이 좌측방을 공격해왔다. 우측방으로부터 원군이 파견되었고, 우측방은 거의 기관총 없이 남겨졌다. 적이 격퇴되었다. 이 교전에서 이바노프 대령이 다쳤다. 다쳐서 누워 있는 장교와 병사가 많았다. 우리는 그들을 뒤쪽에 멀리 떨어진 야전응급구호소로 데려가는 데 필요한 일손을 따로 떼어놓을 수 없었다.

3시가 되었는데, 온다던 증원군은 아직 보이지 않았다. 독일군이 우측방을 공격했다. 내 부관인 필리포프 소위가 그곳에서 지휘하고 있었다. 우리 선이 휘었으므로, 그는 전진하는 적군을 겨눠 사사*를 하라고 좌측방에 있는 기관총좌에 명령했다. 동시에 아군 포병이 지시를 받고 같은 구역에 일제 포격을 가했다. 적이 격퇴되었다.

내 요청을 받은 사령관이 들것병을 100명쯤 보내서 아군의 이전 선과 손에 넣은 독일군 제3선 사이에 흩어져 있는 주검과 부상자를 모았다. 내 여성 병사들 가운데 쉰 명쯤이 죽었고 100명 넘게 다쳤다.

---

* 斜射. 대각선 쪽에 있는 목표를 향해 비스듬히 쏘는 사격.

그러는 사이에 해가 떴고 시간이 흐르고 있었다. 우리 상황은 절박해졌다. 우리는 도와달라는 긴급 호소를 사령부에 보냈다. 유선전화 저편에서 소름 끼치는 대답이 왔다.

"제9군단은 집회를 열고 있다. 예비대 임시 숙영지에서 출발해 우리가 공격 전에 있던 참호까지는 갔는데, 거기서 멈추고는 망설였고 전진할지 말지를 토론하기 시작했다."

그 소식에 우리는 매섭게 한 방 얻어맞은 양 충격을 받았다. 참담하고 상상이 가지 않았고 믿기지 않았다.

여기에는 우리가, 즉 여성 병사, 장교, 남성 병사 몇백 명이 모두 다 낭떠러지 끝에, 즉 포위되어 섬멸될 임박한 위험에 처해 있었다. 그리고 1~2킬로미터 이내인 거기에는 몇천 명이나 되는 그들이 있었다. 우리 목숨을, 이 공세 전체의 운명을, 아니 어쩌면 러시아 전체의 운명을 제 손에 쥐고서 말이다. 그런데 그들은 논쟁을 하고 있다니!

정의는 어디 있었을까? 형제애는 어디 있었을까? 사나이다움과 품격은 어디 있었을까?

"자네들은 어떻게 전우들과 저 용감한 여군들이 뻔히 분쇄되도록 내버려둘 수 있나?" 사령관이 그들에게 호소했다. "자네들의 명예심과 정의감과 전우애는 어디 있는가?"

우리가 도와달라고 더욱더 끈질기게 요청했으므로 장교들이 전진하라고 부하들에게 빌고 사정했다. 반응이 없었다. 남성 병사들은 독일군이 공격할 경우에는 자기 위치를 방어하겠지만 공격에는 일절 참여하지 않겠다고 말했다.

공세 전체가 틀어지는 꼴을 보느니 차라리 총에 맞아 죽기를 바라면서 총알에 내 몸을 드러낸 채 이 위치에서 저 위치로 뛰어다니던 이 절박한 상황에서 나는 한 그루 나무 줄기 뒤에 숨어 있는 남녀 한 쌍과 마주쳤다. 한 사람은 결사대대 소속 여성 병사였고 다른 한 사람은 남성 병사였다. 둘은 성행위를 하고 있었다!

이 일은 우리를 전멸로 내몰고 있는 제9군단의 토론보다 훨씬 더 견디기 힘들었다. 나는 제정신이 아니었다. 우리가 덫에 갇힌 쥐처럼 적군의 손아귀에 잡혀 있는 순간에 그런 일이 실제로 벌어질 수 있다니, 내 머리로는 도무지 이해가 가지 않았다. 내 가슴은 부글부글 끓는 솥이 되었다. 나는 곧바로 두 사람에게 달려들었다.

나는 총검으로 여자를 푹 찔렀다. 사내놈은 내가 공격하기 전에 달아나서 내뺐다. 제9군단에서 벌어지는 토론이 곧 끝날 가망이 없었으므로 사령관이 우리에게 후퇴해서 스스로를 구하라고 명령했다. 독일군에게 들키지 않고서 빠져나가는 것이 난제였다. 나는 우선 한 무리가 뒤로 일정한 거리를 물러선 뒤 멈추고 이어서 다른 한 무리가 그렇게 하고 다시 셋째 무리가 똑같이 하면서 숲의 가장자리에 가까이 이를 때까지 반복하라고 명령했다. 진지선의 위치를 옮기는 동안 우려스러운 순간이 가득한 더디고 위험천만한 작전이었지만, 만사가 매끄럽게 진행되어 우리의 희망이 커졌다.

우리 선은 뒤로 물러났고, 우리가 마지막 퇴각을 준비하고 있을 때 느닷없이 "후라"라는 무시무시한 외침이 양 측방에서 거의 동시에 울려 퍼졌다. 우리는 반쯤 포위된 상태였다! 15분만 더 지났어도 포위망이 우리를 완전히 에워쌌을 것이다. 꾸물거릴 겨를이 없었다. 나는 각자 알아서 부리나케 후퇴하라고 명령했다.

독일군의 포격이 거세졌고, 적군의 소총 사격이 양 측면에서 우리를 아수라장으로 몰아넣었다. 나는 있는 힘을 다해 몇십 미터를 달리다 가까이에 포탄 한 발이 떨어지는 바람에 심한 뇌진탕으로 의식을 잃었다. 부관 필리포프 소위가 내가 쓰러지는 모습을 보고 나를 들어 올리고는 무시무시한 사격과 독일군 참호 체계를 뚫고, 또 공격 전에는 무인지대였던 개활지를 지나 러시아군 참호까지 내달렸다.

거기서는 제9군단이 아직도 토론을 하고 있었다. 그러나 이미 너무 늦었다. 살아남은 결사대대원들이 한 명 한 명 진흙과 피가 튀어 있는 채로 숨을 가쁘게 몰아쉬며 아군 참호로 들어오자, 논의를 더 해보았자 쓸데없음이 명백해졌다. 공격은 다 헛일이 되고야 말았다. 독일군은 우리가 그토록 큰 대가를 치르고 얻어냈던 땅과 참호를 저항 없이 모조리 재점령했다. 결사대대의 대열에는 여성병사 200명만 남아 있었다.

나는 후방에 있는 병원에서 의식을 되찾았다. 나는 포탄충격*을 앓고 있었다. 청력에 이상이 있었고 사람들이 내게 무슨 말을 하는지는 알아들을 수 있는데 말은 할 수 없었다. 나는 페트로그라드로로 보내졌고 기차역에서 나를 후원하는 여인들과 저명한 여러 군 장교를 비롯해서 한데 모인 유명 인사들의 영접을 받았다. 케렌스키는 자기의 부관을 보냈다. 폴롭초프의 후임으로 페트로그라드 군관구 사령관이 된 바실콥스키Олег Васильковский 장군도 있었다. 나는 꽃과 입맞춤에 파묻혔다. 그러나 들것에 꼼짝하지 못하고 누운 나는 그 모든 축하에 답해서 소리를 낼

---

* shell shock. 제1차 세계대전 때 지속적인 포격과 전투의 영향으로 정신과 신체의 정상 기능을 잃어버린 군인이 보이는 이상 증세를 가리키는 심리학 조어. 오늘날의 의학 용어인 '외상 후 스트레스 장애'의 일종이라고 할 수 있다.

수 없었다.

입원한 내게 큼직하고 멋진 방 하나가 주어졌다. 케렌스키가 나를 보러 와서 이마에 입을 맞추고 멋진 꽃다발을 안겨주었다. 그는 짧게 말했는데, 결사대대에 병사위원회 제도를 도입하는 것을 둘러싼 논란에서 내게 폐를 끼쳤다고 사과하고 내 용맹을 칭찬하고 내가 모든 전선에 걸쳐 남자 병사들에게 대단한 귀감이 되었다고 선언했다. 그는 몸이 좋아지는 대로 자기를 찾아오라고 권했다.

이튿날에는 로쟌코 의장이 나를 찾아왔다. 그는 매우 우울했고 나라의 처지를 비관했다.

"러시아가 망해갑니다." 그가 말했다. "러시아에는 구원의 가망이 없습니다. 케렌스키는 제 권력에 지나치게 기대고 있으며 제 주위에서 무슨 일이 벌어지는지 전혀 모릅니다. 코르닐로프 장군이 군대에서 규율을 복원하는 데 필요한 권한을 달라고 케렌스키에게 요청했습니다만, 케렌스키는 마다하면서 자기가 나름의 방식으로 그 일을 해낼 수 있다고 말했습니다."

내가 병원에 있는 동안 전선에서 온 대표 한 사람이 내가 속한 군단의 병사위원회가 보내는 감사장을 내게 가져다주었다! 대개는 더 똑똑한 병사들로 이루어진 병사위원회가 내가 다치고 나서 이틀 뒤에 회의를 열어 어떻게 하면 내 행동을 잘 보상해줄 수 있는지 밤새 의논한 듯했다. 2000명을 사로잡는 성과를 올린 공격에서 용감한 통솔력을 발휘했다며 나를 칭찬하고 고마워하는 내용이 담긴 결의안이 가결되었다. 이 결의안을 글로 적고 군단 병사위원회 위원들이 서명한 것이 감사장이었다. 그 병사들은 나중에 독일의 완고한 적인 나한테 바친 이 찬사를 깊이 후회했으므로 군단 전체를 대표해서 기를 쓰고 자기들의 서명을 철회하려 들 터였다. 군단은 심지어 그때에도 볼셰비키 정신에 감염되어 있었다.

나는 필리포프 소위가 결사대대를 떠맡아서, 퇴각 도중과 이후에 다른 부대로 섞여 들어갔던 생존 대대원들을 다시 그러모았음을 알게 되었다. 하지만 내 부대의 잔여 병력을 편성한 뒤에 필리포프는 남부의 비행 부대에 들어가기 위해 사임해서 결사대대와 함께 남지는 못했다. 군단장이 나를 십자훈장 수훈자로 추천했다는 소식도 전해졌다.

한 주가 더 지난 뒤에 나는 언어 능력과 정상 상태를 되찾았다. 비록 포탄충격의 여파가 몇 주 동안 완전히 가시지는 않았을지라도 말이다. 나와 친한 여자가 내게 코르닐로프가 다음 날 페트로그라드에 도착하기로 되어 있다고, 전선의 규율 복원을 놓고 견해가 다른 탓에 그와 케렌스키의 관계가 껄끄럽다고 말해주었다. 나는 겨울궁전에 전화를 걸어 케렌스키의 부관을 통해 면담을 요청했다. 케렌스키는 곧바로 만나자면서 자동차를 보내주기까지 했다.

케렌스키는 나를 상냥하게 반기며 내가 완쾌해서 기쁘다는 뜻을 내비쳤다. 그는 병사들이 싸우려 들지 않은 까닭이 무엇인지 내게 물었다. 물음에 답해서 나는 헛일이 된 내 공격에 관한 이야기를, 즉 병사들이 어떻게 집회를 열어서 전진할지 말지를 놓고 몇 시간, 며칠 동안 논쟁했는지를 낱낱이 말해주었다. 나는 있는 그대로 사실만을 말했고, 케렌스키는 깊은 인상을 받았다. 이야기를 끝맺으면서 나는 이렇게 말했다.

"당신은 병사위원회가 수다를, 끝없는 수다를 뜻한다는 것을 몸소 볼 수 있습니다. 수다를 떠는 군대는 싸우는 군대가 아닙니다. 전선을 구하려면 반드시 병사위원회를 없애고 엄한 규율을 도입해야 합니다. 코르닐로프 장군이 이 일을 이루어낼 사람으로 보입니다. 저는 그가 해낼 수 있다고 믿습니다. 성공할 가망이 아직은 다 사라지지 않았습니다. 철권을 휘둘러서 러시아군을 복구할 수 있습니다. 코르닐로프에게는 그러한 철권이 있습니다. 그 철권을 휘두를 권한을 그에게 주면 어떻겠습니까?"

케렌스키는 내게 대체로 동의했다. 그가 말했다. "하지만 코르닐로프는 구체제를 복원하고 싶어 합니다. 그는 자기 손에 권력을 쥐고 차르를 제위에 도로 올려놓을지도 모릅니다."

나는 믿을 수가 없어서 케렌스키에게 그렇게 말했다. 그는 자기에게 코르닐로프가 군주정을 다시 세우고 싶어 한다고 믿을 근거가 있다고 대꾸했다.

케렌스키는 이어서 말했다. "만약 확신이 서지 않는다면, 총사령부로 가서 코르닐로프와 이야기를 해보고 그의 의도에 관해 당신이 알아낼 수 있는 것을 모두 알아보고 돌아와서 내게 보고해주시오."

나는 케렌스키가 자기를 위해 비밀 요원 노릇을 해달라고 내게 부탁하고 있음을 곧바로 깨달았지만, 흥미가 생겼다. 자꾸만 이런 생각이 들었다.

'케렌스키가 맞다면, 그리고 코르닐로프가 정말로 차르가 돌아오기를 바란다면, 어쩌지?'

내 나라 꼴이 엉망이지만, 나는 차르 체제가 돌아온다고 생각해보니 두려웠다. 만약 코르닐로프가 구체제에 찬성한다면, 그는 인민의 적이며 케렌스키가 코르닐로프 장군에게 최고 권한을 주기를 주저하는 것은 옳은 행동이었다. 그래서 나는 제안을 받아들였다.

하지만 내가 맡은 심부름을 생각하니 꺼림칙해서 가장 좋은 벗으로 여기는 로쟌코에게 가서 속내를 깨끗이 죄다 털어놓겠다고 다짐했다. 내가 케렌스키와 나눈 대화에 관해 이야기하자 로쟌코가 말했다.

"이것은 케렌스키의 낡은 수법입니다. 모든 이가 구체제에 찬성한다고 의심하면서 써먹는 수법이지요. 나는 코르닐로프가 그렇다고는 믿지 않습니다. 그는 정직하고 솔직한 사람입니다. 하지만 만약 당신이 그 점에 의심이 든다면, 자, 함께 사령부로 가봅시다. 염탐꾼으로 가지 말고, 코르닐로프와 얼굴을 맞대고 그에게 진실을 말하십시오."

우리는 열차를 타고 총사령부로 가서 곧 코르닐로프와 접견하게 되었다. 나는 그에게 두어 날 전에 케렌스키와 나 사이에 무슨 말이 오 갔는지를 솔직하게 말했다. 코르닐로프는 얼굴을 붉혔다. 그는 발끈해서 벌떡 일어나 방을 서성거리기 시작했다.

"나쁜 자식! 건방진 놈! 나는 늙은 군인의 명예를 걸고 내가 차르 체제의 복원을 바라지 않음을 맹세합니다. 이 나라의 어느 누구보다 더 나는 평범한 러시아 사람을 사랑합니다. 우리는 함께 싸워왔고 서로를 이해합니다. 내게 권한이 주어지기만 하면, 몇 개 연대를 징벌해서 규율을 곧 복구하겠습니다. 꼭 징벌해야 한다면 말입니다. 나는 몇 주 안에 공세를 펼쳐서 독일군을 무찌르고 올해에 언제라도 평화를 얻을 수 있었습니다. 그놈은 나라를 파멸로 몰아가고 있습니다. 나쁜 자식!"

코르닐로프의 말은 칼로 찌르는 것 같았다. 저 사나이가 자기 마음 저 깊은 곳에서 나오는 말을 했다는 데에는 의문의 여지가 없었다. 그의 흥분은 의심할 바 없이 진실이었다. 그는 지체 없이 대책을 세우지 않는다면 전선의 붕괴가 뻔하다면서 격하게 방을 돌아다녔다.

"멍청이! 그놈은 제가 오래가지 못하리라는 사실을 알 리 없지. 볼셰비즘이 군대에 빠르게 퍼지고, 머지않아 밀물이 그놈에게 닥칠 텐데. 오늘 그놈은 레닌이 군대에서 거리낌 없이 정치선전을 계속하도록 내버려두고 있지. 내일이면 레닌이 득세할 테고 모든 것이 파탄 나고 말 거야."

우리는 총사령부를 나왔다. 나는 케렌스키에게 보고를 할지 말지를 결정해야 했다. 내가 어쩌다 그런 심부름을 했는지 생각할라치면 부끄럽다는 느낌이 든다는 고백을 해야겠다. 그래서 나는 로쟌코에게 차르 체제에 대한 코르닐로프의 생각에 관해 케렌스키에게 말해달라고 부탁하고 모스크바로 가는 열차에 탔다. 모스크바에서 내 결사대대를 모방해서 편성된 그 지역 여성대대를 사열해달라는 부탁을 받았던 것이다. 그런 부대가 러시아 곳곳에서 많이 편성되었다.

병영에 도착한 다음에 모스크바 부대에 입대한 여자 1500명 앞에 나섰을 때 나는 기절할 뻔했다. 그들은 거의 다 연지를 찍어 발랐고 뾰족구두와 화려한 스타킹을 신고 있었으며, 옷차림새는 야하고 몸가짐은 제멋대로였다. 주위에 병사들이 꽤 많이 있었고, 여자들을 대하는 그들의 행동은 역겨웠다.

"이게 뭔가, 갈봇집인가?" 통탄하며 내가 외쳤다. "너희는 군대의 수치야! 나는 너희를 즉시 해산하고 너희를 전선으로 보내지 않도록 내 온 힘을 다하겠다!"

항의의 폭풍우가 일었다.

"이게 다 뭐야, 구체제야 뭐야?" 몇몇이 분한 목소리로 외쳤다.

"그게 뭐냐? 규율인가? 저 여자는 어떻게 감히 저렇게 말하지?" 다른 이들이 소리쳤다.

잔뜩 성이 난 군중이 금세 나를 에워싸고는 더욱더 가까이 다가왔다. 나를 아예 죽일 낌새였다. 함께 있던 장교가 군중의 분위기를 보고는 내가 자초한 위험을 깨달았다. 그는 모든 부대원에게 인기가 아주 높은 모스크바 군관구 사령관 베르홉스키Александр Верховский 장군을 긴급 호출했다.

그러는 사이에 내 호위대는 곧 1000명쯤으로 불어난 사나운 군중을 진정시키려고 무진 애를 쓰고 있었다. 내 주위의 원이 더욱더 가까이 조여왔고, 나는 마지막 기도를 할 태세를 갖추었다. 한 사내가 발을 걸어서 내가 넘어졌다. 다른 사내가 군화 뒷굽으로 내 등을 내리쩍었다. 1분만 더 그대로 있었다면 나는 폭도의 손에 목숨을 잃었을 것이다. 그러나 하느님이 나와 함께 계셨다. 베르홉스키가 제때 도착해서 군중 속으로 뛰어들었고, 군중이 갈라지며 그에게 길을 터주었다. 그가 사람들에게 몇 마디 말을 했다. 그 말이 마법처럼 먹혔다. 나는 구조되었다.

나는 모스크바에서 전선으로 갔고, 내 여성 병사들은 내가 도착하는 것을 보고 너나없이 환호했다. "사령관님이 돌아오셨다!" 그들이 소리치며 덩실거렸다. 내가 없는 동안 그들은 힘든 시간을 보냈지만, 불운하게도 나는 오래 머물지 못했다. 내가 도착한 그날 저녁에 코르닐로프 장군이 전보를 보내 내게 곧바로 오라고 요청한 것이다. 나는 지체 없이 군 사령부로 떠났고, 거기서 최고사령관과 로쟌코를 만났다. 우리 셋은 케렌스키를 보러 페트로그라드로 갔다. 7월 28일에 열리는 거창한 모스크바 회합*의 전야였다.

이 여정 동안 코르닐로프가 자기의 어린 시절을 이야기해주었다.

그는 몽골에서 태어났는데, 아버지는 러시아 사람이었고 어머니는 몽골 사람이었다. 쉰 해쯤 전에 극동의 생활 조건에서 살다 보면 어떤 고난도 견디도록 단련되기 마련이었다. 바로 거기서 위험을 우습게 여기고 모험을 즐기는 코르닐로프의 심성이 비롯되었다. 그는 내가 알기로 농민 출신 변경 상인이었던 아버지에게 좋은 교육을 받았지만 순전히 능력과 근성으로 그 높은 자리에 올라섰다. 그는 책보다는 온갖 부류의 사람과 어울려 지내면서 열 개 남짓한 언어와 방언을 배웠다. 요컨대, 코르닐로프는 귀족 가문 출신이거나 상류사회 환경에서 자라난 사람이 아니었다. 그는 몸소 겪어서 사람과 물정에 관한 지식을 얻었다. 그는 러시아의 농민과 노동자와 즐겨 어울렸다. 물불을 가리지 않는 용기를 지녔기에 그는 러시아 농민 병사들이 죽음을 우습게 여긴다며 그들을 사랑하게 되었다.

페트로그라드에 도착한 우리는 다 함께 겨울궁전으로 갔다. 로쟌코와 나는 대기실에 남아 기다리고 코르닐로프가 먼저 케렌스키의 집무실로 들어갔다. 기다리는 시간은 길었다. 코르닐로프는 케렌스키와 꼬박 두 시간 동안 단둘이 있었는데, 면담 중에 나는 격한 소리가 우리 귀에 또렷이 다 들렸다. 드디어 집무실에서 최고사령관이 나올 때 그의 얼굴은 벌겋게 달아올라 있었다.

그다음에 로쟌코와 내가 들어갔다. 케렌스키는 눈에 띄게 흥분해 있었다. 그는 내가 자기의 심부름을 그런 식으로 할 줄은 예상하지 못했

---

* 이 회합이 정확히 어떤 모임인지 확실하지 않다. 정치 상황을 알리고 사회 각계각층 사이에서 지지 세력을 규합하고자 임시정부가 개최한 모스크바 국정협의회Московское государственное совещание일 가능성이 있지만, 이 협의회가 열린 때는 1917년 8월 중순이다.

다며, 내가 올바로 행동하지 않았다고 잘라 말했다.

"장관님, 어쩌면 제가 당신께 죄를 지었을 겁니다." 내가 대답했다. "하지만 저는 제 양심에 따라 행동했고, 제가 느끼기에 나라에 해야 할 의무를 다했습니다."

그리고 나서 로쟌코가 케렌스키에게 말했다.

"보치카료바는 당신이 병사에게서나 장교에게서나 가리지 않고 빠르게 호감을 잃고 있다고 전선에서 보고합니다. 장교는 규율이 무너지기 때문에 그렇고 병사는 귀향하고 싶기 때문에 그렇습니다. 자, 군대에 무슨 일이 벌어지고 있는지 곰곰이 생각해보십시오. 군대는 산산조각 날 것입니다. 여군 부대와 장교가 죽게 생겼는데도 병사들이 나 몰라라 할 수 있었다는 사실은 상황이 위기라는 증거입니다. 당장 뭐라도 해야 합니다. 군대의 절대권을 코르닐로프에게 주십시오. 그러면 그가 전선을 구할 것입니다. 그리고 당신은 정부 수반으로 남아서 볼셰비즘에게서 우리를 구하십시오."

나는 로쟌코의 간청에 합세했다. "우리는 빠르게 구렁텅이에 가까이 다가가고 있습니다." 내가 다그쳤다. "얼마 있으면 너무 늦어버릴 겁니다. 코르닐로프는 고결한 사람입니다. 저는 그렇다고 확신합니다. 이제 그가 군대를 구하게 하십시오. 그러면 이후로는 사람들이 케렌스키가 나라를 망쳤다고 말하지 않을 것입니다."

"그런 일은 결코 일어나지 않을 거요!" 케렌스키가 주먹으로 탁자를 내리치며 소리를 질렀다. "나는 내가 무엇을 하는지 알고 있소!"

"당신은 러시아를 망가뜨리고 있습니다!" 케렌스키의 교만에 부아가 난 로쟌코가 외쳤다. "나라가 망하면 당신 탓일 겁니다."

케렌스키의 얼굴이 시뻘게졌다가 주검처럼 새하얘졌다. 나는 케렌스키의 모습에 겁을 먹었다. 그가 쓰러져 죽겠다는 생각이 들었다.

"나가!" 그가 이성을 잃고 소리를 질렀다. "이 방을 떠나시오!"

로쟌코와 나는 출입구로 갔다. 문에서 로쟌코가 잠시 멈춰 서서 고개를 돌리고는 장관에게 비꼬는 말을 몇 마디 내뱉었다.

코르닐로프가 대기실에서 우리를 기다리고 있었다. 우리는 식사를 하기 위해 차를 몰고 로쟌코의 집으로 갔다. 거기서 코르닐로프는 케렌스키와 한 회담의 요체를 우리에게 이야기해주었다. 그는 케렌스키에게 병사들이 무더기로 전선에서 이탈하고 있으며 남아 있는 병사들은 매일 밤 독일군 참호를 찾아가서 아침에 술에 취해 돌아오므로 쓸모가 없다고 말했던 것이다. 친교 행위가 전선 전체에 퍼져버렸다. 한번은 오스트리아군 1개 연대 전체가 술을 잔뜩 싸 들고 아군 참호로 넘어왔고 그 뒤에 부어라 마셔라 술판이 벌어졌다. 코르닐로프는 여성결사대대의 경험을 자기에게 올라온 공식 보고서에 언급된 대로 설명했고, 지시를 내려달라고 요청하는 숱한 메시지가 장교들에게서 날마다 자기한테 오고 있다고 말했다. 하지만 그가 도대체 무슨 지시를 내릴 수 있었을까? 그는 케렌스키에게 지시를 구해야 했다.

이 시점에서 장관은 무엇을 해야 할지 물었고, 그는 전선을 붕괴로부터, 나라를 대재앙으로부터 구해내려면 사형제를 다시 확립해야 하고 병사위원회를 폐지해야 하며 최고사령관에게 부대를 해체하고 선동가와 반도를 처형할 전권을 주어야 한다고 대답했다.

케렌스키는 코르닐로프의 제안이 실행될 수 없다고, 장교들이 전선에서 일어나는 갖가지 분규를 연대, 군단, 군의 병사위원회에 진술해서 해결하기만 하면 된다고 대답했다. 코르닐로프는 병사위원회가 이미 그 같은 문제들에 거듭 맞닥뜨렸고 그 문제들을 조사하고 확인했으며 질책하는 결의안을 가결해서 위반 행위를 되풀이하지 않겠다는 서약을 병사들에게서 받아냈지만 병사들은 나약한 어린애처럼 곧바로 음주와 친교 행위를 재개하곤 했다고 대꾸했다. 그는 오로지 엄한 규율만이 러시아군을 업신여기지 못할 군대로 만들 수 있다고 역설했다.

그러나 케렌스키는 완고했다. 그는 코르닐로프의 권유를 실행하는 데 동의하지 않으려 했다. 막다른 골목에 이른 탓에 코르닐로프는 부아가 치밀었다. 코르닐로프가 불쑥 말했다.

"당신은 나라를 파괴로 몰아가고 있습니다. 당신은 연합국이 이미 우리를 업신여긴다는 것을 알고 있습니다. 우리 전선이 허물어지면 연합국은 러시아를 배반자로 여길 것입니다. 당신은 일반 병사들이 아직도 당신을 믿는다는 환상을 품고 있습니다. 하지만 그들 거의 모두가 이제는 볼셰비키입니다. 그리 머지않아 당신은 타도될 것이며, 역사에서 당신의 이름은 나라를 망친 자로 불릴 것입니다. 당신은 한평생 차르 체제와 싸웠습니다. 지금 당신은 차르보다 훨씬 더 나쁩니다. 당신은 여기 겨울궁전에 들어앉아서 떠나기를 내켜 하지 않으며 시새움이 너무 세서 권력을 다른 누구에게 넘기지 않습니다. 비록 내가 차르를 잘 알기는 해도, 당신이 내게 품은 불신과 내가 지금 차르 체제 옹호자라는 당신의 믿음에는 조금도 근거가 없습니다. 내가 내 나라와 평범한 국민을 사랑하는데 어떻게 차르의 옹호자일 수 있습니까? 내 포부는 민주주의 강국을 세우는 것입니다. 헌법제정회의*와 선택된 지도자 한 사람으로 말입니다. 저는 러시아가 힘세고 앞서가기를 바랍니다. 군대 내의 자유재량권을 저한테 주십시오. 그러면 우리 조국은 구제될 것입니다."

케렌스키는 코르닐로프의 요청을 거세게 마다했다.

"귀관은 사임해야 할 거요." 케렌스키가 소리쳤다. "그리고 나는 귀관의 자리에 알렉세예프Михаил Алексеев를 임명할 것이고 귀관이 내 말에 따르지 않으면 귀관에게 완력을 쓰겠소!"

"나쁜 자식!" 이렇게 외치고 코르닐로프가 케렌스키의 집무실을 떠났다.

식사를 하는 동안 코르닐로프는 만약 케렌스키가 그 위협을 실행하면 자기에게 충성하는 부족민으로 이루어진 야만사단**을 이끌고 케렌스키에게 맞서겠다고 로쟌코에게 말했다. 로쟌코는 코르닐로프에게 정부에 맞서 싸우면 나라가 여러 파당으로 쪼개져서 내전이 벌어질 터이니 그러지 말라고 애원했다. 둘만의 대화를 길게 나눈 뒤에 코르닐로프는 두마 의장에게 설득되어 국가의 평안을 위해 총사령관 자리에 남아 있기로 했다.

식사 자리에서 나는 알렉세예프 장군이 최고사령관 자리를 여러 차례 제안받았지만 자유재량권을 행사할 권한을 얻기 전에는 그 자리를 받아들이기를 마다했다는 것도 알게 되었다. 케렌스키는 더욱더 전제군주처럼 굴면서 툭하면 짜증을 내고, 사람을 만나보고 충고를 받아들이기를 꺼리는 듯했다.

---

* Учредительное собрание. 1917년 2월혁명 이후에 혁명 세력과 임시정부의 공약으로 11월 하순 러시아 전체에서 치러진 선거 결과로 구성된 입법체. 1918년 1월 초순에 개회했지만, 제1당이 되지 못하고 제2당이 된 볼셰비키당에게 곧바로 해산당했다.

** Дикая дивизия. 정식 명칭은 캅카스 토착민 기병사단Кавказская туземная конная дивизия. 캅카스 지방 무슬림 자원병을 주축으로 1914년에 창설된 러시아 제국군 부대.

나는 로쟌코와 코르닐로프와 헤어졌다. 코르닐로프는 내게 입맞춤을 하면서 규율을 유지하려는 내 노력에 우호적 지원을 하겠다고 맹세했다. 나는 전선으로 돌아갔고 그들은 국정협의회에 참석하려고 모스크바로 갔다.

내 가슴은 슬픔으로 무거웠다. 자유가 태어난 뒤 다섯 달이 지났다. 겨우 다섯 달이 말이다. 하지만 그 자유는 어떤 악몽이 되어버렸는가! 우리는 전쟁 중이지만 적군과 놀고 있었다. 우리는 자유를 얻었지만 무질서가 늘고 있었다. 우리의 가장 훌륭한 사람들이 다섯 달 전에는 행복했고 똘똘 뭉쳤다. 지금 그들은 갈라져서 서로 다투고 있다. 인민도 갈라졌다. 혁명이 처음 일어났을 때는 모두 다 함께 즐거워했다. 병사, 시민, 농민, 노동자, 상인 다 말이다. 모두 다 기뻐했다. 모두 다 좋은 일과 행복을 바랐다. 지금, 한 집단을 다른 집단과 맞서게 만드는 정당이 여럿 생겨났다. 여러 정당이 저마다 더없이 행복한 시대를 약속하지만, 이 정당에 선인 것이 저 정당에는 악이었다. 그 정당들은 말하고 입씨름하고 서로 싸웠다. 사람들의 머리는 더 헷갈리고 마음은 갈라졌다. 뿔뿔이 갈라진 나라가 독일 같은 무시무시한 적에 맞서 과연 얼마나 오래 버틸 수 있을까? 나는 러시아를 위해 하느님께 기도했다.

15장 | 군대가 사나운 폭도가 되다

내 여성 병사들은 사령관이 돌아왔다고 기뻐 날뛰었다. 나는 군단장에게 복귀 보고를 했고 참모진과의 오찬에 초대되었다. 장교들은 후방에서 무슨 일이 벌어지고 있는지 알고 싶어 했다. 나는 그들에게 총리와 최고사령관의 다툼을 미주알고주알 말하지 않고 견해차가 생겼다고 두루뭉실하게 내비쳤다.

오찬이 끝날 무렵에 군단 병사위원회 위원장이 중요한 일로 군단장을 보러 왔다는 보고가 왔다. 참호에 있는 군단 병사들이 아침 7시에 교대해야 해서 몇 킬로미터 뒤에 있는 예비대 군단 병사들에게 아침 5시에 참호로 이동하라는 명령이 내려진 듯했다. 하지만 그들은 움직이지 않았다. 위원장이 지금 그 일을 설명하러 온 것이다. 위원장은 애국적이고 똑똑한 병사였는데, 그가 이야기하는 동안 장군이 그에게 앉으라고 권했다.

"나쁜 자식들!" 위원장이 자기를 지도자로 뽑은 병사들을 두고 말했다.

"그놈들은 움직이려 들지 않습니다. 아침 내내 집회를 열고는 제 동무들과 교대하러 가기를 거부합니다."

우리 모두 충격을 받았다. 장군이 흥분했다.

"젠장!" 그가 성을 내며 외쳤다. "해도 해도 너무하는군! 병사들이 두어 주 전에 자기들과 교대했던 바로 그 병사들과 교대하기를 거부한다면, 전쟁을 하는 척하면서 전선에 계속 있어봤자 쓸데없어. 그건 익살극이야! 여기 남아 있어봤자야. 그들에게 무기를 내려놓고 고향으로 가서 정부가 사이비 군대를 유지하는 수고를 덜게 하라고 해. 빌어먹을 놈들! 그놈들 가운데 몇 놈만 총살해도 그놈들이 본분을 다하게 될 텐데! 7시에는 참호가 텅 비겠군. 어서 이동하라고 내가 그들에게 지시했다고 가서 말하게나!"

병사위원회 위원장이 숙영지로 돌아가서 병사들에게 참호로 들어가야 한다고 장군이 명령했으며 명령에 따르지 않으면 사형으로 처벌한다고 말했다. 이에 병사들이 발끈했다.

"아하, 그놈이 총살을 하겠다고 으르고 있네!" 한 병사가 소리쳤다.

"그놈은 구체제 사람이야." 또 다른 병사가 외쳤다.

"그놈이 차르의 수법을 우리한테 써먹고 싶어 하네!" 몇몇이 소리를 질렀다.

"그놈은 줏대 없는 자식이야!" 또 다른 이가 말했다.

"그놈을 죽여야 해! 그놈은 우리를 철권으로 지배하고 싶어 한다고!" 병사들이 아우성치면서 흥분 상태로 치달았다.

한편, 참호에 있는 병사들이 집회를 열어서 7시 이후에는 진지에 남아 있지 않겠다는 다짐을 밝히고 있다는 소식이 참호에서 왔다. 장군은 큰 어려움에 처했다. 자기가 맡은 전선 구역이 적군에게 완전히 열려 버릴 가능성에 맞닥뜨린 것이다. 그는 예비대 숙영지에 전화를 걸어서 병사위원회 위원장에게 거기서는 일이 어떻게 돌아가고 있는지 물었다.

갑자기 장군이 하얗게 질려 수화기를 떨어뜨리면서 말했다.

"그들이 나를 죽이고 싶어 하네."

코스탸예프 참모장이 수화기를 집어 들었고 떨리는 목소리로 무엇이 문제인지를 물었다. 내가 들은 대답은 이랬다.

"분위기가 험악합니다. 그들이 항명을 했고요, 떼 지어 몰려가서 장군님을 해칠 낌새입니다. 흥분이 퍼져 나가고 있고, 그들 가운데 일부가 벌써 사령부를 향해 출발했습니다."

유선전화 저편에 있는 병사위원회 위원장의 목소리에 불안감이 뚜렷이 묻어났다. 폭도를 달래기 위해 장군이 무엇을 할 수 있느냐는 물음에 그는 병사위원회는 장군을 존중하고 존경한다고, 그리고 병사위원회 위원들이 터져버린 격분을 누그러뜨리려고 무진 애를 쓰고 있지만 어찌해볼 길이 없어 보인다고 말했다.

몇 분 뒤에 장교와 병사 몇 명이 몹시 흥분해서 관사 안으로 뛰어 들어왔다.

"장군님, 제때 피하시지 않으면 큰일 납니다!" 그들 가운데 한 명이 말했다.

조금 뒤에 심성이 착하고 혁명 전에도 부하 병사들의 사랑을 받은 벨로노고프Белоногов 대령이 급히 들어왔다. 그는 똑같은 전갈을 가져와서 장군에게 숨으라고 권했다. 나도 가세해서 폭풍우가 지나갈 때까지 몸을 숨기라고 사령관에게 빌었다. 그러나 그는 마다했다.

"내가 왜 숨어야 하나?" 그가 소리쳤다. "내가 뭘 잘못했다고? 그놈들이 와서 나를 죽이게 해! 나는 할 일을 했을 따름이야."

그는 자기 집무실로 들어가 틀어박혔다.

폭도가 더욱더 가까이 다가오고 있었다. 자리에 있던 모든 이의 얼굴빛이 주검처럼 파리해졌다. 1~2분마다 겁에 질린 눈빛을 한 누군가가 헐레벌떡 뛰어 들어와서 사나운 비바람이 다가온다고 알리곤 했다.

잔뜩 성이 난 인파가 관사에 이르러 소리를 지르고 악을 썼다. 잠시 우리 모두 마음을 졸였다. 그때 벨로노고프 대령이 자기가 밖에 나가 말을 해서 그들이 제정신을 찾도록 만들어보겠다고 말했다. 대령에게는 상냥한 목소리와 상냥한 마음이 있었다. 심지어 자기 당번병에게도 예사말을 결코 하지 않는 사람이었다. 그가 얼마 전에 전근을 요청했을 때 직속 부하 병사들이 그를 설득해서 지금 있는 자리에 남도록 했다.

한마디로 벨로노고프 대령은 보기 드문 사람이었다. 의문의 여지 없이 군단에서 흥분한 폭도를 달래는 일을 하기에 대령만 한 장교는 없었다. 벨로노고프가 현관으로 나가서 꾸준히 늘어나는 군중과 차분하게 마주 섰다.

"장군 어디 있어? 그놈 어디 있어? 우리는 놈을 죽일 거야!" 사납게 외치는 소리가 한꺼번에 터졌다.

"여러분은 무슨 생각을 하고 있습니까?" 대령이 말문을 열었다. "정신을 차리고 그 명령을 생각해보십시오. 여러분의 동무들, 여러분과 같은 병사들과 교대하라는 명령이었습니다. 자, 여러분은 이것이 더할 나위 없이 온당하다는 것을 압니다. 장군은 여러분이 여러분 동무들을 대신하기를 바라실 따름입니다."

"하지만 그자는 우리를 총살하겠다고 을러댔소." 말을 끊고 병사들이 말했다.

"여러분은 제대로 알아듣지 못했습니다. 장군님이 대체로 말한 바는 복종하게 만들기 위해 해야 할 것은 총살……"

"총살!" 몇백 명의 목소리가 사방팔방에서 나왔고, 말뜻이 아니라 낱말을 붙들고 늘어졌다.

"총살! 아하, 그자는 총살을 하고 싶어 하는구나! 그자는 구체제에 찬성하는구나!" 몇천 명의 목소리가 터져 나왔고, 얼굴이 잿빛이 된 대령에게 해명할 기회조차 주지 않았다.

"저놈을 죽여라! 총살이 뭔지를 저놈한테 보여줘라!" 대군중이 아우성을 쳤고 대령이 목소리를 높여 발언하려고 애썼지만 헛일이었다.

누군가 대령의 발아래 있는 의자를 느닷없이 홱 빼냈다. 곧바로 무거운 군홧발 100개가 그 고결한 몸을 짓밟아 목숨을 앗아가 버렸다. 끔찍하고 무시무시한 장면이었다. 병사 몇천 명이 짐승으로 바뀌었다. 그들의 눈에는 피를 보려는 욕망이 어려 있었다. 그들은 도취된 양 앞뒤로 오가며 미친 듯이 주검을 짓밟으면서 자기들의 제물에서 생명의 마지막 흔적을 으스러뜨렸다.

피를 보려는 폭도의 욕망이 이글이글 타올랐다. 장교들은 촌각이 급하다는 것을 깨달았고, 코스탸예프는 관사 뒤로 빠져나가 내빼는 것이 목숨을 건질 유일한 길이라고 생각했다.

"밖으로 나가서 그들한테 가겠습니다." 내가 잘라 말했다.

남아 있는 장교들은 내가 미쳤다고 생각하고 나를 만류하려고 애썼다.

"벨로노고프는 연대의 우상이었는데, 그가 어떤 꼴이 되었는지 보시오. 당신이 간다면 죽을 게 뻔합니다." 그들이 말했다. 코스탸예프 대령이 사라졌고 참모들 가운데 몇 명이 그의 뒤를 따랐다.

달아난다고 해서 어떻게 상황을 구할지 나로서는 알 길이 없었다. 달아나면 두어 명은 목숨을 건질지도 모른다. 이조차 가망이 없을지라도 말이다. 그러나 항명이 확산되어 통제 불능 상태가 될지 모른다. '나는 나가겠다.' 나는 이렇게 다짐하고 성호를 긋고는 성난 폭도 속으로 뛰어들었다.

"뭔 일이야?" 내가 목청껏 소리쳤다. "너희한테 무슨 일이 있었어? 나를 지나가게 해줘!" 군중이 갈라져서 내가 의자로 가도록 길을 터주었다.

"저 여자를 봐!" 몇몇이 비아냥거렸다.

"응, 응, 이 색시 좀 봐!" 다른 몇몇의 목소리가 울렸다.

"각하!" 한 사내가 놀렸다.

나는 의자 위에 뛰어오르자마자 재빨리 말문을 열었다. "자, 나는 '각하!'가 아니라 그냥 야시카야! 너희는 나를 지금 당장 죽일 수 있어. 아니면 조금 뒤에, 5분이나 10분 뒤에 죽일 수 있어. 하지만 야시카는 겁내지 않을 것이다."

"내가 말 좀 하겠다. 너희가 나를 죽이기에 앞서 할 말은 해야겠다. 너희는 나를 알지? 내가 너희, 즉 평범한 농민 병사라는 걸 알지?"

"그래, 알지." 사내들이 대꾸했다.

"좋아." 나는 이어서 말했다 "너희는 이 사람을 왜 죽였지?" 나는 내 발밑에 있는 짓이겨진 주검을 가리켰다. "저 사람은 군단에서 가장 친절한 장교였어. 그분은 병사를 때리지도 처벌하지도 않았지. 그분은 병사와 장교를 가리지 않고 누구에게나 언제나 점잖았어. 어느 누구에게도 업신여기는 말을 하지 않았지. 한 달 전만 해도 그분은 전근하고 싶어 했는데 너희가 그를 붙잡아야 한다고 고집했어. 그게 4주 전이야. 그 짧은 기간에 그분이 달라졌을까? 달라질 수 있었을까?"

"그분은 부하들한테 아버지 같았어. 너희는 그분을 자랑스러워하지 않았나? 너희는 그분 연대에서는 음식이 좋고 병사가 좋은 군화를 받고 목욕도 정기적으로 한다고 늘 자랑하지 않았나? 너희는 자유로운 러시아군이 수여하는 최고의 명예인 군인 십자훈장*으로 그분한테, 자발적으로, 보답하지 않았나?"

"그런데 지금 너희가 이 고결한 분을, 보기 힘든 이 인정의 본보기를 너희 손으로 죽여버렸어. 왜?"

"왜 그랬어?" 내가 매섭게 사내들 쪽을 쳐다보았다.

"그자가 착취 계급에 속했기 때문이지." 대꾸가 하나 나왔다.

"그자들은 다 우리 피를 빨아먹지!" 다른 몇몇이 외쳤다.

"왜 저 여자가 말하게 내버려두지? 우리한테 질문을 하다니, 저 여자는 누구야?" 누군가 소리쳤다.

"저년을 죽여라! 저년도 죽이라고! 다 죽여버려! 우리는 피를 흘릴 만큼 흘렸어! 부르주아지! 살인자! 저년을 죽여!" 이런 외침이 여러 사람의 목구멍에서 나왔다.

"나쁜 놈들!" 내가 소리쳤다. "너희가 이제는 나를 죽이겠지. 난 너희 손아귀에 있어. 나는 죽으려고 밖으로 나왔어. 너희는 왜 내가 말을

---

* 성 게오르기 십자훈장.

하도록 놔두느냐고 묻는다. 너희는 내가 누구냐고 묻는다. 마치 너희가 나를 알지 못하는 양! 야시카 보치카료바가 누구냐고?"

"너희가 아니라면, 누가 대표들을 보내서 성상화를 내게 증정했지? 너희가 아니라면, 누가 나를 장교 계급으로 올려주었지? 너희가 아니라면, 누가 겨우 두어 주 전에 페트로그라드로 이 감사장을 내게 보냈지?"

나는 가슴 주머니에서 군단 병사위원회가 가결하고 서명해서 페트로그라드 병원으로 내게 보냈던 결의안을 끄집어냈다.

"이것 보이지? 너희가 아니라면 누가 여기에 서명을 했지? 군단 병사위원회, 그러니까 너희가, 너희 스스로 뽑은 너희 대표들의 서명이 있는데!"

사내들은 입을 다물었다.

"내가 아니라면 누가 고생을 하고 너희와 함께 싸웠지? 야시카가 아니라면 누가 포화 속에서 너희 목숨을 구했지? 나로치에서 너희 전우를 위해 내가 무엇을 했지? 내가 겨드랑이까지 차오르는 진창에 들어가서 너희 가운데 열 명 남짓을 끌어내 안전한 곳으로 데려가서 목숨을 구했을 때를 너희는 기억 못 하나?"

여기서 나는 입을 멍하니 벌린 병사 한 명에게 홱 고개를 돌리고 빤히 쳐다보며 물었다.

"일반 병사들이 자기네 장교를 뽑는다고 치자. 자, 만약 네가 뽑혔다면 너는 사령관 자리에서 무엇을 할까? 너는 인민 출신의 평범한 병사야. 네가 무엇을 할지 나한테 말해봐!" 내가 소리쳤다.

사내는 멍청한 표정을 짓더니 웃으려고 애썼다.

"일단 내가 그렇게 되면 생각해보겠다." 그가 말했다.

"그건 답이 아니지. 만약 우리 군단이 참호에 있는데 다른 군단이 교대하기를 거부하면 너희가 뭘 할지 나한테 말해봐. 너희는 뭘 할까? 뭘?" 나는 대꾸해보라고 전체 군중에게 다그쳤다.

"너희는 참호를 무한정 지킬까, 아니면 떠날까? 내게 답을 말해봐!"

"글쎄, 우리는 어쨌든 떠날 거야." 사내 여럿이 대꾸했다.

"하지만 너희는 무엇 때문에 여기 있지? 참호를 지키려고야, 아니야?" 내가 거세게 소리쳤다.

"그래, 지키려고." 그들이 대꾸했다.

"그렇다면 너희는 어떻게 참호를 버리고 떠날 수 있지?" 내가 쏘아붙였다.

조용했다.

"그것은 자유 러시아에 대한 반역일 텐데!" 내가 계속 말했다.

사내들은 부끄러워서 고개를 숙였다. 아무도 말하지 않았다.

"그렇다면 너희는 왜 그분을 죽였지?" 내가 매섭게 외쳤다. "참호를 지키는 것 말고 그분이 너희한테 바란 게 뭘까?"

"그자는 우리를 총살하고 싶어 했어!" 몇 사람이 뚱한 목소리로 대꾸했다.

"그분은 그따위 말을 결코 하지 않아. 그분이 말하고 싶어 한 바는 장군이 너희를 을러대지 않았고 다른 상황에서라면 너희 행동은 총살감이라고 설명하는 거였어. 벨로노고프 대령이 '총살'이라는 낱말을 언급하자마자 너희는 그 사람이 하던 말을 마칠 기회조차 주지 않은 채 그분한테 달려들었지."

"우리는 그렇게 알아듣지 않았어. 우리는 그자가 우리를 총살한다고 을러댔다고 생각했지." 사내들은 엉성하게 둘러댔다.

살해된 대령의 당번병들과 친구들이 달려왔다. 그들이 으깨진 주검을 보고 통탄의 비명을 지르는 통에 모두 다 말을 멈춰서 조용해졌다. 그들은 욕하고 울고 폭도를 을러댔다. 그들은 몇 명 안 되고 군중은 몇천 명을 헤아렸는데도 말이다.

"살인자들! 피에 굶주린 깡패들! 네놈들이 죽인 분이 누굴까? 우리 어버이 같은 분이야! 병사에게 그분보다 더 좋은 벗이 있었을까? 그분보다 부하를 더 잘 보살핀 지휘관이 과연 있었을까? 네놈들은 차르와 그의 망나니들보다 더 나빠. 네놈들은 자유가 주어지니까 불한당처럼 굴어. 나쁜 자식들!"

애도하러 온 그들은 슬퍼하며 훨씬 더 크게 목 놓아 울었다. 통곡이 허공에 울려 퍼졌다. 그러자 모든 이의 목이 메었다. 폭도 가운데에서 많은 이가 울었다. 고인의 벗들이 그에게 받은 갖가지 은혜를 말하기 시작하자 나는 눈물을 참을 수 없었다. 의자에서 내려와 부들부들 떨며 흐느꼈다.

그사이 도와달라는 요청에 응해서 이웃 군단으로부터 1개 사단이 항명을 진압하려고 도착했다. 사단 병사위원회가 나서서 병사들이 참호로 돌아가기를 거부하는 사태와 벨로노고프 대령 살해를 주동한 자들을 넘기라고 요구했다. 두 위원회 사이에서 협상이 벌어졌고, 협상 끝에 마침내 선동자 스무 명이 넘겨져 체포되었다.

장군과 내뺐던 장교들이 이때 다시 나타났다. 장군이 병사들에게 참호에 있는 군단과 교대하라고 명령하기를 아직도 겁내기는 했어도 말이다. 장군은 그 문제를 꺼내달라고 내게 부탁했다.

나는 우선 병사들에게 장례식 말을 꺼냈다.

"우리는 관을 짜야 해. 누가 하겠는가?" 내가 물었다.

몇 명이 나무를 구해서 관을 짜겠다고 자원했다.

"무덤은 어떻게 하지? 우리는 군장軍葬으로 그를 묻어야 해." 이어서 내가 말했다. 병사 몇 명이 산역꾼 노릇을 했다.

한 장교가 사제를 찾으러 갔다. 나는 꽃다발을 만들라고 병사 한 명을 숲으로 보냈다. 그러고 나서 돌아보며 물었다.

"자, 너희는 동무들과 교대하러 참호로 가겠는가?"

"그래." 사내들이 고분고분 대꾸했다.

잊히지 않는 장면이었다. 모두 다 유순하고 소박한, 몇몇은 막 흘러나온 눈물이 아직도 뺨에 맺혀 있는 이 사내 5000명은 양치기를 잃어버리고 기댈 데 없는 양 떼 같았다. 이 사내들이 살인을 할 수 있다고 믿기는 힘들어 보였다. 지금 그들을 욕할 수 있고 심지어 두들겨팰 수도 있을 텐데, 그래도 그들은 대들지 않고 꾹 참을 것이다. 그들은 크나큰 죄를 저질렀음을 깨달았다. 그것도 깊이 깨달았다. 그들은 조용히 서 있었고 이따금 뉘우치는 말을 하면서 애도해 마지않았다. 그러나 바로 이 어린 양들이 두 시간 전에는 승냥이였다. 이때는 그들의 얼굴에 어려 있는 상냥함이 저때는 휘몰아치는 흉포한 정열에 쓸려 사라졌다. 말 잘 듣는 이 어린아이들이 얼마 전에는 사실상 사람이 아니었다. 믿을 수 없지만 사실이었다.

러시아 사람의 됨됨이는 이러하다.

관이, 즉 대패질을 하지 않은 널빤지로 만들어지고 안과 밖에 흰 천을 두른 긴네모꼴 상자가 4시에 마련되었다. 주검은 씻겼지만, 얼굴을 제 모습으로 돌려놓기는 불가능했다. 얼굴이 알아볼 수 없을 만큼 짓이겨진 것이다. 나는 병사 몇 명의 도움을 받아 주검을 범포로 감싸서 관에 넣었다. 풋풋한 꽃다발이 한 개가 아니라 네 개 만들어져 있었다. 사제가 미사를 올리기 시작했지만 자제하지 못하고 울음을 터뜨렸다. 장군과 참모, 그리고 나도 손에 촛불을 들고 흐느꼈다. 행렬이 출발하자, 죽은 장교의 당번병이 관 바로 뒤에서 가슴이 미어지는 어조로 엉엉 울면서 자기 상관의 미덕을 큰 소리로 술회했다. 고인이 지휘했던 연대를 비롯해서 군단 거의 전체가 우리 뒤에서 행진했다. 너나없이 다 울고 걸음 걸음마다 더 많이 울어서 행렬이 무덤에 다다를 무렵에는 울음 소리가 주위 몇 킬로미터에 걸쳐 들렸다. 영원히 쉬도록 주검이 내려지자 모두가 모래 한 줌을 무덤 안에 떨궜다. 기도하느라고 모든 이의 입술이 움직이고 있었다.

7시까지는 군단이 제1선에 있는 병사들을 교대하러 이동해야 한다는 명령이 내려왔다. 나는 내 여성 병사들에게 가서 준비하라고 지시했다. 그들은 소요에 관해 듣고서 마음을 졸이며 시간을 보냈던 터라 나를 따듯하게 반겼다. 장군이 전선에 전화를 걸어서 군단이 몇 시간 늦었다고 알리고 병사들에게 밤 동안 참호에 머물러 있으라고 요청했다. 우리가 가야 할 거리는 약 15킬로미터였고, 우리는 동이 트기 전에 전선에 이르렀다.

이제는 겨우 200명쯤의 여성 병사로 이루어진 결사대대가 크레보*시 맞은편 작은 구역을 홀로 차지했다. 제1선에서는 실제 전쟁 행위

---

* Крево. 벨라루스 동북부의 소도시. 벨라루스어로는 크레바Крэва.

의 조짐이 없었다. 독일군도 러시아군도 무기를 쓰지 않았다. 친교 행위가 다반사였다. 공식적이지는 않을지라도 실질적인 휴전 상태였다. 남성 병사들은 날마다 집회를 열고 마음껏 토론을 했으며 독일군이 가져다주는 맥주를 마셨다.

나는 이따위 전쟁을 용납할 수 없어서 내 여성 병사들에게 여느 때와 다름없이 행동하라고 명령했다. 남성 병사들은 적군을 대하는 우리의 군인다운 태도에 무척 짜증을 냈다. 남성 병사 한 무리가 연대 병사 위원회 위원장과 함께 우리 참호로 와서 그 문제를 논의했다.

"누가 우리 적입니까?" 병사위원회 위원장이 말문을 열었다. "분명히, 평화를 바라는 독일군은 아닙니다. 적은 부르주아지, 지배계급이며, 그게 인민의 진짜 적입니다. 그거야말로 우리가 전쟁을 벌여야 할 대상입니다. 그들이 독일의 강화 제안을 듣지 않으려 하기 때문입니다. 케렌스키는 왜 우리를 위해 평화를 얻어내지 못할까요? 연합국이 그를 그러라고 내버려두지 않을 것이기 때문입니다. 자, 우리는 곧 케렌스키를 자리에서 몰아낼 것입니다!"

"하지만 나는 지배계급이 아닙니다. 나는 평범한 농민 여자입니다." 내가 뒤받았다. "나는 전쟁이 시작된 이후로 군인이었고 여러 전투에서 싸웠습니다. 장교에 맞서라고 여기서 선동하지 마시오."

"오, 당신더러 한 소리는 아닙니다." 그가 대꾸하면서 나를 평화주의 사상으로 끌어들이려고 애썼다. 독일군 몇 명이 러시아군 무리에 끼었다. 토론이 치열해졌다. 그들은 독일이 강화를 요청했다는, 연합국들이 그 요청을 받아들이지 않았다는 낡은 주장을 되풀이했다. 나는 독일이 침공해서 점령한 우리 나라 영토에서 물러난다면 러시아와 강화 조약을 맺을 수 있다고 대답했다. 독일이 우리 땅을 차지하고 있는 한 싸워서 독일을 몰아내는 것은 모든 러시아인의 의무였다.

이렇게 현실은 지지부진했다. 토론하다 밤이 가고 낮이 갔다. 케렌스키는 병사들을 휘어잡는 힘을 거의 다 잃어버렸고, 병사들은 더욱더 볼셰비즘 쪽으로 빠져들고 있었다. 케렌스키와 코르닐로프의 다툼이 마침내 고비에 이르렀다. 자기가 오래가지 못할 것임을 깨달았는지 케렌스키가 충성스러운 부대 일부를 페트로그라드로 보내라고 전화로 총사령관에게 요청했다. 이에 응해서 코르닐로프는 군대에서 규율을 복구할 전권을 총사령관에게 부여한다는 케렌스키의 증서를 요청하는 메시지를 알렉세예프를 통해 보냈다. 코르닐로프는 자기가 전선을 구하도록 케렌스키가 허용한다면 기꺼이 그를 구하려는 듯했다.

그러나 이 대목에서 케렌스키는 땅에 떨어진 제 위신을 다시 세우고 제 자리를 지켜낼 기회를 뚜렷이 보았다. 그래서 코르닐로프에게 등을 돌리고는 코르닐로프가 최고 권력을 노리고 있다고 공개 선언을 하면서 노동자들과 병사들에게 최고사령관에 맞서 일어나라고 호소했다. 그 결과로 혁명적 대중과 코르닐로프의 야만사단 사이에 짧은 충돌이 일어났다. 코르닐로프가 졌다. 케렌스키가 이겼고 당장은 제 목적을 이룬 듯이 보였다. 급진 세력이 모두 뭉쳤고 케렌스키는 반혁명 시도에서 혁명을 구해낸 이로 다시 병사와 노동계급의 우상이 되었던 것이다.*

---

* 소비에트를 없앨 목적으로 1917년 초가을에 예하 군대를 페트로그라드로 보내려던 코르닐로프 장군의 시도는 소비에트와 볼셰비키가 이끄는 노동자들의 저항에 부딪쳐 실패했다. 이 사건 직후에, 보치카료바의 서술과는 달리, 케렌스키는 우상이 되기는커녕 반혁명 쿠데타 시도를 허용했다는 이유로 혁명적 민주주의 세력의 거센 비난을 받았다.

케렌스키가 코르닐로프에 맞서 지지를 호소했을 때 군대에서는 케렌스키 편에 서는 세력이 더 컸다. 그러나 이는 오래가지 않았다. 케렌스키는 갑자기 얻은 대중의 신뢰를 조금씩 조금씩 잃었다. 그토록 바라 마지않는 평화를 대중에게 가져다주지 않았기 때문이다.

코르닐로프 편에 선 병사와 장교에게 코르닐로베츠Корниловец라는 별명이 붙었다. 이 별명으로 불리는 것은 반혁명가나 구체제 옹호자, 또는 인민의 적이라고 불리는 것과 마찬가지였다.

참호 생활에서 별다른 일이 없으니 지루해졌다. 비 내리는 어느 날 나는 청음수색조를 무인지대 안으로 보내면서 적이 다가오면 총을 쏘라고 지시했다. 나는 우리 청음수색조가 나아가는 모습을 지켜보았다. 느닷없이 열 명 남짓한 독일군 무리가 우리 참호 쪽으로 왔다. 그들은 주머니에 손을 꽂고 몇몇은 휘파람을 불고 다른 몇몇은 노래를 흥얼대면서 느긋하게 걸어왔다. 나는 그 무리 가운데 한 명의 다리에 소총을 겨누어 그에게 부상을 입혔다.

전선 전체가 금세 북새통을 이루었다. 난리가 날 일이었다! 누가 감히 그런 짓을 했을까! 독일군과 러시아군이 성을 내며 법석을 떨었다. 내 여성 병사 몇몇이 몹시 놀라서 내게 달려오고 있었다.

"사령관님, 왜 그러셨습니까?" 그들이 연기가 나는 소총을 손에 들고 있는 내 모습을 보고 물었다.

그다음에는 내 편인 병사 여럿이 서둘러 우리 참호로 들어와서는 병사들의 분위기가 험악해서 위험하다고 내게 경고했다. 그들에게 나는 내 여성 병사들에게 다가가서 추파를 던지려고 하는 독일군을 보았다고 말했다. 그러나 이 변명으로 병사들을 달래지는 못했다. 그들은 제1선 참호에 기관총을 설치했고 우리를 죄다 살육할 준비를 하고 있었다. 다행히도, 우리는 제때 통보를 받고 옆 참호에 숨었다. 기관총이 우리 진지를 훑듯이 쏘아댔다. 사상자는 나지 않았다. 연대 병사위원회 위원장의 매서운 명령으로 마침내 총격이 끊겼다. 나는 해명을 하러 그 위원장 앞에 불려 갔다. 나는 내 여성 병사들에게 작별 인사를 하면서 벨로노고프 대령 린치 사건이 십중팔구 되풀이되리라고 말했다.

병사들이 나를 위협과 욕설로 맞이했다.

"저년을 죽여!"

"저 여자는 코르닐로베츠 년이야!"

"저년을 끝장내버려!"

병사위원회 위원들이 나를 빙 둘러싸서 폭도를 제지했다. 연사 몇 명이 일어나서 나를 변호했지만, 군중을 달래는 데 그다지 성공하지는 못했다. 그러자 장교 한 사람이 일어나 내게 유리한 발언을 했다. 그는 인기 연사였다. 그러나 이번에는 그의 인기가 그에게 도움이 되지 않았다. 그는 내가 옳다고 말했다. 자기가 내 상황에 있었더라면 똑같은 일을 했으리라는 것이었다. 이것이 그가 할 수 있는 최대치였다.

"아하, 그러니까 너도 코르닐로베츠구나!" 군중이 외쳤다. "저놈을 죽여라! 저놈을 죽여!"

순간 그 사람은 의자에서 내동댕이쳐져서 머리를 부딪쳤다. 다음 순간에는 발뒤꿈치 1000개에 짓밟혀 죽었다.

그러고 나서 폭도가 내 쪽으로 다가왔다. 그러나 병사위원회가 나를 붙잡고 뒤로 데려가서 엄체호에 숨겼다. 여성 병사인 메드베돕스카야Медведовская가 배치되어 입구를 지켰다.

그사이에 여성 병사들이 무슨 일이 벌어졌는지 듣고 나를 도우러 서둘러 왔다. 폭도가 나를 찾아 흩어졌고 병사 몇 명이 내가 있는 엄체호로 왔다.

"보치카료바 어디 있어? 그년이 거기 있는지 볼 테니 안으로 들어가게 해줘!" 그들이 소리쳤다. 입구를 지키던 여성 병사가 그들이 보치카료바 가까이 다가오면 총을 쏘라는 명령을 받았다고 말했다. 그들이 다가왔다. 여성 병사가 총을 쏘았고, 한 명이 옆구리를 다쳤다.

불쌍한 그 여성 병사는 짐승들의 총검에 찔렸다.

병사위원회 위원들과 100명쯤을 헤아리는 내 편이 나를 재판에 넘겨야지 린치를 해서는 안 된다고 역설했다. 내 여성 병사들은 마지막 한 사람까지 나를 위해 죽을 태세였다. 나를 지키는 이들이 나를 엄체호에서 밖으로 빼내 공개 재판을 받을 안전한 곳으로 데려가려고 애썼다.

이제 더 불어난 폭도가 더욱더 가까이 몰려들었다. 두 편이 나를 놓고 싸우고 있었다. 그 쟁탈전에서 무기는 쓰지 않기로 합의되었다. 인파가 앞뒤로 왔다 갔다 했다. 폭도를 저지하려고 내 여성 병사들이 잔뜩 성이 난 야수들의 힘과 싸우고 있었다. 가끔 한 사내가 나를 한 대 칠 만큼 접근하곤 했다. 싸움이 벌어지면서 이런 주먹질 횟수가 늘어나는 바람에 나는 얻어맞아 의식을 잃었다. 그런 상황에서 내 편이 나를 끌어당겨 싸움의 현장에서 빼냈다.

나는 마구 두들겨 맞기는 했어도 목숨은 건졌다. 내 목숨을 구하려다 충성스러운 여성 병사 한 명과 죄 없는 친구 한 명의 목숨이 희생되었다. 나는 몰로데치노로 보내졌고, 여성 병사 두어 명이 함께 가면서 나를 보살폈다. 결사대대는 전선에서 예비대 숙영지로 이동했다. 그러나 거기서도 대대원들의 목숨이 안전하지 않았다. 그들은 모욕과 괴롭힘을 당했고 여자 코르닐로베츠라고 불렸다. 날마다 소란이 일어났다. 대대원들이 지내는 엄체호의 창문이 깨졌다. 장교들은 무력했고 코빼기도 내밀지 않았다. 결사대대 교관들이 우리는 비당파라고 해명하면서 나와 결사대대를 지켜내려고 무진 애를 썼다.

어느 날 아침에 자동차 한 대가 나를 태우러 몰로데치노의 사령부에서 왔다. 사령부에서 나는 내가 속한 군단을 지휘하는 장군을 만났는데, 그는 내 여성 병사들이 처한 견디기 힘든 상황을 설명해주었다. 그들은 내가 자기들을 해산하기 전에는 귀향하지 않겠다면서 나를 기다리고 있었다. 장군은 남자 병사들에게서 떼어놓으려고 그들을 보내서 예비 교통호를 파게 했다. 장군의 말로는 그들이 일을 썩 잘했지만 돌아오자마자 남자 병사들이 그들에게 지분대기 시작했다. 전날 밤만 해도 병사 한 패거리가 내 여성 병사들이 임시 숙영하는 엄체호로 쳐들어왔다. 그들은 보초를 때렸고 여성 병사들을 공격할 의도를 품고 난입했다. 공황이 일어났다. 여성 병사들 가운데 몇몇이 소총을 집어 들고 허공에 대고 쏘았다. 그 소리가 다른 병사 여러 명과 교관들의 주의를 끌었다. 그 병사들 가운데에는 점잖은 사람이 여럿 있었다. 그들이 상황을 수습했다.

그러나 어찌해야 할까? 결사대대의 활동이 지극히 어려워지고 있었다. 적어도 전선의 이 구역에서는 말이다. 몇 달 새 남성 병사들에게 일어난 변화를 이해하기 힘들었다. 그들이 나를 숭배하다시피 하고 내가 그들을 사랑했을 때가 얼마나 오래전 일이라고? 이제 그들은 제정신을 잃어버린 듯했다.

장군은 내게 결사대대를 해산하라고 권유했다. 하지만 그런다면 실패를, 또 내 나라의 상황이 절망적임을 인정하는 셈일 터였다. 나는 그런 인정을 할 준비가 되어 있지 않았다. 아니, 나는 내 부대를 해산하지 않으련다. 나는 끝까지 싸우련다. 장군은 내 관점을 이해할 수 없었다. 병사들이 기관총구를 결사대대에게 돌린 이후로는 가망이 없다는 것이 사실 아닌가? 내 여성 병사들과 내 편인 남성 병사들이 죽기살기로 싸우지 않았더라면 내가 린치를 당하지 않았겠는가? 그래서 나는 페트로그라드로 가서 케렌스키에게 나를 전투 구역으로 이전 배치해달라고 요청하기로 다짐했다.

나는 수도로 떠나기에 앞서 내 여성 병사들을 보러 갔다. 애처로운 만남이었다. 그들은 내가 계획한 여행을 알고는 기뻐했다. 그들은 지금 있는 곳에서는 더 오래 버틸 수 없었다. 그들은 독일군과 싸울, 독일군에게 고문당할, 독일군 손에서나 포로수용소에서 죽을 각오가 되어 있었지만, 우리 편 병사들에게 당하게 된 고통과 치욕을 견뎌낼 각오는 되어 있지 않았다. 결사대대가 편성될 때 우리 계산에 결코 들어 있지 않은 일이었다.

나는 같은 날 저녁에 서류를 챙겨 떠나면서 내 병사들에게 일주일 안에 돌아오겠다고 말했다. 1주가 그들이 버텨낼 수 있는 한계였다. 나는 페트로그라드에 도착하자 결사대대가 훈련을 받는 동안 지냈던 숙소로 갔다. 얼핏 보아도 러시아 수도에 의기소침한 분위기가 무겁게 내려앉은 것이 뚜렷했다. 거리에서 웃음과 기쁨이 사라지고 없었다. 어디에나, 그리고 모든 이의 눈에 침울함이 감돌았다. 식료품이 아주 희귀했다. 붉은근위대*가 넘쳐났다. 볼셰비즘이 이미 제 세상이 온 양 대놓고 여봐란듯이 거리를 누볐다.

결사대대에 관심을 품었던 내 벗들은 전선의 상황을 알고는 몸서리를 쳤다. 수도의 정세에 관한 설명을 듣고 나는 무척 우울해졌다. 케렌스키는 코르닐로프와 다툰 뒤에 상류계급의 친구나 지인과는 완전히 담을 쌓고 지냈다. 나는 아노소프 장군에게 가서 내 사명을 말했다. 하지만 그는 자기 자동차를 마음대로 쓰라며 내주기는 했어도 나와 함께 어디로 가려고 하지는 않았다. 나는 자동차를 몰아 페트로그라드 군관구 사령관 바실콥스키 장군에게 갔다. 카자크인 그는 멋지고 억세 보였지만 실제로는 나약해빠진 자였다. 그는 나를 따뜻하게 맞이하고 내가 수도를 찾아온 목적을 물었다. 그는 험한 꼴을 겪었다는 내 말을 듣고는 동정심을 비쳤다.

그는 이런 말을 덧붙였다. "하지만 요즘에는 아무도 안전하지 않지. 나만 해도 언제라도 내동댕이쳐질 거라고 예상한다네. 정부는 며칠, 몇 시간의 문제야. 또 한 차례의 혁명이 무르익고 있으며 우리한테 닥쳐오네. 볼셰비즘은 어디에나 다 있어. 공장에도 병영에도. 그런데 전선의 사정은 어떤가?"

"마찬가지거나 훨씬 더 나쁩니다." 이렇게 대답하고는 내 시련과 고난을 죄다 이야기해주고 그와 국방장관에게서 도움을 얻기를 기대한다고 말했다.

"지금은 그 무엇도 자네를 도울 수 없네." 그가 말했다. "당국은 힘이 없어. 명령은 그 명령이 적힌 종이만 한 값어치도 없고. 나는 지금 신

---

* Красная гвардия. 1917년 2월혁명 뒤에 러시아의 대도시 공장에서 노동자가 주축이 되어 만든 무장 민병대. 1917년 혁명 기간에 치안 유지 기능을 하는 한편으로 소비에트 권력 수호와 사회주의 정부 수립을 목표로 삼았으며, 1918년에는 혁명 정부의 군대인 '붉은군대'의 모체가 되었다.

임 국방장관인 베르홉스키에게 갈 텐데, 자네도 같이 가겠나?"

가는 길에 우리는 베르홉스키의 임명을 화제로 삼았다. 몇 주 전에 모스크바에서, 모스크바 군관구 사령관으로서, 폭도에게서 나를 구했던 바로 그 사람이었다. 그는 아주 인기 있는 지휘관이었고 병사들에게 꽤 영향력이 컸다.

"그가 몇 달 전에 임명되었더라면 어쩌면 군대를 구했을지도 모르지. 하지만 지금은 너무 늦었네." 바실콥스키가 말했다.

국방부에 도착했을 때 우리는 케렌스키가 베르홉스키의 집무실에 있음을 알았다. 우리가 왔다고 보고되었고, 내가 먼저 불려 들어갔다. 문을 열었을 때 나는 모든 것이 틀어졌음을 곧바로 알았다. 총리와 국방장관 둘 다 서 있었다. 그들의 모습은 애처롭고 비통했다. 케렌스키는 주검처럼 보였다. 얼굴에 핏기라고는 없었다. 눈은 밤이라도 지새웠는지 벌겠다. 베르홉스키는 물에 빠져 도와달라고 허우적대는 사람처럼 보였다. 내 가슴이 내려앉았다. 전쟁 탓에 나는 무뎌졌고 웬만해서는 충격을 받지 않았다. 그러나 이번에는 나도 고뇌하는 이 두 인물의 모습에 거의 압도되었다. 나는 절망에 찬 두 사람의 얼굴에 어린 러시아의 고뇌를 보았다.

그들은 웃으려고 애썼지만 웃지 못했다. 국방장관이 전선 상황이 어떠냐고 물었다. "우리는 당신이 험한 꼴을 당했다고 들었습니다." 그가 말했다.

나는 몸소 보고 겪은 것을 죄다 낱낱이 설명했다. 그들에게 벨로노고프 대령과 나를 변호하려고 애쓴 장교가 린치를 당한 일, 내 여성 병사가 총검에 찔린 일, 내가 적군 한 명을 다치게 했다고 기관총구가 내게 돌려진 일에 관해 상세히 말해주었다.

케렌스키가 두 손으로 머리를 감싸 쥐고 외쳤다.

"오, 끔찍해! 끔찍해! 우리는 망하고 있어! 우리는 침몰하고 있어!"

긴장되고 고통스러운 침묵이 잠시 흘렀다.

나는 어서 빨리 행동해야지 그러지 않으면 모든 것이 어그러지리라 암시하며 말을 마쳤다.

"그래요, 행동해야 합니다만, 무슨 행동을? 지금 무엇을 해야 합니까? 군대 통솔권이 주어진다면 당신은 무엇을 하겠습니까? 당신은 평범한 군인이니 내게 말해주시오."

"지금은 너무 늦었습니다." 잠깐 생각한 뒤에 내가 말했다. "두 달 전에는 제가 큰일을 해낼 수 있었을 겁니다. 그때는 사람들이 저를 아직 우러러보았습니다. 이제는 사람들이 저를 미워합니다."

"아!" 국방장관이 외쳤다. "두 달 전만 해도, 내가 여기 있기만 했다면, 내가 손수 상황을 수습했을지도 모르지!"

그러고 나서 우리는 내가 온 목적을 의논했다. 나는 더 활동적인 전선 구역으로 이전 배치해달라고, 그리고 결사대대가 병사위원회 없이 운영되어야 한다는 증서를 써달라고 요청했다. 나는 이 증서를 국방장관에게서 곧바로 얻었으며, 아직도 소지하고 있다. 장관은 내 첫째 요청에도 동의했다. 이 문제를 들여다보고 나를 이전 배치하는 명령을 내리겠다고 약속했다.

대화가 오가는 동안 케렌스키는 침묵했다. 그는 유령처럼, 한때는 막강했던 러시아의 상징처럼 서 있었다. 넉 달 전에 그는 온 국민의 우상이었다. 이제는 거의 모두가 그에게서 돌아섰다. 그를 보니, 내가 나라를 산산조각 내고 있는 거대한 비극을 마주하고 있다는 느낌이 들었다. 뭔가가 내 목을 움켜쥐고 흔드는 듯했다. 나는 소리를 지르고 싶었다. 흐느끼고 싶었다. 내 심장에서 어머니 러시아를 위한 피가 뚝뚝 떨어졌다. 머지않은 파국을 피하기 위해 내가 무슨 일인들 못 했겠는가? 그 순간에 내가 몇 번이든 죽으려 하지 않았겠는가?

구렁텅이 쪽으로 떠내려가는 내 나라가 여기 있었다. 나는 미끄러져 떨어지는 내 나라를 볼 수 있었다. 밑으로, 밑으로, 밑으로. …… 그리고 정부 수반들이 여기 있었다. 무력하고, 속수무책이고, 구조의 희망을 버리고 난파선에 무기력하게 매달리고, 버림받고, 쓸쓸하고, 괴로워하는. ……

"앞날은 하느님만이 아십니다. 우리가 다시 만나게 될까요?" 두 사람에게 작별 인사를 하면서 내가 나지막한 목소리로 물었다.

파리한 케렌스키가 가만히 서서 쉰 목소리로 나직하게 대답했다.

"아닐 겁니다."

4부

테러

16장 | 볼셰비즘의 승리

나는 전선으로 돌아갔다. 열차는 지독히도 꽉 들어차 있었지만 나는 운 좋게도 1등칸에 자리를 잡았다. 몰로데치노에서 제10군 사령관 발루예프 장군에게 귀환 보고를 했고 참모들과 함께 점심 식사를 했다. 발루예프 장군은 내가 병사들에게서 당했던 심한 처사를 알고서 너무나도 놀랐다.

"그놈들이 정말로 자네를 때렸나?" 야시카를 못살게 구는 병사들을 상상하기 힘든 양 그가 믿지 못하겠다며 물어보았다.

"예, 장군님, 그들이 그랬습니다." 내가 대답했다.

"하지만 왜?"

나는 동무 여럿과 함께 오던 독일군 한 명을 다치게 했다고 장군에게 말했다.

"맙소사, 한때는 훌륭했던 내 군대가 어떻게 된 거야!" 그가 외쳤다.

내가 그 사건의 나머지 국면들을 이야기해주자, 그는 놀라며 간간이 탄식을 터뜨렸다.

식사가 끝난 뒤에 발루예프 장군은 내가 소위* 계급으로 진급했다
고 알려주었다. 내 견장에 별 하나를 더 꽂고 축하를 해주었다.

나는 제공된 자동차로 군단 사령부로 가서 군단장에게 보고했다.
군단장과 군단 참모 장교들은 후방의 최근 사태를 몹시도 알고 싶어 했
다. 그들에게 나는 이틀 전에 케렌스키와 베르홉스키가 내게 준 인상을
말해주었다.

"그들 모습은 모든 것이 틀어졌다는 사실을 증언해주더군요." 내가
말했다.

"그런데 이전 배치는 어떻게 되었나?" 군단장이 물었다. "결사대대
는 자네가 와서 더 호의적인 구역으로 데려가기를 기다리고 있다네."

나는 이전 배치 명령이 곧 도착하리라고 대답했고, 병사위원회를
두지 않고 지휘할 권한을 내게 준다는 증서를 보여주었다. 군단장은 내
게 잘된 일이라며 기뻐했다.

그사이에 내 여성 병사들이 내가 도착했다는 것을 알았다. 그들은
나를 기운차게 반기고 싶어서 정렬했다. 내가 나타나니 신나는 모양이
었다. 나는 반겨줘서 고맙다고 말한 뒤에 그들과 함께 식당으로 갔다.
여성 병사들과 똑같은 음식을 먹는 것이 내 습관이었다. 다만 병사들과
함께 먹지는 않았다. 나는 으레 식사 전에 식당을 둘러보았고, 음식이
넉넉하고 모든 것이 제대로 되어 있어 흐뭇했다. 나는 병사의 용기를 키
우는 데에는 음식만 한 것이 없음을 경험으로 알았다.

행복한 기분이 드는 까닭은 내가 진급해서일까? 아니면 깊은 정이

---

* 영어 원문에는 대위Captain로 잘못 표기되어 있다.

들어버린 여성 병사들에게 돌아와서일까? 나는 모른다. 그러나 식사를 마치고 나니 여성 병사들을 좀 즐겁게 해줘야 옳겠다는 생각이 들었다. 그래서 나는 놀이를 하자고 제안했고 여성 병사들은 즐거이 받아들였다. 놀이가 시작되자 많은 남성 병사가 주위에 모여들었다. 그들은 뭔가를 바라는 듯이 지켜보았다. 자기들도 함께 놀고 싶지만 내가 여성 병사들에게 들어가라고 명령할까 봐 겁나서 감히 끼지 못하는 것이 분명했다. 이 어린애 같은 어른들이 놀이에 끼고 싶어 하는 모습을 보니 기분이 좋아졌다. 하지만 나는 눈치채지 못한 척했다.

마침내 그들이 대표 몇 명을 내게 보내 자기들의 바람을 내비쳤다.

"소위님, 드릴 말씀이 있습니다." 사내들이 수줍게 말했다.

"좋아, 말해봐." 내가 대답했다. "다만 나를 장교라고 부르지 마. 그냥 야시카나 보치카료바라고 불러."

"우리가 놀이에 끼어도 되겠습니까?" 내 말에 용기를 얻은 그들이 물었다.

"그래, 하지만 너희가 내 여성 병사들한테 지분대지 않고 오로지 동료 병사로 여긴다는 조건에서만 그렇다." 내가 잘라 말했다.

남성 병사들은 점잖게 굴겠다고 맹세했고, 내 여성 병사들은 이런 상황 정리를 조금도 못마땅해하지 않았다. 두세 시간 정도 노는 동안 남성 병사들은 맹세를 지켰다. 그들은 놀이가 끝나자 내게 사뭇 다른 감정을 품고 떠났다. 이전의 적대감이 아니라 존경과 심지어 애정의 감정이었다.

결사대대는 며칠 동안 예비대 숙영지에 머물렀다. 그렇게 함께 놀았더니 우리 여성 병사를 대하는 많은 남성 병사의 태도가 새로워졌다.

남성 병사들이 무리 지어 찾아와서 결사대대와 함께 놀이나 노래 등 갖가지 오락을 했다.

이전 배치 명령은 곧바로 내려오지 않았다. 그러는 사이에 참호에 있는 군단과 교대할 때가 왔다. 나는 우리가 쉴 만큼 쉬었다고 판단했고, 제1선에 도착하자 결사대대를 전시 편제로 운영했다. 나는 수색조를 보내고 관측 초소를 세우고 기관총과 소총으로 무인지대를 소사*했다. 독일군은 크게 술렁였다. 아군 병사들도 흥분했지만, 후방에서 우호 관계를 다져놓았기 때문에 그들은 나와 문제를 논의할 대표와 위원회를 보내는 데 그쳤다.

"너희는 이제 우리에게 자유가 있다고 말하지." 내가 주장했다. "너희는 싸우고 싶지 않다고 주장한다. 아주 좋아. 나는 너희한테 독일군과 싸우라고 요구하지 않겠다. 하지만 너희한테는 내게 내 신념을 거슬러서 행동하라고 요구할 권리가 없어. 우리는 여기에 친교 행위를 하러 오지 않고 싸우려고, 죽이고 죽으려고 왔다. 죽고 싶을 때 죽을 자유가 나한테 있어. 그러니 내 구역에서는 내가 독일군과 싸우도록 해줘. 독일군이 결사대대와만 싸우게 해라. 우리는 너희를 내버려둘 테니, 너희는 우리를 내버려둬."

병사들은 이 말이 더할 나위 없이 옳음을 인정하고 이렇게 하기로 했다. 그들이 내게 왜 그토록 독일군을 죽이고 싶어 안달인지를 물었을 때, 나는 전쟁 초기에 죽은 내 남편의 앙갚음을 하고 싶어서 그렇다고 말해주었다. 꾸며낸 이 이야기를 뒷받침할 근거는 별로 없어서, 아파나시

---

* 掃射. 화기를 상하좌우로 휘두르며 잇달아 쏘는 사격.

보치카료프가 전투 중에 죽었다고 내가 들은 풍문뿐이었다. 물론, 터무니없는 핑계였다. 하지만 나는 그 핑계를 전에도 써먹었고 그 뒤로도 여러 번 써먹었는데, 결국 널리 알려져서 사람들은 그것을 믿었다.

진짜 전투를 다시 할 수 있으니 신이 났다. 사실, 우리는 거우 한 줌밖에, 즉 200명이 채 안 되는 여자들이었다. 하지만 우리는 꽤나 파란을 불러일으켰다. 우리 기관총이 드르르르 불을 뿜었고 무인지대가 선동가와 주정뱅이가 노니는 곳에서 진짜 무인지대로 바뀌었다. 여성결사대대의 활동에 관한 소식이 전선에 빠르게 퍼졌다. 나는 몇백 킬로미터에서 얼마 안 되는 우리 구역이 유일한 전투 지역이었다고 믿는다. 나로서는 이 대조가 당연히 무척 자랑스러웠다.

이 상태가 며칠 동안 이어졌다. 마침내 독일군이 약이 오른 나머지 포병에게 내 진지를 포격하라고 명령했다. 우리 구역에서는 한동안 포격이 없었는데, 대포가 포문을 여는 바람에 엄청난 난리가 났다. 포격을 당해서 죽거나 다친 병사가 많았다. 결사대대의 피해는 전사 네 명과 부상 열다섯 명이었다.

군단 전체가 심한 흥분 상태로 치달았고, 곧바로 격한 집회가 열렸다. 병사들은 나를 즉결 처형하라고 요구했다.

"저 여자는 전쟁을 바라고 우리는 평화를 바란다. 저 여자를 죽여라. 그러면 끝난다!" 그들이 소리쳤다.

그러나 병사위원회 위원들과 내 편 병사들은 내가 협약에 따라 행동했다고 역설했다. 내 편을 드는 이들은 이렇게 주장했다. "보치카료바는 자기 결사대대만 전투를 벌이게 하고 우리는 그냥 내버려두지. 독일군 포병이 착탄 거리를 재빨리 재지 못해서 우리 전우 몇몇을 죽인 것은 보치카료바의 잘못이 아니야."

병사들이 노여워하고 분위기가 험악하다는 말을 전해 들었을 때, 나는 내 나름의 공격을 한 차례 펼쳐서 싸우다 죽겠다고 마음먹었다. 나는 아군 포병에게 적군의 포격에 똑같이 포격으로 대응하라고 요청했다. 그 맞대응이 제대로 된 소전투로 발전했다. 우리는 세차게 사격하고 있었다.

일이 이렇게 진행되고 후방의 병사들이 집회를 여는 동안 페트로그라드에서 케렌스키가 타도되고 볼셰비키가 승리했다는 소식*이 도착했다. 병사위원회 위원장이 병사들에게 그 소식을 발표했고 열광적인 환호가 터지는 바람에 기관총 사격 소리가 그 함성에 묻혀서 거의 들리지 않았다.

"평화다! 평화!"라는 외침이 천둥처럼 허공에 울렸다.

"이제 우리는 전선을 떠날 것이다! 고향으로 간다! 레닌 만세! 트로츠키 만세! 콜론타이 만세!"

"토지와 자유! 빵! 부르주아지를 타도하라!"

환희가 고조되었을 때, 내 구역에서 나는 사격 소리가 모여 있는 병사들의 귓전을 갑자기 때렸다. 병사들이 격분했다.

"저년을 죽여라! 저것들을 모조리 죽여라! 우리에겐 이제 평화가 왔다!" 그들이 우리 쪽으로 우르르 몰려오면서 소리를 질렀다.

---

* 1917년 11월 7~8일(율리우스력으로는 10월 26~27일) 밤에 볼셰비키당이 이끄는 육해군 병사들과 노동자 민병대원들이 러시아 임시정부 청사로 쓰이던 겨울궁전을 공격해서 임시정부가 무너졌다. 이튿날 열린 제2차 전러시아 소비에트 대회에서 볼셰비키당이 주축을 이루는 세계 최초의 사회주의 정부가 승인되었다. 이 사건을 '10월혁명'이라고 한다.

몇몇 여성 병사가 내게 달려와서 피에 굶주린 폭도가 다가온다고 말했다. 거의 동시에 사령관이 야전 전화를 걸어왔다.

"달아나!" 그의 첫 마디였다. "우리는 모두 망했어. 나도 도피하고 있네. 크라스노예셀로*로 가게나!"

나는 여성 병사들에게 소총과 무엇이든 챙길 수 있는 소지품을 들고 멈추지 말고 달아나라고 명령했다. 그리고 남자 교관 한 명에게 우리가 가려는 방향을 알려주고 우리 치중대에 그 정보를 전해달라고 부탁했다.

그러는 사이에 폭도가 다가오고 있었다. 후방 바로 뒤에서 폭도는 지원선에서 일하느라 바쁜 내 여성 병사 스무 명쯤과 마주쳤다.

이 여성 병사 스무 명은 미쳐버린 폭도에게 린치를 당했다.

무고한 이 여성 병사들을 지키려고 애쓴 교관들 가운데 네 명이 사나운 군중의 발뒤꿈치에 짓이겨졌다.

나와 나머지 병사들은 15킬로미터를 달아났다. 우리는 추격자가 있다는 낌새가 보이지는 않았어도 위험을 무릅쓰지 않았다. 몰로데치노로 가는 길 옆 숲에서 멈췄다. 어두컴컴했다. 우리는 저녁 끼니로 차를 마셨고 나무 아래에 잠자리를 마련했다. 밤 동안 우리 치중대가 따라와서 합류했다.

우리는 새벽 4시에 깼다. 나는 몰로데치노에 있는 군 사령부로 이어지는 전화선으로 연락해서 우리가 간다고 당직 장교에게 말하고 엄체호를 요청했다. 몰로데치노에 탈영병이 넘쳐나고 있으며 결사대대에게

---

* Красное Село. 벨라루스 동북부에 있는 소도시. 벨라루스어로는 치르보나예샬로Чырвонае Сяло.

는 몰로데치노가 전선만큼 위험한 곳이라고 당직 장교가 대답했다.

하지만 어쩌겠는가? 어디로든 가야 했다. 숲에서 계속 지낼 수는 없는 노릇이었다. 모진 상황이었다. 우리는 폭도의 손에 제물 스무 명을 남겨둔 채 달아나 또 다른 폭도, 어쩌면 훨씬 더 피에 굶주린 폭도의 품 안으로 곧장 뛰어 들어가고 있었다. 우리는 행군을 재개했다. 몰로데치노 근방에서 나는 결사대대를 이끌고 숲속 깊이 들어가 남성 병사 스물다섯 명으로 이루어진 치중대와 함께 거기서 기다리게 했다. 나는 사전 조사를 해서 무엇을 해야 할지 알아보려고 홀로 몰로데치노로 갔다.

몰로데치노 거리 여기저기서 병사 무리가 나를 멈춰 세우고는 비아냥댔다.

"하, 저기 여성결사대대 사령관이 간다. 저 여자는 철의 규율을 요구하지. 하, 하!" 내 쪽을 보고는 그들이 웃으며 말하곤 했다. "이제는 어쩐다?"

웃어주고 비위를 맞춰주는 대답을 하면서 나는 사령부에 간신히 다다를 수 있었다. 나는 사령에게 보고했고 결사대대가 쓸 엄체호를 배정받았다. 숙영지로 가는데 어디에나 병사 무리가 있었다. 그들은 내게 장광설을 늘어놓기 시작했다.

"너는 결사대대를 데리고 왔는데, 늦었어." 그들이 말했다. "이제는 평화야."

"나는 언제나 너희 편이야. 나 자신이 평범한 농민 병사야." 내가 대꾸했다. "너희가 이제 평화를 이루겠다면, 나는 너희 결정에 따르겠다. 나는 인민에 맞서 싸우지 않을 거야."

"그래, 너는 지금은 인민의 편이지만, 전에는 어디 있었지?" 그들이 물었다. "너는 네 결사대대에서 구체제의 규율을 유지했어."

"내게 규율이 없었더라면, 내 결사대대는 남부끄러운 꼴이 되었을걸." 내가 대꾸했다. "너희 스스로 결사대대를 비웃었겠지. 여자는 남자와 같지 않아. 여자가 전투를 한다는 건 예삿일이 아니야. 감시와 규제가 없었다면 고삐 풀린 남자 몇천 명 사이에 있는 여자 300명이 어떻게 되었을지 상상해봐. 내가 옳았다는 데 너희도 동의할걸."

그 사내들은 내 논지를 인정했다.

"우리는 그 점에서는 네가 옳다고 생각한다." 그들이 동의했고 더 공감하게 되었다.

나는 그들에게 내 여성 병사들이 쓸 엄체호를 깨끗이 치우는 일을 도와달라고 부탁했다. 그들은 선선히 도와주었다. 나는 교관 한 명을 보내서 결사대대를 데려왔고, 내 병사들은 밤에 편안하게 숙영했다. 내 부대에 배속된 남성 병사 가운데 가려 뽑은 보초들이 지키는 가운데 우리는 아늑한 하룻밤을 보냈다. 그러나 우리가 있다는 것이 선동가들로서는 놓치기 아까운 기회였다. 그래서 아침 식사를 한 뒤 내가 사령부로 가려고 출발하려는데 열 명을 밑도는 무례한 병사 한 무리가 길을 가로막고 내게 욕을 퍼부어댔다.

패거리 열 명이 몇 분 뒤에 스물, 서른, 쉰, 백 명으로 불었다. 나는 그들의 비아냥과 위협을 어물쩍 넘기려고 애썼지만, 헛일이었다. 10분 뒤에 나는 군복을 입은 이 패거리 몇백 명에게 에워싸였다.

"너희는 나한테 뭘 원하나?" 내가 참지 못하고 소리를 질렀다.

"결사대대 해체를 원한다. 우리는 네가 소총을 모두 우리에게 넘기기를 바란다."

군인에게 싸우지도 않고 자기 무기를 내주는 것보다 더 큰 불명예는 없다. 그러나 내 여성 병사들은 폭도의 손에 죽는다는 생각을 내가 싫어한다는 것을 알고 있었다. 그들은 군중의 요구를 듣고는 모두 손에 소총을 들고 밖으로 나왔다.

내가 따져보려고 두어 번 시도했지만, 남성 병사들은 선동가들이 정해준 목표를 마음에 품고 왔음이 명백했다. 그들은 물러서려고 하지 않았고 마침내 3분 안에 결정하라며 내 말을 끊었다. 주동자들 가운데 한 명이 손목시계로 시간을 재면서 거기 서 있었다. 그 3분은 이루 말할 수 없이 괴롭디괴로운 순간이었다.

나는 '이 볼셰비키 악당에게 무기를 넘기느니 차라리 독일군 전체에 맞서 전진하겠다'고 생각했다. 그러나 위태로운 것은 내 목숨만이 아니다. 어쨌든 모든 것이 어그러졌다. 그들은 평화가 이미 선언되었다고 말한다. 내 여성 병사들의 목숨을 가지고 놀 권리가 나한테 있을까? '하지만, 성모 마리아여, 제 선서와 나라에 충직한 군인인 제가 어떻게 싸우지도 않고서 결사대대의 무기를 넘기라고 명령할 수 있습니까?'

3분이 지났다. 나는 결정을 하지 못했다. 그래도 연사의 의자 위에 올라섰다. 쥐 죽은 듯이 조용했다. 물론 군중은 내가 투항하리라 예상했다. 내 여성 병사들은 바짝 긴장하고서 사령관의 명령을 기다렸다. 내 머리가 아직 이리저리 해결책을 찾는 새에 내 심장은 세차게 뛰었다.

"사격!" 나는 목소리를 최대한 높여 여성 병사들에게 외쳤다.

남성 병사들은 너무 놀란 나머지 잠시 돌처럼 굳은 채로 있었다. 그들은 비무장이었다.

소총 200정이 허공에 일제사격을 했다.

군중이 사방팔방으로 흩어졌다. 내 명령에 잔뜩 성이 나서 사내들은 제정신을 잃었다. 그들은 되돌아와서 우리를 모조리 해치워버리겠다고 을러대면서 무기를 가지러 자기네 병영으로 달려갔다.

이제 진짜 위기가 닥쳤다. 폭도가 몇 곱절로 불어나 우리를 갈기갈기 찢으려 할 것은 물어볼 나위도 없었다. 결정을 내리고 곧바로 실행해야 했다. 남자 병사들이 되돌아오는 데에는 10분이 채 걸리지 않을 터였다. 달아나지 않으면 죽을 게 뻔했다.

"5분 내에 결사대대는 행군 채비를 마쳐야 한다!" 내가 외쳤다. 나는 교관 한 명에게 병영으로 가 군중과 섞여 어울렸다가 나중에 숲으로 와서 폭도의 행동에 관해 보고하라고 했다. 치중대에게는 크라스노예셀로 쪽 길을 따라가라고 지시했다. 그리고 나서 교관들 가운데 목숨을 걸고 우리 부대 깃발을 지킬 자원자가 있으면 나오라고 요청했다. 자원한 교관이 다른 교관 세 명을 데리고 부대 깃발을 앞세우고 갔다.

이 모든 일이 5분이 채 안 되어 이루어졌다. 1개 군부대가 5분이라는 시간에 완전한 행군 대열을 형성하기란 보통 일이 아니었다. 그러나 내 여성 병사들은 그 일을 해냈다. 나는 1개 분대씩 차례로 숲속으로 보낸 뒤 맨 마지막 분대와 함께 떠났다.

나는 숲속의 어느 빈터를 목적지로 정했다. 7킬로미터 거리였다. 이 거리를 우리는 눈썹이 휘날리도록 빨리 주파했다. 성난 사내들이 도로를 따라서 우리를 뒤쫓아올 터였다. 나는 결사대대에게 숲 한가운데로 들어가라고 명령했다. 우리 가운데 가다가 여러 번 넘어지지 않은 이가 거의 없었다. 군복은 나무와 풀의 가시에 찢겼고, 다리와 팔을 베인이가 많았다. 다친 데 붕대를 감을 겨를이 없었다.

두어 시간이 지나 빈터에 다다른 뒤에 멀리서 부는 휘파람 소리가 들렸다. 내가 뒤에 남겨놓았던 교관의 신호였다. 그는 자기가 겪은 일에 퍽 신나 했고, 우리는 처지가 위태로운데도 귀를 쫑긋 세우고 즐겁게 이야기를 들었다.

보아하니, 우리가 예측한 대로, 폭도가 완전 무장을 하고 우리 숙소로 돌아왔다. 그 사내들은 살기등등해서 엄체호 안으로 달려 들어갔다. 엄체호에 아무도 없다는 걸 알고 소스라치게 놀라 미친 사람처럼 여기저기 뛰어다니며 부근을 샅샅이 뒤졌지만, 우리의 흔적은 없었다. 그들은 결사대대가 그토록 짧은 시간 안에 모든 장비를 챙겨 행군해 떠났음을 깨달았다.

"마녀다!" 그들이 외쳤다. "마녀가 그들을 몰래 빼돌린 게 틀림없어."

그러나 이 말은 더 차분한 사람에게는 그럴듯한 설명으로 들리지 않았다. 그들은 사령부에 전화를 걸었지만, 놀랍기 짝이 없는 대답을 들었다. 사령부에는 내가 갑자기 철수했음을 아는 사람이 없었다. 폭도는 크라스노예셀로로 가는 길을 따라 출발했고 노병들이 맡은 내 치중대 수레를 곧 따라잡았다. 이 노병들은 크라스노예셀로로 떠나라는 명령을 받았다고, 자기들은 결사대대의 움직임에 관해 아무것도 모른다고 말했다. 폭도는 우리가 같은 도로에 있다고 판단했고 우리를 따라잡도록 기마대원 두어 명을 보냈다. 물론 그들은 빈손으로 되돌아갔다.

"그 여자는 마녀야!" 여러 병사가 미신적인 외경심을 품고 머리를 가로저었다.

"마녀야, 틀림없어!" 다른 병사들도 불안한 어조로 되풀이했다.

우리 부대 깃발을 든 남자 넷은 숲에서 길을 잃었다. 나는 여성 병사 스무 명쯤과 교관들을 보내 그들을 찾아오게 했다. 그다음에는 치중대 수레들과 연락을 해서 용케도 우리 야영지로 데려올 수 있었다. 이 일을 해내고 나서 우리는 덤불에 가려 눈에 안 띄는 곳에 자리를 잘 잡았다. 우리가 맞닥뜨린 문제는 딱 하나였다. 어떻게 무사히 빠져나갈까.

몰로데치노는 고려 대상이 될 수 없었다. 우리를 뒤쫓는 자들이 크라스노예셀로에 있는 부대에 우리가 다가가고 있다고 경고하면서 우리를 즉결 처분하라고 요청했으므로 크라스노예셀로도 위험한 곳이었다. 전망은 암담했다. 나는 교관들을 통해 사령과 몰래 연락하기로 결정했다.

우리는 사령이 슬쩍 빠져나와 우리를 보러 올 기회를 찾을 때까지 두어 날 숲속에서 야영을 했다. 우리는 진퇴양난에서 헤어날 길을 찾고자 사령과 상의를 했다.

결사대대의 역정은 끝났고 해산 말고는 다른 길이 남아 있지 않다는 데 의견이 모였다. 문제가 있었다. 어떻게? 사령은 여성 병사들이 입을 여자 옷을 구해 그들이 귀향하도록 해주겠다고 제안했다.

나로서는 그 계획이 해볼 만하다는 느낌이 들지 않았다. 우리가 입을 200벌 가까운 옷을 하루나 이틀 안에 구하기란 불가능했다. 따라서 결사대대를 해산하는 데 두어 주가 걸릴지도 몰랐다. 그러니 이 또한 마땅하지 않을 터였다. 나는 다른 계획을, 즉 여성 병사들을 한 명 한 명 내보내 흩어져 있는 정거장과 마을 스무 군데로 가게 하자고 제안했다. 결사대대 대원 개개인이 열차를 타거나 인근 마을에서 탈것을 구해 빠져나가기는 어려워 보이지 않았으므로, 이 계획이 채택되었다.

사령이 모든 여성 병사에게 필요한 서류와 자금을 마련하는 데 하루쯤 걸렸다. 그러고 나서 해산이 개시되었다. 10~15분마다 여성 대원

한 명씩 한 번은 이쪽으로, 다음번은 반대쪽으로 보내졌다. 러시아 여성의 역사에서 영웅적인 한 장章의 측은한 마무리였다. 결사대대는 파괴와 무지의 조류를 막으려고 용감하게 싸웠다. 하지만 그 조류는 너무나도 거셌다. 그 조류가 러시아에서 훌륭하고 고귀한 모든 것을 덮쳤다. 고삐 풀린 격정의 저 소용돌이 속에서 러시아 자체가 영원히 난파한 듯했다. 사람들은 살고 싶어 하지 않았다. 나라에서 고결했던 모든 것을 뒤엎는 일을 함께했다는 자랑과 만족만 남았다. 모든 것이 거꾸로 선 듯했다. 우애는 없었고 미움뿐이었다. 차르 체제가 타도되던 시절의 이타성이 이제는, 즉 케렌스키가 무너진 뒤에는 탐욕과 앙갚음의 물결에 밀려나 버렸다. 모든 병사가, 모든 농민과 노동자가 길길이 날뛰었다. 그들 모두가 부르주아지, 착취자, 수탈자의 허깨비를 사냥했다. 자유가 처음 태어났을 때에는 보편적인 형제애와 환희가 있었다. 이제는 옹졸함과 쩨쩨한 욕심이 판을 쳤다.

여성 병사들에게 작별 인사로 입맞춤을 하고 축복의 말을 주고받을 때 감정이 북받쳐서 가슴이 뭉클했다. 이 결사대대에게 내가 소망하지 않았던 것이 무엇일까! 그러나 내 감정을 곰곰이 헤아려보아도 나로서는 후회할 일을 찾을 수 없었다. 나는 내 나라에 내 의무를 다했다. 어쩌면 나는 한 줌밖에 안 되는 이 여자들이 군대를 파멸로부터 구해낼 수 있다고 상상할 때 너무 무모했다. 그러나 그렇게 기대한 이가 나 혼자는 아니었다. 로쟌코조차 나처럼 믿던 때가 있었고, 브루실로프와 케렌스키는 여자의 자기희생이 남자를 부끄럽게 만들리라고 생각했다. 그러나 남자들은 부끄러움을 몰랐다.

내 여성 병사들이 출발했다. 전체 결사대대에서 나와 교관 몇 명만 남았다. 저녁에 나는 자동차 한 대가 나를 몰래 빼돌리려고 기다리고 있는 도로로 갔다. 내가 군 병사위원회 위원 두 명의 개인 호위를 받으며 페트로그라드로 가도록 사령이 손을 써놓았던 것이다. 두 위원은 열차에서 나와 만나서 함께 갈 터였다. 위험은 열차 역으로 가는 여정에 있었다. 나는 자동차 바닥에 숨은 채 역으로 갔고, 거기서 두 사람이 나를 경호했다. 나는 집으로, 전쟁 동안에 내 일가친지가 이사한 곳인 톰스크 부근의 마을 투탈스카야*로 가겠다고 마음먹었다.

---

* Тутальская. 영어 원문에는 투탈스크Tutalsk로 잘못 표기되어 있다.

17장 │ 레닌과 트로츠키를 마주하다

페트로그라드는 붉은근위대의 터전처럼 보였다. 한 걸음 뗄 때마다 붉은근위대와 마주쳤다. 붉은근위대가 열차 역과 들어오고 나가는 모든 열차를 엄중히 감시했다. 나를 호위하는 두 사람은 곧바로 전선으로 돌아가야 했으므로 역 승강장에 나를 남겨두고 떠났다.

내가 택시를 잡으려고 역에서 나오자마자, 칼을 빼든 졸병 한 명을 대동한 붉은근위대 특별위원이 나를 멈춰 세우더니 점잖게 물었다.

"보치카료바 부인입니까?"

"예."

"저와 함께 가시겠습니까?" 그가 넌지시 말했다.

"어디로?" 내가 물었다.

"스몰니 학원*으로."

---

* Смольный институт. 상트페테르부르크 동부에 있는 건물. 원래는 1764년에 설립된 러시아 제국 최초 여성 교육기관의 본산이었고, 1917년 혁명 기간에는 혁명 세력에게 접수되어 볼셰비키당 본부로 쓰였다.

"하지만 왜?"

"제가 전선에서 귀환하는 모든 장교를 붙잡아두라는 명령을 받았기 때문입니다." 그가 대답했다.

"하지만 나는 그저 고향으로 갈 따름입니다!" 나는 따져보려고 했다.

"예, 이해합니다. 하지만 장교로서 당신도 내가 명령에 따라야 한다는 것을 이해할 겁니다. 그들은 당신을 십중팔구 풀어줄 겁니다."

그가 택시를 불렀고, 우리는 택시를 타고 볼셰비키 정부가 들어선 스몰니 학원으로 갔다. 내게 스몰니 학원은 강력한 수비대를 갖춘 요새 같다는 인상을 주었다. 무장한 보초가 모든 곳에 있었다. 붉은근위대와 함께 나는 안으로 인도되었다. 책상마다 붉은근위대 대원이 있었다. 나는 해군 병사 앞으로 불려 갔다. 그는 매우 거칠고 무뚝뚝했다.

"어디로 갈 거요?" 그가 퉁명스레 물었다.

"나는 고향으로, 톰스크 근처의 마을로 갈 겁니다." 내가 대답했다.

"그렇다면 무기는 왜 가지고 있소?" 그가 비아냥댔다.

"나는 장교이기 때문이오. 이게 내 군복이고." 내가 대꾸했다.

그가 발끈했다.

"뭐, 장교? 이제는 장교가 아니겠지. 권총과 칼을 내놔!" 그가 명령했다.

결사대대 깃발 축성식에서 받은 무기였다. 내게 너무나 소중한 무기여서 이 깡패 같은 해군 병사에게 넘길 수 없었다. 나는 요구에 순순히 따르기를 거부했다. 그는 몹시 성을 냈다. 붉은근위대가 방에 그득했으니 저항해보았자 소용없었을 것이다. 나는 그가 원한다면 내 무기를 뺏어 갈 수 있지만 스스로 넘겨주지는 않겠다고 잘라 말했다.

그는 권총과 칼을 홱 낚아채고는 나를 체포한다고 선언했다. 스몰니 학원에는 유치장으로 쓰이는 어두컴컴한 지하실이 있었고, 나는 그곳에 갇혔다. 배가 고팠지만, 아무리 불러도 대답이 없었고 이튿날 아침까지 그 구덩이에 머물렀다. 나는 위층으로 불려 가자마자 내 무기를 내놓으라고 요구하기 시작했다. 하지만 관리들 모두 내 하소연을 귓등으로 흘렸다.

나는 레닌과 트로츠키 앞으로 불려 갈 거라는 통보를 받았다. 곧 크고 환한 방으로 인도되어 들어갔는데, 그 방에는 겉모습이 대비되는 두 사내가 앉아 있었다. 내가 들어오기를 기다리고 있는 듯했다. 한 사람의 얼굴은 러시아 사람 같지 않았다. 다른 한 사람은 유대인처럼 생겼다.* 첫째는 니콜라이 레닌,** 둘째는 레프 트로츠키였다. 내가 들어가자 둘 다 일어나 내 쪽으로 몇 걸음 걸어와서 손을 뻗어 점잖게 인사했다.

레닌은 내가 체포당한 일을 사과하면서 그날 아침에야 알았다고 해명했다. 두 볼셰비키 우두머리는 내게 앉으라고 권하고는 내 복무 경력과 용기를 추어올렸고 자기들이 러시아에 만들어내려는 행복의 시대를 짧게 묘사하기 시작했다. 그들은 말을 쉽게 술술 아주 잘했다. 자기들은 평범한 사람, 일하는 대중, 가진 것 없는 사람을 위해서 싸우고 있으며 모두를 위한 정의를 원한다는 것이었다. 당신 자신이 근로계급 출신이 아니오? 그렇소. 당신은 억눌린 농민과 노동자에게 행복을 가져다주는 일에서 우리에게 합세하고 우리 당과 협력하지 않겠소? 두 사람은

---

* 레닌의 가계에는 러시아인뿐만 아니라 독일인, 스웨덴인, 유대인, 그리고 몽골계 소수민족인 칼미크 Калмык인이 있다. 트로츠키의 부모는 우크라이나의 유대인이었다.

** 블라디미르 레닌이 쓴 여러 가명 가운데 하나가 니콜라이였다.

나 같은 농민 여성을 원했다. 농민 여성을 가장 존중한다는 것이었다.

"당신들은 러시아를 행복이 아니라 파멸로 데려갈 것이오." 내가 말했다.

"왜요?" 그들이 물었다. "우리는 좋고 옳은 것을 추구할 뿐인데. 인민은 우리 편입니다. 당신은 군대가 우리를 밀어주는 것을 몸소 보았을 텐데요."

"내가 당신들한테 까닭을 말해주겠소." 내가 대꾸했다. "나는 러시아의 앞날을 위한 당신들의 아름다운 계획에 반대하지 않소. 하지만 당면한 상황에 관해 말한다면, 만약 당신들이 병사들을 전선에서 떼어낸다면, 당신들은 나라를 망가뜨리고 있는 셈이오."

"하지만 우리는 더는 전쟁을 원하지 않습니다. 우리는 강화 조약을 맺을 겁니다." 두 지도자가 대답했다.

"전선에 군인들이 없는데 당신들이 무슨 수로 강화 조약을 맺을 수 있소? 당신들은 군대를 이미 동원 해제하고 있소. 먼저 강화를 하고 그런 다음에 병사들을 고향에 가도록 해야 합니다. 나도 평화를 바라지만, 내가 만약 참호에 있다면 강화 조약이 맺어지기 전에는 결코 떠나지 않겠소. 당신들이 하는 짓이 러시아를 망칠 거요."

"우리는 독일군이 어쨌든 우리에 맞서 전진해 오지 않을 것이기 때문에 병사들을 보내고 있습니다. 독일군도 싸우고 싶어 하지 않아요."

지금 내 나라의 정부를 운영하는 자들이 가진 이런 독일관이 내 짜증을 돋웠다.

"당신들은 독일인을 몰라!" 내가 소리쳤다. "이 전쟁에서 우리가 숱한 목숨을 잃었는데, 지금 당신들은 싸우지 않고 모든 것을 내주려고 하다니! 당신들은 전쟁을 몰라! 병사들을 전선에서 떼어내면 독일군이 와서 손에 잡히는 건 죄다 움켜쥘 거요. 이게 전쟁이오. 나는 군인이고 나는 알아. 하지만 당신들은 몰라. 당신들은 나라를 다스리는 일을 왜 맡았소? 당신들은 나라를 망칠 거요!" 나는 비통해하며 외쳤다.

레닌과 트로츠키는 웃었다. 나는 그들의 눈에서 아이러니를 볼 수 있었다. 그들은 많이 배우고 세상을 많이 아는 사람이었다. 그들은 책을 여러 권 썼고 여러 나라를 돌아다녔다. 그런데 나는 누구였는가? 까막눈의 러시아 농민 여자였다. 그들에게는 내 강의가 틀림없이 웃겼을 것이다. 그들은 자기들이 실제로 전쟁이 무엇인지 모른다는 주장에 봐준다는 듯이 빙긋 웃었다.

나는 자기들에게 협력해달라는 그들의 제안을 마다했고 내 마음대로 떠나도 되냐고 물었다. 둘 중 한 사람이 초인종을 울리자 붉은근위대 대원 한 명이 들어왔다. 그는 나를 데리고 나가서 내게 통행증과 톰스크로 가는 무임승차권을 주라는 지시를 받았다. 나는 떠나기에 앞서 내 무기를 달라고 요청했지만 거절당했다. 나는 그 무기가 일부는 금으로 만들어졌고 어떤 행사에서 받은 것이어서 내게는 값을 매길 수 없을 만큼 소중하다고 설명했다. 그들은 질서가 다시 잡히는 대로 곧 되돌려주겠다고 대답했다. 물론, 나는 그것을 돌려받지 못했다.

나는 작별 인사를 하지 않고 방을 떠났다. 나는 옆방에서 통행증을 받았고, 전차를 타고 열차 역으로 갔다. 페트로그라드에 오래 머물지 않기로, 심지어 내 벗들 가운데 누구도 보지 않은 채 떠나기로 마음먹었다. 역으로 가는 길에 어디서든 사람들이 나를 알아보았지만 못살게 굴지 않고 길을 가도록 내버려두었다. 같은 날 저녁에 나는 볼로그다*와

첼랴빈스크를 거쳐 이르쿳스크로 가는 열차에 올라탔다. 집으로 가고 있었다. 나는 결사대대를 지휘하는 동안, 즉 월급으로 400루블을 받을 때 저축한 2000루블을 지니고 있었다.

열차에는 귀환병이 꽉 들어차 있었다. 거의 다 열렬한 볼셰비키였다. 나는 객실 칸에 여드레 동안 머물면서 밤에만 이따금 객실을 떠났다. 음식은 같이 가는 승객 한 사람을 보내서 사 왔다. 여드레를 달린 끝에 첼랴빈스크에 다가가자 탑승객 수가 줄었고, 나는 그 큰 역에서 내려 산보를 조금 해도 괜찮겠다고 생각했다. 내가 객실 밖 통로에 나타나자마자 병사 몇 명이 나를 알아보았다.

"오, 여기 누가 있는지 봐!" 한 병사가 외쳤다.

"보치카료바야! 갈보년!" 다른 병사 두어 명이 같이 외쳤다.

"저년을 죽여야 해!" 누군가 소리쳤다.

"왜?" 내가 그들을 쳐다보았다. "너희한테 내가 무슨 해를 끼쳤는데? 오, 너희는 바보야, 바보!"

열차가 속도를 줄이며 역에 다가섰다. 내가 그 막돼먹은 자들에게서 고개를 돌리자마자 느닷없이 두 사람이 나를 번쩍 들어 올려서는 앞으로 보냈다 뒤로 보냈다를 한 번, 두 번, 세 번 하더니 움직이는 열차 밖으로 내동댕이쳤다.

다행히 앞뒤로 흔드는 탄력이 너무 커서 나는 평행 궤도 건너편 철로 변에 차곡차곡 쌓인 눈 더미에 떨어졌다. 1917년 11월 말이었다. 너무나 급작스러운 일이어서 오른쪽 무릎이 아프다는 것을 깨달았을 때 그

---

* Вологда. 유럽 러시아 북동부의 도시.

짐승들이 내 뒤에서 웃어대는 소리가 아직도 귀에 울렸다.

열차가 역으로 들어가기 전에 멈춰 섰다. 승객과 철도원 등으로 이루어진 대군중이 금세 내 주위에 모여들었다. 모두 다 병사들의 짐승 같은 짓에 분개했다. 역 사령과 지역위원회 위원들이 서둘러 현장으로 왔다. 나는 들것에 실려 병원으로 갔다. 한쪽 무릎이 탈구되었다고 했고 다리에 붕대가 감겼다. 나는 여행을 계속하고 싶다고 말했고, 동쪽으로 가는 열차에 달린 병원 객차의 침상 하나가 내게 주어졌다. 그 객차에는 간병인들과 의사보醫師補* 한 명이 있었다.

다친 다리의 통증이 귀향길에 더욱더 심해졌다. 다리가 붓기 시작했다. 의사보가 지금 내 가족이 사는 마을인 투탈스카야의 역장에게 내가 쓸 들것 하나를 마련해두라는 전보를 쳤다.

내 언니 아리나가 차 끓이는 주전자 담당 종업원으로 열차 역에서 일하고 있었다. 러시아 철도역에서는 언제나 찻주전자가 끓고 있다. 바로 이 일에 아리나가 고용되었기에, 가족이 먹고살 길이 전혀 없었던 톰스크에서 투탈스카야로 이사했던 것이다. 차량을 담당한 의사보가 보낸 전보가 언니에게 전해지고 언니를 거쳐 내 부모님에게 전해지자, 비통한 감정이 터져 나왔다. 그들이 마루샤를 본 지도 세 해가 지났고, 보아하니, 그 마루샤가 이제 침대에서 다 죽어가면서 자기들에게 오고 있었다.

첼랴빈스크에서 떠난 여정 나흘째에 열차가 투탈스카야에서 멈췄다. 내 다리가 심하게 부풀어서 통나무만큼 무거웠다. 통증 탓에 괴로웠다. 내 얼굴은 주검처럼 파리했다.

---

* фельдшер. 중급 수준의 의료 교육을 받은 뒤 응급 처치와 초보적 치료를 하는 의료인.

역에는 내가 쓸 들것 하나가 마련되어 있었다. 내가 들려 나올 때 언니들, 어머니와 아버지, 역장이 객차 문에 서 있었다. "우리 마루샤! 우리 만카!" 어머니가 가슴이 미어지는 어조로 외치며 두 손을 하늘로 뻗어 몸을 활짝 펼치고 달려왔다. 마치 내가 땅에 묻히기라도 할 참인 양 나를 보고 애통해하면서 말이다.

방탕한 딸이 돌아오고 어머니는 흐느꼈다. 하지만 어떤 꼴로! 어머니는 내가 다쳤고 집에서 죽겠으니 집으로 보내달라고 요청한 것이 틀림없다고 생각했다. 솟구치는 눈물과 울음에 목이 메어 나는 어머니의 앙상한 두 팔만 움켜쥘 따름이었다. 모두가 울고 있었다. 애칭으로 나를 부르는 언니들이, 구부정하니 머리가 허옇게 센 채 옆에서 지켜보는 아버지가, 심지어는 낯선 역장마저. ……

나는 넋 빠진 상태가 되었고 의사가 불려 왔다. 곧바로 나를 집으로 옮긴 의사는 어머니의 애원에 응해서 나를 위해 할 수 있는 일이란 일은 다 하겠다고 약속했다. 나는 한 달 동안 앓았고 침대에서 성탄절을 보내고 1918년 설을 맞이했다.

나는 저축한 2000루블을 부모님께 드렸다. 그러나 전쟁 전에는 큰돈으로 여겨졌을 이 금액은 우리를 몇 달 먹여 살리기에도 빠듯했다. 맨발로 돌아다니던 막내 여동생 나댜*에게 신발 한 켤레를 사주는 데 거의 100루블이 들었다. 톰스크 시장에서 나댜에게 중고 윗도리 한 벌을 사주는 데에는 거의 곱절로 더 들었다! 꼭 구해야 하는 공산품은 웃돈이 얹혀 팔렸지만, 필요한 물품을 사려고 터무니없는 값을 치르는 것보

---

* Надя. 러시아 여자 이름 나데즈다Надежда의 애칭.

다 그 물품을 찾아내는 것이 훨씬 더 어려웠다. 나라에는 밀가루가 넉넉했다. 그러나 농민은 도시에서 이전 값의 50배나 100배를 치르지 않고서는 아무것도 얻을 수 없기 때문에 밀가루를 싸게 팔려고 하지 않았다. 그런 탓에 밀가루가 1푸드*당 60루블에 팔렸다! 러시아에서 2000루블로 얼마나 오래 버틸지 상상이 갈 것이다.

투탈스카야도 볼셰비즘의 세찬 바람에 휩쓸렸다. 볼셰비키의 가르침에 물든 채로 전선에서 돌아온 병사가 많았다. 내가 도착하기 바로 앞서 그 풋내기 이단자들이 마을 교회를 불태우기까지 했다. 나이 든 주민에게는 무시무시한 일이었다. 그것은 드문 일이 아니었고, 시대의 표상이었다. 속아 넘어간 숱한 젊은이가 자기들이 세울 삶의 새 질서를 준비한다면서 전에 있었던 모든 것을, 즉 낡은 정부 체제, 교회, 아니 아예 하느님 자체를 때려 부수겠다는, 허물겠다는 열정을 품고 참호에서 돌아왔다.

그러나—국가의 골칫거리인—관습 하나는 그들이 없애지 못했다. 아니 그들은 그 관습을 복원했다. 차르가 보드카를 없애버렸다. 금주령을 새 정권이 계속 시행했지만, 서류에서만 그랬다. 거의 모든 귀환병이 집에서 보드카를 빚는 버릇을 들였다. 나라의 오랜 골칫거리가 힘을 되찾았고 볼셰비키의 새 세상을 세우는 일에서 한몫을 했다.

모든 도시와 마을에 위원회나 소비에트가 있었다. 그들은 중앙정부의 명령을 이행해야 했다. 금과 은으로 된 물품을 모조리 몰수하라는 명령이 내려졌다. 물건을 찾아내려고 위원회가 모든 집을 샅샅이 뒤졌다. 가구와 옷에 세금을 매기라는 명령도 있었으며, 제멋대로 요구되는

---

* пуд. 16.35킬로그램에 해당하는 러시아의 무게 단위.

세금을 내지 않으면 가구와 옷을 빼앗겼다.

도시에서는 시민이, 시골에서는 농민이 고생을 했다. 부르주아지의 재산을 몰수한다는 핑계로 죄다 그랬다. 농민이, 어쩌면 가진 마지막 저금으로 새 외투 한 벌을 사기만 해도 수탈자로 낙인찍히고 소중한 옷을 잃었다. 그런 경우에 희한한 일은 그 몰수품이 볼셰비키 우두머리들 가운데 한 사람의 등에 거의 어김없이 나타나곤 한다는 사실이었다. 그것은 약탈일 따름이었고, 그 방식은 대개 돌아온 병사들이 벌이는 순전한 테러 행위였다.

투탈스카야에서 나는 편지 몇 통을 받았다. 한 통은 고향 도시인 티플리스에 무사히 도착한 내 부관 타투예바 공녀에게서 온 것이었다.

어느 날 아침에 나는 편지를 찾으려고 우체국으로 갔다.

"저기 보치카료바가 간다!" 한 사내가 외치는 소리가 들렸다.

"아, 보치카료바! 저 여자는 구체제 편이야!" 또 다른 자가 대꾸했다. 보아하니 볼셰비키 병사였다.

볼셰비키 병사가 여럿 있었고 내게 소리를 질러 을러대고 욕을 했다. 나는 대꾸하지 않았지만 무거운 마음을 안고 집으로 돌아갔다. 고향에서조차 나는 안전하지 않았다.

나는 기도했다. "하느님, 러시아 사람들한테 무슨 일이 일어났나요? 이게 제가 나라에 바친 희생에 주어진 보답인가요?"

나는 다시는 집을 떠나지 않겠다고 다짐했다. 이 광기가 틀림없이 오래가지는 않으리라고 생각했다. 거의 하루 종일 성경을 읽고 하느님께 내 민족을 일깨우고 깨우쳐달라고 기도하면서 보냈다.

1918년 1월 7일에 나는 X 장군이라는 서명으로 페트로그라드에서 온 전보를 받았다. 전보에는 이렇게 쓰여 있었다.

"오시오. 당신이 필요함."

나는 그날 바로 수도행 차표를 사서 가족에게 작별 인사를 하고 출발했다. 졸병 옷차림새로 보이도록 내 군복에서 견장을 떼어냈다.

이때쯤에, 혁명을 지지하는 대중에게는 크나큰 충격이었을 터인데, 독일군이 느닷없이 전진해서 러시아로 쳐들어오기 시작했다.* 그것은 볼셰비키 동조자들에게 거의 기적과도 같은 효과를 불러일으켰다. 열차에는 여느 때처럼 병사들이 빼곡히 들어차 있었지만, 그들의 표현과 대화에는 도드라지는 차이가 있었다. 적군의 행동 탓에 그들에게서 허세가 죄다 떨어져 나갔다. 그들은 꼬드김을 받아서 평화가 찾아왔다는, 그리고 자기들에게 바야흐로 황금시대가 열릴 참이라는 달콤한 믿음을 품었는데, 그 믿음을 페트로그라드와 모스크바로 카이저의 군인들이 쾌속 전진한다는 사실과 꿰맞출 수 없었다.

그들 가운데 몇 사람의 말을 들으니 신이 나고 흥이 났다.

"우리는 속아 넘어갔어!" 이런 말이 여기저기서 들렸다.

"우리가 전선을 떠나도 독일 군인들이 전진하지 않을 거라는 말을 들었는데." 이런 말도 자주 나왔다.

첫째 견해에 답변으로 흔히 제시되는 논거는 이랬다. "지금 우리와 싸우고 있는 자는 민중이 아니라 독일 부르주아지야. 그리고 겁낼 거 없

---

* 1917년 12월에 러시아군과 독일군 사이에 휴전이 이루어진 뒤 곧바로 볼셰비키 정부와 독일 정부가 강화 협상에 나섰다. 볼셰비키 정부가 독일의 무리한 영토 요구를 받아들이지 않아서 협상이 깨지자 1918년 2월 18일에 독일군 53개 사단이 러시아를 다시 침공했다. 마침내 3월 3일에 볼셰비키 정부가 독일의 요구를 받아들이고 강화 조약을 맺었다.

어. 독일에서 혁명이 곧 일어날 테니."

누군가 의심스럽다며 이렇게 말하곤 했다. "레닌과 트로츠키가 우리를 빌어먹을 독일 놈들 손에 넘기지 않았는지 누가 알아?"

어딘가로 가는 지역위원회 대표들이 늘 있었는데, 그들은 병사들과 이야기하면서 물음에 답하고 사정을 설명했다. 그들은 독일의 배신을 그리 썩 잘 해명할 수 없었지만, 독일에서 언제라도 혁명이 일어날 수 있다는 소망을 고수했다. 병사들은 선동가들의 장담에 큰 인상을 받지는 않았다. 마음속에서 갈등이 움트고 있어도 병사들이 아직은 암중모색을 하고 있다는 느낌이 들었다. 깨우침은 오래 늦춰질 수 없었다.

나는 페트로그라드로 안전하고 편안하게 여행했다. 아무도 나를 괴롭히지 않았고, 아무도 내 목숨을 위협하지 않았다. 나는 1월 18일에 수도에 도착했다. 열차 역의 경비는 두 달 전만큼 삼엄하지 않았다. 붉은근위대가 거리에서 그리 눈에 띄지 않았고, 거리는 더 평시처럼 보였다. 나는 이전에 나를 후원하던 여인들 가운데 한 사람에게 갔고 수도가 공포 속에서 지낸다는 것을 알았다.

다음 날 X 장군을 방문하니 따뜻하게 맞아주었다. 독일군이 키예프를 막 장악했다고 그가 말했다. 독일군이 페트로그라드를 위협하고 있었으며, 만약 독일군이 페트로그라드를 차지하기로 작정한다면 붉은근위대는 도시의 함락을 막거나 단 하루도 늦추지 못할 터였다.

적색테러*가 페트로그라드에서 판을 쳤다. 살해되고 린치당한 장교들의 주검이 강에 가득했다. 살아 있는 장교들은 성마른 폭도 탓에 사

---

* 좌익 세력이 반대 세력에게 저지르는 테러.

람들 앞에 나서기를 두려워하면서 비참하게 살아가고 있었으며 굶어 죽기 일보 직전이었다. 나라 꼴은 훨씬 더 참담했다. 나라가 너무나 빨리 적군의 손에 떨어지고 있어서 모종의 즉각적 행동이 절실했다.

장교들과 동조자들의 비밀 모임이 열렸고, 그 모임에서 코르닐로프 장군과 연락을 하기로 결정되었다. 돈 지역*에서 활동 중이라는 코르닐로프에 관해 서로 어긋나는 전언이 너무 많아서 그에게 전령을 보내 그의 계획과 그가 가진 자원을 확실히 알아내야 한다는 제안이 나왔다. 진 빠지는 토론 뒤에 X 장군이 내가, 여자이므로, 볼셰비키가 친 전선을 지나 코르닐로프에게 가 닿을 수 있는 유일한 인물이라고 말했다. 내가 가려고 했을까?

"저는 제 동포에 맞서 전쟁을 벌일 목적으로는 이곳 장교들이나 남부의 코르닐로프에게 가담하지 않겠습니다." 내가 대답했다. "저는 그럴 수 없습니다. 저한텐 볼셰비키든, 멘셰비키**든, 붉은근위대든 모든 러시아 사람이 무척 소중하니까요. 하지만 저는 정보를 얻으려는 여러분의 바람을, 또 제 바람을 채우기 위해 코르닐로프에게 가는 일을 맡겠습니다."

나는 안전을 위해 자애수녀회慈愛修女會***옷을 입기로 했다. 내가 입

---

* 유럽 러시아 남부의 돈Дон강 유역 일대.

** Меньшевики. 러시아 마르크스주의자의 당면 과제를 부르주아 민주주의 혁명으로 삼고 볼셰비키당과 대립한 러시아 사회민주노동당 내의 온건파. 1917년 혁명기에 임시정부를 지지하고 입각했지만, 대중의 지지를 잃고 소수파로 전락했다.

*** Сестры милосердия. 자선 활동에 주력한 가톨릭 수녀 종단. 17세기 중엽에 프랑스에서 처음 생겼고 곧 폴란드로 확산했으며, 폴란드가 러시아 제국에 편입된 1832년 이후에는 유럽 러시아 서부에서 의료 자선 단체로서 주로 병자와 부상 군인을 보살폈다.

을 옷이 마련되었고, 나는 군복 위에 그 옷을 걸쳤다. 군모는 호주머니에 쑤셔 넣고 자애수녀회 머리덮개를 썼다. 그러고 나니 눈, 코, 입, 뺨만 보여서 마흔다섯 살쯤 먹은 아주머니처럼 보였다.

내게 여행증이 주어졌는데, 알렉산드라 레온티예브나 스미르노바 Александра Леонтиевна Смирнова라고 적혀 있었다. 여행할 때 쓸 내 이름이었다. 군용 장화를 신었으므로 치마 속 바지가 보일 염려는 없었다. 나는 타투예바 공녀에게서 온 편지를 소지했는데, 내게 캅카스에 있는 자기 집으로 찾아오라고 권하는 편지였다. 비상시에 쓸 페트로그라드발 키슬로봇스크*행 차표 한 장이 내게 주어졌다. 키슬로봇스크는 코르닐로프가 주둔한 곳에서 몇백 킬로미터 이내에 있는 캅카스의 휴양지였다. 위험할 경우에는 자애수녀회 옷을 내버리고 키슬로봇스크행 비상 차표와 타투예바 공녀의 편지로 뒷받침되는 신분을 드러내고 그곳으로 치료 받으러 가는 길이라고 밝히기로 했다. 물론, 여행 경비도 받았다.

자기 정체를 잃고 완전히 다른 사람으로 보이는 것은 퍽 재미있었다. 나는 더는 마리야 보치카료바가 아니라 알렉산드라 스미르노바였다. 거울로 나 자신을 힐끗 보니, 심지어 내 눈에도 내가 군인에서 자애수녀회 간호사로 탈바꿈한 것 같았다.

내가 페트로그라드에서 출발할 때, 목적지는 키슬로봇스크로 가는 길에 사람들이 흔히 지나가곤 하는 역인 니키티노**였다. 열차에서 아무도 나를 알아보지 못했다. 가끔 병사가 물었다.

---

* Кисловодск. 유럽 러시아 남단 캅카스 북부 지방에 있는 온천 도시.

** Никитино. 아르메니아 북부에 있는 마을. 1936년에 이름이 피올레토보Фиолетово로 바뀌었다.

"간호사님, 어디로 가고 있나요?"

"집으로, 키슬로봇스크로요." 나는 흔히 이렇게 대꾸했다.

그다음에는 내가 전선에서 한 일과 내가 근무한 구역에 관한 물음이 이어졌고, 나는 군인으로서 겪은 내 실제 경험에서 나온 사실을 가지고 대답하곤 했다. 귀향하는 자애수녀회 간호사에 관해서는 색다를 것이 없었고, 나는 이야기를 나누기보다는 말을 하지 않고 홀로 있기를 택했으므로 며칠 지난 끝에 아무 말썽 없이 니키티노에 이르렀다.

니키티노부터는 당국의 명령으로 모든 열차가 다른 노선으로 궤도를 바꿔서 우회로로 목적지로 보내졌다. 니키티노부터 곧장 남쪽으로 달리는 철도는 코르닐로프와 싸움을 벌이는 볼셰비키 부대만 군사적 목적으로 이용했다. 30킬로미터를 더 가면, 즉 즈베레보*에서 이른바 전선이 시작되었다. 따라서 개인 승객에게는 즈베레보로 가는 것이 허용되지 않았다.

코르닐로프 장군에 맞선 싸움이 어마어마하게 준비되고 있음이 명백했다. 군수품 열차가 많았고 이송을 기다리는 숱한 병사가 한데 모여 있었다. 돈이 모자라지 않아 보였고, 전쟁 초기의 규율을 생각나게 하는 철의 규율이 있었다. 모든 곳에 질서가 있었다.

내가 맞닥뜨린 첫 문제는 어떻게 즈베레보로 가는가였다. 나는 역 사령에게 가서 돈이 한 푼도 없다고, 키슬로봇스크로 귀향하려고 싸움이 끝나기를 무한정 기다릴 수는 없다고 투덜대면서 무엇을 해야 할지 조언해달라고 간절하게 졸랐다. 사령이 마침내 이렇게 말했다.

---

* Зверево. 유럽 러시아의 남서부에 있는 소도시.

"군수품 열차가 즈베레보로 막 떠날 참이오. 자, 그 열차를 타고 즈베레보로 가시오. 그러면 아마도 전선에서 대치선을 지나 넘어가게 해줄 거요. 열차에 2등석 차량이 하나 붙어 있습니다."

사령이 나를 데리고 그 차량으로 갔는데, 안에는 열차 경비를 맡은 군인 다섯 명만 타고 있었다. 그는 군인들 가운데 우두머리에게 나를 오도 가도 못 하게 된 자애수녀회 간호사로 소개하고 잘 봐달라고 부탁했다. 나는 도움을 베푸는 사령에게 가슴에서 우러나오는 고마움을 아낌없이 표현했다.

열차가 움직여서 역을 빠져나갔다. 거사의 첫 단계는 만족스러웠을지라도 내가 볼셰비키의 교전 지대인 즈베레보에 갈 전망은 결코 밝지 않았다. 일행의 우두머리가 내 맞은편에 앉았다. 지저분하고 못생긴 시골뜨기였다. 나는 말을 섞을 기회를 만들지 않으려고 했지만, 그자는 그런 내 감정을 전혀 눈치채지 못한 듯했다.

그는 말꼬를 트려고 몇 가지를 물어보더니 내가 이렇게 안 좋은 시기에 키슬로봇스크로 갈 마음을 먹었다는 데 놀라움을 비쳤다.

"하지만 거기 계신 제 어머니가 편찮으세요." 나는 거짓말을 했다. "어쩌면 어머니가 지금 죽어가고 계실 겁니다. 내가 전선에 갈 때 어머니 가슴이 미어졌지요."

"아, 그건 다르지." 그가 내 곁으로 옮겨 오면서 말했다. "그런 경우라면 그들이 당신을 지나가게 해줄 거요."

동정심을 비친 뒤에 그는 망설이지 않고 치근덕댔다. 내게 더 가까이 와서 내 팔을 만지기까지 했다. 미묘한 상황이었다. 그의 반감을 살 형편이 아니었으므로 나는 그의 치근덕대기를 웃음과 아양 떠는 시선으로 비껴갔다. 그가 근사한 식사를 한턱 단단히 냈고, 식사하는 동안 대화가 전반적 정세 쪽으로 흘러갔다. 물론 그는 광적인 볼셰비키 당원으로, 코르닐로프를 비롯한 모든 장교의 맹렬한 반대자였다. 나는 말없이 짧게 맞장구치는 노릇만 했는데, 느닷없이 그가 물었다.

"여성결사대대라고 들어본 적 있나요?"

내 가슴이 철렁했다.

"무슨 대대라고 하셨죠?" 나는 짐짓 모르는 척하고 물었다.

"보치카료바의 대대요!" 그가 큰 목소리로 대꾸했다.

"보치카료바라?" 나는 기억을 더듬는 듯이 물었다. "아, 그래, 보치카료바. 그 여자에 관해 들어본 적이 있어요."

"그 ———!* 그년은 여자 코르닐로베츠예요!" 그가 소리쳤다. "그년은 구체제 편이오."

"어떻게 아시나요?" 내가 물었다. "나는 그 여자가 비당파라고 생각했는데."

"우리는 반혁명 분자들, 그들을 모두 압니다! 그년은 그들 가운데 하나예요." 내 길동무가 힘주어 말했다.

"좋아요, 하지만 결사대대는 없어졌는데요. 보치카료바는 사라져버린 모양이고요." 내가 넌지시 말했다.

"예, 우리는 그들이 어떻게 사라지는지 압니다. 그런 식으로 사라져버린 자가 많아요. 코르닐로프도 사라져버렸지요. 그러다 그들 모두 어디선가 다시 튀어나와 말썽을 일으킵니다." 그가 잘라 말했다.

---

* 그대로 적어놓기에는 너무 상스러운 욕설이어서 이렇게 처리되어 있다.

"만약 그 여자가 여기서 튀어나온다면 당신은 그 여자한테 어떻게 하겠어요?" 내가 조심스레 물었다.

"그년을 죽여야죠. 그년은 결코 살아서 빠져나가지 못할 겁니다. 믿어도 됩니다." 그가 내게 장담했다. "모든 주요 반혁명 분자의 사진이 우리한테 있으니, 그자들은 붙잡히면 자기 정체를 숨길 수 없습니다."

그러고 나서 대화가 내게 유리한 쪽으로 흘렀다. 나는 코르닐로프에 맞선 볼셰비키 부대의 계획을 죄다 알게 되었다. 열차가 즈베레보에 도착하면서 나와 내 길동무의 교제가 끝났다. 나는 친절하게 대해줘서 고맙다는 마음을 그에게 상냥하게 표현했다.

"있잖아요, 간호사님." 헤어지기 전에 그가 뜻밖의 말을 했다. "나는 당신이 좋습니다. 나하고 결혼해주실래요?"

생각지도 못한 일이어서 나는 어안이 벙벙했다. 그는 아주 지저분하고 역겹게 생긴 놈이었고, 나는 청혼이 너무 터무니없어서 웃고 싶은 마음을 어렵사리 억눌렀다. 유쾌한 상황이 아니었다.

"예, 좋아요." 나는 그 제안에 내가 보일 수 있는 가장 상냥한 태도로 대응했다. "하지만 제 어머니를 보고 나서요."

그는 자기 주소를 주면서 편지를 써 보내달라고 했고, 나는 그러겠다고 약속했다. 그는 아마 아직도 내 편지를 기다리고 있을 것이다.

나는 그를 열차에 남겨두고 역사 쪽으로 갔다. 승강장에, 그리고 역사 안에 붉은근위대 대원, 해군 병사, 육군 병사, 심지어 볼셰비키에 가담한 카자크도 있었다. 하지만 민간인은 보이지 않았다. 나는 구석에 앉아 기다렸다. 나는 볼셰비키 군대에 배속된 간호사로 오인되어 들볶이지 않았다. 한 시간, 두 시간, 세 시간이 지나도 나는 목적지로 갈 기회를 잡을 수 없었다. 어떻게든 역사 안으로 들어온 민간인 한 사람이 내 눈 앞에서 다짜고짜 체포되었다. 그래서 나는 이리저리 돌아다니기보다는 내가 있던 구석에서 조용히 앉아 있기로 했다.

마침내 곱상해 보이는 젊은 병사 한 명이 내게 흥미를 느꼈다. 그가 걸어와서 물었다.

"간호사님, 왜 여기서 기다리고 있나요?"

"동무를 기다리고 있어요." 내가 대꾸했다.

"그 사람의 이름이 뭡니까?" 그가 관심을 품고 물었다.

"오, 그건 비밀이에요." 나는 애를 태우는 식으로 대꾸했다.

그가 내 가까이에 앉더니 전선에서 근무한 적이 있냐고 물었다. 나는 불행히도 후방에 있는 병원에만 파견되었다고 말했다.

"저 사람은 왜 체포되었나요?" 내가 조심스레 물었다.

"소비에트의 문서를 가지고 있지 않았기 때문입니다." 그가 대꾸했다. "저 사람은 곧바로 총살될 겁니다."

"당신들은 문서를 가지지 않은 사람은 죄다 처형하나요?" 내가 물었다.

"모두 다, 가리지 않고."

"여자도요?"

"예, 여자도." 그가 대꾸했다. "여기는 교전 지대거든요."

"어머나 세상에!" 나는 겁에 질려 외쳤다. "끔찍해라! 당신들은 정말로 그들을 모조리 다 죽이나요? 재판도 없이?"

"여기서는 재판을 할 겨를이 없습니다. 일단 함락되면 빠져나갈 데가 없거든요. 우리 총살대가 수상쩍은 자를 죄다 그 자리에서 끝장내버

립니다." 그가 상냥하게 알려주었다. "자, 처형장을 보고 싶나요? 여기서
아주 가깝습니다."

나는 주저하며 그를 따라갔다. 우리는 역사에서 몇십 미터 떨어진
데서 멈췄다. 나는 더 갈 수 없었다. 우리 앞의 들판이 훼손된 벌거숭이
주검 수십 구로 뒤덮여 있었다. 살에 소름이 돋았다.

"200명쯤이 여기 있군요. 대다수가 코르닐로프에게 가담했거나 가
담하려던 장교들입니다." 그가 설명했다.

나는 덜덜 떨지 않을 수 없었다. 무시무시한 장면에 신경이 거의 무
너졌고 내가 할 수 있는 일이라고는 주저앉지 않는 것뿐이었다.

"아, 당신은 여자지요, 여자." 나를 데려간 남자가 동정하며 고개를
끄덕였다. "당신들은 죄다 약해요. 당신들은 전쟁이 무엇인지 알지 못합
니다. 하지만 남자에 견줄 수 있는 여자가 몇 명 있습니다." 그가 시인했
다. "보치카료바를 예로 듭시다. 그 여자는 이 같은 광경에 몸서리치지
않을 겁니다."

"그 여자가 누구죠? 보치카료바라니?" 내게 호기심이 일었다.

"그 여자에 관해 들어본 적이 없어요?" 그가 놀라서 물었다. "이런,
그 여자는 구체제의 군인이고요, 여성결사대대를 조직했습니다. 코르닐
로프와 부르주아지를 지지하지요. 농민 출신인데도 그놈들이 장교 계급
을 주고 그 여자를 자기편으로 데려갔습니다."

퍽 재미있었다. 내가 타락했다는 이 설說이 말이다. 나는 전에도 그
런 이야기를 들은 적이 있지만 이토록 단정해서 하는 말은 처음이었다.
한편, 훼손된 주검들의 모습이 끊임없이 머릿속에 떠올랐고, 믿음이 가
지 않는 볼셰비키가 독일에 맞선 전쟁에서는 사형제에 반대했다 자기

동포에 맞선 전쟁에서는 사형제를 가장 야만적인 방식으로 도입했다는 생각이 마음에 맺혀서 괴로웠다.

나는 이 친구에게 내가 처한 곤경을, 즉 내게는 돈이 한 푼도 없다고, 키슬로봇스크로 귀향해야 한다고, 전선을 어떻게 통과하는지 모르겠다고 이야기했다. 그는 이른바 전선이란 것이 하나의 연속선이 아니라 이편에서는 볼셰비키가, 맞은편에서는 코르닐로프가 지키는 일련의 초소들이라고 설명해주었다.

"이따금 인접 마을 농부들이 양쪽의 허가를 받아 통과해서 코르닐로프의 본부가 있는 노보체르카스크*로 갑니다." 그가 앞에 보이는 길을 가리키면서 말했다. "저 길을 따라 4킬로미터쯤 가면 마을이 하나 나옵니다. 농민들 가운데 한 사람이 기꺼이 당신을 맞은편으로 건네줄지 모르지요."

나는 귀중한 정보를 주었다며 고마워했고, 우리는 사이좋게 헤어졌다. 마을로 걸어가는 길에 별다른 일은 없었다. 마을 변두리에 이르니 헛간 밖에서 일하고 있는 늙은 농부 한 사람이 보였다. 마구간 한 채가 있고 거기에 말들이 매여 있었다.

"할아버지, 안녕하세요!" 내가 노인에게 인사했다.

"간호사 양반, 안녕하시오." 그가 대꾸했다.

"저를 달구지에 태워 도시까지 가주시겠어요?"

"어이쿠! 어떻게 그럴 수 있을까? 볼셰비키가 도시 앞에서 싸우고 있고 아무도 지나가지 못하게 하는데."

---

* Новочеркасск. 돈강 하류에 있는 유럽 러시아 남부의 도시.

"하지만 사람들이 가끔 가던데요. 안 그런가요?"

"응, 가끔 그러지."

"자, 저를 달구지에 태워 도시로 가는 삯으로 50루블을 드리겠습니다." 내가 제안했다.

농부는 목을 긁으면서 그 문제를 다시 생각했다.

"하지만 당신 정치범 아니오?" 그가 조심스레 물었다.

"아닙니다." 마음이 놓이도록 나는 장담했다. "그렇지 않아요."

그는 오두막으로 들어가서 내 제안을 놓고 아내와 이야기했다. 솔깃한 제안이었는지 금세 아내의 승낙을 얻은 모양이었다. 곧 돌아와서 이렇게 말했다.

"좋소, 갑시다그려. 집으로 들어오시오. 우리가 차와 먹을거리를 내놓을 테니."

나는 역에서 오랫동안 기다리고 마을까지 걸어오는 동안 배가 고팠기에 그 권유가 정말로 반가웠다. 우리가 차를 다 마시고 농부가 말에 마구를 채울 때 나는 커다란 앞치마를 달라고 부탁해서 내 옷 위에 걸쳤다. 그러고 나서 농부 아내의 겨울 숄을 빌려 머리와 어깨에 둘러 얼굴을 거의 다 가렸더니 나는 더는 자애수녀회 간호사가 아니라 그 지역 농부 아낙들 가운데 한 사람처럼 보였다.

나는 무사히 여행하게 해달라고 하느님께 빌면서 달구지에 앉았다. 말이 길을 따라 출발했다.

볼셰비키의 전선이 아직 내 앞에 있었다. 그러나 나는 나아가고 있었다. ……

18장 | 볼셰비키에게 붙잡혀 꼼짝없이 죽을 뻔하다

"보초한테 뭐라고 말해야 할까?" 우리가 전방 진지에 다가가자 농부가 내게 물었다.

"열이 펄펄 나서 아픈 마누라를 시내 병원으로 데려가고 있다고 말하세요." 나는 이렇게 말하고는 그가 깔고 앉은 커다란 털가죽 외투로 나를 둘러싸 달라고 부탁했다. 외투 없이도 꽤 따뜻했지만 그렇게 하면 체온이 훨씬 더 오르리라고 생각했고, 내 생각은 틀리지 않았다. 온통 칭칭 둘러쌌더니 나는 무슨 덩어리처럼 보였다. 우리가 외곽 초소에 다다랐을 때 나는 아픈 양 끙끙거리기 시작했다.

"어디 가고 있습니까?" 말이 멈춰 서자 농부에게 무뚝뚝하게 묻는 목소리가 들렸다.

"시에 있는 병원에요." 농부가 대꾸했다.

"거기엔 무슨 일로?" 물음이 이어졌다.

"내 마누라가 다 죽어간다오. 마누라를 의사에게 데려가고 있소이다." 농부가 대꾸했다.

이 시점에서 나는 한결 더 큰 소리로 끙끙댔다. 숨이 턱 막혔다. 갑자기 정체가 밝혀져서 들킬까 겁이 나서 가슴이 쿵당쿵당 뛰었다. 몇 초가 몇십 년은 되는 듯했다.

우리를 멈춰 세운 보초가 동무 몇 명과 우리 문제를 놓고, 내가 요란스레 끙끙대는 가운데, 이야기하는 듯했다. 그는 내 얼굴을 들춰보지도 않고서 농부에게 통행증을 내주었다.

말이 빠른 속도로 출발하자 기뻐서 가슴이 뛰었다. 이토록 어렵지 않게 볼셰비키의 영역을 통과해서 떠났다는 것이 좀처럼 믿기지 않아서 여전히 한동안 숨을 죽였다.

얼마 뒤에 우리는 코르닐로프의 전선에 도착했다. 그 전선의 초소들에는 장교들이 있었는데, 코르닐로프의 부대는 거의 장교로만 이루어져 있었다. 초소 한 곳에서 우리는 위엄 있는 "정지!" 소리에 멈춰 섰다.

말을 몰던 농부는 마누라가 아프다는 이야기를 되풀이하려던 참에 내가 털가죽 외투를, 그다음에는 숄을 벗어 내던지고 말 달구지에서 뛰어내리고는 안도의 한숨을 내쉬자 깜짝 놀랐다. 나는 웃지 않을 수 없었다.

틀림없이 농부는 내가 미쳤다고 생각했을 것이다. 초소의 장교들도 마찬가지로 영문을 몰랐다.

"도대체 무슨 일이야!" 그들 가운데 두어 명이 낮은 목소리로 중얼거렸다. 나는 아주 태연히 농부에게 50루블을 치렀고 이제 가시라고 말했다. 그는 깜짝 놀랐다.

"나는 여기서 곧바로 도시로 가겠습니다." 내가 그에게 알렸다.

"누구 맘대로!" 당직 장교가 불쑥 말했다. "당신은 누구요?"

"어라, 안 보여요? 나는 자애수녀회 간호사입니다." 성마르게 내가 대꾸했다.

"어디 갑니까?"

"나는 코르닐로프 장군을 보러 갑니다." 내가 웃으며 말했다.

장교들의 화가 치밀어 오르고 있었다.

"당신은 한 걸음도 더 가지 못할 거요." 수석 장교가 잘라 말했다.

"오, 아니요, 나는 갈 겁니다." 내가 힘주어 말했다.

"당신을 체포하오!" 그가 대꾸했다.

잔뜩 성이 나서 장교들의 얼굴이 하애지는 동안 나는 웃음을 터뜨렸다.

"나를 못 알아봅니까? 나는 보치카료바입니다." 나는 자애수녀회 머리덮개를 벗어 던져서 정체를 드러냈다. 장교들은 놀라서 헉 소리를 내더니 곧바로 내 주위에 몰려와 축하하면서 내 손을 잡고 흔들었다. 내가 도착했다고, 그리고 내가 초소에서 장난을 쳤다고 전화로 코르닐로프에게 보고되었다.

"수녀님, 잘 지내셨소?" 내가 사령부에 들어서자 코르닐로프가 웃으며 맞이했다. 내가 어떻게 전선을 지나왔는지 이야기하자 그는 퍽 즐거워했다. 그는 무척 여위고 조금 더 늙어 보였지만 여느 때만큼 힘이 넘쳐 보였다.

나는 그의 계획과 정확한 상황을 알아내고자 X 장군과 여타 장교들이 페트로그라드에서 나를 보냈다고 그에게 보고했다. 또한 나는 볼셰비키가 그에 맞서 대대적인 공격 준비를 하고 있다고, 즈베레보에서 탄약을 실은 화차 열한 량이 보였다고, 두어 날 뒤에 타격이 가해질 예정이라고 알렸다.

코르닐로프는 공격이 멀지 않았음을 알고 있다고, 그리고 자기 상황이 위태롭다고 대답했다. 그에게는 자금도 식량도 없는 반면에 볼셰비키에게는 자금과 식량이 엄청나게 공급되었다. 휘하 병사들이 그를 버리고 차례차례 탈영하고 있었다. 그는 벗들과 단절되고 적에게 에워싸였다.

"나한테 남아서 내 부대에 가담할 작정이었습니까?" 그가 내게 물었다.

"아니요." 내가 말했다. "저는 동포에 맞서 싸울 수 없습니다. 비록 현재는 틀린 길에 들어섰을지라도 러시아 병사는 제게 소중합니다."

"내가 그토록 사랑하는 병사들과 싸우는 것은 내게도 무척 힘든 일입니다." 그가 말했다. "하지만 그런 병사들이 이제는 짐승이 되어버렸습니다. 우리는 우리 목숨을 위해, 우리 제복을 위해 싸우고 있습니다. 모든 러시아 장교의 목숨이 폭도의 손에 달려 있습니다. 문제는 자기방어를 조직하는 것입니다. 독일이 러시아로 전진해 오고 있을 때 볼셰비키가 내전을 벌이고 있다면, 나라를 위해 큰일을 하겠다는 희망은 품을 수 없습니다. 모든 계급 사이에서 화합과 단합을 이룰 때입니다. 조국의 적에게 연합 전선을 내놓을 때입니다. 하지만 볼셰비즘 탓에 사람들의 마음이 삐뚤어졌습니다. 그러므로 대중을 일깨워야 합니다. 우리는 싸움으로 대중을 일깨우기를 바랄 수 없습니다. 대항 프로파간다를 조직해야 합니다. 즉 러시아 농민들로 하여금 볼셰비키가 우리 나라를 파멸로 급속히 몰아가고 있다고 믿게 만들 수 있다면, 농민이 들고일어나서 레닌과 트로츠키를 끝장내고 새 정부를 선출하고 독일군을 러시아에서 몰아낼 것입니다. 이것이 내가 찾아낼 수 있는 유일한 해결책입니다. 연합국이 우리를 도와서 우리 병사들을 달래고 독일에 맞서 전선을 다시 확립하지 않는다면 말입니다."

이것이, 사실상, 내가 1918년 2월에 코르닐로프를 보았을 때 러시아의 상황을 보는 그의 시각이었다. 나는 그의 사령부에 하루만 머물렀다. 코르닐로프의 참모진에 배속된 이들과 나눈 대화로 나는 코르닐로프의 부대가 겨우 3000명쯤으로 이루어졌음을 알게 되었다. 코르닐로프의 부대와 맞서고 있는 볼셰비키 군대의 병력은 스무 배쯤 더 많았다. 나는 코르닐로프와 정겹게 헤어진 뒤 저녁에 노보체르카스크를 떠났다. 그는 작별 인사를 하면서 내게 입맞춤을 했고, 나는 나라를 위해 그가 성공하기를 빌었다. 그러나 성공할 가망은 없었다. 그것을 우리 둘 다 너무나도 잘 알았다. 짙은 어둠이 러시아에 내려앉아 아직 고결하고 올곧은 모든 것을 짓눌렀다.

코르닐로프의 전선에 다다르는 데 성공해서 용기가 났던 터라 나는 혼자 되돌아가기로 마음먹었다. 한 무리의 장교들이 나를 외곽 초소로 데려갔고, 거기서부터는 그들이 신의 가호를 빌어주는 가운데 나 홀로 출발해서 교전 지대를 거쳤다. 나는 마치 무인지대를 지나가는 양 네발로 기었고 별 탈 없이 두어 킬로미터를 나아갔다. 내가 전선에서 얻은 경험이 퍽 쓸모 있었다. 나는 정찰대가 다가오는 낌새를 알아채고 제때 숨어서 들키지 않았다. 그 정찰대는 코르닐로프 부대 소속이었지만, 나는 그냥 숨어 있었다. 조금 더 기어간 뒤에 나는 탄광 쪽에서 나는 목소리를 감지했고 그곳이 전방 진지들 가운데 하나라고 판단했다. 나는 극도의 신중을 기하면서 가까스로 그곳을 넘어 무사히 지나갔다. 조금 멀찍한 데서 지평선을 배경으로 숲이 어렴풋하게 도드라졌다.

볼셰비키 부대가 내가 마주쳤던 정찰대를 낌새채고 측면 우회 작전으로 그 정찰대를 사로잡으려고 나섰다. 나는 석탄 더미 뒤에 숨어서 다시 조용해질 때까지 기다리기로 마음먹었다. 내 오른쪽과 왼쪽에는 석탄 하치장이 있었다.

석탄 더미에 바짝 붙어서 나는 숨을 죽이고 그 기동의 결과를 기다렸다. 잠시 뒤에 볼셰비키가 먹잇감을 들고 돌아왔다. 그들이 정찰대를 사로잡은 것이다! 포로는 스무 명, 즉 장교 열다섯 명과 사관생도 다섯 명이었다. 그들은 내가 숨은 석탄 더미에서 겨우 6미터 떨어진 곳으로 끌려갔다.

볼셰비키 병사 100여 명이 장교들을 에워싼 채 욕하고 소총 개머리판으로 때리고 견장을 뜯어내며 지극히 거칠게 다루었다. 그러는 중에 달아날 틈이 보였는지, 젊은 사관생도 다섯 명이 몇 분 뒤에 갑자기 뛰어나갔다. 그러나 그들의 시도는 이루어지지 못했다. 그들은 몇십 미터 떨어진 곳에서 붙잡혀 도로 돌아왔다.

볼셰비키 병사들은 달아나려 한 벌로 다섯 젊은이의 눈을 도려내기로 결정했다. 잔혹한 고문자들이 그 끔찍한 짓을 저지를 수 있도록 병사 두어 명이 각각의 제물을 붙들었다. 내가 겪은 모든 공포를 통틀어 이것은 내가 목격한 가장 끔찍한 범죄였다.

장교 한 사람이 자제하지 못하고 소리를 질렀다.

"살인자! 짐승! 나를 죽여라!"

그는 총검에 찔렸지만 다치기만 했다. 장교 열다섯 명 모두 곧바로 죽여달라고 빌었다. 그러나 그들의 부탁은 거부되었다.

"너희는 우선 참모진 앞으로 불려 가야 한다." 이것이 대답이었다.

그들은 곧 끌려갔다.

다섯 순교자는 그곳에 남겨져 고통스럽게 숨졌다.

내 심장이 굳었다. 피가 얼어붙었다. 내가 미쳐가고 있는 것 같았다. 한순간 자제할 수 없어서 뛰쳐나가 죽음을, 아니면 아마도 똑같은 고문을 자초해야 한다는 생각이 들었다.

마침내 나는 힘을 모아 돌아서서 반대 방향으로, 즉 숲 쪽으로 기어갔다. 숲에서 몇십 미터 떨어진 곳에서 일어나 숲으로 달려도 괜찮겠다고 보였다. 그러나 탄광 쪽에서 누군가 나를 알아챘다.

"간첩이다!" 대여섯 명이 한목소리로 외쳤고, 병사 여럿이 내 뒤를 쫓아 달려오면서 총을 쏘았다.

추격자들이 더욱더 가까이 왔다. 나는 평생 어느 때보다 더 빨리 냅다 달렸다. 여기서 30미터쯤 더 달리면 숲이었다. 거기서라면 숨을 가망이 아직 있을지도 몰랐다. 나는 거기에 가 닿을 힘을 달라고 빌었다. 총알이 핑핑 소리를 내며 나를 스쳐 갔지만, 병사들은 달리면서 쏘는지라 조준을 할 수 없었다.

숲! 숲! 단 하나의 생각이 온몸과 마음을 사로잡았다. 내 뒤에서 외치는 소리가 더욱더 커졌다.

"여간첩이다! 여간첩!"

숲이 내가 닿을 만한 거리 안에 들어왔다. 한 번 껑충 뛰었더니 숲속이었다. 나는 들사슴처럼 앞으로 내달렸다. 나를 추격하는 자들은 내 뒤를 쫓아 숲으로 따라 들어오지 않았다. 초소에 병사 몇 명만 남겨졌으니 초소를 내버려두고 추격전을 할 수 없었기 때문일까? 아니면 내가 어떻게든 숲에서 빠져나갈 수 없다고 판단했기 때문일까? 내가 아는 것이라고는 그들이 총알을 빗발처럼 숲속으로 한껏 퍼붓더니 더는 나에게 신경 쓰지 않았다는 것뿐이다.

나는 모든 것이 다시 조용해질 때까지 움푹 꺼진 데에 숨었다. 그러고 나서 나가서 맞는 방향을 잡으려고 애썼지만, 처음에 실수를 하는 바람에 내가 들어갔던 숲 가장자리로 되돌아갔다. 그래서 반대쪽으로 걸어가서 오솔길에 접어들었다. 그 길을 걷기에 앞서 자애수녀회 옷을 벗어 숨기고 군모를 꺼내 다시 군복 차림새를 했다. 스미르노바의 통행증은 찢어버렸다. 나를 추격하던 자들이 간호사 차림새의 간첩이 있다는 보고서를 보냈을 테니 보치카료바로서의 나는 살 가망이 아직 있을지도 모르지만 스미르노바로서의 나는 끝났다고 판단했다.

날이 새고 있었지만 숲속은 아직 어두웠다. 나는 한 병사와 마주쳤는데, 그가 내게 인사를 했다. 나는 무뚝뚝하게 대답했고, 병사는 그냥 지나갔다. 나를 동무로 잘못 알아본 것이 틀림없다. 조금 뒤에 다른 병사 두어 명과 마주쳤지만, 의심을 사지 않고 다시 그들을 지나쳐 갔다. 나는 키슬로봇스크 직행 차표와 타투예바 공녀의 편지를 꺼냈다. 이것이 비장의 카드 둘이었다. 20킬로미터쯤 걸었더니 즈베레보 역이 눈에 들어왔다. 지체 없이 결정해야 했다. 늦장을 부렸다가는 돌이킬 수 없으리라는 느낌이 들었다. 그래서 곧장 역으로 가서 내 신분을 알리고 길을 잃었다고 주장하면서 자수하기로 마음먹었다.

내가 붉은근위대가 들어차 있는 역사의 문을 열고 문턱에 나타나자 그 사내들은 마치 내가 도깨비인 양 나를 보고 입을 헤벌렸다.

"보치카료바다!" 그들이 헉 소리를 내며 말했다.

나는 그들의 말에는 아랑곳하지 않고서 두 다리가 후들후들 떨리고 가슴이 벌렁벌렁하는 채로, 첫 번째 병사에게 걸어가서 말했다.

"사령은 어디 있소? 나를 사령한테 데려가 주시오!"

그는 험상궂은 표정으로 나를 쳐다보았지만 요청에 따라 나를 사무실로 데려갔다. 마찬가지로 붉은근위대원이 꽉 들어차 있는 사무실에서 열아홉 살이나 스무 살을 넘지 않은 젊은이가 조사위원회 위원장으로 내게 소개되었는데, 사령이 없어서 그가 우두머리 노릇을 하고 있었다. 내가 나타나자 모두 다 깜짝 놀라서 또다시 탄성을 터뜨렸다.

"당신이 보치카료바입니까?" 젊은이가 물으면서 내게 자리를 가리켰다. 핼쑥하고 기운이 없고 여행에 지친 나는 고맙다는 듯이 의자에 털버덕 앉았다. 이 젊은이를 보니 가슴에서 희망이 불붙었다. 그의 고상한 얼굴에는 사람을 끄는 힘이 있었다.

"그래요, 내가 보치카료바입니다." 내가 대꾸했다. "등 다친 데를 고치려고 키슬로봇스크로 가고 있었는데, 길을 잃고 말았습니다."

"당신은 무슨 생각을 하고 있었습니까? 제정신입니까? 우리는 코르닐로프를 공격할 준비를 하는 참입니다. 이럴 때 당신은 어떻게 이 길을 갈 수 있었나요? 당신이 여기 나타나면 죽을 게 뻔하다는 걸 몰랐습니까?" 돌이킬 길 없는 내 실수에 크게 흥분해서 젊은이가 물었다.

"자, 나는 여간첩 한 명이 오늘 아침 일찍 코르닐로프 쪽에서 건너왔다는 내용의 전화를 막 받았습니다." 그가 계속 말했다. "사람들이 지금 그 여간첩을 찾고 있습니다. 당신이 제 발로 뛰어든 상황이 보이지요!"

젊은 우두머리는 나에게 이끌리는 듯했다. 나는 그를 완전히 내 편으로 만들어보기로 마음먹었다.

"하지만 나는 내 발로 왔어요." 웃음을 터뜨리며 내가 말했다. "나는 무고합니다. 그저 아파서 온천 치료를 해보려고 가던 여자입니다. 키슬로봇스크로 가는 내 차표가 여기 있고, 전에 내 부관이었던 친구가 캅카스로 오라고 권하는 편지가 여기 있어요. 나를 위해서는 아닐지라도 적어도 불쌍한 내 부모님을 위해서 틀림없이 당신은 가엾고 아픈 여자를 죽이지는 않을 겁니다."

그 자리에 있던 붉은근위대 대원들 몇 명이 내 하소연을 가로막으며 성난 목소리로 외쳤다.

"저년을 죽이십시오! 무슨 쓸모가 있다고 저년이 나불대도록 내버려둡니까! 저년을 죽이면 세상에 쌍년 하나가 줄어들 겁니다!"

"잠깐 가만히 있어봐!" 사령 대리가 제지했다. "저 여자는 자진해서 우리한테 왔고, 우리와 대치하고 있는 장교들 가운데 한 명이 아니야. 조사를 먼저 해서 저 여자가 유죄인지 무죄인지를 알아낼 거야. 유죄면 우리는 저 여자를 총살할 것이다."

조사위원회 위원장의 말이 내게 용기를 주었다. 틀림없이 그는 인정 많고 배운 사람이었다. 훗날 나는 그가 대학생임을 알게 되었다. 그의 이름은 이반 이바노비치 페트루힌Иван Иванович Петрухин이다.

그가 아직 말을 하고 있을 때, 한 사내가 담배를 뻐끔뻐끔 피우면서, 땀을 흘리며, 그러나 만족스레 두 손을 비비며 돌개바람처럼 달려왔다.

"아, 내가 일을 멋지게 막 마쳤어! 열다섯 명, 다 장교야! 동무들이 그들을 그렇게 해치웠지." 그러고는 그가 허리를 숙여 두 다리에 가위표를 그었다. "첫 번째 일제사격을 놈들 다리에 퍼부었고 놈들이 땅바닥에 무더기로 쓰러졌어. 그러고 나서 놈들은 총검에 찔리고 베여서 갈기갈기 찢겼지. 하, 하, 하! 그놈들과 같이 잡힌 다른 놈 다섯이 있었어. 사관생도들이었지. 그놈들이 달아나려고 했고 동무들이 놈들 눈을 도려냈어!"

나는 돌처럼 굳었다. 새로 온 자는 중키에 체격이 육중했고 장교 제복을 입었지만 견장이 없었다.* 몹시 사나워 보이는 그의 으스스한 웃음에 등골이 다 오싹했다. 피에 굶주린 짐승! 그가 들어오자 페트루힌조차 얼굴이 하얘졌다. 그는 다른 사람이 아니라 볼셰비키 군대 총사령관 보좌관으로, 이름은 푸가초프Пугачев였다.

그자는 장교 열다섯 명을 살육하는 이야기에 푹 빠져 있는지라 처음에는 나를 알아채지 못했다.

"그런데 여기 저명인사가 한 명 우리한테 있습니다." 페트루힌이 나를 가리키며 말했다.

총사령관 보좌관이 군대식으로 한 걸음 앞으로 나와서 나를 잠깐 빤히 보더니 무시무시한 목소리로 외쳤다.

"보치카료바구나!"

그는 기뻐서 어쩔 줄을 몰랐다.

"하, 하, 하!" 그가 악마처럼 웃었다. "구체제였다면 내가 저런 간첩을 붙잡았다고 1급 훈장을 받았을 텐데! 뛰어나가서 육군, 해군 병사들에게 희소식을 말해줘야겠군. 그들은 저년을 보살피는 법을 알겠지. 하, 하, 하!"

나는 겁에 질린 채로 일어섰다. 뭔가 말을 하고 싶었지만 말이 나오지 않았다. 페트루힌도 심하게 진저리를 쳤다. 그가 푸가초프를 따라가

---

* 볼셰비키를 지지하는 군인들은 견장을 권위와 압제의 상징으로 여겨서 일부러 떼어버리곤 했다.

더니 그의 팔을 붙잡고 소리쳤다.

"뭐가 문제인가요? 당신 미쳤습니까? 보치카료바 부인은 자진해서 여기 왔습니다. 아무도 그를 붙잡지 않았습니다. 그는 치료하려고 키슬로봇스크에 가고 있습니다. 아픈 여자예요. 자기는 길을 잃었다고 말합니다. 어쨌든 그는 우리와 싸운 적이 없습니다. 그는 우리가 권력을 접수한 뒤에는 귀향했습니다."

"아, 자네는 저년을 몰라!" 푸가초프가 소리쳤다. "저년은 여자 코르닐로베츠야. 코르닐로프의 오른팔이라고."

"글쎄요, 우리가 저 여자를 풀어주고 있는 게 아닙니다만?" 페트루힌이 대꾸했다. "나는 위원회를 전원 소집해서 그의 진술을 조사하도록 하겠습니다."

"조사라!" 푸가초프가 비웃었다. "그러면 자네는 저년한테 불리한 증거를 찾아내지 못하면 저년을 풀어줄 텐가? 자네는 저년을 몰라! 저년은 위험 분자라고! 우리가 저년을 구해줄 형편인가 말이야? 난 저년한테 총알도 낭비하지 않겠어. 난 병사들을 부를 테고 그들이 저년을 묵사발내겠지!"

그가 문 쪽으로 움직였다. 페트루힌은 그를 붙들고 놓지 않았다.

"하지만 저 여자가 아픈 사람이라는 점을 생각하세요!" 그가 탄원했다. "조사하지 않고 처벌할 거면 조사위원회는 뭐 하러 둡니까? 위원회가 사건을 들여다보고 가장 좋다고 여기는 조치를 취하도록 하십시오."

이때 딱 역 사령이 도착했다. 그는 페트루힌을 지지했다. "이러한 경우에 자네들은 그렇게 행동할 수 없네." 그가 말했다. "명백히 이것은 조사위원회가 다룰 문제야. 유죄로 밝혀지면 우리는 그 여자를 처형할 것이다."

페트루힌이 조사위원회 위원들을 부르러 갔다. 위원은 총 열두 명이었고 모두 다 일반 병사였다. 훗날 페트루힌이 내게 이야기해주기로는, 그가 각 위원에게 소식을 전하자마자 그들은 험악하게 바뀌면서 내가 자기들 손에 들어온 게 행운은 행운이라고 말했다. 그러나 페트루힌은 내 항변의 진정성을 확신했으므로 내게 유리하도록 위원 한 명 한 명과 토론했다. 이런 식으로 그는 위원들 가운데 몇 명을 내 편으로 끌어들였다.

한편 푸가초프는 우리에 갇힌 사자처럼 내 피에 목말라하며 방을 서성거렸다.

"아, 내가 일찍 알았더라면, 너를 그 장교 열다섯 놈과 함께 한꺼번에 총살했을 텐데!" 그가 내게 말했다.

"나한텐 병사든 장교든 내 동포에게 차마 총을 쏠 마음이 생기지 않을 거요." 내가 말했다.

"참, 너는 벌써 성인군자 같은 말을 하고 있구나." 그가 나를 돌아보았다. "우리는 너 같은 부류를 알지."

"여하튼, 너희는 구체제 장교보다 나을 게 없어." 내가 잘라 말했다.

"닥쳐!" 그가 성을 내며 호령했다.

바로 이때 페트루힌이 위원들과 함께 들어왔다.

"이렇게 난리를 피우지 말라고 당신에게 요청합니다." 위원회를 등에 업고 더 큰 자신감을 품고서 그가 푸가초프를 돌아보며 말했다. "저 여자는 지금 우리 손에 있고, 우리는 공정하게 판결할 것입니다. 저 여자가 유죄인지 아닌지는 우리가 판정합니다. 저 여자를 내버려두세요."

금세 불러 모을 수 있는 위원회 위원은 딱 열 명이었다. 다른 위원 두 명이 없어도 정족수가 되므로 그들은 업무를 개시하기로 결정했다.

"너희가 저년한테 유죄 판정을 하든 안 하든, 나는 저년을 여기서 살려 보내지 않겠어!" 푸가초프가 잘라 말했다. "내가 누군가?" 그가 덧붙였다. "내가 적은 아니지."

그러나 이 위협은 위원회 위원들의 자긍심을 건드렸으므로 내게 유리하게 작용했다. 위원들은 그런 식으로 무시당하지 않을 터였다. 내 몸수색을 하라고 푸가초프가 요구했다.

"나를 당신들 마음대로 할 수 있습니다." 내가 말했다. "하지만 당신들이 절차를 더 진행하기에 앞서 나는 이 돈 꾸러미를 당신들에게 넘겨주고 싶습니다. 꾸러미 안에는 내 부관이었던 타투예바 공녀가 온천에서 치료하라며 보내준 1만 루블이 있어요. 나는 캅카스에 이르는 대로 타투예바에게 되돌려주고 싶어서 이 돈을 손대지 않고 가지고 있었습니다."

사실, 그 돈은 내 부모님과 내가 앞으로 굶지 말고 살아가라며 코르닐로프가 내게 준 돈이었다.

별다른 질문 없이 귀중한 꾸러미를 빼앗긴 다음에 나는 옷을 다 벗으라는 명령을 받았다.

페트루힌이 항의했지만, 푸가초프가 고집을 부렸다. 다툼은 표결로 이어져 내가 옷을 벗어야 한다는 데 과반수가 찬성했다.

수색이 애써 이루어졌지만 성과는 없었다. 크슬로봇스크행 차표, 타투예바 공녀의 편지, 내 여동생 나댜가 준 작은 성수 병, 결사대대를 후원하는 여인들 가운데 한 사람이 전선으로 떠나기 전에 내게 선사한

스카풀라*가 있었다.

"아, 이제야 우리가 찾아냈다!" 축성된 주머니를 거머쥐고 푸가초프가 외쳤다. "코르닐로프에게서 받은 편지가 있다!"

주머니가 찢겨서 열렸고 여자 글씨로 찬송가가 적힌 종이 두루마리가 나왔다. 나는 그것을 찢어서 연 것은 당신이니 바느질로 다시 꿰매지 않겠다고 잘라 말했다. 병사 한 명이 바늘과 실을 구해서 주머니를 다시 꿰맸다.

조사위원회 위원들은 어쩔 수 없이 그런 방식으로 나를 수색해야 했다며 사과했다.

"이제 나를 어떻게 할 텐가요?" 내가 물었다.

"우리는 너를 총살할 거야!" 푸가초프가 대꾸했다.

"무엇 때문에?" 내가 절박하게 따졌다.

그 짐승은 대꾸하지 않았다. 웃기만 했다.

페트루힌은 간첩을 돕는다는 의심을 사지 않으려고 나를 지나치게 열심히 변호하기를 꺼렸다. 그는 조사위원회 위원 한 사람 한 사람에게 영향을 미쳐서 간접적으로 나를 위하는 쪽을 택했다. 내가 믿기로는, 심리와 선고를 위해 페트루힌의 제안으로 사건을 사블린Саблин 총사령관에게 맡기기로 결정되었던 듯하다. 이것은 다만 즉결 처형을 피하려는 계책이었지만, 병사들 사이에서는 내 죽음이 뻔하다는 느낌이 있었다. 그렇지만 나는 인정 어린 태도를 보여준 페트루힌에게 크나큰 고마움을

---

* Scapula. 그리스도교 사제나 신자가 그리스도인의 삶에 헌신하겠다는 마음을 되새길 용도로 가지고 다니는 장식 패牌.

느꼈다. 그는 드문 자질의 소유자였고, 볼셰비키 사이에서 거의 유일무이한 사람이었다.

나는 사로잡힌 장교나 다른 죄수를 가두는 감옥으로 쓰이는 열차 차량으로 가라는 명령을 받았다. 그 차량은 죽음의 공간이었다. 누구도 살아서 그곳을 빠져나가지 못했다. 내가 그 안으로 이끌려 들어갔을 때, 탄성이 나왔다.

"보치카료바! 어쩌다 당신이 여기에 왔습니까? 코르닐로프한테서 오는 길입니까?"

"아니요." 내가 대꾸했다. "나는 키슬로봇스크로 가는 길이었습니다."

차량 안에는 마흔 명쯤이 있었다. 대다수가 장교였고, 장군이 두 사람이었다. 그들은 자기들 사이에 내가 나타난 데 모두 충격을 받았다. 나를 데려온 병사들이 떠나자, 수감자들은 말을 더 자유롭게 했다. 나는 몇 사람에게 사실을, 즉 내가 실제로는 코르닐로프에게 갔다 왔음을 말해주기까지 했다. 그들 가운데 누구도 내게 어떤 희망도 주지 못했다. 모두 다 죽는다고 체념했다.

장군 둘 가운데 한 명은 노인이었다. 그가 가까이 오라고 손짓을 해서 나는 그의 곁에 앉았다.

"나한테는 당신 같은 딸이 하나 있소." 그가 한 팔로 내 어깨를 감싸 안으며 슬프게 말했다. "나는 당신의 용감한 행동에 관해 들었고 당신을 내 자식같이 사랑하게 되었소이다. 하지만 내가 당신을 여기서, 이 죽음의 덫 안에서 만나리라고 예상한 적은 없다오. 끔찍하지 않소? 여기서 우리가, 나라에서 가장 훌륭한 사람들인 우리가 모두 사나운 폭도에게 처형되고 고문당하고 짓밟히고 있으니. 그래서 러시아에 좋기만 하다면야! 하지만 러시아는 바로 이 순간 망해가고 있소이다. 그래도 어쩌면 하느님이 당신을 구하실 거요. 그러면 당신이 우리의 앙갚음을 해주겠지요."

감정이 북받쳐 올라 나는 울면서 부들부들 떨었고 장군의 어깨에 기댔다. 그 늙은 용사도 참지 못하고 나와 함께 울었다.

다른 장교들이 갑자기 노래를 합창했다. 그들은 절망감에서, 허물어지지 않으려고 애쓰면서 노래를 불렀다.

나는 오랫동안 서럽게 울었다. 나는 어머니를 위해 기도했다.

"누가 제 어머니를 모실까요?" 나는 하느님께 빌었다. "내가 죽으면 어머니는 늙은 나이에 동냥을 하지 않으면 안 될 텐데요." 목숨이 내게 무척 소중해졌다. 내가 백 번은 위험에 그대로 드러냈던 바로 그 목숨이 말이다. 나는 치욕스럽게 죽고 싶지 않았다. 묻히지도 못한 채 들판에 누워 까마귀밥이 되고 싶지 않았다.

"왜 저를 적군의 총탄에 죽게 하지 않으셨나요?" 나는 하느님께 물었다. "어쩌다 제가 제 동포의 손에 도살되는 신세가 되었을까요?"

문이 활짝 열렸다. 군인 마흔 명쯤이 줄지어 들어왔다. 그들을 이끌고 오는 이가 손에 명단을 쥐고 있었다.

"보치카료바!" 그가 내 이름을 맨 먼저 불렀다.

왠지 기쁨으로 가슴이 뛰었다. 나는 내가 풀려나리라고 생각했다. 그러나 이건 처형을 위한 호출이라는 장교들의 말에 환상이 깨졌다. 나는 앞으로 걸어 나가며 대꾸했다.

"나 여기 있소!"

"옷 벗어!"

그 명령에 머리가 아득해졌다. 나는 꼼짝하지 않고 가만히 있었다.

병사 몇 명이 다가와 나를 앞으로 밀치며 명령을 여러 번 되풀이했다. 나는 마침내 정신을 차리고 옷을 벗기 시작했다.

다음으로 늙은 장군의 이름이 불렸다. 그리고 나서 다른 장교 여러 명이 불려 나갔다. 그들 모두 군복을 벗어 던지고 속옷 차림으로 있으라는 명령을 받았다.

볼셰비키에게는 구할 수 있는 군복이란 군복은 다 필요했고, 이는 군복을 얻는 퍽 값싼 방법이었다.

줄곧 눈물이 내 뺨을 타고 줄줄 흘러내렸다. 늙은 장군이 내 곁에 있었다.

"울지 마오!" 그가 나를 다그쳤다. "우리는 함께 죽을 거요."

포로들이 모두 다 우리와 함께 한꺼번에 나가지는 않았다. 남아 있는 이들이 내게 작별 입맞춤을 했다. 사람들이 헤어지는 일만으로도 가슴이 미어지기에 충분했다.

나는 군화를 벗은 뒤에 목에서 성상화를 떼어내 앞에 놓고 무릎을 꿇었다.

"제가 왜 이렇게 죽어야 합니까?" 나는 울부짖었다. "세 해 동안 저는 나라를 위해 고생했습니다. 이 수치스러운 최후가 제 보상이어야 합니까? 거룩한 성모여, 자비를 베푸소서! 보잘것없는 마리야에게가 아니라면 가난하고 늙은 제 어머니와 나이 든 제 아버지에게라도요! 자비를 베푸소서!"

여기서 나는 완전히 허물어져서 넋 빠진 상태가 되었다. 잠시 뒤에 장교 한 사람이 다가오더니 한 손을 내 어깨에 얹고 말했다.

"당신은 러시아 장교입니다. 우리는 옳은 대의를 위해 죽는 거요. 굳세져서 장교답게 죽으세요!"

"자, 우리는 한두 시간 뒤에 당신 뒤를 따르겠습니다." 뒤에 남은 사람들이 씩씩하게 말했다.

나는 초인적으로 애를 써서 나 스스로를 추슬렀다. 눈물이 그쳤다. 나는 일어서서 경비병에게 말했다.

"준비가 되었소."

우리는 차량에서 인도되어 나갔는데, 모두 다 속옷 차림이었다. 몇십 미터 떨어진 곳에 살육장이 있었다. 거기에는 주검이 몇백 구씩 켜켜이 쌓여 있었다. 우리가 그곳에 다가가니, 득의만면해서 이리저리 걸어다니는 푸가초프의 모습이 눈에 들어왔다. 그는 100명쯤으로 구성된 총살대를 맡고 있었다. 총살대의 어떤 이는 해군 병사였고 다른 이는 육군 병사였고, 또 다른 이는 붉은근위대 차림새였다.

그들이 우리를 에워싸더니 땅이 살짝 솟아오른 데로 데려가서 그 둔덕을 등지게 하고 한 줄로 죽 세워놓았다. 우리 뒤에, 우리 앞에, 우리 왼쪽에, 우리 오른쪽에, 우리 발 바로 밑에 주검이 있었다. 주검이 적어도 1000구는 있었다. 끔찍하기 이를 데 없는 광경이었다. 우리는 독한 악취에 숨이 턱 막혔다. 처형자들은 그리 개의치 않는 듯했다. 악취에 이골이 나 있었다.

나는 줄의 맨 오른쪽에 있었다. 내 곁에는 늙은 장군이 있었다. 우리는 모두 스무 명이었다.

"우리는 위원회를 기다리고 있다." 푸가초프가 절차의 지연을 설명하면서 한 말이었다.

"좋다, 좋아!" 그는 손을 마주 비비며 웃었다.

"우리한테 오늘 여자가 한 명 있는데."

"오, 맞아." 그가 우리 모두를 돌아보며 덧붙였다. "너희는 집에 보내는 편지를 쓸 수 있고 원한다면 매장을 위해 너희 주검을 집으로 보내달라고 요청할 수 있다. 아니면 비슷한 부탁을 할 수 있다."

기다리면서 마음을 졸이는 것이야말로 무엇보다 가혹한 일이었다. 모든 장교의 얼굴에는 저 짐승 같은 사내, 즉 푸가초프가 미워 죽겠다는 표정이 역력했다. 나는 그보다 더 피에 굶주린 악한을 본 적이 없었다. 저런 자가 러시아에 있으리라고는 생각하지 못했다.

나는 기다리다 곧 진이 빠져서 다시 무릎을 꿇고 작은 성상화에 기도했고 하늘을 보고 울부짖었다.

"하느님, 제가 언제 이런 죽음을 맞이할 죄를 지었나요? 왜 저는 매장도 안 되고 사제도 없이 장례도 없이 개처럼 죽어야 하나요? 그리고 누가 제 어머니를 보살필까요? 어머니는 제 최후를 알게 되면 세상을 뜨실 텐데요."

볼셰비키 병사들이 웃음을 터뜨렸다. 내 하소연이 그들의 웃음보를 건드렸다. 그들은 농지거리를 하고 놀렸다.

"울지 마라, 애야." 장군이 내게 몸을 굽히고 나를 토닥거렸다. "그들은 야만인이야. 그들의 심장은 돌멩이지. 그들은 우리가 성유성사*조차 받지 못하게 할 거야. 그렇더라도 영웅답게 죽자꾸나."

---

* 聖油聖事. 죽어가는 사람, 병을 앓아 쇠약해진 사람에게 해주는 그리스도교 성사의 정교회 명칭. 다른 교파에서는 병자성사, 종부성사, 조병성사라고 한다.

그의 말이 내게 힘을 주었다. 나는 일어나 똑바로 서서 말했다.

"예, 영웅답게 죽겠습니다."

그러고 나서 10분쯤 나는 우리를 처형할 자들의 얼굴을 똑바로 쳐다보면서 그들의 이목구비를 뜯어보았다. 그들에게서는 인간성의 기미를 찾아내기 힘들었다. 그들은 사람다움을 잃어버린 러시아 군인이었다. 그들의 얼굴에 있는 주름살은 잔혹한 원숭이의 주름살이었다.

"하느님! 당신의 자녀들에게 무엇을 하셨나요?" 나는 기도했다.

내 생애의 모든 일이 눈앞을 주르륵 지나갔다. 어린 시절, 나스타샤 레온티예브나의 작은 식료품 가게에서 고되게 일하던 시절, 라조프와 했던 연애, 보치카료프와 했던 결혼, 야샤, 세 해 동안의 전쟁. 그 모든 것이 뇌리를 획획 지나갔다. 몇몇 사건은 묘하게도 잠시 관심을 끌었고 다른 사건은 급하게 획 스쳐갔다. 웬일인지 내게 맡겨진 꼬마와 다퉈서 꼬마 엄마에게 부당한 매질을 당했던 어릴 적 그 일이 머리에 아주 또렷하게 떠올랐다. 그것이 내가 처음으로 한 자기주장이었다. 대들고 달아났었지. …… 오브강 속에 풍덩 뛰어든 일도 있었어. 그 못된 아파나시를 피해 오브강의 차갑고 깊은 물속에서 구원을 찾은 이는 내가 아닌 듯도 했다. 그러나 이렇게 죽느니 차라리 그때 물에 빠져 죽었더라면 좋았겠다는 생각이 들었다. ……

19장 │ 기적이 구한 목숨

멀리서 조사위원회 위원들이 드디어 나타났다. 페트루힌이 위원회를 이끌고 있었다. 위원 열두 명이 다 있었다. 자리를 비웠던 두 명이 합세한 모양이었다.

"알지, 우리가 얼마나 친절한지." 병사 몇 명이 말했다. "위원들이 참석한 가운데 너희를 처형하니 말이야."

우리 가운데 아무도 대꾸하지 않았다.

"우리 모두 다 사블린 총사령관을 보러 갔다 왔습니다." 푸가초프에게 아주 가까이 다가가자마자 페트루힌이 알렸다. "보치카료바를 총살해야 하지만 꼭 지금 이 무리와 함께 총살할 필요는 없다고 총사령관님이 말씀하셨습니다."

내 가슴속에서 한 줄기 희망이 일었다.

"당치 않다!" 부아가 나서 푸가초프가 외쳤다.

"여기 뭐가 문제인데? 왜 이렇게 늦추지? 명단이 이미 작성되어 있는데."

병사들은 푸가초프 편이었다.

"저 여자를 총살하라고! 저년을 지금 끝장내버려! 저년한테 다시 신경 써봤자 무슨 쓸모가 있나!" 병사들이 소리쳤다.

그러나 나를 구해내고 싶어서 페트루힌이 지연 결정을 얻어냈다는 것을 푸가초프가 눈치챘듯이, 페트루힌도 자기의 명령이 확실히 이행되도록 만들려면 말만으로는 부족하다는 것을 알아챘다. 그는 사블린에게 받은 각서를 지니고 있었다.

"총사령관한테 받은 명령서가 여기 있습니다." 페트루힌이 서류 한 장을 꺼내며 말했다. "이 명령서에는 보치카료바를 열차 차량의 내 객실로 데려가서 거기 두고 감시하라고 되어 있습니다."

푸가초프는 벌에 쏘인 양 펄쩍 뛰었다. 그러나 이때 조사위원회가 명령은 명령이라고, 내가 나중에 처형되어야 한다고 주장하며 한데 뭉쳐서 페트루힌을 지지했다.

그들의 치열한 논쟁을 조금도 흥미롭지 않게 지켜보는 사람이 바로 나였다. 장교들도 숨을 죽이고 논쟁을 주시했다. 병사들이 투덜댔다. 내 안에서 삶의 힘과 죽음의 힘이 드잡이했다. 그 다툼의 형세가 바뀔 때마다 번갈아가며 한 번은 삶의 힘이 이기고 또 한 번은 죽음의 힘이 이겼다.

"그래서는 안 되지!" 푸가초프가 총사령관의 명령서를 옆으로 밀치며 외쳤다. "이런 명령은 너무 늦었어. 우리는 저년을 총살할 거야! 말은 할 만큼 했어!"

이때 나는 새로 온 조사위원회 위원 두 사람 가운데 한 명이 나를 뚫어져라 쳐다보고 있음을 알아챘다. 그는 내 쪽으로 두어 걸음 오더니 고개를 한편으로 기울이고 내게서 눈길을 떼지 않았다. 그 눈길에는 나를 짜릿짜릿하게 하는 뭔가가 있었다. 일반 병사인 그 사내가 목을 앞으로 길게 빼고 무리에서 걸어 나올 때, 모두 다 이상한 정적에 사로잡혔고 그의 얼굴에 떠오른 괴로운 표정에 영향을 받았다.

"너-는 야-시-카-가 아-니-냐?" 그가 큰 목소리로 느릿느릿 말했다.

"나를 어떻게 압니까?" 구원의 예감이 들어 거의 견딜 수 없게 된 내가 빠르게 물었다.

"너, 그 3월 공세에서 내 목숨을 어떻게 구했는지, 내가 다리를 다치고 진창에 빠졌을 때 총탄이 쏟아지는데도 네가 끌어낸 걸 기억 못 해? 내 이름은 표트르야. 네가 아니었다면 나는, 또 많은 사람이 거기서, 물속에서 죽었겠지. 지금 저들이 왜 너를 총살하고 싶어 하지?"

"나는 장교니까." 내가 대꾸했다.

"너희 여기서 무슨 말을 주고받고 있어?" 푸가초프가 소리를 질렀다. "저년을 총살해야 해. 토 달지 마!"

"그러면 나는 저 여자가 총살되도록 허용하지 않겠습니다!" 하느님이 정해주신 내 구원자가 단호하게 대꾸했고, 내게 걸어와 팔을 붙잡고 나를 끌어내고는 내가 있던 자리를 자기가 차지했다.

"당신들은 나를 먼저 총살해야 할 거요!" 그가 외쳤다. "저 여자는 내 목숨을 구해주었습니다. 저 여자는 우리 목숨을 많이 구했습니다. 제5군단 전체가 야시카를 압니다. 저 여자는 나처럼 평범한 농민이고, 정치를 잘 모릅니다. 당신들이 저 여자를 총살하려면, 나를 먼저 총살해야 할 겁니다!"

이 말이 내게 새 활기를 불어넣었고, 군중 속에 있던 여러 사람의 마음도 흔들었다.

페트루힌이 올라와서 표트르와 내 곁에 한 자리를 차지하고 선언했다.

"당신들은 죄 없는 아픈 여자를 처형하기 전에 나도 총살해야 할 겁니다!"

이제 병사들이 갈라졌다. 몇 명이 외쳤다. "저 여자를 총살하고 이 실랑이를 끝냅시다! 논쟁해봤자 무슨 쓸모가 있습니까?"

다른 이들은 더 인간적이어서 이렇게 주장했다. "저 여자는 부르주아가 아니라 우리처럼 평범한 농민이고 정치는 잘 모릅니다. 아마도 저 여자는 정말로 치료를 받으려고 가는 길이었을 겁니다. 저 여자는 붙잡히지 않았고 자진해서 우리에게 왔습니다. 우리는 그 점을 잊어서는 안 됩니다."

얼마 동안 그곳은 논쟁터로 바뀌었다. 논쟁을 하기에는 이상한 광경이었다. 주검 몇백 구가 우리 주위에 흩어져 있었다. 속옷 차림으로 죽음을 기다리는 우리 스무 명이 있었다. 스무 명 가운데 나에게만 살 가망이 있었다. 나머지 열아홉 명은 담담하게 가만히 서 있었다. 그들 안에서는 희망이 일지 않았다. 기적도 그들을 구할 수 없었다. 그리고 이 모든 와중에 15분 전만 해도 죄다 야만인이었던 러시아 병사 100명이 논쟁을 하고 있었다! 그들 가운데 절반은 이제 가슴에 인간성의 불꽃을 품었다.

조사위원회 위원들이 마침내 정신을 차리고 상황을 수습했다. 그들은 푸가초프 쪽을 보며 선언했다.

"우리가 총사령관한테서 받은 명령서가 여기 있습니다. 그 명령에 따르겠습니다. 우리는 저 여자를 데려갈 것입니다."

그들이 나를 둘러싸더니 줄에서 빼내 들판에서 벗어났다. 푸가초프는 몹시 성이 나서 미친 사람처럼 악을 쓰며 이를 뿌드득 갈았다. 우리가 걸어 나가자, 그가 고래고래 소리쳤다.

"무릎에 사격!"

일제사격 소리가 울려 퍼졌다. 곧바로 비명과 신음이 허공을 채웠다. 고개를 돌렸더니 야만인들이 제물 더미에 달려들어 몇 분 전에 내 동무였던 이들의 몸에 총검을 깊숙이 찔러와서 넣고 그들에게서 마지막 생명의 흔적을 군화 뒷굽으로 짓밟아 없애버리는 모습이 보였다.

무시무시했다. 이루 말할 수 없이 무시무시했다. 신음이 너무 날카롭고 소름 끼쳐서 나는 휘청거리다 땅바닥에 벌렁 넘어져서 기절했다.

네 시간 동안 나는 의식불명 상태에 있었다. 깨어나 보니 열차 객실이었다.

페트루힌이 내 손을 부여잡고 울면서 내 곁에 앉아 있었다.

나를 기절하게 만든 상황을 생각하니 푸가초프의 모습이 눈앞에 떠올랐고, 나는 만약 볼셰비키의 덫에서 빠져나간다면 기회가 닿는 대로 그자를 죽이겠다고 그때 그 자리에서 맹세했다.

그때 페트루힌이 표트르가 조사위원회 위원들 사이에서 나에 대한 동정심을 자아내 모두 함께 사블린 총사령관을 찾아가기로 했다고 내게 말해주었다. 군사법정에서 재판을 받도록 나를 모스크바로 보내라고 청원하기 위해서 말이다. 표트르가 참호와 무인지대에서 야시카가 한 일을, 그리고 모든 병사들 사이의 내 평판을 설명해서 병사 쉰 명쯤이 내

편으로 넘어오기도 했다. 페트루힌은 내가 의식을 되찾을 때까지 내 침대 곁에 머물렀지만, 지금은 대표단에 합류하기를 바랐다. 나는 내게 친절했고 내 목숨을 구하려고 필사적으로 애쓴 그에게 고마움을 표했다.

푸가초프가 병사 몇 명을 부추겨서 내가 이송되기 전에 나를 납치해서 린치할 낌새라는 전갈이 페트루힌이 떠나기에 앞서 그에게 전해졌다. 페트루힌은 충성스러운 자기편 다섯 명을 내가 있는 객실에 붙여두고 무슨 일이 있어도 나를 넘겨주지 말라고 명령했다.

나는 하느님에게 페트루힌을 위해 기도했고, 내 기도를 듣고 그가 말했다.

"나도 하느님을 믿습니다. 이 사람, 표트르의 출현은 참으로 기적 같습니다. 내가 아무리 애를 썼더라도 그가 아니었으면 당신은 처형당했을 겁니다."

"하지만 내가 지금 죽음을 모면할 가망은 얼마나 될까요?" 내가 물었다.

"아직은 아주 적습니다." 그가 대꾸했다. "당신의 이력이 당신한테 불리합니다. 당신은 코르닐로프의 벗임을 부인하지 않습니다. 당신이 결사대대에서 엄한 규율을 세웠다는 것과 전선 전체가 친교 행위를 하고 있을 때 독일군과 싸웠다는 것이 여기에 알려져 있습니다. 더군다나, 여기서는 사형제가 아주 흔한 일이 되어버려서 사형을 모면하는 일이 무척 드뭅니다. 며칠 전만 해도 의사 한 사람과 아내가 키슬로봇스크의 온천으로 가던 길에 어찌어찌해서 즈베레보에 도착했는데, 체포되어서는 막 총살되려던 무리에 끼워 넣어져 조사도 받아보지 못하고 처형되었습니다. 나중에야 그들이 실제로 아프고 의사는 암을 앓고 있으니 부부가 키슬로봇스크로 가도록 허용하라는 지역 소비에트의 문서가 그들 옷에서 나왔습니다."

페트루힌은 내 손에 입맞춤을 하고 떠나며 당부했다.

"내가 돌아올 때까지 여기서 기다리세요. 내가 없어도 아무도 당신을 해치지 않을 겁니다."

그는 나가면서 문을 잠갔다. 나는 막내 여동생 나댜가 준 작은 성수병을 꺼내서 성수를 마셨다. 작은 성상화 앞에 무릎을 꿇고 하느님과 예수, 그리고 성모 마리아께 경건하게 오래도록 기도했다. 차량 밖에서 나는 시끄러운 소리가 들렸다. 안으로 들어와 나를 죽이고 싶어 하는 병사 몇 명이 을러대며 내는 소리였다. 나는 어머니와 아버지, 그리고 어린 여동생의 이름을 들어 내 목숨을 구해달라며 전보다 더 열렬히 기도했다. 내 가슴은 슬픔과 절망으로 무거웠다.

내가 눈물을 줄줄 흘리며 작은 성상화를 부여안고 있자니, 갑자기 목소리가, 아주 상냥한 목소리가 들렸다.

"네 목숨은 구원될 것이다."

객실 안에는 나만 있었다. 나는 이런 말이 주제넘다는 것을 안다. 이 말을 믿게 만들려고 애쓰지 않으련다. 인정될지도 모르고 안 될지도 모른다. 그러나 나는 거룩한 전령의 목소리를 들었다는 데 만족한다. 마음이 누그러지고 기분이 좋아지는 목소리였다. 갑자기 행복하고 차분한 느낌이 들었다. 나는 무한한 은총을 베풀어주신 전능하신 하느님께 감사했고 내게 보내주신 기적과도 같은 하느님의 메시지를 기리고자 기회가 닿는 대로 모스크바의 구세주 그리스도 대성당*에서 공동체 기도를 하겠다고 맹세했다.

그러고 나서 나는 잠들었고 차분하게 쉬다 보니 페트루힌이 도착했다. 얼굴에 웃음꽃이 핀 그가 기뻐하며 내 손을 움켜잡고 말했다.

"다행입니다! 다행입니다! 당신은 적어도 폭도에게서는 구원됩니다. 사블린이 당신을 모스크바로 보내라고 명령했습니다. 필요한 문서가 지금 준비되고 있습니다."

이어서 표트르와 조사위원회 위원 몇 명이 들어왔다. 모두 다 즐거워했다. 경이로운 순간이었다. 인도적 행위가 사람의 얼굴 표정을 어떻게 바꾸는지! 나는 힘이 쭉 빠진 나머지 이 사람들에게 느낀 고마움을 다는 표현하지 못했다.

그러고 나서 페트루힌이 내 목숨을 내놓으라고 요구하는 격앙된 병사들을 자기가 어떻게 다루었는지 이야기했다. 그는 코르닐로프와 연계된 반혁명 장군 대여섯 명을 내가 당국에 넘기리라 여기고 나를 모스크바로 이송한다고 병사들에게 말했다.

"그 뒤에는 저 여자가 총살됩니까?" 그들이 물었다.

"당연하지." 페트루힌이 잘라 말했다. 린치를 하려던 이들이 흐뭇해하며 떠나갔다.

나는 모스크바에서 내가 어떻게 될지 알고 싶어서 꼬치꼬치 캐물었다. 내 물음에 페트루힌은 호송대가 모스크바로 가져갈 내 사건 관련 문서들 가운데 가장 중요한 문서는 의사록이라고 대답했다. 조사위원회 의장 자격으로 그가 직접 작성한 것이었다. 그는 의사록에 내가 키슬

---

* Храм Христа Спасителя. 19세기에 모스크바 도심에 지어진 103미터 높이의 러시아 정교회 성당. 1931년에 해체되었다 2000년에 복원되었다.

로봇스크로 가다 어떻게 길을 잃고 즈베레보에서 오도 가도 못 하게 되었는지, 그리고 어떻게 내가 자유의지로 당국에 출두했는지를 서술했고 내가 키슬로봇스크행 차표와 캅카스로 오라는 타투예바 공녀의 초청 편지, 그리고 내 건강이 좋지 않음을 증명하는 의사의 증서를 소지하고 있었다고 덧붙였다. 마지막 증서는, 물론, 허위였다. 페트루힌은 자기가 의사의 증서를 엉뚱한 곳에 두어 찾지 못하니 나중에 보내겠다는 말을 덧붙이면서 차표와 티플리스에서 온 편지를 첨부했다.

"그런 증거가 있는데도 당신이 사형에 처해질 것 같지는 않습니다." 그가 내게 말했다. "나는 당신이 조만간 풀려나리라고 예상합니다. 하지만 아무튼 여기 독 알약이 있습니다. 저는 원래 폭도가 제멋대로 굴 경우에 당신이 이 야만인들 손에 고문을 당하는 꼴을 모면하도록 이것을 준비했습니다. 모스크바에서 이것을 쓰지 않아도 되기를 바랍니다."

나는 아직도 어디에 가든 그 독 알약을 지니고 다닌다. ……

내게 돈이 한 푼도 없었으므로 페트루힌이 40루블을 주었다. 나는 그에게 고마움을 표하고, 우리 가족에게 편지를 보내서 내가 어디 있는지 알려달라고 부탁했다. 그러고 나서 우리는 헤어졌다. 페트루힌과 표트르는 나와 입맞춤을 주고받았다. 나는 내가 그들에게 얼마나 많이 빚을 졌는지 거듭 말하고 또 말하면서 무슨 일이 있더라도 앞으로 비상시에 내 권한 안에서 그들을 위해 언제나 무엇이든 기꺼이 다 하겠다고 맹세했다. 우리 셋 다 어머니 러시아가 평화에 안착하기까지 겪을 변화가 아직도 숱하게 많음을 깨달았다.

내 친구들과 함께, 그리고 나를 호송하는 무장 경비병 네 명에게 둘러싸여 나는 기관차에 붙은 빈 객차로 인도되었다. 가축 운반 차량 여러대와 객차 한 대로 이루어진 이 열차로 나는 니키티노로 이송되었다. 거기서 사령 앞으로 불려 간 나는 보통 열차에 일행을 위한 숙소를 마련해달라고 부탁했다. 군수품 열차를 타고 즈베레보에 가라며 나를 너그러이 도와주었던 바로 그 사령이었다. 물론, 그는 그 자애수녀회 간호사가 보치카료바인 줄 알아채지 못했다.

승강장에서 나는 인상적인 만남을 또 한 차례 가졌다. 보치카료바가 붙잡혀 모스크바로 이송되고 있다는 소식이 역에 알려지자 붉은근위대 대원과 육군 병사 여럿이 내 주위에 모여들어 모욕, 욕설, 위협을 퍼부어댔다. 이자들 가운데 맨 앞줄에 역겹게 생긴 사내 한 명이 있었는데, 그는 내가 즈베레보로 갈 때 탔던 열차를 담당했고 내게 청혼을 했던 그놈이었다!

그 짐승은 이제 나를 알아보지 못했다. 면전에서 나를 비웃고 내 이름을 한 음절씩 되풀이해서 불렀는데, 내 이름을 비틀고 내 외모와 평판을 싸잡아 욕하면서 희한하게 즐거워했다.

"쌍년! 우리가 저년을 잡았군. 갈보!" 그가 고래고래 소리를 질렀다. "다만 나는 그들이 왜 저년을 거기서 총살하지 않았는지 이해할 수 없어. 왜 저런 쌍년한테 신경을 쓰나!"

나는 웃지 않을 수 없었다. 나는 오래 실컷 웃었다. 너무 웃겼다. 나는 내가 어떻게 그를 속였는지 까발리고 싶은 유혹에 까딱하면 넘어갈 뻔했다. 그놈은 알렉산드라 스미르노바가 마리야 보치카료바였음을 아직도 모르고 키슬로봇스크에 있다는 스미르노바의 가짜 주소를 십중팔구 아직도 간직하고 있을 것이다!

사흘 동안 나는 호송대와 함께 니키티노에서 모스크바까지 여행했다. 나는 정중하게, 그러나 늘 죄수로 취급되었다. 경비병들은 중간에 들르는 역에서 자기들과 내가 먹을 것을 가져오곤 했다. 모스크바에 도착하자마자 나는 자동차에 태워져 소비에트 병사 분과로 갔다. 병사 분과는 이전에 총독 관저였던 곳에 자리 잡고 있었다. 내 경비병들은 모든 사건 문서와 함께 나를 한 민간인 관리에게 넘기고 떠났다.

"뭐야, 코르닐로프에게서 오는 길이라고?" 관리가 내게 퉁명스레 물었다.

"아니요, 나는 치료를 받으러 키슬로봇스크로 가던 길이었습니다." 내가 대답했다.

"아, 그래요, 우리는 그 요법을 압니다! 견장은 어떻게 됐습니까? 견장은 왜 떼어냈습니까?"

"내가 평범한 농민 여자이기 때문입니다. 나는 세 해 동안 용감하게 나라를 지켰습니다. 나한테는 죄가 없습니다."

"좋소, 그건 우리가 나중에 알아보겠소." 관리가 내 말을 끊고 감옥으로 따라오라고 명령했다.

나는 작은 감방에 갇혔는데, 안에는 이미 죄수가 스무 명쯤 있었다. 모두 볼셰비키 정권에 반대하는 말을 하다 그 말을 엿들은 첩자에게 붙잡힌 장교와 민간인이었다! 차르 체제의 가장 나쁜 방법이 멋지게 되살아난 것이다.

감방 상태는 끔찍했다. 안에는 변소가 없었는데, 수감자가 방을 떠나는 것이 허락되지 않았다! 악취가 이루 말할 수 없었다. 사내들이 끊임없이 담배를 피웠다. 구체제에서는 수감자가 날마다 밖에서 짧게 산보를 할 수 있었는데, 이마저도 허용되지 않았다.

보아하니 내가 자백하게 만들기 위해 차르의 간수들도 한 적이 없는 신종 고문이 내게 가해졌다. 내게는 음식을 주지 않았다! 사흘 동안 나는 다른 죄수들에게는 주는 얼마 안 되는 배급조차 받지 못했다. 동료 수감자들은 모두 다 내게 친절했지만, 그들이 받는 배급 분량은 제 몸에서 목숨을 지탱하기에도 빠듯했다. 그래서 나는 사흘 낮과 사흘 밤 동안, 숨이 막혀 죽을 지경으로, 쫄쫄 굶고 열이 나고 물을 주지 않아 목이 타는 채로 침상에서 홑이불을 덮고 웅크리고 누워 있었다.

이 며칠 동안 감옥 사령인 해군 병사가 제 혀로 나를 괴롭히려고 하루에 네댓 차례 들어오곤 했다.

"나한테 무슨 짓을 하려고?" 내가 물었다.

"무슨 짓? 너는 총살당할 거야!" 그의 대꾸는 이랬다.

"왜?"

"하, 하. 네가 코르닐로프 편이기 때문이지."

그 며칠은 총살대를 마주하라는 명령을 순간순간 예상하면서 페트루힌이 준 독 알약을 부둥켜안는 시간이었다.

체포된 장교들 가운데 술김에 볼셰비즘을 욕하다 붙잡혔던 한 명이 곧 풀려났다. 동료 수감자 몇 사람이 친척에게 보내는 메시지를 그에게 맡겼다. 나는 1916년 가을에 무척 친절하게도 나를 병원에서 자기 집으로 데려갔던 바실리예바 부인과 그의 남편을 생각해냈고 그 장교에게 그들 부부를 찾아가서 내 곤경을 말해달라고 부탁했다. 그는 그러겠다고 약속했고 약속을 지켰다. 바실리예바 부부에게 나는 내가 처형될 신세이니 도와달라는 메시지를 보냈다.

다리야 막시모브나는 메시지를 받고 소스라치게 놀라서는 나를 볼

허가를 얻으려고 지체 없이 출발했다. 그러나 다리야 막시모브나는 소비에트 병사 분과에 가서 보치카료바 면회 통행증을 요청했다가 코르닐로프 편으로 오인되었다. 만약 그의 아들 스테판이 볼셰비키 우두머리 가운데 한 명이 아니었더라면 아주 험한 꼴을 당했을 것이다. 내 중대의 일원이었던 스테판 덕에 그의 어머니와 나 사이에 우정이 싹텄었다. 다리야 막시모브나는 자기가 어떠어떠한 부서의 스테판 바실리예프의 어머니라고 외쳤고, 스테판이 불려 와서 어머니의 신원을 확인했다.

이렇게 해서 다리야 막시모브나는 혹독한 처벌을 모면했다. 그는 나를 위해 개입해달라고 아들에게 호소했지만, 스테판은 공공연한 코르닐로프 편 사람을 도우러 나설 수는 없다며 마다했다. 그러나 스테판은 내 감방으로 가는 통행증을 얻어서 어머니에게 주었다. 나중에 스테판은 어머니의 애원에 응해서 나를 위해 좋은 말을 해주고 관계 당국에 내가 정치를 잘 모르는 순박한 농민 여자라고 말했다.

나는 갇힌 지 나흘째 날에 빵 125그램, 차 조금, 각설탕 두 개를 받았다. 빵은 지푸라기가 섞인 흑빵이었다. 빵에는 손을 댈 수조차 없었고 차 석 잔을 마시는 데 만족해야 했다. 그날 느지막이 해군 병사 한 명이 들어오더니 나를 동무라고 부르면서 바실리예바라는 사람이 나를 보려고 기다리고 있다고 알려주었다. 나는 허약했다. 너무 허약해서 도움을 받지 않으면 몇 걸음도 움직일 수 없었다. 나는 일어나서 한 걸음 떼자마자 힘이 없어서 침상에 도로 풀썩 쓰러졌다.

"아픕니까?" 해군 병사가 물었다.

"예." 내가 웅얼거렸다.

그가 내 팔을 붙잡고 나를 집무실에 있는 의자로 데려갔다. 조금 걸은 뒤에 나는 땀에 흠뻑 젖었고 어지러워서 아무것도 보이지 않았다. 다리야 막시모브나는 나를 보고서 내 목을 감싸안고 울었고 관리들을 돌아보며 매섭게 외쳤다.

"어떻게 당신들은 여자를 이렇게 체포해서 고문할 수 있나요? 병사들에게 그토록 친절했던, 그리고 당신들의 형제를 위해 그토록 고생했던 여자를요!"

그리고 나서 꾸러미를 풀어 빵과 버터를 꺼내서 건네며 이렇게 말했다.

"만카, 빵 125그램이 여기 있어요. 오늘 우리가 구한 것은 190그램이 다였어요. 그리고 이건 버터 125그램인데, 우리 배급 전부예요."

나를 위해 자기들 몫을 희생한 이 다정한 여인과 그의 자녀들에게 느끼는 고마움이 내 안에 가득 찼다. 빵은 맛있었다. 다리야 막시모브나에 따르면, 그들 모두에게 넉넉하게 얻기란 어려운 일이었다. 얼마 안 되는 배급조차 늘 얻을 수 있는 것도 아니었다.

그에게 나는 내 곤경과 내가 받으리라 예상되는 처벌을 말했고 내가 처형될 경우에는 내 어머니에게 편지를 써달라고 애원했다.

나는 끔찍한 감방에서 보름을 보낸 뒤에 재판소로 이송되었다. 모스크바의 주요 대로인 트베르스카야 거리*를 따라 걸어가는데, 가는 길에 군중이 나를 알아보았다. 재판소는 크레믈** 안에 자리 잡고 있었다.

---

* Тверская улица. 모스크바 도심에서 북서쪽으로 뻗은 1.6킬로미터 길이의 번화가.
** Кремль. 원래는 성채를 뜻하는 러시아어 낱말이며, 대개는 모스크바 크레믈을 뜻한다. 모스크바 한복판에 있는 건물 복합체인 모스크바 크레믈은 17세기까지 통치자의 거처로 쓰였고, 1918년부터 현재까지 러시아 정부 청사로 쓰이고 있다.

나는 거기서 두어 시간 기다렸는데, 그 시간이 다 지날 즈음 들어와 내게 다가오는 스테판 바실리예프를 보고 깜짝 놀랐다.

"마루샤, 당신이 어쩌다 여기에 들어왔나요?" 그가 물으면서 악수를 하고 앉으라고 권했다.

나는 치료를 받으려고 키슬로봇스크에 가는 중이었다고 말했다.

"하지만 즈베레보에는 어떻게 갔나요?" 그가 물었다.

"나한테 키슬로봇스크행 차표가 있었어요. 나는 즈베레보가 그처럼 금지된 곳인 줄 몰랐습니다. 사람들이 내게 표를 팔았으니 평상시 노선을 따라가도 괜찮으리라고 생각했습니다." 나는 흥분해서 대꾸했다.

"어제 나는 당신의 사건과 관련 문서를 살펴보며 두어 시간을 보냈습니다만, 당신이 즈베레보에 어떻게 갔는지 도무지 이해할 수 없네요." 스테판이 말했다. "정말로 코르닐로프를 보러 가지 않았습니까?"

"나는 내가 코르닐로프에게 우호적임을 부인하지 않아요." 나는 스테판이 그처럼 힘 있는 직위에 올라 나타나서 마음속으로 기뻐하며 잘라 말했다. "하지만 당신은 내가 거의 까막눈이고 정치를 잘 모르며 어떤 정당과도 어울려 지내지 않았음을 알지요. 나는 러시아를 위해 참호에서 싸웠고 내가 관심을 두는 것은 오로지 어머니 러시아뿐이에요. 러시아인은 모두 다 내 형제랍니다."

스테판은 내가 정치 문제를 모른다는 사실을 안다고 대답했다. 그러고 나서 그가 재판소에 보고하려고 나갔고, 조금 뒤에 내가 불려 들어갔다. 화려하게 꾸며진 큰 강당 한복판 녹색 천이 덮인 긴 탁자에 여섯 사람이 앉아 있었다. 모두 다 일반 병사였다. 나는 자리에 앉아서 내가 즈베레보에 어떻게 들어갔는지를 말하라는 요청을 받았다. 여섯 판관은 모두 젊은 사람들이었고, 한 명은 서른 살을 넘지 않았다.

나는 이야기를 하려고 의자에서 막 일어나려던 참에 그대로 자리에 앉아 있으라는 퍽 정중한 요청을 받았다. 도로 앉은 나는 내가 등을 다쳤고 포탄 조각을 빼내려면 수술을 받아야 하고 나를 진찰한 페트로그라드의 한 의사가 키슬로봇스크에 있는 온천으로 가라고 조언했다고 말했다. 나는 노보체르카스크에서 코르닐로프와 볼셰비키 사이에 전투가 벌어진다는 말은 들었지만 내전이 어떤 것인지 알지 못했고 그런 싸움에서 전선이 있으리라고는 생각하지 못했으므로 여행을 계속해서 니키티노로 갔고 그곳에서 사령이 나를 즈베레보로 보내주었다고 말했다. 물론, 그 사령이 보치카료바가 아니라 자애수녀회 간호사 스미르노바를 도와주었다는 사실은 언급하지 못했다. 나는 즈베레보에 도착하자마자 위험한 상황에 처했음을 깨닫고 지역 당국에 자수했다는 말로 끝을 맺었다.

내 사건이 정리되고 결정이 내려지는 데 한 주가 걸린다고 했다. 나는 지난 보름을 보냈던 감옥인 부티르카*로 보내지는 대신에 소비에트 병사 분과 맞은편에 있는 군 영창으로 이송되었다. 보통 술에 취한 해군 병사와 붉은근위대 대원이 구치되는 곳이었다. 내가 들어간 방은 좁고 길었으며, 창문은 큼직했지만 창살이 촘촘했다. 그 안에 수감자가 열 명쯤 있었다.

"아, 보치카료바다! 여기 누가 있는지 봐!"

내가 문턱을 넘자마자 이런 말이 들려왔다. 그의 말은 금세 욕설과

---

* Бутырка. 모스크바 도심에 있는 부티르스카야 감옥Бутырская тюрьма의 별칭.

조롱으로 바뀌었다. 나는 입을 다물었고 구석에서 홀로 쉬며 지내려고 했지만 헛일이었다. 수감자들은 가장 질 나쁜 볼셰비키, 말짜, 전과자였다. 나는 그들에게 끊임없이 학대를 받았고, 밤낮으로 나를 괴롭히는 일이 그들의 재밋거리가 되었다. 잠이라도 잘라치면, 곧 누군가가 내 옆으로 다가왔다. 내가 먹거나 마실 때 그 짐승들이 주위에 몰려와서 무례한 말을 퍼붓고 못된 짓을 했다. 울어봤자 소용이 없었다. 나는 밤마다 깨어 있어야만 했고, 가끔은 불청객을 쫓아내려고 죽기살기로 그에게 달려들어야 했다. 나는 내게 독방을 달라고 간수에게 간청했다.

"춥고 어두컴컴한 구덩이라도 괜찮습니다. 나한테는 먹을 것도 주지 마세요. 하지만 이 주정뱅이 짐승들한테서 나를 떼어내 주세요!" 나는 이렇게 빌었다.

"우리가 곧 너를 데려갈 거야. 너를 총살하러!" 나를 괴롭히는 자들이 떠들썩하게 웃는 가운데 간수가 농담으로 대꾸하곤 했다.

약속된 한 주가 지났는데 내 사건은 아직 판결이 내려지지 않았다. 여러 날이—길고 잔혹하고 괴로운 날이—느릿느릿 지나갔다. 다른 무엇보다 잠을 잘 수 없다는 것이 너무 고통스러워서 나는 정말로 미쳐버릴 지경에 이르렀다. 두 주 반을 나는 지옥에서 살았다. 단 하룻밤도 푹 자지 못한 열이레였다.

어느 날 아침에 날마다 신이 나서 내게 무슨 일이 벌어질지 이야기하던, 끔찍한 이야기를 아주 생생히 말하던 교도관이 손에 서류 몇 장을 쥐고 들어왔다.

"보치카료바!" 그가 외쳤다. "너는 자유다." 그리고 내가 마주하고 있는 문을 열었다.

나는 너무 놀라서 처음에는 이것이 나를 괴롭히려는 또 하나의 속임수라고 생각했다.

"자유?" 내가 물었다. "왜?" 그동안 나는 무슨 일이 내게 닥칠지 이야기해주던 교도관의 말을 믿게 되었으므로 그가 손수 그런 소식을 전해주는 사람이 되리라고는 상상할 수 없었다.

"내가 완전히 자유입니까?" 내가 물었다.

"그렇다." 그가 대꾸했다. "너는 경비병 한 명과 같이 소비에트 병사 분과로 가서 필요한 문서를 받을 것이다."

나는 안도의 한숨을 내쉬며 공포의 방과 작별했고 곧바로 문서를 받으러 갔다. 그 문서에는 내가 체포되었지만 혐의가 유죄라고 입증되지 않았다고, 그리고 내가 아프기 때문에 나라 안에서 이동할 완전한 자유가 허용되어야 한다고 분명히 적혀 있었다. 나는 이 통행증을 주머니에 넣고서 자유의 몸으로 풀려났다.

20장 │ 사명을 띠고 출발하다

바실리예바 부부는 모스크바에서 내가 찾아갈 수 있는 유일한 사람들이었다. 그들은 시 변두리에 살았다. 나는 걸어서 그들의 집에 가려고 했지만 너무 허약해서 두 블록 넘게는 갈 수 없었다. 아주 가까이에 승객용 마차가 있었는데, 마부는 나를 내 친구 집까지 태워주는 삯으로 25루블을 원했다. 나는 15루블을 부르면서 흥정하려고 했지만 그는 들은 체도 하지 않았다. 돈이 없었으므로 다리야 막시모브나가 삯을 내주리라 기대하고 마차에 탔다. 그러지 않으면 거리에 그대로 있어야 했다.

바실리예바 부인은 나를 자기 딸인 양 맞이했고, 내가 풀려났다며 기뻐 어쩔 줄 몰랐다. 나는 너무 허약하고 지친 나머지 나를 고문과 죽음에서 기적처럼 구제해주어서 고마운 마음을 한껏 밝히지 못했다. 소화가 잘 되는 음식을 조금 주고 나서, 다리야 막시모브나는 나를 위해 목욕 준비를 했다. 나는 몇 주 동안 속옷을 갈아입지 못했고, 내 몸은 참호에서 살던 때보다 더 가무잡잡했다. 살갗은 벌레 탓에 끔찍한 상태였다. 지금은 석방 자체보다 목욕이 더 큰 위안이었다. 그리고 목욕을 한 뒤에

잤던 긴 잠은 훨씬 더 큰 위안이었다. 어느 누구에게 이보다 더 달콤한 잠이 있었을까?

1918년 3월 초순에 모스크바에서 손님으로 오래 머무르기는 불가능했다. 스테판은 자기 집에서 나와서 살았다. 정치 상황에 관한 그와 부모의 견해가 사뭇 달랐기 때문이다. 그들 가족은 다리야 막시모브나와 남편과 막내아들로 이루어져 있었다. 딸 토네치카는 결혼해서 다른 곳에 살았다. 바실리예바 집안 세 사람이 하루에 받는 빵은 580그램이었다! 한 주치 고기 배급은 780그램이었다. 그러므로 나는 내가 얼마나 큰 짐일지 곧바로 깨달았다. 하지만 어디로 갈지 무엇을 할지 결정할 수 없었다. 바실리예바 부부는 내게 고향행 차표를 사주겠다고 했지만, 내가 소비에트 병사 분과에서 받은 문서가 곧 차표였다.

나는 여성결사대대 부상병들 가운데 몇 명이 모스크바로 보내졌고 상이용사 구호원에서 지낸다는 것을 기억해내고는 그들을 찾아가서 만나볼 생각을 했다. 걸어서 시내로 갔다. 상이용사 구호원이 있는 건물 단지에 다가가니 주로 병사로 이루어진 군중이 거리에서 항의 집회를 열고 있는 모습이 눈에 띄었다. 구호원에 다다랐을 때는 건물 앞터에 흩어져 있는 부상병이 많이 보였고, 몇몇은 다리나 팔이 없었다.

무슨 일인지 물어보고서 나는 볼셰비키 당국이 상이용사 구호원에서 지내던 불구자 몇백 명을 거리로 내동댕이쳤음을 알게 되었다. 그들 가운데 내 부하를 비롯해서 여러 사람이 이미 사라졌고, 틀림없이 몇몇은 동냥을 해야 했으며 몇몇은 자선가와 자선 단체의 보살핌을 받는다는 것이었다. 그러나 아직 꽤 많은 사람이 남아서 울부짖고 레닌과 트로츠키를 욕하고 행인들에게 먹을 것과 지낼 곳을 달라고 애원했다. 애달픈 광경이었다. 그 잔혹한 처사에 사람들의 피가 끓었다. 확연히 마구잡이 만행이었다. 그 건물이 정부에 필요하다는 핑계는 분명 그 만행을 저지를 만한 사유가 아니었다.

군중 속에는 병사가 200명쯤 있었고, 나는 멈춰 서서 그들의 대화를 들었다. 모두 다 내쫓긴 상이용사들의 불평에 이끌려 그곳에 온 사람들이었다. 그들의 이야기는 내게 뜻밖이었다. 그들은 권위에 대항해, 즉 레닌과 트로츠키의 정권에 맞서 들고일어날 기세였다. 나는 몇 시간 동안 여러 무리 주위를 서성이며 머물렀고, 이따금 토론에 참여했다.

"여러분 스스로의 행동으로 무엇을 불러왔는지 보세요. 여러분은 부끄럽게도 장교들을 두들겨 패고 죽였습니다. 하느님을 잊어버리고 교회를 부숴버렸지요. 자, 이게 여러분 행동의 결과입니다." 이런 식으로 나는 병사들에게 연설했고, 그들은 대략 다음과 같이 대꾸했다.

"우리는 장교들과 유산계급을 뒤엎으면 빵과 땅을 많이 가지리라고 믿었습니다. 하지만 이제 공장은 망가지고 가동되지 않습니다. 우리는 붉은근위대 대원들에게 테러를 당합니다. 그자들은 대개 주정뱅이와 범죄자들 사이에서 모집되었는데, 그자들 가운데 누군가 올곧은 병사가 있다면 배고프고 가난한 탓에 굶어 죽지 않으려고 입단한 이들입니다. 우리가 정의와 공정을 요구하면, 붉은 망나니들이 우리에게 총을 쏘아댑니다. 그리고 독일군이 러시아 안으로 전진해 오고 있는데, 우리의 진짜 적인 독일군과 싸우라고 보내지는 사람이 없습니다."

이런 말을 들으며 나는 사람들의 마음에 큰 변화를 불러일으킨 전능하신 하느님께 감사하며 성호를 그었다.

군중이 무척 흥분한지라 당국에 신고가 들어가 군중을 진압하려고

1개 붉은근위대 분견대가 파견되었다. 갑자기 들이닥친 분견대가 허공에 일제사격을 하면서 우리에게 해산하라고 경고했다. 모여 있던 사람들이 뿔뿔이 흩어져 거리에서 사라졌다. 나를 비롯해서 군인 10여 명이 무리 지어 가까이 있는 건물의 안마당으로 뛰어 들어가서 건물 정문 뒤에서 대화를 이어갔다.

"보세요, 지금 여러분 꼴을! 여러분이 무장한 상태라면, 그자들이 여러분을 감히 이렇게 다루지는 않았겠지요. 그자들은 여러분이 자기 무기를 넘기게 만들었고 지금은 차르보다 더 심하게 여러분을 억누릅니다. 구체제 아래서 아픈 사람 1000명이 거리에 내동댕이쳐진다는 말을 누구든 들어본 적 있습니까?" 내가 물었다.

"예, 우리는 배반당했습니다. 이제는 분명합니다. 독일이 우리 빵을 모조리 앗아가고 있고 우리 땅을 차지하고 있고 우리나라를 망가뜨리고 있고 우리 돈과 가진 것을 죄다 내놓으라고 하고 있습니다. 우리는 배반당했습니다." 몇몇 병사가 고개를 끄덕였다.

"아, 그렇다면 여러분 눈에 진실이 보이기 시작하는군요!"

"예, 그렇습니다." 한 사람이 잘라 말했다. "한 달 전에 나는 당신과는 말도 섞으려고 하지 않았을 겁니다. 그때 나는 한 지역 소비에트 의장이었습니다. 하지만 그게 다 무얼 뜻하는지 이제는 압니다. 우리는 붉은근위대 용병들에게 체포, 수색, 강탈, 테러를 당하고 있습니다. 병원 환자들을 이렇게 터무니없이 다루었으니 레닌과 트로츠키를 내 손으로 쏘아 죽이렵니다. 한 달 전에 나는 바보였지만, 이제는 볼셰비키의 적대자들과 당신에 관한 내 생각이 죄다 틀렸음을 압니다. 당신은 인민의 적이 아니라 벗입니다."

나는 병사 두어 명과 함께 그곳을 떠나 걸었다. 그들 가운데 한 사람이 상이용사 구호원에서 내쫓겨 동냥을 하는 여성결사대대원을 본 적이 있다고 내게 말해주었다. 그 생각에 가슴이 무거웠지만, 어찌할 도리가 없었다. 내가 과연 대대원을 위해 무엇을 할 수 있었을까? 우리는 구세주 그리스도 대성당에 다다랐고 나는 기적처럼 죽음을 모면한 것을 기리는 공동체 미사를 하기로 서약했음을 기억했다.

나는 일행과 헤어져 대성당에 들어갔다. 거기에는 500~600명이 있었다. 바로 그날에, 내가 알기로는, 교회와 국가를 분리하는 포고령*이 나왔다. 대성당의 독실한 신도 모두가 그날 오후에 성찬예배에 왔다.

나는 제의실에 있는 보제補祭에게 가서 내가 기적을 들었고 맹세를 했다고 말했다. 돈 한 푼 없어서 미사에 돈을 낼 수 없다는 사실도 빼놓지 않고 말했다. 성찬예배가 끝날 무렵에 사제가 이렇게 말했다.

"나라를 위해 큰 고생을 했던, 나라 곳곳에 이름이 알려진 그리스도인 여인이 여기에 막 왔습니다. 절망적인 순간에 기적이 여인의 목숨을 구했습니다. 하느님께서 여인의 기도를 들으시고는 여인이 목숨을 구해주었던 오랜 벗을 처형 직전에 여인에게 보내주셨습니다. 처형이 미뤄졌습니다. 그러자 여인은 다시 하느님께 기도했고 거룩한 목소리가 여인에게 네 생명이 사함을 받았다고 알려주었습니다. 여인은 자기가 풀려난다면 이 대성당에서 공동체 기도를 하겠다고 서약했습니다. 주님께

---

* 혁명 러시아에서 1918년 1월 20일(그레고리우스력으로는 2월 2일)에 선포되고 사흘 뒤에 시행된 법령인 '교회와 국가 및 학교와 교회의 분리에 관한 포고령'. 혁명 정부는 정교회가 러시아 제국에서 전제정과 결탁해 교육 등 여러 사회 분야에서 특권을 누렸다고 비판하며 국가 권력의 세속성을 선언하고 종교 조직의 재산 소유 권리와 법인 권리를 박탈했다.

서 자비롭게도 여인에게 자유를 주셨고, 그 서약을 지키려고 여인이 지금 여기 있습니다."

그러고 나서 사제가 보제에게 나를 제단으로 데려오라고 시켰다. 내가 제단으로 인도되자 회중이 수군거렸다.

"세상에나! 보치카료바구나!"

촛불이 켜졌고 15분 동안 주님의 이름을 찬미하면서 그분께 올리는 찬양 기도가 읊조려졌다.

나는 전차를 타고 바실리예바 부인의 집으로 돌아갔다. 전차에는 병사가 많았는데, 그들의 대화를 들으니 기분이 또 좋아졌다.

"우리가 꼴좋게 되었군! 독일군은 더욱더 가까이 다가오고 여기서는 그자들이 사람들을 총으로 쏘고 체포하고 있으니!" 병사들이 서로 말했다.

"왜 그자들은 붉은근위대를 보내서 적군에게 저항하지 않지? 우리를 독일군에게 팔아넘기고 있어."

이것은 내가 같은 날 하루에 정신이 온전한 병사들과 두 번째로 마주친 경우였다. 나는 한껏 들떠서 다리야 막시모브나의 집에 도착했다. 러시아 병사들이 깨어나기 시작했다!

극히 위험한 사명에 나서기에 앞서 나는 내 훈장과 십자훈장을 페트로그라드에 남겨두었다. 나는 그것들을 가져오려고 바실리예바 부인에게 돈을 조금 빌려서 페트로그라드로 갔다. 여행길에 내가 탄 열차 차량에는 병사가 150명쯤 꽉 들어차 있었다. 그러나 그들은 흉악범, 즉 성이 나서 앙갚음을 하려는 두 달 전의 불량배가 더는 아니었다. 그들은 을러대지 않았다. 그들은 뻐기지 않았다. 상냥함이라는 그들의 참된 본

성이 다시 발휘되었다. 심지어 나를 위해 자리까지 마련하면서 앉으라고 권했다.

"보치카료바 부인." 그들이 말했다. "이 자리에 앉으십시오."

"동무들, 고맙소." 내가 대꾸했다.

"아니, 우리를 더는 동무라고 부르지 마십시오. 이제 그것은 불명예입니다.* 독일군이 모스크바를 위협하고 있는데, 그 동무들은 지금 전선에서 도망치고 있습니다." 그들 가운데 몇 명이 말했다.

벗들 사이에 있다는 느낌이 들었다. 이 동지애 때문에 러시아 병사들이 내 마음에 쏙 들었다. 선동가들의 동지애가 아니라, 볼셰비키의 선언문과 포고문에서 그토록 크게 들먹이는 동지애가 아니라 참된 동지애야말로 참호에서 보낸 세 해를 내 삶에서 가장 행복한 시절로 만들었다. 그 옛 분위기가 다시 도처에 있었다. 너무 좋은 나머지 사실인가 싶을 정도였다. 혁명과 테러에 가위눌리고 나니 꿈인 듯했다. 병사들은 실제로 볼셰비즘을 욕하고 레닌과 트로츠키를 헐뜯고 있었다!

"여러분이 어쩌다 이렇게 분별 있는 말을 하게 되었습니까?" 내가 물었다.

"독일군이 모스크바로 전진해 오고 있는데 레닌과 트로츠키는 손가락 하나 까딱하지 않으니까요"라는 대답이 나왔다. "병사 한 명이 키예프에서 빠져나와 전보를 쳤습니다. 독일군이 러시아인들을 붙잡아서

---

* 1917년에 전제정이 무너진 뒤 러시아에서는 신분에 따라 높고 낮음을 표현하는 칭호가 사라지고 모든 이가 동무товарищ나 시민гражданин으로 불리기 시작했다. 특히 동무라는 칭호는 평등주의와 급진주의의 어감을 지녔다. '동무라고 부르지 말라'는 요청에는 이 호칭을 볼셰비키 정권의 표상으로 본다는 뜻이 들어 있다.

는 연합국에 맞서 싸우는 일을 도우라고 독일로 보내고 있다는 내용이었지요. 레닌과 트로츠키는 연합국이 우리 적이라고 우리에게 말했습니다. 이제 우리는 연합국이 우리 편임을 압니다."

휴가를 얻어 귀향했던 다른 병사 한 명은 무장한 붉은근위대 분견대가 날씨 좋은 어느 날에 자기 마을을 덮쳤다고, 땀 흘려 키운 곡물을 죄다 빼앗아가서 농민이 굶주리게 되었다고 말했다.

"사람들은 배를 곯고 있고, 그래서 붉은근위대에 들어갑니다." 병사 한 사람이 말했다. "그러면 적어도 먹을 것과 약탈에 쓸 무기를 얻거든요. 붉은근위대에 들어가지 않으면 누구도 안전하지 않은 상황이 갈수록 심해지고 있습니다."

"하지만 여러분은 왜 뭔가를 하지 않습니까?" 내가 말했다. "보니까 어디서나 사람들이 분개하지만 무슨 일이든 해서 멍에를 벗어던지려고 하지 않아요."

"우리는 레닌과 트로츠키가 물러나기를 여러 번 요구했습니다. 몇 차례 선거에서 과반수가 그들에게 반대했습니다. 하지만 그들은 붉은근위대의 지원을 받아 사람들 뜻에 거슬러 권력을 유지하지요. 농민은 하나같이 죄다 그들에게 반대합니다."

"여러분이 행동해야 할 까닭이 더 있습니다." 내가 말했다. "뭐라도 해야 합니다!"

"뭘요? 뭔지 우리에게 말해주시오!" 몇 사람이 물었다.

"예를 들어, 뭉쳐서 전선을 다시 만드는 것이라도!" 내가 제안했다.

"그러려고 하지만, 우리를 이끌어줄 사람으로 우리가 믿을 수 있는 이가 없습니다. 훌륭한 우리 편 사람들은 죄다 자기네끼리 싸우고 있습니다." 그들이 주장했다. "게다가 우리한테는 무기와 식량이 없습니다."

"여러분은 연합국이 우리 편이라고 말했습니다. 무기와 식량을 보내서 전선을 재조직하도록 도와달라고 우리가 연합국에 요청했다고 가정하면, 여러분은 기꺼이 다시 독일군과 싸우겠니까?" 내가 물었다.

"예." 몇 명이 대꾸했다. "우리는 싸울 겁니다."

"아니요." 다른 몇 명이 대꾸했다. "연합국이 러시아로 들어와서 우리를 이용해먹고 싶어 하면 어쩝니까, 독일처럼요?"

"자, 우리는 적군을 물리쳐서 전쟁을 끝낼 때까지 싸우겠다는 조건으로만 연합국과 협력할 지도자를 뽑아야 합니다." 내가 제안했다.

"하지만 우리가 도대체 누구를 지도자로 뽑을 수 있을까요?" 병사들이 우겼다. "우리 우두머리들은 죄다 갈라져 있습니다. 어떤 이는 군주주의자라는 평이 있습니다. 다른 이는 노동 빈민의 착취자라는 말이 있습니다. 또 다른 이는 독일 첩자라고 선언되었습니다. 우리가 이 정당들 가운데 이 당이나 저 당에 속하지 않은 사람을 도대체 어디서 찾을 수 있을까요?"

"만약에, 예를 들어, 내가 떠맡는다면, 여러분의 지도자가 된다면 어떨까요?" 내가 조심스레 물었다. "여러분은 저를 따르겠습니까?"

"예, 예!" 그들이 외쳤다. "우리는 당신을 신뢰할 수 있습니다. 당신은 농민 출신입니다. 하지만 당신이 과연 무엇을 할 수 있을까요?"

"내가 과연 무엇을 할 수 있냐고요? 여러분은 불량배가 러시아를 망치고 있음을 압니다. 독일군은 거머쥘 수 있는 것은 모두 다 손에 넣고 있습니다. 내가 전선을 복원해보겠습니다!"

"하지만 어떻게?" 그들이 물었다.

이 순간 내 머리에 미국으로 간다는 생각이 떠올랐다. 우리 모두는 이제 미국이 연합국의 일원이라는 말을 들은 바 있었다.

"내가 미국에 가서 도움을 요청하면 어떨까요?" 내가 조심스레 물었다.

나와 함께 있던 이들 모두가 웃음을 터뜨렸다. 러시아 농민에게 미국은 너무 멀고 너무 비현실적이다. 병사들에게는 현실적 제안으로 들리지 않았다. 그러나 그들은 딱 한 가지 이의만 제기했다.

"도대체 미국에는 어떻게 가려고요? 볼셰비키와 붉은근위대가 당신을 나라 밖으로 내보내지 않을 텐데요." 그들이 말했다.

"하지만 내가 미국에, 그리고 다른 연합국에 가서 군대와 장비를 가지고 돌아온다면, 여러분은 나와 함께하겠습니까? 여러분과 함께 가자고 당신 친구를 모두 다 설득하겠습니까?" 내가 다그쳤다.

"예, 그러겠습니다! 예! 우리는 당신이 매수될 수 없는 사람이라는 것을 압니다. 당신은 우리 편입니다!" 그들이 외쳤다.

"그렇다면, 나는 미국에 가겠습니다!" 그때 그자리에서 결심하고 내가 결연하게 선언했다. 병사들은 내 말을 믿으려 하지 않았다. 페트로그라드에 도착해서 그들의 축복을 뒤로하고 정답게 헤어질 때, 나는 그들에게 내가 군대를 데리고 외국에서 돌아왔다는 말을 듣자마자 아까 한 약속을 기억해내라고 당부하기를 잊지 않았다.

나는 페트로그라드에서 몇 시간만 머물고 X 장군을 보러 가지 않았다. 내 전쟁 훈장들을 맡겼던 여성 벗에게서 그것을 되찾았고 지인 몇 사람만 보았다. 병사들의 심경에 큰 변화가 일어났다고 말해주었더니 그들이 기뻐했다.

"정말 다행이네요!" 그들이 외쳤다. "병사들이 깨어나고 있다면, 러시아가 이제는 구제되겠네요."

만찬 뒤에 나는 모스크바로 돌아가는 열차에 탔다. 여느 때처럼 병사가 승객의 대부분을 차지했다. 나는 그들의 토론을 주의 깊게 들었다. 병사들 사이에 볼셰비키가 몇 명 있었으므로, 그리고 내 계획을 발설하고 싶지 않았으므로 이번에는 토론에 끼어들지 않았지만 말이다. 레닌과 트로츠키를 욕하는 소리가 많이 들렸고, 모두 다 독일군과 기꺼이 싸우러 가겠다는 뜻을 밝혔다. 한 사람이 물었다.

"지도자와 조직이 없는데 우리가 도대체 어떻게 독일군과 싸울 수 있을까?"

"아, 그게 문제야." 곧바로 몇 사람이 대꾸했다. "우리한테 지도자가 없지. 만약 누군가 나타나서 우리에게 호소하기만 하면 우리는 볼셰비키를 후딱 해치우고 독일군을 러시아에서 몰아낼 텐데."

나는 아무 말도 하지 않았지만 그들의 말을 귀담아들었다. 사람들은 더듬더듬 빛을 찾고 있었다. 이로 말미암아 러시아를 위해 원조를 얻으러 연합국 국가들로 가겠다는 내 결심이 더 굳세졌다. 그러나 내가 나라 밖으로 빠져나갈 수 있게 해줄 계획을 차근차근 다듬어야 했다. 그때 런던에 있는 내 소중한 벗 에멀린 팽크허스트의 집을 목적지로 삼는다는 묘안이 떠올랐다.

모스크바에 도착하자마자 나는 런던에 가겠다는 내 결심을 바실리예바 부부에게 말했다. 러시아에서 빠져나가는 유일한 길은 블라디보스토크*를 거치는 경로이고 영국에 가기에 앞서 미국을 횡단해야 한다는 설명이 돌아왔다. 그것은 내게 안성맞춤이었다.

출발에 필요한 절차를 밟기에 앞서 나는 내 여성 병사들을 찾아가 보겠다고 다짐했고 가여운 내 병사들이 입원해 있다고 들은 병원을 찾아갔다. 그 주소에 가보니 병원 건물은 닫혀 있었고, 어떤 교수에게 가보라는 말을 들었다. 마침내 나는 그 교수를 찾아냈다. 그는 여성결사대 대원들 가운데 중상자가 아닌 이들은 고향으로 떠났다고 말해주었다. 상이군인 30여 명만 남아 있었다. 다섯 명은 포탄충격으로 히스테리 상태이거나 정신이상이었다. 다른 대대원들 가운데에는 신경쇠약을 앓는 이가 많았다. 그는 그들을 상이용사 구호원에 넣으려고 무던히도 애를 썼지만, 그들이 거기 도착하기 바로 전에 볼셰비키가 건물을 징발했고 수용된 상이군인들은 거리로 내쫓겼다. 부유한 여인인 베라 미하일로브나Вера Михайловна가 그들을 거리에서 구해 자기 집에서 지내게 해주었지만, 내가 찾아가 보기 바로 앞서 교수에게 전화를 걸어 볼셰비키가 이제는 자기 집을 징발해버렸다고, 여성 병사들을 어떻게 해야 할지 모르겠다고 알려왔다. 교수는 말을 맺으면서 우리 둘이서 베라 미하일로브나에게 가보자고 제안했다.

무거운 마음을 안고 나는 그 큰 집에 들어갔다. 거기에는 불쌍한 내 부하 여군들이 언제라도 떠나라는 명령을 받을 수 있다고 예상하면서 머물고 있었다. 내가 찾아가자 그들은 깜짝 놀랐다. 하지만 그들이 있는 방의 문턱을 넘어설 때 내 마음은 즐겁지 않았다. 즐겁지 않은 재회였다. 내게는 그들을 도울 수단도, 힘도, 유력한 벗도 없었다.

---

* Владивосток. 태평양과 접한 러시아 연해주의 주요 항구 도시. 시베리아 횡단 철도 동쪽 종점이기도 하다.

"사령관님! 사령관님!" 나를 보자마자 그들이 기뻐서 소리치며 달려와 내 목을 끌어안고 입맞춤을 하고 부둥켜안았다.

"사령관님이 오셨네! 사령관님이 우리를 구해주실 거야! 사령관님이 우리한테 돈과 빵, 지낼 곳을 주실 거야!"

그들이 내 주위에서 신이 나서 춤을 추는 바람에 훨씬 더 쓰라리고 참담한 느낌이 들었다.

"얘들아!" 나는 그들이 현실을 깨닫도록 곧바로 말했다. "나도 빈털터리에 배고프다. 너희는 지금 어떤 도움도 나한테 기대해서는 안 된다."

"괜찮습니다! 사령관님은 모든 것을 해낼 줄 아십니다!" 그들이 자신감에 차서 말했다. "사령관님은 우리가 독일군과 싸울 때처럼 볼셰비키와 싸우도록 우리를 데려가실 겁니다!"

나는 베라 미하일로브나와 교수와 함께 우리가 마주하고 있는 문제를 놓고 이야기를 나누었다. 베라 미하일로브나는 내가 결사대대원들을 데리고 내 가족이 사는 마을로 가야 한다는 의견을 내놓았다. 나는 처음에는 그 생각을 받아들이지 않았는데, 투탈스카야에 머물지 않고 다만 블라디보스토크로 가는 길에 잠깐 들를 생각이었기 때문이다. 또 필요한 자금도 없었다. 그러나 베라 미하일로브나는 이 상황에서는 그들을 모스크바에서 떨어진 곳으로 데려가는 것이 가장 타당한 길이라고 주장했다. 그는 볼셰비키 병사들이 여성결사대대원 여러 명을 꾀어내 함부로 다루었다고, 그들을 모스크바에 남겨둔다면 결국 그들은 신세를 망치리라고 말했다. 그는 그들 모두가 내 마을로 갈 차표와 현금 1000루블을 내놓겠다고 제안했다. 그들에게 평온하고 안락한 삶을 보장하기에 넉넉한 자금을 미국에서 구할 희망을 품고서 나는 마침내 부하 상이군인들을 데려간다는 데 동의했다.

나는 미국으로 가겠다고 다짐한 바 있다. 그러나 노잣돈이 없었다. 앞에서 말한 까닭으로 목적지는 런던이었으므로 나는 모스크바에 있는 영국 영사에게 도움을 청해보기로 했다. 바실리예바 부부의 도움으로 영국 영사의 사무소를 찾아내서 그리로 갔다. 영사를 보려고 기다리는 사람이 많았고, 나는 접견 불가 통보를 받았다. 그의 비서가 나와서 방문 목적을 물었다. 나는 그에게 이름을 대고 내가 곤경에 처했다고, 그리고 런던으로 가서 팽크허스트 부인을 만나기로 결심했다고 말했으며, 내가 러시아와 연합국의 대의를 위해 싸웠고 희생을 많이 했다는 사실을 들어 도와달라고 청했다. 비서의 보고를 받은 영사는 곧바로 나를 맞아들였다.

영사는 무척 정중했다. 웃음과 다정한 악수로 나를 맞이했고, 신문에서 내가 즈베레보에서 체포되었다는 기사를 읽었다고 말했으며, 나를 위해 자기가 무엇을 할 수 있을지 물었다. 나는 소비에트에서 받은 문서를 보여주면서, 내가 임무를 띠고 코르닐로프에게 간 사실은 알리지 않고 다음과 같은 말을 덧붙였다.

"영사님, 보시는 대로, 이 문서로 저는 자유로이 이동할 수 있고 이것을 이용해 런던으로 가서 제 벗인 팽크허스트 부인을 방문하고 싶습니다. 하지만 저한테는 자금이 없습니다. 영국으로 저를 보내달라고 당신께 부탁하러 왔습니다. 연합국의 대의를 위해 싸웠던 군인으로서 말입니다. 만약 러시아가 깨어난다면, 이 대의를 위해 저는 다시 열심히 군 복무를 할 것입니다."

영사는 자기가 영사관의 은행 예금을 빼내는 것을 볼셰비키가 허용하지 않겠지만 내 처지를 봐서 비용 조로 돈을 조금 줄 수 있다고 설명했다. 나의 런던 방문에 관해서는 러시아인은 말할 나위도 없고 자국 사람조차 거의 넘어설 수 없는 어려움이 도사린 여정이라고 말했다.

하지만 나는 마음을 바꾸지 않았고 당신네 나라로 나를 보내달라고 끈질기게 빌었다. 영사는 문제를 생각해보고 그날 밤에 확답을 주겠다고 약속했다. 그러고 나서 그날 저녁 8시에 만찬을 하자고 권했다.

만찬을 위해 내가 되돌아오자 영사는 블라디보스토크 주재 영국 영사에게 내가 미국을 거쳐 런던으로 간다는 전보를 이미 보냈고 온갖 방법으로 나를 도와주라고 요청했다고 알려주었다. 만찬에서 나는 팽크허스트 부인과 어떻게 알게 되었는지 영사에게 말했지만, 영사가 나까지 보호하려다 볼셰비키와 척지고 싶지는 않다고 생각할까 봐 겁이 났으므로 내 여행의 진짜 목적은 비밀에 부쳤다. 그는 내게 500루블을 주었고, 나는 곧바로 떠나기로 마음먹었다. 시베리아 특급열차가 같은 날 밤 12시 40분에 출발할 예정이었다. 남은 몇 시간 동안 나는 여성 병사들을 역으로 데려오고 바실리예바 부부에게 작별 인사를 했다.

내가 당장 가야 할 목적지는 시베리아 횡단 철도* 노선에 있는 투탈스카야였다. 나는 우리 일행이 열차 공간의 4분의 3을 차지한 병사들에게서 받을지 모를 대접이 마음에 걸렸다. 그러나 여기서 마음가짐의 전환이 다시 뚜렷이 보였다. 탑승자들은 정세를 분별 있게 토론했다. 열차에 장교가 많았지만 들볶이지 않았다. 병사들은 장교와 우리에게 상냥

---

* 모스크바와 블라디보스토크를 잇는 9300킬로미터 길이의 러시아 철도. 19세기 말엽에 건설된 세계 최장의 철도 노선.

했다. 모든 것을 빨아들이는 화제는 독일군의 전진이었다. 레닌과 트로츠키가 차르보다 훨씬 더 나쁜 폭군으로 욕을 먹고 비난을 받았다. 새로 침공을 당한 지역에서 온 피란민이 많았는데, 그들의 이야기가 병사들의 반항심을 키웠다.

"빵과 땅이 우리에게 약속되었지. 이제는 독일이 그 둘을 앗아가고 있어."

"우리는 전쟁 종식을 바랐지만, 레닌이 우리를 전보다 더 나쁜 처지에 몰아넣었어."

"볼셰비키 사무실로 가서 배고프다고 말했더니, 그자들이 우리에게 붉은근위대에 들어가라고 충고하더라고."

"일자리를 찾을 수 없고, 공장이 죄다 문을 닫거나 돌아가지 않아."

이와 비슷한 정서가 사방팔방에서 터져 나왔다. 그 모든 정서의 밑바닥에는 독일을 어느 때보다 미워하는 마음이 깔려 있었다. 무기와 식량이 있으면, 이 사람들은 신뢰받는 지도자를 따라 독일군에 맞설 태세임을 나는 믿어 의심하지 않았다.

첼랴빈스크에서 열차가 두어 시간 동안 멈췄다. 그곳에는 2개 연대가 주둔해 있었고, 특급열차에는 병사 몇백 명이 있었다. 역과 무척 가까운 곳에서 집회가 빠르게 조직되었다. 석 달쯤 전에 내가 열차에서 내동댕이쳐졌던 데서 조금 떨어진 장소였다. 그러나 이제는 대중의 분위기가 어찌나 다른지! 몇천 명이 모였다. 피란민 한 사람이 비꼬는 연설을 해서 대중의 마음을 뒤흔들었다.

"러시아에서 우리 모두가 중요한 뭔가를 잃을 수 있습니다." 그가 연설하기 시작했다. "우리 모두가 나라를 지키기를 바랍니다. 우리 모두가 희생을 했습니다. 이 전쟁에서 나는 세 해 동안 싸웠습니다. 그러고 나서 자유의 몸이 되어 귀향했습니다. 하지만 알고 보니 내 고향이 독일 군의 손에 있었습니다. 나는 돌아갈 수 없었습니다. 나는 부모를, 아내 를, 누이를 잃었습니다! 내 모든 것을 바쳤는데 지금 나는 무엇을 가지 고 있습니까?"

"자유! 나는 페트로그라드에 왔습니다. 사흘 동안 굶주렸습니다. 나 혼자만 그런 것이 아닙니다. 똑같은 운명에 놓인 병사가 많았습니다. 그자들은 우리에게 빵을 주지 않았습니다. 우리는 무엇을 얻었습니까?"

"자유!"

"나는 페트로그라드에 있는 정부 수반을 보러 갔습니다. 하지만 그 를 만날 허락을 얻지 못했습니다. 죽도록 두들겨 맞고 건물 밖으로 내동 댕이쳐졌습니다. 왜?"

"자유!"

"독일군은 손에 거머쥘 수 있는 것이라면 죄다 앗아가고 있는데, 한 편으로 붉은근위대는 싸우기 위해 증강되고 있습니다. 누구와 싸우려 고? 독일군과? 아니요, 이른바 부르주아지와! 하지만 그들은 우리 형제, 우리 피붙이가 아닙니까? 독일군이 우리 땅을 짓밟는 동안 우리는 누구 의 이름으로 우리 인민을 살육하라는 재촉을 받습니까?"

"자유의 이름으로!"

"우리 나라는 더럽혀졌고 허물어졌는데 아직도 우리는 우리 나라 의 식자층과 지식 계급을 없애버리라는 요구를 받고 있습니다."

"이게 자유입니까?"

"나는 모스크바에서 상이군인 1000명이 거리에 내동댕이쳐졌다는 말을 들었습니다. 이 상이용사들은 여러분과 나처럼 병사이며 평생 불구가 되었을 따름입니다. 왜 그들이 내동댕이쳐졌습니까?"

"자유를 위해!"

이 연설에 우리 모두 깊은 인상을 받았다. 단 한 사람도 목소리를 높여 항의하지 않았다. 모든 이가 우리가 얻은 자유는 우리가 꿈꾸었던 자유가 아님을 가슴으로 느꼈다. 우리는 평화, 행복, 형제애를 바랐지 외적의 침입, 다툼, 굶주림, 질병을 바라지 않았다.

다른 연사 한 사람이 일어나서 말했다.

"그가 옳습니다. 우리는 속았고 욕을 보았습니다. 우리는 굶주리는데 아무도 신경을 쓰지 않습니다. 하지만 이 수치스러운 상황에서 우리가 어떻게 헤어날 수 있을까요? 우리는 현재의 지도자들을 몰아내고 전선을 다시 일으켜세워야 합니다. 일본군이 벌써 시베리아로 들어오고 있고, 독일군은 러시아를 점령하고 있습니다. 다 우리가 쪼개져 있기 때문입니다. 힘을 합치지 않는다면 우리는 외적의 멍에 아래 놓일 것입니다. 우리는 장교와 다투었지만, 장교 없이 도대체 뭘 하기를 바랄 수 있을까요? 우리가 장교와 화해할지도 모릅니다만, 붉은근위대에 에워싸인 현재의 지도자들을 뒤엎을 무기를 어디서 구할 수 있을까요?"

그 큰 집회에 정적이 잠깐 흘렀다. 애처로운 고요함이었다. 무척 소중하게 간직한 우리의 자유가 옥죄는 굴레로 바뀌었다는 괴로움이 가득했다.

갑자기 병사 두어 명이 목소리를 높여 따지고 연사를 헐뜯고 심지어 을러대기까지 했다. 그들은 곧바로 붙들려서 꼼짝 못하게 되었고, 다시 조용해졌다.

"그 질문에 내가 답변하도록 해주시오!" 멀찍이 있던 내가 의장에게 외쳤다.

"보치카료바다! 보치카료바!" 여러 사람이 연단에 그 말을 전했고, 곧바로 사람들이 나를 들어 올려 연단으로 옮겼다.

"지금 여러분에게 말하게 되어 기쁩니다." 내가 말하기 시작했다. "몇 주 전만 해도 여러분은 나를 갈기갈기 찢어발겼을 겁니다."

"그래, 맞아! 우리는 사람을 많이 죽였소!" 몇 사람이 끼어들었다. "하지만 우리는 장교들이 우리를 노예로 만들고 싶어 한다는 말을 들었고, 그게 우리가 그들을 죽인 까닭이요. 이제 우리는 우리의 진짜 적이 장교가 아니라 독일임을 압니다."

"이전의 연사가 한 질문에 답하기에 앞서 여러분에게 물어봅시다. 연합국에 대한 여러분의 입장이 무엇인지?" 내가 말했다.

"우리는 미국과 영국과 프랑스를 믿습니다. 그 나라들은 우리의 우방입니다. 그 나라들은 자유 국가입니다. 하지만 우리는 일본은 믿지 않습니다. 일본은 시베리아를 노리지요." 이런 대꾸가 여러 쪽에서 나왔다.

여기서 한 병사가 끼어들어 질문을 하게 해달라고 요청했다. 요청이 받아들여졌다.

"나는 우리 연합국들이 왜 우리를 지켜주지 않는지 이해할 수 없습니다." 그가 말했다. "독일이 우리 땅을 집어삼키고 있을 때 연합국 가운데 단 한 나라도 우리를 도와주러 오지 않았습니다. 연합국 외교관들이 러시아에서 달아나고 있으며, 남아 있는 외교관들은 대중의 목소리가 아니라 레닌과 트로츠키의 대표들에게 귀를 기울입니다. 모스크바에서 나는 한 소비에트 관리가 어느 영국 사람을 열차까지 호위하는 것을 보

있습니다. 나는 배가 고팠습니다. 역에는 나 같은 병사가 몇백 명 있었습니다. 우리는 마음이 아팠습니다. 우리는 그 영국 사람한테 메시지를 주고 싶었지만, 그는 우리를 쳐다보지도 않았습니다. 대신에, 그 소비에트 관리와 정답게 악수를 하더군요."

"우리가 전선을 재건하기 위해 식량과 무기와 돈을 달라고 연합국에, 그러니까 미국과 영국과 프랑스에 호소하면 어떻게 될까요?" 내가 다시 말을 이어나갔다.

"우리가 연합국을 어떻게 믿을 수 있습니까?" 내 말이 다시 끊겼다. "연합국은 여기 와서 레닌과 그의 흡혈귀 무리와 한통속이 될 겁니다."

"왜 힘을 합쳐 헌법제정회의를 뽑고 여러분의 지도자들이 연합국과 협력하도록 하지 않나요?" 내가 넌지시 말했다.

"하지만 우리가 도대체 누구를 선택할 수 있을까요?"

"그것은 우리가 나중에 결정할 겁니다. 러시아에는 좋은 사람이 아직 많이 남아 있습니다." 내가 대꾸했다. "하지만 내가, 예를 들어, 무엇인가를 하고 싶어 한다면 어떻게 될까요? 여러분은 저를 믿겠습니까?"

"예, 예! 우리는 당신을 압니다! 당신은 인민의 일원입니다!" 몇백 명이 목소리를 높여 외쳤다.

"자, 그렇다면 내가 여러분에게 말해드리겠습니다. 나는 미국과 영국으로 갈 겁니다. 내가 성공해서 연합국 군대와 함께 돌아온다면, 여러분은 러시아를 구하는 일에서 나를 도와줄 겁니까?"

"예, 그러겠소! 예, 예!" 군중이 외쳤다.

이렇게 집회가 끝났다. 출발 시간이 다가와서 우리는 서둘러 열차로 향했고 가면서 노래를 했다. 나는 행복과 희망을 느꼈다. 병사 몇천 명이 무시되지는 않을 터였다. 그들은 나라의 상황에 관한 새로운 견해에서 거의 다 한뜻이었다. 내가 모스크바에서, 그리고 페트로그라드로 가는 길에 보았던 것과 합쳐보면, 러시아가 구원되리라는 희망은 이 집회로 말미암아 한결 더 굳세졌다. 이 현상은 분명히 곳곳에서 일어나고 있었다. 병사들이 깨어나고 있었다.

페트루힌의 편지를 받고 내가 죽었다며 여섯 주 동안 슬퍼했던 어머니는 내가 돌아오자 기뻐서 어쩔 줄 몰라 했지만, 내 뒤를 졸졸 따라 작은 헛간으로 줄지어 들어가는 여군들을 알아채고 살짝 불안해졌다. 그들 가운데에는 맨발인 이가 많았다. 어머니는 나를 한쪽으로 데려가서는 이게 무슨 일이냐고 물었고, 내가 지난번에 집에 왔을 때 가져다준 돈에서 50루블만 남았다고 털어놓았다. 어머니에게 나는 참을성을 가지라고 간청하면서 내가 문제를 즉시 처리하겠다고 장담했다. 나는 헛간 주인과 마을 유지인 농부 몇 사람을 한데 모으고 상황을 설명했다. 내게는 여군들의 생계를 유지하는 데 쓸 돈이 1000루블밖에 없다, 내가 미국에서 돌아올 때까지 여군들에게 먹을 것과 지낼 곳을 외상으로 줄 수 있느냐고 물었다.

"저는 여러분한테 지는 빚을 마지막 한 푼까지 다 갚겠다고 맹세합니다. 저는 빚을 갚을 뿐만 아니라 저 여군들이 죽을 때까지 생계와 거처를 확실히 제공하기에 넉넉한 돈을 구할 것입니다. 저는 여러분이 경비를 죄다 기록해두기를 바랍니다. 제 말을 믿습니까?"

"예." 농민들이 대꾸했다. "우리는 당신이 러시아를 위해 큰일을 했다는 걸 알고요, 우리는 당신을 신뢰합니다."

나는 이렇게 일을 처리해놓고 1918년 3월에 여성결사대대의 상이 군인 서른 명을 투탈스카야 마을에 남겨두고 떠나게 되었다. 나는 여군들 가운데 가장 궁핍한 이들에게 신발을 사주라며 1000루블을 어머니에게 주었다. 영국 영사에게서 받은 500루블 가운데 300루블을 어머니에게 주었다. 나는 막내 여동생 나댜를 데리고 미국으로 가기로 마음먹었다. 어머니와 아버지, 여군 서른 명, 마을 사람 절반이 역까지 따라온 가운데 나는 한 번 더 여자 옷 차림새로 동쪽으로, 이르쿳스크와 블라디보스토크를 향해 출발했다.

이르쿳스크의 역에서 작은 아이 둘을 팔에 안고 있는 젊은 여자가 눈에 띄었다. 어쩐지 낯이 익었지만 누군지 기억해낼 수 없었다. 누더기 차림의 그 불쌍한 여자는 어려운 처지에 있음이 분명했다. 여자가 나를 빤히 쳐다보더니 달려오며 숨 가쁘게 외쳤다.

"마냐!"

그 여자는 내가 야샤와 함께 유형지로 갈 때 개백정을 죽인 남편을 따라 유형지로 가던 키토바라는 여인의 딸이었다. 그때는 열한 살이나 열두 살이 채 안 되었던 여자아이가 이제는 두 아이의 엄마였다.

여자는 어머니와 함께 사흘 동안 역사 바닥에서 지내고 있다고 했다. 그들에게 남은 돈이라고는 달랑 70코페이카뿐이었다. 그 돈을 들고 키토바는 셋방을 구하러 도시로 가고 없었던 것이다! 키토바의 딸은 야쿳스크에서 한 정치범과 결혼했는데, 그들은 야쿳스크를 떠나 석 달 넘게 여행을 하는 중이었다. 내 지갑에 있는 돈은 모두 200루블이었다. 나는 그 불쌍한 여자에게 40루블을 주었고, 그러고 나서 또 20루블을 주었다.

내가 그의 아기를 돌보고 있는데, 관리가 내게 다가왔다.

"당신이 보치카료바요?" 그가 물었다.

"예." 내가 대꾸했다.

그는 나를 구금하고 싶어 했지만, 나와 같은 열차를 타고 여행하는 병사 몇 사람이 나를 지켜주려고 부리나케 달려왔다. 거센 말다툼이 한바탕 벌어졌다. 나는 소비에트가 준 통행증을 꺼내 들고 내가 가고 싶은 곳 어디든지 갈 자유가 있다고 주장했다. 마침내 관리는 나를 그냥 두고 가버렸다.

나는 키토바를 만나보고 싶어서, 그리고 특히 시베리아 북부에 있는 야샤와 다른 벗들에 관해 전해 듣고 싶어서 키토바가 돌아오기를 마지막까지 기다렸다. 키토바의 딸이 내게 해줄 수 있는 말이라고는 야샤가 야쿠트인 여자와 현지 방식에 따라 결혼했으며 마지막으로 들었을 때에는 여전히 암가에 있었다는 것뿐이었다.

우리는 동쪽으로 가는 여행을 재개했다. 블라디보스토크에서 700 킬로미터쯤 떨어진 하바롭스크*에서 열차를 갈아타기 전에 역에 있는 여성용 대기실에서 그날 밤을 보내야 했다. 내가 막 누우려는데 문이 열리더니 관리 한 사람이 날카로운 목소리로 불렀다.

"보치카료바 사령관?"

"예." 이 호칭에 놀라며 내가 대꾸했다.

"영국으로 갑니까?" 다음 질문이었다.

"아니요."

"그렇다면 어디로 갑니까?"

"블라디보스토크로, 친척과 함께 지내려고요."

그러자 관리는 내 짐을 뒤지겠으니 가방을 내놓으라고 요구했다. 그는 블라디보스토크 영사에게 보내는 모스크바 영사의 편지를 찾아 냈다. 나는 그 영사가 모스크바에서 나를 도와주었고 이제는 블라디보 스토크 주재 영사에게도 나를 도와주라고 요청했다고 설명했다. 관리 는 자기는 그저 명령을 수행하고 있으며 레닌 정권에 더는 동조하지 않 는다고 목소리를 낮춰 내게 말했다. 그는 나를 위해 일을 쉽게 처리하려 고 병사 네 명을 객실 밖에 남겨두었다. 그때 그의 눈길이 가방 속에 있 는 내 사진에 쏠렸다. 내게 마지막으로 한 장 남은 그 사진에 있는 나는 군복 정장 차림이었다. 그는 사진에 자필 사인을 해서 달라고 했고, 나 는 그의 호의를 얻으려고 두말하지 않고 그렇게 해주었다. 관리는 영사 에게서 받은 편지를 감추라고 조언했다. 나는 나댜를 시켜서 그 편지를 밖에 있는 내 길동무들 가운데 한 명인 이바노프에게 보냈다. 이들 가운 데 한 사람은 전직 볼셰비키 당원으로 한 지방 소비에트의 일원이었다. 날마다 붉은근위대가 여러 역에서 세묘노프^{Григорий М. Семенов} 장군에게 가담하려고 가는 장교들을 찾으려고 열차를 뒤지곤 했는데, 내가 열차 에서 붉은근위대를 피하는 동안 그와 다른 여러 병사가 나를 도왔다. 여 러 차례, 비상시에, 나는 그들의 외투에 덮여 숨겨졌다.

"거기 누구요?"라고 붉은근위대가 물으면 그들이 "아픈 동무 한 사 람이요"라고 대답했고, 붉은근위대는 지나갔다.

그 관리는 나를 도시로 데려가서 가둬두라는 명령을 받았다. 붉은 근위대 대원 네 명이 나댜와 나를 경찰서로 호송했다. 관리가 지역 소비 에트 회의를 열려고 간 사이에 나는 감금되어 있었다. 나댜는 감방 밖에 남았는데, 갑자기 나댜가 도와달라고 외치는 소리가 들렸다. 문으로 달려가서 열쇠 구멍으로 보았더니 붉은근위대 대원이 나댜를 골리고 있었다. 나는 문을 쾅쾅 쳐대고 나댜를 내버려두라고 소리치고 그놈들의 염치에 호소했지만 그들은 비웃기만 하고 나댜를 계속 괴롭혔다. 잠긴 문 뒤에서 하릴없이 있자니 부아가 머릿끝까지 치밀었다. 내 친구 이바노프가 나를 위해 항변하려고 다른 병사 두 명과 함께 들어오지 않았더라면 그 나쁜 놈들이 나댜에게 무슨 짓을 했을지 나로서는 생각할 엄두가 나지 않는다.

이바노프 일행은 나댜가 울고 내가 부아가 나서 문을 쾅쾅 치는 모습을 보았다. 나는 그들에게 붉은근위대 대원 네 명이 내 여동생에게 한 짓을 말해주었고, 뒤이어 거센 다툼이 일어났다. 이내 지역 소비에트 의장과 의원 대다수가 도착했다. 내 사건이 처리되었다. 나를 가둬두라는 명령이 모스크바나 이르쿳스크에서 내려온 듯했다. 수색을 해도 내 유죄를 입증하는 어떤 증거도 나오지 않자, 블라디보스토크에 가는 길이라는 내 주장은 반박될 수 없었다.

이바노프와 병사 두 명이 용감하게 항변하면서 나는 아픈 여자라고, 자기들은 열차에서 동행하는 동안 내가 인민의 진정한 벗임을 알게 되었다고, 내게 불리한 증거도 없이 나를 체포해서 돌려보낸다면 남부끄러운 일이라고 주장했다. 이 세 사람이 지켜주지 않았더라면 십중팔구 나는 모스크바나 투탈스카야로 호송되었을 것이다. 이들의 도움으로 나는 하바롭스크 소비에트에 좋은 인상을 주어서 블라디보스토크로 가도 좋다는 허락을 받을 수 있었다. 나는 블라디보스토크에 1918년 4월 중순에 도착했다. 내 지갑에는 5루블 70코페이카가 있었다.

블라디보스토크의 소비에트는 도착하고 출발하는 모든 사람을 면밀히 주시했다. 나댜와 내가 여인숙에 다다르자마자, 소비에트로 보내 검열을 받아야 한다며 증서 제출을 요구받았다. 나댜에게는 정식 통행증이 있었고, 나는 모스크바 소비에트 병사 분과가 준 문서를 사용했다. 이런 증서는 뒷면에 지역 소비에트 도장이 찍혀서 증서 주인에게 돌아오는 것이 보통이었다. 하지만 우리 것은 더디게 도착했다. 좋은 조짐이 아니었다.

나는 영국 영사에게 갔고, 비서 겸 통역으로 근무하는 나이 지긋한 러시아인 대령이 영사 집무실에서 나를 맞이했다. 내 방문을 알리는 모스크바발 전보가 나보다 먼저 와 있었으므로 그는 나를 곧바로 알아보았다. 내가 집무실로 인도되어 들어갔을 때 영사는 아주 친절하고 상냥했지만, 자기는 반혁명 행위를 한다는 의심을 받기 때문에 나를 위해 소비에트에서 여권을 구하는 일에 나설 수 없다고 잘라 말했다.

나는 영사에게 여행의 진짜 목적을 밝히지 않은 채로 내 런던행은 단지 사교 목적의 팽크허스트 부인 방문이 아니라 러시아 어디에서든 내 목숨을 위태롭게 하는 볼셰비즘의 테러에서 벗어나려는 도피로서 이루어지는 것이라고 설명했다. 영사는 내게 지역 소비에트로 가서 볼셰비키가 틀림없이 들어보았음 직한 인물인 팽크허스트 부인에게 가고픈 열망을 그들에게 말하고 여권을 요청하라고 조언했다. 내 영국행에 관해 소비에트가 수상한 점을 찾아내지 못해서 여행을 계속하도록 허가하리라는 것이 그의 생각이었다. 나는 내가 레닌 정부의 손에 당했던 몇몇 사건을 설명하면서 정식으로 여권을 신청하면 내 모험은 끝장나리라고 확신한다고 말했다. 그러자 영사는 블라디보스토크 주재 미국 영사에게 전화를 걸어 내가 도착했고 어려운 처지에 있다고 알려서 그의 관심을 끌어냈다.

나는 영사가 주는 300루블을 지갑에 넣고 여인숙으로 돌아갔다. 그곳은 지저분하고 편의 시설이 갖춰져 있지 않았지만, 블라디보스토크에서 괜찮은 숙소를 구하기는 거의 불가능했다. 그러나 여인숙 주인은 꽤 도움이 되었고 나중에 나를 말썽에서 구해냈다.

이튿날 영사가 나에 대한 소비에트의 호의를 얻으려는 모든 노력이 실패했을 뿐만 아니라 위협까지 받았다고 내게 말했다. 볼셰비키가 심지어 나를 돌려보낼지도 모르는 상황이었다. 나는 영사에게 소비에트의 여권이 없더라도 나를 보내달라고 다시 애원하기 시작했다. 영사는 약속을 하지 않으려 했지만, 내 호소에 견디다 못해 마침내 문제를 곰곰이 생각해보겠다는 뜻을 비쳤다.

영사관을 떠나자마자 거리에서 한 병사가 나를 멈춰 세웠다.

"보치카료바?" 그가 물었다.

"그렇소." 내가 대꾸했다.

"왜 여기 와서 거리를 싸돌아다녀?"

"친척을 찾아왔는데, 알고 보니 그 친척이 이사를 했다고 해서 곧 돌아갈 거요."

그 병사는 내가 갈 길을 가게 내버려두었다. 여인숙에 도착하자마자 주인이 나를 한쪽으로 데려가더니, 내가 없을 때 소비에트 대표들이 찾아와서 내 행동과 내 계획에 관해 물어보았다고 알려주었다. 그리고 자기는 그들에게 내가 친척을 방문하러 왔지만 그 친척이 어디에 사는지 알아내지 못했다고 전했으며, 그들은 나를 체포하러 돌아오겠다고 을러대면서 떠났다고 말해주었다. 그들이 도착하기를 가만히 앉아서 기다리다 구금되어 송환될 수는 없었다. 나는 영사에게 전화를 걸어서 최근 사태를 알렸다. 다행히도 영사는 꽤 좋은 소식을 가지고 있었다. 미국 수송선 한 척이 이틀 뒤에 블라디보스토크에 들른다는 것이었다!

나댜와 나는 서둘러 영사관으로 갔다. 영사는 내 탈출을 돕다 들키면 가만있지 않겠다며 볼셰비키가 자기를 을렀다고 말했다. 영사는 우리에게 필요한 외국 여권을 마련하는 일에 나섰고, 우리는 여권에 쓸 사진을 찍었다. 하지만 소비에트에서 받은 통행증 없이 블라디보스토크를 떠나야 한다는 난관이 아직도 우리 앞에 있었다. 항구는 엄한 감시 아래 있었고, 승객을 해안에서 기선으로 옮겨주는 데 쓰이는 배에 볼셰비키가 배치되어 검사를 했다.

나는 붉은근위대 대원들이 나를 체포하러 나타날까 끊임없이 두려워하며 거의 이틀 동안 여인숙 방에 머물렀다. 내가 빠져나갈 방법이 없다고 믿었는지 그들은 오지 않았다. 그러나 그들이 나중에라도 마음을 고쳐먹을 까닭은 차고 넘쳤다. 그래서 나는 다시 영사에게 갔다. 미국 수송선 셰리던Sheridan호가 그날 밤에 오기로 되어 있었지만, 영사는 선장이 나를 배에 기꺼이 태워줄지 아직 확신하지 못했다.

한편 우리는 항구에 있는 검사관들을 피할 길을 궁리했다. 커다란 여행용 가방을 써보았는데, 안에 내가 간신히 들어가기는 했지만 영사는 그 가방이 부두에 두어 시간 남겨지기라도 하면 내가 질식해 죽을지도 모른다고 판단했다. 나는 가방에서 나왔다.

저녁에 수송선이 도착했다. 선장은 나를 기꺼이 태평양 건너편으로 실어다 주겠다는 뜻을 밝혔다. 영사의 요청으로 나는 그의 집에 머물렀으며, 내 여동생은 장교 한 사람과 함께 여인숙으로 가서 내 물건을 챙겨 배를 타려고 떠났다. 두 시간 뒤에 나는 나댜가 장교와 같이 여인숙에 있는지 알아보려고 전화를 걸었다. 여인숙 주인이 붉은근위대 대원 쉰 명쯤이 막 나를 찾으러 왔었으며 내가 벌써 출발했음을 알고 놀라서 짜증을 냈다고 알려주었다.

"그 여자 어디로 갔어?" 그들이 주인에게 물었다.

"철도역으로, 열차를 타러요." 그가 거짓말을 했다.

"뭔 열차?" 그들이 성을 내며 소리쳤다. "오늘 밤에 떠나는 열차는 없어." 그러고는 그들이 바로 떠났는데, 아마도 나를 찾으려고 그랬을 것이다.

내가 알아낸 바를 알렸더니 영사가 나를 벽장에 숨겼다. 조금 뒤에 붉은근위대 대원 몇 명이 도착해서 보치카료바를 내놓으라고 요구했다. 영사는 내 행방을 알지 못한다고 잡아뗐다. 내가 자기에게 딱 한 번 왔고 그래서 나를 위해 소비에트에 여권을 신청했지만 거부되었으므로 자기는 내 건에서 손을 뗐다고 잘라 말했다. 붉은근위대 대원들은 내가 영사관으로 들어갔지만 나오는 모습은 보이지 않았다고 말했다. 내가 찾아오지 않았다고 영사가 잡아뗀 뒤에 그들은 내가 있는지 둘러보고는 떠났다.

나이 든 대령이, 나댜를 수송선에 태운 뒤에, 러시아 장교 여덟 명이 같은 배에 승객으로 오를 터이므로 내게 길동무들이 생겼다는 소식을 가지고 돌아왔다. 러시아 장교 몇백 명이 블라디보스토크에 있는 영국군에 가담해서 프랑스로 이송될 수 있다고 믿고서 블라디보스토크에 도착해 있었다. 불행히도 연합국은 그들의 지원을 받아들이지 않으려

했고 장교들은 볼셰비즘이 유럽 러시아에서 날뛰는 한 그곳으로 돌아갈 수단도 그럴 의욕도 없어서 어려운 상황에 처했다. 그들 가운데 몇몇은 갖가지 수단으로 미국이나 캐나다로 가는 데 성공했다.

대령은 내게 길동무들을 만나고 싶은지 물었다. 나는 그렇다고 대답했고, 그들이 마침 그때 영사관에 있었으므로 대령은 그들이 기다리고 있는 방으로 나를 데리고 들어갔다. 문턱을 넘자마자 작은 무리의 장교들이 얼핏 보였는데 느닷없이 레오니트 그리고리예비치 필리포프가 눈에 들어왔다. 전에 내 전투 부관이었던 그는 결사대대가 불운한 진격을 할 때 독일군의 포화 속에서 의식을 잃은 나를 안전한 곳으로 옮겼던 사람이다.

"여기 웬일입니까?" 뜻밖의 만남에 놀란 우리 둘이 동시에 물었다.

나는 결사대대가 개시한 공격이 성과 없이 끝나고 적군에게서 달아나는 동안 포탄에 정신을 잃고 다친 뒤에 필리포프 소위에게 목숨을 빚졌다고 늘 느꼈다. 그는 내가 페트로그라드의 병원으로 보내진 뒤에 결사대대를 떠맡았으며, 나중에는 비행사 훈련을 받으려고 오데사*로 떠났다.

사적인 짧은 대화로 나는 필리포프 소위가 연합국에 받아들여지리라는 기대를 안고 블라디보스토크에 온 장교들과 똑같은 곤경에 처했음을 알게 되었다. 나는 그가 내 부관이라는 이전의 직위에 오를 수 있게 해주고 그를 내 일행에 넣어달라고 영사에게 요청했다. 영사는 자애롭게도 동의했다. 나는 언어와 민족과 지리에 관한 지식을 갖추고 또한 온

---

* Одесса. 흑해 북쪽 해안에 있는 우크라이나의 항구 도시. 우크라이나어 표기로는 Одеса.

마음을 다해 러시아에 헌신하는 고학력자 벗과 일행이 되어 외국 땅을 돌아다닐 생각에 즐거웠다.

영사와 또 한 번 면담을 한 뒤에 내가 영국 여자처럼 옷을 입고 미국 수송선으로 가는 시도를 해야 한다고 결정되었다. 필요한 옷이 마련되었고, 15분 뒤에 나는 더는 군인이 아니라 머리에 베일을 쓰고 러시아어를 한마디도 알아듣지 못하는 외국인 숙녀로 나타났다. 나는 나를 위해 큰 희생을 해준 영사에게 깊디깊은 고마움을 표현한 뒤에 대령과 함께 항구로 떠났다.

나는 잠자코 있고 내 동행인에게 모든 것을 맡기기로 되어 있었다. 경비병이 나를 자세히 살펴보는 듯할 때에는 가슴이 여러 번 철렁하기도 했지만 나는 하라는 대로 했으며, 대령이 질문에 대답하면서 내가 귀국하는 영국 여자라고 말할 때는 웃고 싶은 충동을 이따금 억눌러야 했다. 내가 나룻배로 수송선에 옮겨 탔을 때는 어둑어둑했고, 모든 일이 말썽 없이 풀려나갔다. 하지만 아직 모험이 끝난 것이 아니었다.

수송선은 항구에서 하루 더 머물러야 했고, 소비에트가 나를 찾으려고 수송선을 뒤지리라고 예상되었다. 나를 찾아내려는 모든 시도를 막고자 나는 선실에 틀어박혔고 선실 입구와 모든 접근로에 감시인이 세워졌다. 선실에 가까이 오는 것이 금지되었으며, 궁금해서 물어보는 사람들은 중요한 독일 장군 한 사람이 미국의 포로수용소로 가는 길에 거기에 갇혀 있다는 말을 들었다. 필리포프 소위조차도 그 속임수를 알지 못해서 배 출발 시간이 가까워지는데 내가 오지 않았다고 크게 걱정했다. 볼셰비키 밀사가 파견되어 나를 찾으려고 배에 올라타기라도 할라치면, 미국 군인들이 특정 선실 앞에서 그를 멈춰 세우고 갇혀 있는 적국 장군의 이러이러한 거리 안으로는 아무도 들어가지 못한다고 알릴 터였다.

나는 셰리던호가 닻을 들어 올리고 움직이기 시작하자 선실에서 나왔다. 근엄한 독일 장군이 나오는 모습을 보리라고 예상했던 모든 이에게는 꽤나 재미있고 즐거운 일이었다.

나는 자유였다!

내가 내 삶에서 처음으로 러시아 땅을 떠난 그때는 1918년 4월 18일이었다. 미국 깃발 아래, 미국 수송선을 타고 나는 연합국에 보내는 러시아 농민 병사의 메시지를 가슴에 품고—미국이라는—경이로운 땅으로 향하고 있었다. 그 메시지는 이랬다.

"여러분의 안전, 여러분의 자유, 여러분의 땅과 목숨을 위해 러시아가 바친 500만 명의 목숨에 대한 보답으로, 러시아가 독일의 멍에에서 풀려나 자유로워지도록 도와주십시오!"

구르코, 바실리Василий Гурко(1864~1937)

러시아의 군인. 무인 가문에서 태어나 어려서 군문에 들어섰다. 육군 무관으로 외국에서 근무했고, 제2차 보어전쟁에도 참여했다. 제1차 세계대전에서는 야전군을 지휘했다. 1917년 3월에 서부전선군 사령관이 되었으나, 군주정 지지를 표명해서 면직되고 투옥되었다. 9월에 영국으로 망명했고 이탈리아에 정착했다.

라스푸틴, 그리고리Григорий Распутин(1869~1916)

러시아의 종교인. 시베리아 태생으로 소수 종파와 접하면서 추종자를 얻었다. 1903년에 상트페테르부르크로 가서 황태자의 혈우병 증세를 고쳐 황제 부부의 신임을 얻었다. 그 뒤 국정에 개입하고 권세를 휘두르다 암살되었다.

레닌, 블라디미르Владимир Ленин(1870~1924)

러시아의 정치가. 심비르스크에서 태어나 카잔 대학에서 법을 공부했다. 마르크스주의자가 되어 활동하다 체포되었고 유형 중에 국외로 망명했다. 1917년 혁명이 일어나자 귀국해서 볼셰비키당을 이끌고 권력을 장악했다. 제3인터내셔널을 창설했으며, 내전기에는 반혁명 세력에게서 혁명 정부를 지켜냈다.

로쟌코, 미하일Михаил Родзянко(1859~1924)

러시아의 정치가. 제정 말기에 두마 의장이 되었고, 1917년 3월에 황제 니콜라이 2세의 퇴위를 종용했다. 임시정부에서 활동하다 볼셰비키가 권력을 잡은 뒤 러시아 남부에서 반혁명 세력을 지원했고, 1920년에 외국으로 망명했다.

리흐텐베르크, 다리야Дарья Лихтенберг(1870~1937)

명문 귀족 가문 출신으로 프랑스와 독일에서 공부했으며, 외국에서 오래 살아 외국어에 능통했다. 제1차 세계대전이 일어나자 간호사 교육 과정을 밟은 뒤 1917년 1월에는 자비로 병원 열차를 만들었다. 1917년에 독일로 망명했다가 1918년 10월에 오스트리아 적십자 대표단의 일원으로 귀국했다. 번역 일을 하며 출판계와 도서관에서 근무했는데, 1929년부터 비판 대상이 되었고 대숙청 때 총살되었다.

바실콥스키, 올레크Олег Васильковский(1879~1944)

벨라루스 출신의 러시아 제국 군인. 카자크 기병대를 지휘했고, 러시아-일본 전쟁과 제1차 세계대전에 참전했으며, 1917년 8월에 페트로그라드 군관구 사령관에 임명되었다. 10월혁명 뒤에 반볼셰비키 활동에 나섰고, 내전이 끝난 뒤에도 나라 밖에서 활동을 이어갔다.

발루예프, 표트르Петр Балуев(1857~1923)

러시아의 군인. 군 장교 집안에서 태어나 1876년에 군사학교를 마치고 군문에 들어섰다. 1892년에 장군이 되었고 제1차 세계대전에 참전했다. 1917년 3~7월에 남서부전선군에서 군단을 지휘했고, 8~11월에 서부전선군 총사령관이었다. 10월혁명 때 체포되었으나, 이듬해에 혁명 정부의 붉은 군대에 들어갔다.

발테르, 리차르트-키릴Ричард-Кирилл Вальтер(1870~1945)

귀족 출신의 러시아 군인. 니콜라예프 공병학교와 니콜라예프 참모대학을 마쳤고, 제1차 세계대전 때 제7보병사단장과 제5군단 참모장을 지냈다. 10월혁명 뒤에 반혁명군에 가담했다가 1921년에 상하이로 망명했다.

베르홉스키, 알렉산드르Александр Верховский(1886~1938)

러시아의 군인. 귀족 자제가 다니는 사관학교에 들어갔지만 1905년 혁명에 동조해서 제적되었다. 러시아-일본 전쟁에 참전했고, 군인으로서 능력을 인정받았다. 1917년 2월혁명을 지지하고 소비에트에서 활동했다. 8월에는 임시정부의 국방장관에 임명되었다. 내전이 일어나자 붉은군대에 들어갔고, 군사 이론가와 교육자로 활동했다. 대숙청 때 총살되었다.

보치카료프, 아파나시Афанасий Бочкарев(1884~?)

보치카료바의 첫 번째 남편. 톰스크 지방의 농민으로, 러시아-일본 전쟁에 참전했다. 제1차 세계대전 초기에 징집되어 제31시베리아연대 병사가 되었고, 1916년 3월에 다쳐서 툴라 군병원에 입원했다. 볼셰비키당원이 되었다.

부크, 야콥Яков Бук(1895~1918)

보치카료바의 두 번째 남편. 유대인이었으며, 시베리아 동부에서 태어나 스레텐스크에서 살았다. 1912년에 4년 징역형을 선고받고 야쿠티야로 유배되었다. 1914년에 황제의 허락을 얻어 자원입대했고, 이듬해에 의무부대원으로 전선으로 가겠다고 자원했으나 거절당했다. 1917년에 '전제정 피해자'로 인정되었고, 야쿳스크에서 노동자 소비에트 대의원으로 일했다. 1918년 9월에 반혁명군에게 총살되었다.

브루실로프, 알렉세이Алексей Брусилов(1853~1926)

러시아의 군인. 무인 가문에서 태어나 제국 군대의 엘리트가 되었다. 1916년에 지휘한 대공세가 성공해서 제1차 세계대전에서 러시아의 희망으로 떠올랐다. 1917년에 총사령관을 지냈고, 내전기에는 중립을 지키다 결국 붉은군대에 들어가 혁명 정부를 뒷받침했다.

사블린, 유리Юрий Саблин(1897~1937)

러시아의 군인. 고등교육을 받았으며, 제1차 세계대전 도중인 1915년에 사회주의자 혁명가당에 들어갔고 이듬해에 자원입대했다. 1917년 혁명 기간에 모스크바에서 활약했고, 12월부터 러시아 남부에서 혁명군을 지휘했다. 1918년부터는 우크라이나에서 반혁명군과 싸웠다. 1919년에 공산당에 입당했고, 내전 뒤에 군에서 일하다 대숙청 때 총살되었다.

세묘노프, 그리고리Григорий М. Семенов(1890~1946)

러시아의 군인. 시베리아 동부에서 태어났고, 제1차 세계대전에서 장교로 독일군과 싸웠다. 10월혁명 직후에 반혁명 세력을 모아 볼셰비키와 싸우다 하얼빈으로 도주했다. 내전기에 시베리아에서 약탈을 일삼았고, 내전 뒤에는 일본, 중국, 만주국을 떠돌며 일본 앞잡이 노릇을 했다. 1945년 9월에 소련군에게 붙잡혀 이듬해에 처형되었다.

아노소프, 니콜라이Николай Аносов(1866~1920)

러시아의 군인. 무인 집안에 태어나 18세에 군문에 들어섰다. 러시아-일본 전쟁에 참전한 뒤 시베리아와 만주에서 근무했다. 1915년에 장군이 되었고, 1917년 3월에 페트로그라드 군관구 사령관직을 임시로 맡았다가 곧 코르닐로프 장군에게 인계했다. 내전기에 혁명 정부의 손에 총살되었다.

알렉산드르 2세Александр II(1818~1881)

러시아의 황제. 1855년에 즉위해서 1861년 농노해방령을 공포하는 등 여러 개혁을 시도했다. 불완전한 개혁에 실망한 급진주의자들이 던진 폭탄에 목숨을 잃었다.

알렉세예프, 미하일Михаил Алексеев(1857~1918)

러시아의 군인. 러시아 제국 군대의 엘리트로서 제1차 세계대전 때 황제를 보좌하는 참모장이 되었다. 1917년에 총사령관을 지냈고, 내전기에는 반혁명 군대를 이끌고 볼셰비키 정권과 싸웠다. 폐렴으로 숨졌다.

윌슨, 우드로Woodrow Wilson(1856~1924)

미국의 정치가. 법학을 공부한 뒤 행정학과 역사학을 전공해 박사학위를 받았다. 1902년부터 1910년까지 모교인 프린스턴 대학 총장을, 1913년부터 1921년까지 미국 제28대 대통령을 지냈다. 1917년에 미국의 제1차 세계대전 참전을 이루어냈다.

잔다르크 Jeanne d'Arc(1412~1431)

프랑스 북동부에서 농부의 딸로 태어났다. 신의 계시를 받았다고 주장하며 백년전쟁에서 위기에 몰린 프랑스군을 이끌고 잉글랜드군을 몰아내는 데 이바지했다. 전투 중에 붙잡혀 재판에서 이단 판결을 받고 처형되었다. 근현대 프랑스에서 애국의 상징으로 추앙되었다.

치헤이제, 니콜라이Николай Чхеидзе(1864~1926)

조지아 출신의 러시아 정치가. 오데사 대학에서 학생운동을 했으며, 조지아에서 마르크스주의 확산에 힘썼다. 두마 의원을 지냈고, 1917년에 소비에트 의장으로 활동하며

임시정부의 전쟁 지속 정책을 지원했다. 내전기에 독립한 조지아를 이끌다 1921년에
프랑스로 망명했다.

케렌스키, 알렉산드르 Александр Керенский(1881~1970)

러시아의 정치가. 심비르스크에서 태어나 상트페테르부르크 대학을 졸업한 뒤 변호
사가 되었다. 제정을 비판하는 온건 사회주의자로 활동했고, 2월혁명 뒤에 장관으로
임시정부에 입각한 뒤 총리가 되었다. 러시아와 영국 및 프랑스의 동맹 관계에 연연
해 전쟁을 지속하는 정책을 펴서 지지를 잃었고, 볼셰비키의 무장봉기 직후에 프랑스
로 망명했다. 1940년에 미국에 정착했다.

코르닐로프, 라브르 Лавр Корнилов(1870~1918)

러시아의 군인. 군사학교를 마치고 주로 아시아에서 근무했다. 제1차 세계대전 기간
에 장군이 되었고, 1915년에 포로가 되었으나 이듬해에 탈출했다. 1917년에 총사령
관이 되었고, 혁명 분쇄를 획책하다 실패했다. 1918년에 러시아 남부에서 반혁명군을
이끌다 포격에 목숨을 잃었다.

콜론타이, 알렉산드라 Александра Коллонтай(1872~1952)

러시아의 혁명가. 귀족이었지만 볼셰비키당원으로 전제정과 싸웠다. 1917년에 레닌
을 지지했고, 혁명 정부에서 복지부와 여성부를 이끌었다. 페미니즘 소설을 쓰기도
했으며, 1922년 이후에는 외교관으로 활동했다.

쿠즈민, 안드레이 Андрей Кузьмин(1880~1920)

러시아의 군인. 군인 집안에서 태어나 전기공학을 전공했다. 군 복무 중에 소속 부대
의 항명 병사들 편에 섰다가 고초를 겪었으며, 1912년에 군사 재판에서 징역형을 받
았다. 1917년에 페트로그라드 군관구 사령관 부관이 되었고, 10월혁명 때 케렌스키
와 함께 도주했다. 내전기에 시베리아의 반혁명군에게 붙잡힌 뒤 병사했다.

크라프트, 이반 Иван Крафт(1859~1914)

러시아의 관료. 시베리아 중부 태생으로 독일계 귀족 가문 출신이다. 1906년 11월에

야쿠츠크 주지사가 되었고, 행정가로 좋은 평판을 얻었다. 1913년 7월에 예니세이스 크Eнисейск 주지사에 임명되어 야쿠츠크를 떠나 크라스노야르스크Красноярск로 갔다. 1914년에 치료를 위해 독일로 갔다가 제1차 세계대전이 일어나자 귀국했고, 페트로그라드의 병원에서 신장염으로 숨졌다.

트로츠키, 레프Лев Троцкий(1879~1940)

러시아의 혁명가. 유대인이었으며 젊어서부터 혁명운동에 나섰다. 1917년에 레닌과 함께 10월혁명을 일으켰고 뒤이은 내전에서 볼셰비키당을 승리로 이끌었으나, 레닌이 죽은 뒤 권력 투쟁에서 밀려 쫓겨났다. 멕시코에서 암살되었다.

팽크허스트, 에멀린Emmeline Pankhurst(1858~1928)

영국의 페미니스트 운동가. 1903년부터 온 가족이 함께 여성 참정권 운동을 이끌었으며, 비합법적 투쟁도 마다하지 않았다. 제1차 세계대전 기간에는 영국의 전쟁 수행 노력을 후원했다.

폴롭초프, 표트르Петр Половцов(1874~1964)

러시아의 군인. 귀족 가문에서 태어나 23세에 군문에 들어섰다. 러시아-일본 전쟁에 참여한 뒤 인도와 중국에서 근무하다 제1차 세계대전에 야전 군인으로 참전했다. 1917년 5월에 코르닐로프의 후임으로 페트로그라드 군관구 사령관이 되었고 볼셰비키를 탄압했다. 1918년 2월에 페르시아로 가서 영국군에 가담한 뒤 영국, 아프리카, 프랑스를 전전하다 1922년에 모나코에 정착했다.

필리포프, 레오니트Леонид Филиппов(1894~1919)

귀족 출신의 러시아 군인. 제1차 세계대전이 일어나자 자원입대했다가 포로가 되었으나 1917년 6월에 탈출해서 장교가 되었다. 7월 초에 여성결사대대에 배속되어 보치카료바의 부관으로 근무했으며, 흑해 연안에 있는 비행사 양성 학교로 파견되었다. 1918년 봄에 블라디보스토크에서 다시 만난 보치카료바와 함께 미국과 영국으로 갔다. 귀국해서 반혁명군에 가담해 싸우다 숨졌다.

1861년   러시아 제국 황제 알렉산드르 2세가 농노해방령을 선포하다.

1881년   알렉산드르 2세가 암살되고 알렉산드르 3세가 뒤를 이어 황제가 되다.

1884년   니콜라이 2세가 병으로 죽은 알렉산드르 3세의 뒤를 이어 황제가 되다.

1889년   마리야 프롤코바(보치카료바)가 태어나다.

1898년   마르크스주의 정당인 러시아 사회민주노동당이 결성되다.

1903년   러시아 사회민주노동당이 볼셰비키와 멘셰비키로 갈라지다.

1904년   러시아-일본 전쟁이 일어나다.

1905년   '피의 일요일' 사건으로 1905년 혁명이 일어나고, 소비에트가 만들어
         지다.

1912년   보치카료바가 연인을 따라 시베리아 유형지로 가다.

1914년   제1차 세계대전이 일어나고 러시아 제국이 참전하다.

1915년   러시아 제국군에 입대한 보치카료바가 최전선에서 독일군과 싸우다.

1916년 12월 황제 부부의 신뢰를 얻어 권세를 휘두르던 그리고리 라스푸틴이 암살
         되다.

1917년 2월 러시아 제국 수도 페트로그라드에서 시민들이 대규모 시위를 벌이고 소
         비에트가 다시 소집되는 상황에서 니콜라이 2세가 황제 자리에서 물러
         난 뒤 임시정부가 세워지다.

1917년 4월 망명을 마치고 러시아로 돌아온 블라디미르 레닌이 사회주의 혁명을 볼
         셰비키당의 목표로 선언하다.

1917년 5월	제1러시아 여성결사대대가 편성되고 보치카료바가 지휘관에 임명되다.
1917년 6월	알렉산드르 케렌스키가 주도한 러시아군의 대공세가 전선에서 펼쳐지다.
1917년 7월	알렉산드르 케렌스키가 임시정부 총리가 되다.
1917년 8월	라브르 코르닐로프 장군이 시도한 쿠데타가 볼셰비키당과 노동자들의 반격으로 실패하다.
1917년 10월	볼셰비키당이 무장봉기로 임시정부를 무너뜨리고 권력을 잡은 뒤 러시아에 세계 최초의 사회주의 정부를 세우다.
1918년 3월	볼셰비키 정부가 독일과 강화 조약을 맺어 제1차 세계대전에서 빠져나오다.
1918년 4월	러시아 남부에서 볼셰비키에 맞서 반혁명 군대를 이끌던 코르닐로프 장군이 전사하다. 보치카료바가 미국으로 떠나다.
1918년 8월	러시아의 혁명 세력과 반혁명 세력 사이의 내전이 본격적으로 시작되다. 보치카료바가 영국을 거쳐 러시아로 돌아오다.
1919년	『야시카』가 런던과 뉴욕에서 출간되다.
1920년 2월	볼셰비키 붉은군대가 시베리아에서 반혁명 정부를 이끌던 알렉산드르 콜차크 제독을 붙잡아 총살하다.
1920년 5월	체포된 보치카료바가 총살되다.
1921년	러시아 내전에서 볼셰비키 정권이 반혁명 세력을 물리치고 최종 승리를 거두다.

종잡을 길 없는 시대의 종잡기 힘든 인물
마리야 보치카료바 이해하기

1

이 책은 마리야 보치카료바의 영어 자서전을 우리말로 옮긴 것이다. 머리말에도 나와 있듯이, 보치카료바의 자서전은 그가 러시아어로 구술한 내용을 아이작 돈 레빈이 받아 적은 다음 영어로 옮겨 엮은 책이다. 영어 원본에는 두 판본, 즉 Maria Botchkareva, *Yashka: My Life as Peasant, Exile and Soldier* as set down by Isaac Don Levine, London: Constable and Company Limited, 1919와 Maria Botchkareva, *Yashka, My Life as Peasant, Officer and Exile* as set down by Isaac Don Levine, New York: Frederick A. Stokes Company, 1919가 있다.* 번역 대본으로는 런던에서 간행된 컨스터블 출판사 판본을 2010년에 나뷰 출판사Nabu Press가 뉴욕에서 다시 펴낸 판본을 사용했다. 그리고 러시아어판인 Мария Бочкарева, *Яшка: Моя жизнь крестьянки, офицера и изгнанницы,*

---

* 두 판본은 표제의 부제와 몇몇 장의 제목, 본문의 일부 구문이 살짝 다르고, 그 밖에는 차이가 없다.

М.: Воениздат, 2001을 참고했다.

2

러시아혁명을 연구하겠다고 마음먹고 여러 연구서를 섭렵하던 옮긴이는 1917년 10월혁명을 다룬 알렉산더 라비노비치Alexander Rabinowitch 의 권위서*를 읽다가 여성결사대대에 관한 서술과 사진으로 마리야 보치카료바라는 인물의 존재를 처음 알게 되었다. 바늘 하면 실이 곧바로 머리에 떠오르듯이, 여성결사대대 하면 보치카료바라는 인물이 연상되기 마련이다. 러시아의 수도에서 볼셰비키당이 노동자와 병사의 지지에 힘입어 권력을 잡고자 1917년 10월 25일에 봉기를 일으켰을 때 마지막까지 사관생도 부대와 함께 임시정부를 지킨 유일한 무장 병력이었던 여성결사대대**는 볼셰비키 위주의 러시아혁명사에서는 실웃음을 자아내는 반혁명 에피소드에 지나지 않았다. 여성결사대대는 세르게이 예이젠시테인Сергей Эйзенштейн 감독의 1928년작 영화 「10월: 세계를 뒤흔든 열흘Октябрь: Десять дней, которые потрясли мир」에 스쳐 지나가듯 짧게 등장하고 이내 사라지며, 블라디미르 마야콥스키Владимир Маяковский가 1927년에 쓴 시 「좋아!Хорошо!」***에서는 비웃음을 산다. 그러나 세계를 뒤흔

---

* Alexander Rabinowitch, *The Bolsheviks Come to Power: The Revolution of 1917 in Petrograd*, New York: W. W. Norton, 1976. 한국어판은 다음과 같다. 알렉산더 라비노비치, 『혁명의 시간: 러시아혁명 120일 결단의 순간들』, 류한수 옮김, 교양인, 2008(초판); 알렉산더 라비노비치, 『1917년 러시아혁명: 노동계급이 권력을 잡다』, 류한수 옮김, 책갈피, 2017(개정판).

** 10월혁명 때 볼셰비키에 맞서 겨울궁전 수비에 동원된 여성 부대는 보치카료바의 제1러시아 여성결사대가 아니라 조금 뒤에 따로 편성된 제1페트로그라드 여성결사대대였다.

*** Владимир Маяковский, *Сочинения* том 2, М.: Правда, 1987, С. 349-424.

든 1917년의 사건을 볼셰비키와 노동계급만 주인공으로 나오는 단막극이 아니라 숱한 인물이 등장하는 대하드라마로 본다면, 보치카료바와 여성결사대대는 각광을 훨씬 더 많이 받아야 했다. 하지만 러시아혁명을 넓고 깊게 보지 못하던 젊은 시절의 옮긴이는 여자들만의 전투부대를 따로 만들어 조국의 적과 싸운다는 어처구니없는 생각을 했던 특이한 여성이 『야시카』라는 자서전을 한 권 남긴 채 역사의 무대에서 사라졌다는 식으로만 기억하고 큰 관심을 두지 않았다.

러시아혁명을 제대로 알고자 영국에서 공부하던 어느 날 헌책방에 들렀다가 뽀얀 먼지를 뒤집어쓴 채 서가에 꽂혀 있는 색 바랜 책 한 권을 보았다. 말로만 듣던 바로 그 『야시카』였다. 망설이지 않고 책을 샀지만, 곧바로 펼치지는 않고 언젠가는 읽겠다며 집 어딘가에 놓아두었다. 그로부터 여러 해가 지난 뒤에 보치카료바의 자서전이 갑작스레 머리에 떠올랐다. 먼지를 털어내지도 않고 처박아 두었던 그 책을 찾아내서는 한 세기에 이르는 세월의 무게 탓에 너덜너덜해진 페이지를 넘기며 죽 읽어 내려갔다. 꽤 재미가 있었고, 역사적 평가야 어떠하든 가벼이 넘길 인물은 아니라는 생각이 절로 들었다.

세월이 더 흘러 대학에 자리 잡은 옮긴이는 춥고 배고프더라도 역사 연구자의 모진 길을 즐거이 걷겠다는 제자에게 석사학위 논문 주제로 보치카료바와 여성결사대대를 권했다. 제자는 몇 해 뒤에 퍽 짜임새 있는 논문을 써내서 우리나라 역사학계에 보치카료바를 처음으로 소개했다. 그 존재가 학계에 알려진 김에 원사료 격인 보치카료바의 자서전을 일반 독자에게도 소개하자는 생각에 우리말로 옮기는 일을 틈틈이 했고, 그 결과물이 바로 이 책이다. 『야시카』의 한국어판을 펴낸 경위는 이러하다.

『야시카』를 우리말로 옮겨보겠다고 마음먹었을 때 걱정이 없지 않았다. 마리야 보치카료바는 플로렌스 나이팅게일이나 마리 퀴리가 아니지 않은가. 일반 독자에게는 말할 것도 없고 웬만한 역사학자들에게도 낯선 이의 자서전을 펴내줄 출판사가 있을지 걱정이 앞섰다. 다행히 마농지가 책의 가치를 우선하여 출간을 결정해주었고, 원고를 꼼꼼하게 살펴주었다. 고마울 따름이다.

3

여자임을 숨기지 않고 군문軍門에 들어서서 훈련을 받고 최전방에서 싸우는 군인이 되었다는 점, 개별 여성이 분산적으로 자원입대하는 차원에서 더 나아가 여성으로만 편성되는 전투부대를 창설했다는 점, 그리고 러시아혁명이라는 격변의 시기에 반발과 저항을 이겨내고 그 부대를 조련하고 지휘해서 독일군과 실제로 싸웠다는 점에서 마리야 보치카료바는 퍽 흥미로운 인물이다. 전쟁과 여성의 관계를 새로운 시각에서 보면서 여성 군인, 특히 여성 전투원에 초점을 맞춘 연구가 활발해지는 최근 한 세대 동안의 흐름을 타고, 그리고 소비에트연방 해체의 여파 속에서 러시아 여성결사대대와 보치카료바에 관한 연구가 활발해졌다. 러시아 역사가 세르게이 드로코프Сергей Дроков는 보치카료바를 "20세기 초엽 러시아사에서 가장 수수께끼 같은 인물 가운데 한 사람이며, 가장 논쟁적인 인물 가운데 한 사람"이라고 일컬었다.*

---

* Сергей В. Дроков, "Предисловие к русскому изданию", в кн.: Мария Бочкарева, *Яшка:*

보치카료바가 남긴 자서전은 그가 1918년 4월 18일에 블라디보스토크에서 미국으로 가는 배에 올라타 혁명 러시아를 빠져나가면서 끝난다. 그 뒤의 삶은 어떠했을까? 태평양을 가로질러 5월 13일에 샌프란시스코에 도착한 보치카료바는 곧바로 뉴욕과 워싱턴을 방문했고, 미국의 국무장관과 국방장관을 만났다. 미국의 저명인사 플로렌스 해리먼Florence Harriman의 도움으로 7월 10일에 우드로 윌슨Woodrow Wilson 대통령을 접견한 보치카료바는 그의 무릎을 부둥켜안고 울면서 무르만스크Мурманск 지역에 미국 군대를 보내 볼셰비키를 몰아내 달라고 애원했으며, 17일에는 미 의회 상원의원들을 만나 러시아에 원정 부대를 파견해달라고 요청했다. 제26대 대통령을 지낸 시어도어 루스벨트Theodore Roosevelt의 초대도 받았는데, 보치카료바는 그에게 연합군 부대 7만 명과 일본군 3만 명을 시베리아에 있는 그리고리 세묘노프 장군에게 보내 힘을 합쳐 볼셰비키와 싸우고 독일 황제를 암살할 계획을 이야기했다.* 미국을 떠나 대서양을 건넌 보치카료바는 8월에 영국에 도착해 에멀린 팽크허스트를 만났다. 영국 국왕을 알현한 자리에서 조지 5세가 "당신은 러시아 장교이며, 아르한겔스크로 가서 조국에 봉사해야 합니다"라고 권고하자 보치카료바는 "분부에 따르겠습니다"라고 대답했다.

미국 선박을 타고 9월 27일에 아르한겔스크에 도착한 보치카료바는 볼셰비키와 싸울 여성 부대를 편성하려고 애썼지만, 유럽 러시아의

Моя жизнь крестьянки, офицера и изгнанницы, М.: Воениздат, 2001, С. 9.

* 시어도어 루스벨트는 보치카료바가 떠난 뒤에 "그 여자를 돕지 못하는 내 무력함이 싫다"고 썼다. Kathleen Dalton, *Theodore Roosevelt: A Strenuous Life*, New York: Alfred A. Knopf, 2002, pp. 502-503.

북부에서 반혁명 부대를 이끌던 블라디미르 마루셉스키Владимир Мару-
шевский 장군은 그를 외면했다. 보치카료바는 뜻을 꺾지 않고 셴쿠르스
크Шенкурск로 가서 11월에 영국 간섭군 사령관 에드먼드 아이언사이드
Edmund Ironside 장군을 만나 눈물로 호소했다. 그러나 그마저 미온적 태
도를 보이며 보치카료바를 아르한겔스크로 돌려보냈다. 시베리아에서
반혁명 정부를 세우고 볼셰비키에 맞서던 알렉산드르 콜차크Александр
Колчак 제독에게 무기와 탄약을 보내는 수송 선단에 올라탄 보치카료바
는 1919년 8월 10일에 아르한겔스크를 떠나 10월 19일에 가족이 사는
시베리아의 톰스크에 도착했다. 매우 어려운 처지에 있는 부모를 보고
는 콜차크에게 퇴역과 연금을 신청하기로 결심했지만, 11월 10일에 만
난 콜차크의 요청을 받아들여 여성 150명, 남성 50명으로 이루어진 의료
부대를 편성한다는 데 동의했고, 극장에서 지원 여성들에게 선동 연설
을 했다.

　　그러나 이 노력도 곧이어 붉은군대가 톰스크를 되찾고 콜차크 부
대가 패주하면서 헛일이 되었다. 1920년 1월 7일에 붙잡혀 감금된 보치
카료바는 3월에 붉은군대 제5군 특별부서로 넘겨져 크라스노야르스크
Красноярск로 이감되었으며, 4월 20일에 유죄 선고를 받았다. 현지의 비
밀경찰은 보치카료바를 모스크바의 비밀경찰 특별부로 보내기로 의결
했는데, 5월 15일에 비밀경찰대원 이반 파블루놉스키Иван Павлуновский
가 이 의결을 바꿔서 이튿날 그를 총살하기로 결정했다. 이때 그의 나이
서른 살이었다. 소비에트연방의 역사 서술에서 보치카료바는 반혁명의
대명사 격인 인물이었다. 그러나 일흔 해 넘는 세월이 지난 1991년 10월
18일에 러시아연방의 '정치 탄압 희생자의 복권에 관하여' 법률에 따라,

그리고 옴스크Омск주 검찰의 1992년 1월 9일 자 결정에 따라 보치카료바의 완전 복권이 이루어졌다.

한편, 세르게이 드로코프는 보치카료바의 총살이 집행되었다는 문서가 없다는 점을 들어 놀라운 주장을 내세웠다. 1920년에 러시아 특파원으로 파견된 아이작 돈 레빈이 크라스노야르스크의 지하 감옥에서 보치카료바를 구해내어 함께 중국 하얼빈으로 갔고, 보치카료바는 이름을 바꾸고 전우였던 러시아 사내와 재혼해서 만주 동청철도東淸鐵道 근처에서 살다 1927년에 러시아로 이송되었다는 것이다. 그러나 드로코프는 이 주장을 뒷받침하는 증거를 내놓지 못했다. 이 같은 낭설이 나올 만큼 보치카료바는 러시아에서 대중의 호기심을 끄는 역사적 인물이 되었다. 이런 호기심은 여성결사대대가 편성되어 보치카료바의 훈련을 받고 실전에 투입되는 과정을 그린 드미트리 메스히예프Дмитрий Д. Месхиев 감독의 2015년작 영화 「바탈리온Батальонъ」*의 제작으로 이어졌고, 2016년에는 「여성결사대대Женский батальон смерти」라는 텔레비전 드라마도 나왔다. 날이 갈수록 나라 사랑이 강조되는 오늘날 러시아에서 보치카료바를 위기에 빠진 조국을 구하고자 온몸을 바친 열혈 애국자로 자리매김하는 흐름이 세차다.

4

정규 교육을 받지 못한 보치카료바는 스무 살 무렵에야 함께 살던 야코프 부크에게 글 읽기를 배웠으며, 스물다섯 살이던 1915년에 비로

---

* 보치카료바를 철두철미한 애국자로 묘사한 이 영화는 2016년 10월에 우리나라에서도 상영되었다.

소 진중陣中에서 "이름을 쓰고 알파벳을 베끼는 법"을 배웠다. 이런 그가 자서전을 손수 썼을 리는 없다. 풀뿌리 민중 출신의 까막눈 러시아 여성 군인이 다른 나라에서 외국인의 도움을 얻어 영어 자서전을 펴낸 경위는 꽤 흥미롭다. 『야시카』의 머리말에는 "자기 삶을 언젠가는 책 한 권에 고스란히 담겠다는 것이 보치카료바가 간직한 꿈이었다. 이 저작이 그 꿈의 실현"이라고 적혀 있어서 그에게 자기 삶을 기록하려는 욕구가 있었다고 암시되어 있다. 글을 쓸 줄 모르는 보치카료바가 자서전이라는 '꿈'을 실현한 장소와 시기는 러시아에 있던 때가 아니었다. 머리말에 따르면, "보치카료바는 1918년 여름 미국에 있을 때 자서전을 준비하기로 마음먹었다". 1918년 여름 미국에서 그에게 어떤 일이 있었을까?

미국으로 가는 보치카료바가 가진 돈이라고는 영국 영사가 준 300루블이 다였고, 당시의 영국 화폐로 환산하면 30파운드에 지나지 않았다. 이런 처지에 있는 그가 미국과 영국에서 장기 체류하며 여러 유력자를 만나려면 도와주는 이가 반드시 있어야 했다. 결사대대를 조련할 때부터 국제 명사 팽크허스트의 후원을 받은 보치카료바는 미국에서 플로렌스 해리먼과 뮤리얼 패짓Muriel Paget 부인의 도움을 받았다. 혁명으로 제1차 세계대전의 전열에서 이탈하는 동맹국 러시아를 전쟁에 다시 끌어들여야 한다는 여론을 미국과 영국에서 불러일으키기에 그야말로 안성맞춤인 인물이 보치카료바였을 것이다. 연합국이 이기기를 바란 세 활동가는 그에게 생애 이야기를 기록해서 책으로 펴내라고 권유했다.

보치카료바로서도 그 권유를 마다하지 않을 나름의 사연이 있었다. 싸우다 크게 다쳐 장애를 입은 결사대대 부하들을 위해 구호 자금을 마련해야 했던 것이다. 뉴욕의 러시아인 망명자들이 펴내는 일간지 『러

시아의 목소리Русский голос』와 1918년 5월에 한 인터뷰에서 보치카료바
는 다음과 같이 말했다.

제가 창설한 결사대대에 관해서 말하기가, 기억하기가 아리고 힘드네요.
…… 제 대대는 독일군과의 전투에 적극적으로 참여했습니다. …… 제게
는 돈이, 많은 돈이 필요합니다. 50,000! 페트로그라드의 병원에서 여성 상
이군인 서른 명이 고생하고 있어요. 그들은 제 대대의 둘도 없는 용감한 영
웅이죠. 그들을 위해 제게는 돈이 필요해요. 사람들이 제게『이브닝 메일』
에 회고록을 실으라고 제안을 합니다."*

보치카료바는 미국으로 떠나기에 앞서 투탈스카야에 데려다 놓은
그 서른 명에게 "평온하고 안락한 삶을 보장하기에 넉넉한 자금을 미국
에서 구할 희망"을 품었으며, 그들을 돌보는 데 들어가는 비용을 미국에
서 마련해 오겠다고 약속한 바 있었다. 이런 까닭에 보치카료바는 자서
전을 내는 데 동의했다.

보치카료바가 러시아어로 구술하는 회고를 받아 적고 영어로 옮기
는 일을 할 적임자로 그의 후원자들이 고른 이는 러시아어와 영어를 둘
다 구사하는 러시아 출신 미국인 아이작 돈 레빈이었다. 보치카료바가
묵고 있던 뉴욕 5번가 프린스 조지 호텔 3층의 수수한 방을 찾아간 레빈

---

* "Т-жа Леония Бочкарева, командир 'Батальона смерти' в Нью-Йорке", *Русский голос*,
1918. 5. 28. 『이브닝 메일Evening Mail』은 1867년부터 1924년까지 뉴욕에서 나온 일간지다. 기사
에 나오는 "50,000"이 5만 루블인지 5만 달러인지는 분명하지 않다. 이 기사와는 달리 『야시카』에는 모
스크바의 병원에 결사대대 상이용사 서른 명이 있었다고 적혀 있다.

은 1918년 6월 1일부터 일에 착수했다. 여름이 끝날 무렵에 탈고와 출판 준비가 마무리되었고, 레오니트 필리포프 대위가 판권 교섭을 맡았다. 『야시카』는 1919년 초에 출간되었다.

『야시카』에 '채록자'로 나오고 스스로는 보치카료바 자서전의 '글 쓴이writer'를 자처한 아이작 돈 레빈은 어떤 사람이었을까? 러시아 제국 의 영토였던 벨라루스 남부 소도시인 모지르*의 시온주의자 유대인 가 정에서 1892년 1월에 태어난 레빈은 1911년에 미국으로 이주했고 미 주리주에서 학업을 마쳤다. 언론계에 들어선 그는 1917년에 『뉴욕 트 리뷴The New York Tribune』에서 러시아혁명을 취재했다. 1920년대 말엽과 1930년대에는 미국의 언론 재벌 허스트 계열사의 칼럼니스트로 일했 으며, 1939년 봄에 소련 정보기관을 등진 첩보원 발테르 크리비츠키 Вальтер Кривицкий(Walter Krivitsky)와 함께 작업하며 『새터데이 이브닝 포 스트The Saturday Evening Post』에 스탈린 체제의 숙청, 강제수용소, 강제 이 주를 고발하는 일련의 기사를 실었다. 미국과 소련이 냉전으로 치닫는 1946년부터 1950년까지 반공주의 잡지 『플레인 토크Plain Talk』의 편집인 으로 일하면서 레빈은 1948년 3월에 미국유대인반공연맹American Jewish League against Communism에 가입했고, 12월 9일에 소비에트연방 간첩 혐의 로 논란의 대상이 된 앨저 히스Alger Hiss 사건을 다루는 미 의회 비미非美 활동위원회에서 증언했다. 반공합동위원회Joint Committee against Commu-nism 이사였으며 뮌헨에 본부를 둔 러시아제민족해방을위한미국위원회 American Committee for the Liberation of the Peoples of Russia의 공동 창립자이기도

---

* Мозырь. 오늘날의 마지르Мазыр.

하다. 물리학자 알베르트 아인슈타인Albert Einstein과 벗이었으나 정치적 견해차 탓에 갈라섰다.

이처럼 아이작 돈 레빈은 볼셰비키와 소비에트연방을 매우 적대시했다. 1926년에 작성된 소련 비밀경찰 자료에 따르면, "레빈은 처음에는 기사 여러 편과 책 두어 권으로 나대면서 조금 친親볼셰비키로 보인 뒤에 1919년에 뚜렷한 반反소비에트 '편향'을 띠었는데, 이 편향은 특히 마리야 보치카료바의 책을 출간한 데서 드러났다".* 냉전 시대에 그는 열혈 반공 투사로 활동했다. 말년에 워런 비티Warren Beatty가 감독과 주연을 겸한 영화 「레즈Reds」에 출연해서 영화의 주인공인 미국의 사회주의 활동가 존 리드John Reed를 회상하는 장면에 나오기도 했다. 레빈은 이 영화가 개봉된 해인 1981년에 플로리다주 자택에서 숨을 거두었다.

5

전반적으로는 근현대 세계사, 특정하게는 제1차 세계대전과 러시아혁명의 역사에 관심 있는 독자들이 『야시카』를 더 넓고 깊은 맥락에서 이해하는 데 도움이 되도록 상세한 설명을 덧붙이고자 한다.**

---

* Vassiliev Notebooks, "Yellow Notebook #4", Digital Archive, Woodrow Wilson International Center. www.wilsoncenter.org/sites/default/files/media/documents/publication/Yellow_Notebook_No.4_Translated1.pdf, p. 54.

** 이 해제는 옮긴이의 연구논문, 즉 류한수, 「마리야에서 보치카료바로, 보치카료바에서 야시카로: 여성결사대대 지휘관 마리야 보치카료바의 삶과 자서전 『야시카』」, 『중소연구』 46권 4호, 2023년 2월, 167~205쪽의 축약임을 밝혀둔다. 그리고 보치카료바와 여성결사대대를 제1차 세계대전과 러시아혁명의 맥락 속에 놓고 이해하는 데 쓸모 있는 배경 지식은 다음 두 논문에서 얻을 수 있다. 최지은, 「제1차 세계대전과 러시아 여성의 군사적 참여: 개별 여성군인과 제1 러시아 여성결사대대의 사례」, 『군사』 제102호, 2017, 1~35쪽; 류한수·최지은, 「제1차 세계대전 시기 교전국 여성 인력의 군사적 활용과 그 의의: 미국, 영국, 프랑스, 독일, 러시아의 사례」, 『군사사연구총서』 제6집, 2017, 87~148쪽.

제1차 세계대전 직후에 유행한 회고록 문학, 후일담 문학 장르에 들어가는『야시카』는 독일, 이탈리아, 프랑스 등에서도 번역되어 간행될 만큼 적잖이 인기를 끌었다.* 그러나 시간이 흘러 전쟁의 기억이 옅어지면서 어느덧 잊힌 책이 되었다. 더구나 소비에트연방에서 반혁명 분자로 자리매김된 보치카료바의 자서전은 배척의 대상이었다. 그러나 페미니즘의 맥락에서 여성 군인, 특히 여성 전투원의 존재가 주목받기 시작한 20세기와 21세기의 전환기 무렵에『야시카』가 다시 조명을 받으면서 여러 나라에서 재쇄본이 여러 차례 간행되었다. 1991년에 소비에트연방이 허물어진 뒤 체제 전환을 겪은 러시아에서는 책이 간행된 지 여든두 해가 지난 2001년에야 러시아어판이 나왔다.

『야시카』는 여성 군인, 그것도 여성 전투원의 자서전이라는 이채를 띠는 데다 글을 읽거나 쓸 줄 몰라서 자신의 기록을 남기지 못하기 일쑤였던 풀뿌리 민중 출신 여성이 자기 삶을 돌이켜보는 회고록이라는 점에서도 적잖은 가치를 지닌다. 문학 작품인 자서전은 저자 당사자가 살고 겪은 시대와 사건을 몸소 밝힌다는 면에서 사료이기도 하다. 제1차 세계대전에서 자원입대로 군인이 되어 실전을 치른 특이한 이력의 소유자 보치카료바를, 그리고 독특한 실험이었던 여성결사대대를 소상하게 알려주는 정보가 빼곡히 담긴『야시카』는 귀중한 사료가 아닐 수 없다. 그러나 사료 스스로 지난 일을 있는 그대로 말해주지는 않는다. 특히나

---

* 특이하게도 프랑스어판(*Yashka: Ma vie de soldat. Souvenirs de la Guerre, de la Révolution, de la Terreur en Russie, 1914-1918*, Paris: Librairie Plon, 1923)은 제1차 세계대전 발발 이전 부분, 즉 보치카료바의 어린 시절, 성장기, 유형 기간이 빠진 채 간행되었다. 제1차 세계대전 직후 시점에 프랑스 독자의 관심이 전쟁에 쏠려 있다는 점을 고려해서 이루어진 편집인 듯하다.

오류, 누락, 과장, 왜곡을 피할 길 없는 자서전은 엄정한 비판과 분석을 거쳐야 비로소 가치를 지니게 되는 사료이다.

보치카료바가 남긴 진술의 진위는 『야시카』를 다른 사료와 대조하면 밝혀진다. 미국에서 보치카료바와 함께 다니며 여러모로 도움을 주었던 플로렌스 해리먼은 보치카료바가 옆구리에 통증을 느껴서 엑스선 검사를 받았는데 몸속에 박힌 포탄 파편이 발견되었지만 반드시 수술을 해야 할 상황은 아니었다고 술회했다.* 이 설명은 『야시카』에 있는 서술과 정확히 일치하니, 보치카료바의 진술이 맞다고 보아도 문제가 없다. 그러나 『야시카』에는 사실인지 아닌지 논란이 이는 진술이 없지 않다. 1918년 1월에 페트로그라드에서 적색테러가 저질러졌다는 보치카료바의 서술이 그러하다.

1919년 2월 22일에 미국 상원 사법위원회 오버맨Overman 소위원회의 청문회에서 러시아에서 일어나고 있다는 잔학 행위의 진상을 놓고 델라웨어주 상원의원 조사이아 올리버 울컷Josiah Oliver Wolcott과 1918년 9월까지 러시아 현지에 있었던 미국의 저명 문필가 앨버트 리스 윌리엄스Albert Rhys Williams 사이에 문답이 오갔다.

울컷 여성결사대대 지휘관인 여성을 만난 적이 있나요?

윌리엄스 아니요, 없습니다.

울컷 그 여자에 관해 뭔가 알았나요?

---

* Florence Jaffray Harriman(a.k.a. Mrs. J. Borden Harriman), *From Pinafores to Politics*, New York: Henry Holt and Company, 1923, p. 279.

윌리엄스 아주 어렴풋하게만 압니다. ……

울컷 내게 책이 한 권 있어요. 제목은 "야시카"이고, 마리야 보치카료바가 쓴 책입니다.

윌리엄스 그 책의 발췌문은 읽었습니다.

울컷 책을 다 읽지는 않았지만, 페트로그라드에서 사람들이 학살당하는 상황을 밝힌 이 언급에 눈길이 갔어요. 그는 1918년 1월 18일에 페트로그라드에 도착했습니다. 도착했을 때의 상황에 관해 이렇게 말했습니다.

적색테러가 페트로그라드에서 판을 쳤다. 살해되고 린치당한 장교들의 주검이 강에 가득했다. 살아 있는 장교들은 성마른 폭도 탓에 사람들 앞에 나서기를 두려워하면서 비참하게 살아가고 있었으며 굶어 죽기 일보 직전이었다. 나라 꼴은 훨씬 더 참담했다. 나라가 너무나 빨리 적군의 손에 떨어지고 있어서 모종의 즉각적 행동이 절실했다.

보치카료바의 언술이 당신이 거기서 본 것과 일치하는 것 같지 않군요.

윌리엄스 전혀 일치하지 않습니다. …… 저는 그 책이 보치카료바 본인이 아니라 어떤 언론사의 대행인이 썼고 미국 보통 사람들의 이목을 사로잡으려고 부풀려졌다고 생각합니다. …… 1918년 1, 2, 3, 4월에 페트로그라드와 모스크바의 참상에 관한 저 발언과 반대되는 발언을 여기 와서 해줄 목격자를 적어도 열 명은 구할 수 있습니다. 무엇보다도 먼저, 이때 그곳에 있었던 여성 특파원이 셋 있습니다. 그들 모두가 모스크바나 페트로그라드의 거리를 걷는 것은 시카고나 뉴욕의 거리를 걷는 것만큼 안전했다고 귀하게 말할 것입니다.*

여성결사대대 지휘관 마리야 보치카료바가 썼다는 책에 들어 있는 서술의 신빙성에 논란이 일었다는 사실이 이 청문회 속기록에서 드러난다.*

이런 점을 고려해서 『야시카』가 사료로서 얼마만큼 가치를 지니는지 짚어보아야 한다. 우선, 자기의 삶을 가장 잘 아는 보치카료바가 구술한 『야시카』는 그에 관한 가장 정확한 정보가 가득한 자료일 수밖에 없다. 그를 알리는 당대의 언론 보도와 해설에는 사실에 어긋나는 정보가 많았다. 레빈의 말마따나, "보치카료바 관련 기사 및 대담 가운데 오해를 불러일으키거나 틀린 말이 들어 있지 않은 경우가 없다". 여성결사대대와 함께 지내며 외국 기자로서는 유일하게 보치카료바를 밀착 취재한 미국인 특파원 레타 도어Rheta Dorr의 글에도 틀린 구석이 적지 않다. 그는 보치카료바의 아버지가 러시아-일본 전쟁에서 한 다리를 잃은 채로 돌아왔고 보치카료바는 맏딸이며, 야코프 부크가 징집되어 전쟁 초기에 전사했지만 소식을 모르던 보치카료바가 남편이 써 보내겠다고 약속한 편지를 여러 달 동안 기다리다 한 귀환병에게서 전사 소식을 들었다고 설명했다.** 보치카료바의 아버지는 러시아-일본 전쟁이 아니라 1877~1878년의 러시아-튀르크 전쟁에서 싸웠고 다리를 잃지도 않았다.

---

* *Bolshevik Propaganda: Hearings before a Subcommittee of the Committee on the Judiciary, United States Senate, Sixty-fifth Congress, Third Session and Thereafter, Pursuant to S. Res. 439 and 469: February 11, 1919, to March 10, 1919*, Washington DC: U.S. Government Printing Office, 1919, pp. 617-618; *Октябрьская революция перед судом американских сенаторов: Официальный отчет "Овермэнской комиссии" Сената*, М.-Л.: Государственное издательство, 1927, С. 109-110.

** Rheta Louise Childe Dorr, *Inside the Russian Revolution*, New York: The MacMillan Co., 1917, pp. 51-52.

보치카료바는 셋째 딸이었으며, 부크의 전사 소식을 들었다는 설명은 그를 첫 남편 보치카료프와 헷갈린 것이다.

하지만 『야시카』를 곧이곧대로 믿어서는 안 된다. 한 역사학자는 자서전이 일기, 편지, 의사록보다 "더 완전하고 다듬어진 그림을 제공하지만, 그 그림은 주체가 느끼고 행동하던 그때 그 주체가 무엇을 왜 느꼈고 행동했는지를 정확하게 반영하는 그림이 아니"라고 자서전의 한계를 짚었다. "자서전 저자는 사건에서 자기가 한 역할을 부풀릴지, …… 변덕스러운 기억의 결과로 사건의 배열이나 순서를 왜곡할지 모른다."* 영국 정치가 어나이린 베번Aneurin Bevan은 더 나아가 "가장 미덥지 못한 것이 전기나 자서전 형태의 역사"라고 말했다.** 기억력의 한계에 따른 오류, 혼동, 누락 말고도 스스로를 정당화하려는 의도에서 과장과 왜곡이 나타나기 마련인 자서전은 조심스레 다뤄야 할 사료일 수밖에 없다.

『야시카』에는 의도했든 아니든, 그리고 많든 적든 오류, 혼동, 각색, 과장, 왜곡이 없을 수 없으며, 우리는 이 같은 얼룩을 걷어내야 한다. 우선, 『야시카』에도 뜻하지 않은 오정보가 군데군데 있다. 보치카료바는 1914년 말에 첫 남편 "아파나시가 첫 징집에 불려 갔고 독일군에게 사로잡힌 첫 포로들 가운데 끼었다는 말"을 시누이에게서 들었으며 그 뒤로는 "그에 관한 말을 다시는 듣지 못했다"고, 또는 그가 전투 중에 죽었다는 풍문을 들었다고 했다. 또한 보치카료바는 왜 그렇게 악착같이 싸우

---

* Peter Catterall, "Autobiographies and Memoirs", in Peter Catterall & Harriot Jones (eds.), *Understanding Documents and Sources*, Oxford: Heinemann, 1994, pp. 32-34.

** George W. Jones, "The Value of Recent Biographies, Autobiographies and Diaries", *Parliamentary Affairs*, vol. 34, No. 3, Summer 1981, p. 335.

려 하느냐는 물음에 "전쟁 초기에 죽은 남편의 앙갚음을 하고 싶어서"라
고 둘러대곤 했다. 그러나 아파나시 보치카료프는 31시베리아사단 병사
로 싸우다 1916년 3월 14일에 다쳤지만, 툴라Тула의 병원에서 목숨을 건
지고 살아남았다.* 보치카료프가 죽었다는 말은 근거 없는 풍문이었던
셈이다. 또한 보치카료바는 1918년 3월에 시베리아에서 온 지인에게서
야코프 부크가 아직도 암가에 있다는 말을 들었다고 했지만, 그의 행적
은 얼마간 달랐다. 10월혁명 뒤에 볼셰비키당을 지지하다 1918년 3월에
체포된 부크는 풀려난 뒤에 반혁명군에 맞선 전투에 참여했고 시베리아
에서 혁명 권력이 무너진 8월에 다시 붙잡혀서 9월 30일에 반혁명 유격
대에게 끌려가 총살당했다.**

　　또한 『야시카』에는 사실에서 크게 벗어나지 않는 테두리 안에서 각
색된 부분이 적지 않다. 1917년 5월 21일 저녁에 마리인스키 극장에서
여러 저명인사와 대청중을 앞에 두고 연설을 하게 된 보치카료바는 엄
청난 부담감에 짓눌렸다면서 속내를 이렇게 털어놓는다. "까막눈 시골
아낙인 내가 배운 사람들의 집회를 어떻게 감당할 수 있을까? 그리고 내
가 도대체 무엇을 말할 수 있을까? 내 혀는 우아한 연설을 하는 훈련을
받아본 적이 없었다." 그러나 두어 주 전에 부대를 떠나면서 전체 연대
원 앞에서 사자후를 토한 보치카료바였다. 또한, 1918년 9월에 아르한
겔스크로 가던 보치카료바가 "연합국의 대의에 자기 나라가 품은 거룩

---

* Прокопий У. Петров (ред.), *За власть Советов в Якутии: Биографический сборник
о борцах, погибших в 1918-1925 годах* 1-е изд., Якутск: Госиздат ЯАССР, 1950, С. 31.

** Прокопий У. Петров (ред.), *За власть Советов в Якутии: Биографический сборник
о борцах, погибших в 1918-25 гг.* 2-е изд., Якутск: 1958, С. 58; Александр Г. Гройсман,
Евреи в Якутии Ч. 2: После революции, Якутск: ЯНЦ СО РАН, 1999, С. 5, 8, 12.

하고 흔들림 없는 충성심에 관해 배 위에서 미국 군인들에게 아주 유창하고 아주 감동적으로 연설했다"는 미국 병사의 증언이 있다.[*] 마리인스키 극장 대회의 연설을 앞두고 보치카료바가 무척 긴장했다는 서술은 일종의 각색일 것이다.

각색임이 뚜렷한 일화도 있다. 보치카료바가 1918년 1월에 코르닐로프 장군을 만나고자 남부로 가려고 변장하는 모습이 다음과 같이 서술된다.

나는 안전을 위해 자애수녀회 옷을 입기로 했다. 내가 입을 옷이 마련되었고, 나는 군복 위에 그 옷을 걸쳤다. 군모는 호주머니에 쑤셔 넣고 자애수녀회 머리덮개를 썼다. 그러고 나니 눈, 코, 입, 뺨만 보여서 마흔다섯 살쯤 먹은 아주머니처럼 보였다.

그런데 남부로 가는 열차 안에서 함께 앉은 볼셰비키 병사 가운데 한 사람이 보치카료바에게 이끌린 나머지 청혼을 한다.

열차가 즈베레보에 도착하면서 나와 내 길동무의 교제가 끝났다. 나는 친절하게 대해줘서 고맙다는 마음을 그에게 상냥하게 표현했다. "있잖아요, 간호사님." 헤어지기 전에 그가 뜻밖의 말을 했다. "나는 당신이 좋습니다. 나하고 결혼해주실래요?"

---

[*] John Cudahy, *Arkhangel: The American War with Russia*, Chicago: A. C. McClurg & Co., 1924, p. 148.

열차에서 만난 젊은이가 "마흔다섯 살쯤 먹은 아주머니" 수녀에게 느닷없이 결혼해달라고 졸랐다는 이야기는 재미는 있을지 몰라도 각색한 티가 역력하다. 이 두 사례가 보치카료바와 레빈 가운데 누구의 각색인지는 분명하지 않다.

레빈의 각색이 틀림없다고 여겨지는 부분이 몇 군데 있다. 1915년에 보치카료바가 최전선에서 치른 첫 전투가 다음과 같이 서술되어 있다.

> 나는 부대원들과 함께 참호에서 뛰쳐나갔고 기관총 일제사격에 맞닥뜨렸다. …… 우리 편에서 숱한 부대원이 사탄의 보이지 않는 팔이 휘두르는 거대한 낫에 잘리는 무르익은 밀처럼 쓰러졌다. 몇 시간이나 며칠 동안 거기에 놓여 있던 차디찬 주검들 위에 갓 나온 피가 뚝뚝 떨어지고 있었고, 아파서 끙끙거리는 소리에 가슴이 미어졌다.

제1차 세계대전 전투 묘사에 나오는 당대의 문학 클리셰인 "사탄의 보이지 않는 팔이 휘두르는 거대한 낫에 잘리는 무르익은 밀처럼 쓰러졌다"는 표현은 보치카료바가 아닌 레빈의 솜씨임이 명백하다. 또한 보치카료바가 1918년 4월 18일에 미국으로 가려고 러시아 땅을 떠나는 순간의 묘사는 다음과 같다.

> 나는 셰리던호가 닻을 들어 올리고 움직이기 시작하자 선실에서 나왔다. …… 자유였다! …… 미국 깃발 아래, 미국 수송선을 타고 나는 연합국에 보내는 러시아 농민 병사의 메시지를 가슴에 품고—미국이라는—경이로운 땅으로 향하고 있었다.

이 대단원은 너무나도 전형적인 할리우드 영화풍 결말이 아닐 수 없다. 오랫동안 저널리즘에 종사했던 레빈의 글솜씨가 드러나며, 달리 말하면 보치카료바의 표현이 아닌 셈이다. 『야시카』를 읽을 때는 어디까지가 보치카료바의 진술이고 어디까지가 레빈의 각색인지를 늘 염두에 두어야 한다. 더구나 보치카료바는 미국을 떠난 뒤로 레빈이 원고를 편집하는 과정에 개입할 수 없었다는 점도 잊어서는 안 된다.

너그러이 본다면, 각색은 사실에서 크게 벗어나지 않는 과장이다. 그러나 보치카료바는 이따금 자기의 역할과 위상을 지나치게 부풀리기도 한다. 1917년 5월에 로잔코에 이끌려 최전선 부대의 전투 의지 상실을 논의하는 병사 대표 회의에 참석한 보치카료바는 여성결사대대라는 착상을 머리에 떠올린 상황을 다음과 같이 설명한다.

> 로잔코가 일어서더니 해결책을 제시해달라고 나한테 요청해보자고 제안했다. …… 어떤 제안을 할 준비가 조금도 되어 있지 않았다. 그래서 문제를 곰곰이 생각해볼 시간을 달라고 부탁했다. …… 착상 하나가 퍼뜩 떠올랐다. 여성결사대대라는 생각이었다. …… 나는 일어나서 청중 쪽을 돌아보고 말했다. "자, 저 같은 여자 300명을 편성해서 그 부대가 본보기가 되어 남자들을 전투로 이끌면 어떻겠습니까?"

보치카료바는 여성 전투부대라는 생각이 처음으로 자기에게 문뜩 떠오른 양 서술한다. 그러나 여성 부대라는 착상은 이미 나돌고 있었다. 2월혁명 이후에 여성운동이 활발해지는 가운데 "여자도 무장할 시민의 권리를 이행할 수 있고 이행해야만 한다"고 주장하는 여성이 적지 않았

다. 더욱이 보치카료바의 착상이 최초인지도 의문이다. 비슷한 시기에
여성 전투부대 편성을 정부에 제안한 여성 군인이 있었다. 시베리아 21
소총연대 소속으로 최전선 참호에서 중대 전화교환수로 근무했던 발렌
티나 페트로바Валентина Петрова라는 여성이 1917년 5월에 자기가 "여성
대대, '검은 결사경기병' 대대"를 편성하도록 허락해달라는 편지를 국방
장관에게 써 보냈다.* 따라서 보치카료바의 서술은 지나친 부풀리기일
수 있다. 다만, 제안 차원이던 여성 전투부대라는 착상을 구체화하고 정
부의 호응을 이끌어내서 실현하는 데 이바지한 이가 보치카료바임은 틀
림없는 사실이다.

『야시카』에는 때로 사실이 누락되어 있기도 하다. 보치카료바는 여
성결사대대가 엄한 규율을 받아들이고 어엿한 군인으로 자라나는 모습
을 자랑스럽게 서술했지만, 훈련을 다 마치고 최전방으로 출발하기 전
날 병영에서 나간 여성 병사 몇 명이 돌아오지 않고 사라진 사건을 언
급하지 않는다. 확연하게 의도적인 누락도 있다. 보치카료바는 자기가
1918년 3월 초순에 페트로그라드로 가는 열차에서 병사들과 시국, 독일
의 재침공, 러시아군의 복원을 화제로 토론을 하다 미국으로 가겠다고
결심하는 상황을 다음과 같이 서술한다.

"내가 전선을 복원해보겠습니다!" "하지만 어떻게?" 그들이 물었다. 이 순
간 내 머리에 미국으로 간다는 생각이 떠올랐다. …… "내가 미국에 가서

---

* Николай Е. Какурин и Яков А. Яковлев (ред.), *Разложение армии в 1917 г.*, М.: Госу-
дарственное издательство, 1925, С. 70.

도움을 요청하면 어떨까요?" 내가 조심스레 물었다. …… "내가 미국에, 그리고 다른 연합국에 가서 군대와 장비를 가지고 돌아온다면, 여러분은 나와 함께하겠습니까?" …… "예, 그러겠습니다!" 그들이 외쳤다. "그렇다면, 나는 미국에 가겠습니다!" 그때 그 자리에서 마음먹고 내가 결연하게 선언했다.

그러나 이 결심은, 병사들과 토론하다 즉흥적으로 미국행을 결심했다는 진술과는 달리, 몇 주 앞서 코르닐로프를 만났을 때 미국과 영국에 가서 볼셰비키 반대 여론을 일으키라는 요청을 받고서 이루어졌다. 보치카료바는 코르닐로프의 지시에 따라 미국으로 갔다는 사실을 일부러 뺀 셈이다.

『야시카』가 사료로서 지니는 가치는 제1차 세계대전의 전선과 참호에 있던 러시아군 일반 병사들의 감정과 생각, 심성과 사고가 담겨 있다는 데 있다. 최전선에서 싸우던 병사 보치카료바와 전우들은 전황이 불리한 까닭을 러시아군 상부에 있는 반역자들과 그들의 음모에서 찾으며 "독일 핏줄의 아주 나쁜 놈"인 발테르 장군을 지목한다.

발테르 장군은 …… 참호를 시찰하며 제 몸을 훤히 드러냈는데도 적군의 사격을 단 한 번도 받지 않았다. …… 발테르 장군은 희한하게 굴었다. 그는 철조망이 끊겨 열려 있거나 축성 시설이 취약한 지점에서 멈춰 서서 손수건으로 얼굴을 훔치곤 했다. 누구랄 것도 없이 부대원들이 수군거렸다. "반역"이라는 낱말이 숱한 이의 입에서 살며시 새어 나왔다. …… 병사들은 궁시렁거렸다. "그 작자가 우리를 적에게 팔고 있어!" 장군이 떠나고 반 시간 뒤에 독일군이 세차디세찬 사격을 개시했다. 그 사격은 발테르 장군이 멈춰 섰던 지점들을 유난히 겨누었고, 그래서 그 지점의 허술한 방어 시설이 쑥대밭이 되었다. …… 발테르 장군이 눈앞에 나타났더라면, 부대원들은 결코 그를 살려보내지 않았을 것이다.

더 나아가서 보치카료바는 발테르가 승리를 방해한다는 의혹을 품는다.

우리 연대는 독일군 2500명을 사로잡고 기관총 30문을 노획했다. …… 승리를 거두어서 신이 난 우리는 적군의 제2선을 향해 몰려갔다. …… 대승리가 눈에 보였다. …… 발테르 장군에게서 진지로 되돌아오라는 명령이 내려왔다. …… 우리를 되도록 많이 죽게 만드는 것이 반역과도 같은 발테르 장군의 속셈임이 부대원들에게 뚜렷해졌다.

보치카료바는 확신에 차서 "사령부 장교들이 병사들을 적에게 팔아넘기고 있음이 거듭 드러나지 않았는가?"라고 되묻는다.

그러나 사령부에 반역자가 있다는 병사들의 의심은 오해에 지나지 않는다. 장군들은 반역자여서가 아니라 전황을 정확히 알 길이 없었으므로 그릇된 판단으로 승리를 놓치곤 했다. 존 키건John Keegan이 관찰한 대로, "제1차 세계대전의 상황에서 지휘의 문제는 해결될 수 없었다. 장군들은 눈과 귀와 목소리가 없는 사람처럼 자신들이 진행한 작전을 주시할 수 없었고 작전 전개에 관한 보고를 들을 수 없었으며 일단 교전이 시작되면 애초에 명령을 받은 자들에게 말할 수 없었다".* 따라서 발테르 장군이 반역자라는 의심은 전쟁전체를 조망하기 어려운 일개 병사의 좁은 시야에서 비롯된 오해일 가능성이 크다.

그렇다고 『야시카』의 가치가 떨어지지는 않는다. 오히려 이 일화는 병사들의 생생한 분위기를 예증해주므로 『야시카』가 사료로서 지니는 가치를 보여준다. 장군의 배반이라는 의심은 모든 제1차 세계대전 교전국 병사들 사이에서 드물지 않은 현상이었다. "장교는 지주 계급의 대표자로 널리 미움을 받았으며, 썩어빠지고 전선 뒤에서 몸을 안락하게 해주는 쾌락을 즐긴다며 업신여겨졌다. 점점 더 병사들은 자기 곤경이 누구 탓인지 물었고, 답을 배반에서 찾았다"는 이언 커쇼Ian Kershaw의 해설** 을 뒷받침해주는 좋은 사례가 바로 『야시카』에 나오는 보치카료바의 오해인 셈이다. 보치카료바가 발테르 장군에게 품은 오해는 편견에 따른 잘못이었을 가능성이 크지만, 적어도 의도적 왜곡은 아니다.

『야시카』에는 왜곡으로 보이는 사례가 없지 않다. 보치카료바는 야쿳스크 지방을 다스리던 이반 크라프트 지사가 부크의 유형지를 결정하는 권력을 이용해서 1913년 늦여름에 자기를 겁탈한 탓에 삶이 꼬이고 부크가 자기를 학대하기 시작했다고 주장한다. 하지만 이 주장이 사실임을 의심하는 이가 많다. 우선, 역사학자들에 따르면, 크라프트는 시베리아의 산업 진흥에 앞장선 뛰어난 행정가였다.*** 그리고 보치카료바가

* 존 키건, 『1차세계대전사』, 조행복 옮김, 청어람미디어, 2009, 455쪽. 이언 모리스Ian Morris의 말마따나, "사령관들은 일단 전투가 벌어지면 군대를 통제할 수 없었다". 이언 모리스, 『전쟁의 역설』, 김필규 옮김, 지식의날개, 2015, 394쪽.

** 이안 커쇼, 『유럽, 1914~1949: 죽다 겨우 살아나다』, 류한수 옮김, 이데아, 2020, 127쪽.

*** Евгений Н. Гарин, Татьяна Г. Карчаева и Михаил Д. Северьянов, "'Маленький Сперанский' Сибири: О деятельности якутского, енисейского губернатора И. И. Крафта в 1906-

말하는 시기에 크라프트는 예니세이스크Енисейск 주지사로서 야쿳스크
가 아니라 크라스노야르스크에서 근무하고 있었으므로 보치카료바의
주장은 "새빨간 거짓말"일 수밖에 없다.* 더구나, 『야시카』에 서술된 크
라프트의 말년에 관한 정보도 정확하지 않다. "크라프트 백작은 서유럽
으로 가 어느 휴양지에서 아내와 함께 지내다 전쟁이 터진 뒤에 거기서
오도 가도 못 하게 되었고 나중에는 적의 손에 붙잡혀 죄수로 죽었다"는
보치카료바의 설명과는 달리 베를린에서 병을 고치려다 러시아로 돌아
와 페트로그라드의 한 병원에서 1914년 11월 21일에 숨졌다. 진심으로
사랑했던 부크를 버려두고 떠난 행위를 정당화하고 군인이 되겠다는 결
심의 동기를 더 극적으로 보이도록 만들려는 의도에서 보치카료바가 크
라프트의 악행을 꾸며냈을 가능성이 없지 않다.

보치카료바가 사실을 비틀고 거짓말을 했을 가능성이 가장 큰 부
분은 볼셰비키를 서술하는 대목이다. 보치카료바는 10월혁명 직후에 레
닌과 트로츠키가 자기를 볼셰비키당 본부인 스몰니 학원으로 불러 혁명
정부에 협력하라고 요청했지만 거절했으며, 독일의 침략성을 제대로 알

---

14 гг.", *Былые годы*, т. 49, No 3, 2018, С. 1287-1295; Афанасий А. Павлов, *Губернатор И. И. Крафт*, Якутск: Издательство СО РАН, 2004; М. Ю. Гордиенко, "И. И. Крафт, история одной карьеры: От писаря до губернатора", в кн.: Наталья В. Ворошилова (ред.), *Енисейская губерния: Лица истории, Сборник материалов (г. Красноярск, 1-2 декабря 2021 года)*, Красноярск: ГУНБ, 2022, С. 117-25; Н. А. Горбачева и И. В. Нашивочникова, "Неизвестный губернатор Крафт: Материалы к родословной", в кн.: Ворошилова (ред.), *Енисейская губерния*, С. 125-131.

* Афанасий Павлов, *Губернатор И. И. Крафт*, С. 51-2, 232-33; *Губернатор И. И. Крафт* 2-е издание, Якутск: Бичик, 2011, С. 46-47. 또 다른 역사가도 야쿳스크 지역 신문에 '역사학자 대다수는 그런 일이 없었다는 견해에 합의한다'고 썼다. Татьяна Кротова, "Русская Жанна д'Арк", *Якутск вечерний*, 2010/05/14, С. 56.

지 못하는 두 볼셰비키 지도자를 꾸짖었다고 말한다. 그런데 그가 두 혁명가를 만났음을 알려주는 문헌은 『야시카』가 유일하다. 레닌과 트로츠키는 보치카료바와 만났다는 말을 하거나 글을 쓴 적이 없다. 보치카료바를 연구한 세르게이 드로코프에 따르면, 레닌과 트로츠키를 만났다는 보치카료바의 진술을 뒷받침해주는 사료는 어느 자료 보존소에서도 발견되지 않았다. 보치카료바 본인의 진술도 때에 따라 달라졌다. 그는 1920년 4월 초에 볼셰비키 비밀경찰의 심문을 받을 때는 다음과 같이 말했다.

> 저는 페트로파블롭스크 요새에 갇혔고 거기서 이레 동안 감금되었습니다. 그 뒤에 스몰니로 불려 갔는데, 거기서 제가 알지 못하는 남자 한 분이 저와 말을 했습니다. 그분은 제게 소비에트 권력에 봉사하라고 제안했고 당신은 농민이고 인민을 수호해야 한다고 말했습니다.[*]

여기서 보치카료바는 "알지 못하는 남자 한 분"만 언급하고 레닌과 트로츠키를 들먹이지 않는다. 따라서 보치카료바, 레닌, 트로츠키의 만남은 사실이 아닐 가능성이 매우 크다. 만약 그렇다면, 이 허구를 『야시카』에 넣은 이가 보치카료바인지, 아니면 레빈인지 알아낼 길은 없다.

1918년 초에 "적색테러가 페트로그라드에서 판을 쳤다. 살해되고 린치당한 장교들의 주검이 강에 가득했다"는 보치카료바의 서술에도 의심

---

[*] Сергей Дроков, "Предисловие к русскому изданию," в кн.: *Яшка: Моя жизнь крестьянки, офицера и изгнанницы*, С. 31. 페트로그라드 한복판에 있는 페트로파블롭스크Петропавловск 요새는 제정 러시아 때 정치범 감금 시설로 쓰였다.

스러운 구석이 많다. 러시아혁명의 한복판에서 활동한 혁명가 빅토르 세르주Victor Serge는 혁명 러시아의 첫해를 다룬 책에서 적색테러가 1918년 전반기에는 없었으며 시일이 꽤 지나고 나서야 반혁명과 백색테러에 맞서서 시작되었다고 주장한다.* 볼셰비키 정권 첫해의 페트로그라드를 다룬 알렉산더 라비노비치의 연구서에도 1918년 초엽에 페트로그라드에 적색테러가 있었다는 서술은 없다.** 적어도 1918년 초엽 페트로그라드의 적색테러는 사실이 아닐 가능성이 무척 크다.

보치카료바는 볼셰비키를 무척 싫어했다. 그리고『야시카』의 또 다른 저자 레빈도 마찬가지였다. 더구나 보치카료바를 후원하고 자서전 쓰기를 권유한 팽크허스트 등의 여성 활동가들도 마찬가지로 볼셰비키를 적대시했는데,『야시카』를 쓰는 과정에 이들의 입김이 작용하지 않을 수 없었을 것이다. 따라서『야시카』의 볼셰비키 관련 서술의 진위를 따질 때는 두 저자와 후원자들의 정치적 견해를 반드시 감안해야 한다.

『야시카』에 오롯이 진실만 있지는 않다. 그렇다고 사료로서의 가치가 돌이킬 길 없이 훼손되지는 않는다. 왜곡과 허위가 섞여 있더라도 쭉정이를 체로 걸러내듯이 진실을 추출한다면, 의미 있는 사실을 찾아낼 수 있다. 좋은 사례가 보치카료바의 입대 동기일 것이다. 보치카료바는 여자의 몸으로 적과 싸우는 군인이 되려는 동기로 애국심을 내세웠다. 제1차 세계대전이 일어났다는 소식을 들은 그는 자기의 속내를 다음과 같이 묘사한다.

---

* 빅토르 세르주,『러시아혁명의 진실』, 황동하 옮김, 책갈피, 2011, 424~427쪽.
** Alexander Rabinowitch, *The Bolsheviks in Power: The First Year of Soviet Rule in Petrograd*, Indiana University Press, 2007, pp. 313-355.

내 가슴은 거기에, 즉 펄펄 끓는 전쟁의 솥 안에 있기를, 전쟁의 불길로 세례를 받고 전쟁의 용암에 그을리기를 갈망했다. 희생정신이 나를 사로잡았다. 내 나라가 나를 불렀다. 그리고 억누를 길 없는 내면의 힘이 나를 몰아붙였다.

보치카료바는 군부대에 찾아가서 "입대해서 나라를 위해 싸우고 싶다는 말을 되풀이"했다. 그러나 그가 입대 동기로 내세운 애국심은 비록 거짓은 아닐지라도 거죽이며, 그 거죽을 걷어내야 더 진정한 동기가 드러난다. "문맹의 여성 농민인 보치카료바가 근대적 애국심으로 입대를 결심했다고 보기는 어렵다"고 본 최지은은 보치카료바가 자서전에서 강조한 자기의 애국심은 "오랫동안 군복무를 하고 혁명을 포함해 다양한 정치 경험을 한 뒤" 개발되거나 주입된 감정일 가능성에 주목하고 "보치카료바가 입대 자체를 자신의 인생을 바꿀 기회로 인식했다"고 주장한다.* 이 주장은 보치카료바가 자기의 애국심을 언급하면서 곁들여 내비친 속마음으로 뒷받침된다. 시베리아 유형 생활에 지쳐 몸과 마음이 피폐해진 야코프 부크가 괴롭히고 닦달할 즈음에 보치카료바는 바실리라는 젊은이의 속임수에 넘어가서 부크에게 목숨을 앗길 위기에 빠진다.

바실리가 우리 말을 억지로 빼앗아 간 뒤, 야샤가 격분할까 봐 두려움에 휩싸였을 때, 그 두려움이 불운에 맞닥뜨린 나의 무기력 탓에 거세질 때, 내

---

* 최지은, 「제1차 세계대전과 러시아 여성의 군사적 참여」, 16-17쪽.

마음속에 느닷없이 '전쟁!'이라는 생각이 퍼뜩 떠올랐다. '전쟁에 나가 나라 구하는 일을 도와라!' 내 안의 목소리가 외쳤다.

보치카료바가 가장 힘들고 암울한 시절에 일종의 탈출구로서 전쟁에 뛰어들겠다고 생각했음을 드러내는 진술이 아닐 수 없다. 그는 한때 사랑했던 부크를 버리고 달아나겠다는 결심을 "전선에 나가 용맹으로 이름을 날린 다음에 그를 사면해달라고 차르에게 탄원하면 우리는 ······ 평온한 삶을 이어갈 수 있다"는 생각으로 정당화한다. 부크의 구원이라는 목표를 내세우지만, 그 밑바탕에는 전쟁에서 이름을 날리겠다는 욕구가 있었음이 드러난다. "보치카료바가 입대 자체를 자신의 인생을 바꿀 기회로 인식했다"는 분석을 뒷받침하는 내면의 토로인 것이다. 자신의 진정한 동기를 있는 그대로 드러내지는 않았지만 완전히 숨기지도 않았으니 보치카료바는 진실을 품은 거짓말을 한 셈이다.

『야시카』에는 한 인간의 진술한 고백과 내면의 토로, 다른 곳에서 찾을 수 없는 진실, 지난날의 생생한 재현이 담겨 있다. 레빈의 말마따나 "한 인간의 기록일 뿐만 아니라 역사의 기록으로서도 귀중"하기 이를 데 없는 중요한 사료라고 할 수 있다. 그러나 거의 모든 자서전이 그렇듯이, 『야시카』에도 오류와 혼동, 누락과 과장, 왜곡과 허위가 있다. 당사자인 보치카료바가 살아 있을 때 간행된 자서전 『야시카』는 영웅의 형상을 뒤틀리게 재현하고 진술해서 역사적 사실과 사건의 진실에서 어긋나는 경우가 적지 않다. 그렇다고 사료로서 가치가 없다고 단정해서는 안 된다. 맹점과 한계가 있더라도 『야시카』가 세기 전환기 러시아의 실상, 제1차 세계대전과 러시아혁명의 격변, 러시아 민중과 병사들의 참모습, 러시아 여성의 위상과 특이한 실험인 여성결사대대를 재현하고 분석하고 해석하는 작업에서 밑바탕이 되는 사료라는 사실은 부정되지 않는다. 다만 진실을 가리거나 진실과 뒤섞인 오류와 혼동, 누락과 과장, 왜곡과 허위를 『야시카』에서 걷어내고 걸러내야 한다. 다시 말해서, 엄정한 사료 비판이 이루어져야 한다. 영국의 한 역사가는 "회고록은 ······ 사후 정당화의 유용한 방법을 제공한다는 점을 명심해야 한다. 그렇다고 해서 그 같은 저작의 가치가 깎이지는 않고, 오히려 그 저작이 올바로 보이게 된다"고 짚었다.* 『야시카』도 그러하다. 엄정한 비판과 신중한 접근이 이루어진다면 보치카료바의 자서전은 역사의 진실을 밝혀주는 소중한 사료가 될 수 있다.

6

지긋지긋한 전쟁을 끝내기를 바라는 일반 병사 대다수와 동떨어져서 전쟁을 어떻게든 지속하려고 애처로울 만큼 무진 애를 쓰는 보치카료바의 모습이 『야시카』에서 두드러진다. 그는 병영에서 자기와 더불어 고생하고 싸움터에서 삶과 죽음의 경계선을 함께 넘나들던 병사들이 적군과 싸우기를 거부하면서 볼셰비키를 따르는 까닭을 조금도 이해하지 못한다. 또한 보치카료바는 볼셰비키에 지나치다 싶을 만큼 반감을 드러낸다. 그는 전우들과 왜 불화를 빚었을까? 볼셰비키는 또 왜 그토록 미워했을까? 이러한 심리의 수수께끼는 그에게 군대가 어떤 의미였는지

---

* Jeremy Moon, "Post-War British Political Memoirs: A Discussion and Bibliography", *Parliamentary Affairs*, vol. 35, No. 2, 1982, p. 224.

를 생각하면 어렵지 않게 풀린다.

징집된 일반 병사들에게 군대란 자신을 아무 의미를 찾을 수 없는 피비린내 나는 살육으로 내모는 조직이었다면, 보치카료바에게 군대는 신산하기 짝이 없던 밑바닥 삶에서 벗어나 팔자를 고칠 기회를 주었고 자기를 인정해주는 유일한 세계였다. 더구나 원래 속했던 민중 공동체 안의 남성들에게 대개는 폭행과 착취를 당했던 보치카료바에게는 자기를 살갑게 대하는 군대의 장교들이 정중하고 품위 있는 교양인으로 보였을 것이다. 군대의 엘리트 계층에게 호감을 품지 않을 수 없었던 그는 더 나아가 그들과 연계된 지배계급의 세계관과 가치 체계까지 받아들이게 되었다. 이렇게 보면, 1917년의 격변기에 전쟁이라는 쟁점에서 일반 병사가 아니라 장교단의 편에 서는 보치카료바의 선택은 어쩌면 자연스러운 행위였을지 모른다. 또한 자기의 모든 것이 되어버린 군대를 민주적 평등 의식에 입각한 병사위원회로 밑동부터 뒤흔들고, 자기의 가치를 입증해주던 전쟁을 민중의 피를 빨아먹는 제국주의 국가 지배계급 사이의 아귀다툼으로 깎아내리며 평화를 내세우는 볼셰비키란 보치카료바에게는 같은 하늘을 이고 지낼 수 없는 밉살스러운 적에 지나지 않았다.* 『야시카』에 나오는 볼셰비키 묘사는 이러한 맥락에 놓고 걸러가며 읽어야 한다.

또 한편으로, 보치카료바와 여성결사대대는 페미니스트 역사학자

---

* 볼셰비키 당원이면서도 보치카료바를 죽음에서 구해준 이반 페트루힌은 풀뿌리 민중 출신이 아니라 교양 계층에 속하는 대학생이었다. 다른 인물들과는 달리, 이반 페트루힌이 실존 인물이었는지는 확인되지 않았다. 아예 허구의 인물일 가능성도 있다. 보치카료바가 사악하기 짝이 없는 인물이라고 묘사한 푸가초프도 페트루힌과 마찬가지로 실존 인물임이 확인되지 않았다.

들의 관심을 적잖이 끌지만, 정작 보치카료바 본인은 페미니스트는 아니었던 듯하다. 곁에서 그를 관찰했던 플로렌스 해리먼의 술회에 따르면, 보치카료바는 스스로가 군인이고 여성 전투부대 지휘관이었는데도 "나는 여자가 바지를 입는 데 찬성하지 않습니다. 나는 여자가 군인이 되는 데 찬성하지 않습니다. 여자는 신체상 그런 힘든 삶에 알맞지 않습니다"라고 말했다.* 어느 면에서 보치카료바에게는 페미니즘적 성향보다는 파시즘적 성향이 다분해 보인다. 오로지 전쟁에서만 삶의 의미와 가치를 찾았던 이탈리아와 독일의 일부 군인들은 제1차 세계대전 직후에 기존 체제에 얼마간 반감을 보이면서도 사회주의에는 훨씬 더 큰 증오감을 품고 혁명 세력과 목숨을 걸고 싸웠으며, 각각 베니토 무솔리니Benito Mussolini와 아돌프 히틀러Adolf Hitler의 든든한 세력 기반이 되었다. 군대에서 아늑함을 느끼고 전투에서 생기를 띠며 전쟁을 끝내겠다는 볼셰비키를 미워하면서 반혁명 세력에 동조하고 가담하는 보치카료바의 행적을 보노라면, 이탈리아의 검은셔츠단과 독일의 자유의용단이 연상된다. 만약에 보치카료바가 1920년에 죽지 않았더라면,** 그리고 만약에 러시아에서 혁명이 승리하지 못하고 이탈리아나 독일처럼 파시즘 운동이 솟구쳤더라면, 그 운동의 대열에 보치카료바가 끼었을 가능성이 없지 않다. 물론, 보치카료바에게서 파시즘의 기미가 엿보인다는 추정은

---

* Florence Jaffray Harriman (a.k.a. Mrs. J. Borden Harriman), *From Pinafores to Politics*, New York: Henry Holt and Company, 1923, p. 280.

** 당연하지만, 이것은 가정일 뿐이다. 크라스노야르스크에서 총살당하지 않고 예정대로 모스크바로 이송되었다가 설령 운 좋게 풀려났더라도, 1919년 초에 미국과 영국에서 『야시카』가 출간된 마당에 보치카료바가 반혁명 행위를 했다는 사실이 볼셰비키에게 알려지는 것은 시간문제였으므로 보치카료바가 끝까지 처형을 피할 가능성은 거의, 아니 전혀 없었다고 보인다.

앞으로 더 넓고 깊은 연구로 입증되어야 할 터이다.

7

어찌 보면, 보치카료바는 그가 아끼고 사랑한 여성결사대대와 마찬가지로 모순투성이였다. 권력에 짓눌리는 풀뿌리 민중 출신 여성이었으면서도 지배계급의 가치 체계를 받아들이고 기존 체제의 혁파에 반대하며 반혁명에 힘을 보탠 보치카료바라는 인물의 부조리는 기존의 강고한 젠더 역할 구분에 입각해서 '사나이들을 부끄럽게 만들어 전투를 거부하지 않게 만들겠다'는 의도로 창설되어 그때까지 여성에게 금지된 영역이었던 전투에 나서는 여성결사대대라는 조직의 이율배반과 퍽 닮았다. 다른 한편으로, 보치카료바와 여성결사대대가 남긴 유산의 결과도 못지않게 얄궂다. 그들이 지켜내려고 애썼던 체제의 폐허 위에 들어선 혁명 체제에서는 여성이 군대에 들어서지 못하도록 막던 문턱이 그들의 활동으로 낮아졌으며, 그 결과로 제2차 세계대전 시기에 파시스트 침략자에 맞서 싸운 '노동자와 농민의 붉은군대'의 대오에는 여성 군인 100만 명이 끼어 있었으며 무기를 손에 쥐고 싸움터에 뛰어든 여성 전투원의 수도 수십만 명에 이르렀다. 보치카료바와 여성결사대대가 의도치 않게 밑거름이 되어 20세기의 붉은 아마조네스들을 키워낸 셈이다.

역설적으로, 이렇듯 마리야 보치카료바라는 인물과 그의 삶은 모순투성이인 탓에 오히려 사람의 살 내음을 물씬 풍긴다. 모순에 찬 세상에서 살아가며 처음부터 끝까지 앞뒤가 한결같이 들어맞는 모습만 보이는 사람이 과연 있을 수 있을까? 우리는 모순투성이였던 보치카료바의 파란만장한 삶을 프리즘 삼아서 격변의 회오리바람이 몰아치던 20세기 초엽의 러시아, 더 나아가서 세계사의 다채로운 속살을 들여다볼 수 있을 것이다. 이런 까닭에『야시카』는 시간을 들여 차분히 읽어볼 만한 값어치가 있는 책이다.

야시카
농민, 유형자, 군인의 삶

1판 1쇄 발행 2024년 2월 28일

지은이 마리야 보치카료바
옮긴이 류한수
펴낸이 김미정
편집 김미정, 박기효
디자인 표지 엄혜리, 본문 김명선

펴낸곳 마농지
등록 2019년 3월 5일 제2022-000014호
주소 (10904) 경기도 파주시 미래로 310번길 46, 103동 402호
전화 010-3169-4309
팩스 0504-036-4309
이메일 shbird2@empas.com

ISBN 979-11-986980-0-1 03900

＊ 이 책의 번역은 2022년 상명대 교내연구비 지원을 받아 수행되었습니다.